普通高等学校新闻传播学类专业
全媒型人才培养新形态教材

编委会

总顾问

石长顺　华中科技大学

总主编

郭小平　华中科技大学

副总主编

韦　路　浙江传媒学院
李　伟　山西传媒学院

编　委（按姓氏拼音排序）

普通高等学校新闻传播学类专业
全媒型人才培养新形态教材

总顾问　石长顺　总主编　郭小平

智能视听新闻报道

A Guide to AI-Enhanced Audio-Visual Journalism

主　编◎丁　洁

华中科技大学出版社
http://press.hust.edu.cn
中国·武汉

图书在版编目(CIP)数据

智能视听新闻报道 / 丁洁主编 . -- 武汉：华中科技大学出版社，2025.5. --（普通高等学校新闻传播学类专业全媒型人才培养新形态教材）. -- ISBN 978-7-5772-1801-4

Ⅰ. G212

中国国家版本馆 CIP 数据核字第 2025EZ3177 号

智能视听新闻报道
Zhineng Shiting Xinwen Baodao

丁　洁　主编

策划编辑：周晓方　杨　玲　庹北麟

责任编辑：周　天

封面设计：原色设计

责任校对：张汇娟

责任监印：曾　婷

出版发行：华中科技大学出版社（中国·武汉）　　　　电话：（027）81321913

　　　　　武汉市东湖新技术开发区华工科技园　　　　邮编：430223

录　　排：孙雅丽

印　　刷：武汉市洪林印务有限公司

开　　本：787mm×1092mm　1/16

印　　张：18.75

字　　数：430千字

版　　次：2025年5月第1版第1次印刷

定　　价：58.00元

内容提要

　　本教材立足智能视听新闻场域，面向前沿和实践，旨在为学习者提供一个全面理解智能视听新闻的路径，帮助学习者提高智能视听新闻报道的基本能力。本教材遵循新闻生产根本逻辑，对智能视听新闻生产全流程进行了分解与重塑，内容涵盖智能视听新闻新生态、智能视听新闻报道基础、智能视听新闻报道主体、智能视听新闻全流程等内容。章节内容分为核心知识、案例和实训三大板块，架构合理，知识体系完整。本教材适用于全国普通高等院校新闻传播、广播电视、网络新媒体等相关专业的本科、硕士的教学以及对视听传播感兴趣的读者。由于教材编写者具有长期的主流媒体实践经验，其面向实践的编写视角也可为新闻业界实践提供有价值的参考。

总序

Foreword

　　党的二十大报告提出,要加强全媒体传播体系建设,塑造主流舆论新格局。这是适应媒体市场形态变化、占领舆论引导高地、推进文化自信自强的必然选择和重要路径。近年来,媒介技术的快速变革,特别是生成式人工智能的涌现,给人们的生活和工作带来了巨大的变化,既推动了数字艺术、数字经济等新业态的蓬勃发展,也为报纸、电台、电视等传统媒体注入了新的活力,同时造就了更加丰富和复杂的舆论场。数字化、网络化、平台化技术的发展,使数字世界越来越深入地嵌在我们所直观的物理世界中,使新闻传播活动几乎渗透在虚拟和现实、宏观和微观等人类所有层次的实践关系之中。这要求新闻传播工作者熟练地掌握各种媒介传播技术,对特定领域有专业和深刻的理解,并能创造性地开展整合传播策划,即要成为高素质的全媒型、专家型人才。

　　同时,面对世界百年未有之大变局和中华民族伟大复兴新征程,新时代的新闻传播工作者还应用国际化语言和方式讲好中国故事,让世界更好认识新时代的中国。这更离不开一大批具有家国情怀、国际视野的高素质全媒化复合型专家型新闻传播人才的工作。而培养全媒型、专家型人才,必须在坚持马克思主义新闻观指导地位的前提下,高度关注中国实践和中国经验,积极推进学科交叉与融合、学界与业界协同,以开放的视野和务实的态度推进中国新闻传播学自主知识体系的构建,不断提高中国话语国际传播效能,实现开放式、特色化发展。

　　华中科技大学出版社于2023年秋发起筹备"普通高等学校新闻

传播学类专业全媒型人才培养新形态教材",并长期面向全国高校征集优秀作者,以集体智慧打造一套适应全媒体传播体系、贴合传媒业态实际、融合多领域创新成果的新闻传播学教材丛书。本套教材以实践性、应用性为根本导向,一方面高度关注业界最新实践形态和方式,如网络直播、智能广告、虚拟演播、时尚传播等,使学生能够及时掌握传媒实践的前沿信息,更好适应业界对人才的需求;另一方面在教材编写过程中,充分尊重各地新闻传播学院的教情和学情,鼓励学界和业界联合编写教材,突出关键技能和素质的培养,力求做到叙述简明、体例实用、讲解科学。

本套教材具有以下特点。

(1)重视总结行业经验和"中国经验"。教材内容不能停留在"本本主义"上,而是要与现实世界共同呼吸,否则是没有生命的。本套教材在撰写过程中力图突破传统教学体系的桎梏,更多面向行业真实实践梳理课程培养内容,及时捕捉行业实践中的有益经验,深刻总结传媒实践"中国经验",从而为我们讲好中国故事、在新闻传播之路上行稳致远提供坚实的基石。

(2)注重人文性与技术性的结合。高素质的全媒型人才需要熟练掌握不同媒介的操作方式和传播逻辑,同时要具有深刻的人文关怀。这需要我们在人才培养过程中更加关注技术和人文的相辅关系,使学生既有技术硬实力,在实际操作中不掉"链子",又能坚持正确的价值导向,在形象传播中不掉"里子"。本套教材注重实操经验的介绍和思政案例的融入,可以很好地将人文性和技术性结合起来。

(3)强调教学素材的多样化呈现。教材出版由于存在一定的工作周期,相对于其欲呈现的对象来说,注定是一项有所"滞后"的事业。传播的智能化趋向使我们朝夕相对的生活世界处在剧烈的变革之中,也使我们的教材更容易落伍于现实。为了突破这一局限,本套教材都配备有及时更新的教学资源,同时部分教材还配套开发了数字教材,可以为教师教学提供更具有针对性的解决方案。

教材要编好绝非易事,要用好也不容易。本套教材的出版凝聚了众多编者的心血,我们期待它能为培养全媒型、专家型人才提供一定的助力。当然其中的差错讹误恐在所难免,我们希望广大教师能够不吝赐教,提出修订意见,我们将由衷感谢。也期待有更多教师可以加入我们的编写队伍,再次致谢。

2024 年 8 月

前言
Preface

中国媒体融合纵深发展，智能技术突飞猛进。作为一本融合了笔者多年新闻实践和课程教学精华的教学参考书，《智能视听新闻报道》试图回应智能时代新闻人才培养的需求。为融合最前沿的智能视听新闻实践，在写作过程中，笔者对章节内容和案例进行了不断调整和更新，保留了经典案例，增加了视听新闻领域最新的代表案例。

数字时代全面到来之前，视听传播最主要的手段是广播电视。随着短视频、网络直播、AI编辑、文生视频的出现，在广播电视的基础上建构的传统"阅听"模式被打破。视听传播作为当前最为主流的传播样态，持续激发人们关于"新"和"变"的想象力。因此，本教材立足智能语境下的视听新闻生产场域，收集了近年来智能视听新闻领域的大量创新应用案例，在坚持新闻生产本质的基础上，对视听新闻生产的全流程进行了分解与重塑。主要内容包括智能视听新闻新生态、智能视听新闻报道基础、智能视听新闻报道主体、智能视听新闻全流程、智能视听新闻策划、智能视听新闻采集、智能视听新闻写作、智能视听媒体编辑部、智能视听新闻制作与分发、智能视听新闻评论、智能视听新闻主持等，呈现了智能视听新闻报道新景观。教材的编写面向未来、面向实践，旨在为读者提供一个全面理解智能视听新闻的路径，帮助读者构建扎实的智能视听新闻报道技能基础。本教材适用于全国普通高等院校新闻传播、广播电视、网络新媒体等相关本科、硕士专业的教学，也可供对视听传播感兴趣的读者阅读参考。同时，由于教材编写者都具有长期的主流媒体实践经验,本教材面向实践的编写思路也可为新闻业界实践提供有价值的参考。

　　本教材在构建框架体系时,既考虑到了广播电视新闻的核心知识结构,又突出了智能视听新闻特有的思维、语言、类型等知识,同时提供了大量最新智能视听传播案例,并通过对案例的分析,将本书的各章节知识融为一体。此外,本书第四章至第十一章均设置了实训项目环节,使读者能够对前面所学知识进行全面的复习,还能通过实践掌握智能视听新闻工作的全过程操作方法。本教材的框架体系具有鲜明的实践导向、前沿面向等特色。

　　教材部分案例来自教学过程中的交流讨论,感谢郑星语、胡馨月、郑昕、涂晗烨、赵一帆、赵梦霄等同学为本书编写作出的工作。感谢华中科技大学新闻与信息传播学院,华中科技大学出版社庹北麟、周天编辑为本书出版提供的支持帮助。

　　书中不足之处敬请指正。

目录
Contents

第一章

智能视听新闻新生态

◆ **本章导读**

　　本章节以智能技术的发展为背景,介绍智能视听新闻的概念、历史演进,智能视听新闻的历史演进和发展现状,并通过实践案例介绍智能视听新闻的具体形态。

◆ **学习目标**

· **知识目标**

1. 学习智能视听新闻发展的背景知识。

2. 了解智能视听新闻的概念。

3. 掌握智能视听新闻的具体形态。

· **能力目标**

1. 能够了解人工智能相关的基本媒体技术。

2. 能够理解智能视听新闻的变迁。

· **素养目标**

1. 了解智能媒体技术分析的综合视角。

2. 具备处理智能视听新闻的全媒体思维。

二维码 1-1
拥抱智能视听时代

第一节　智能视听新闻来了

一、智能视听新闻的概念

　　新闻业正经历一场从内容形态到生产流程的全方位的革命,智能视听新闻承载着传统广播电视、视听媒体的价值观,并遵循其内在发展规律,又与人工智能的技术和逻辑紧密连接。

视听新闻是以广播电视新闻为基础,通过视觉、听觉双重渠道传递的新闻和信息。在由视觉性媒体主导的当代社会中,视听新闻是最为普遍且最具活力的信息生产领域和传播方式,其新闻文本符号系统由视觉符号和听觉符号两大类构成。我国视听新闻行业的演进分为三个阶段:单向传播的"广播阶段"、有线电视和卫星电视的"窄播阶段"、互联网和各移动终端的个性化传播阶段。[①]互联网语境中,视听新闻的内涵和外延也在拓展。传统广播电视以时间资源为主要追求目标的线性传播方式被互联网以空间资源为主要目标的非线性传播方式取代,既有的媒介形态和文本样态被不断颠覆和革新,以移动短视频等为代表的新兴视听传播媒介逐步占据主导地位。视听新闻自广播电视新闻发轫,在技术革新和媒体融合的推动下,其形态和载体早已超越广播电视,在"三微一端""大屏+中屏+小屏+账号"的融合传播体系中占据主体地位。

智能技术是人类用于自身发展、应对巨大挑战、处理复杂问题的有力工具,广义的智能包括智能技术(smart technology)、人工智能(artificial intelligence)、机器人技术和算法(robotics and algorithms)。人工智能(AI)是运用计算机的软硬件来模拟人类某些智能行为的基本理论、方法和技术。人工智能的本质,是对人的思维过程的模拟。17世纪,笛卡儿首先运用数学思维规范建构了科学的方法论,但没有形成完善的人工智能思想。"人工智能之父"图灵于1950年提出了著名的"图灵测试"(Turing Test),并发表了一篇题为《机器能思考吗?》的论文,被视为评估人工智能智能程度的经典方法。而"人工智能"概念首次被提出是在1956年的达特茅斯会议上。如今,人工智能已经成为国家重大战略之一,构成人工智能系统的机器学习、自然语言处理、神经网络、大数据、认知系统及算法、数字人等都已经被应用于信息传播。人工智能也正在重新定义新闻传播行业,对数据挖掘、新闻生产、新闻发布与分发、信息核实与用户互动等各个环节都产生了广泛而深远的影响。[②]

二、智能视听新闻的历史演进:世界实践

人工智能被直接运用于新闻界,已有10年的历史。美联社是最早利用人工智能和自动化来助力其核心新闻报道的媒体之一。2014年,美联社使用人工智能程序处理的有关企业收益的报道,令新闻业面貌一新。

(一)互联网的出现与门户网站的发展(20世纪60年代—20世纪末)

互联网空间也被称为赛博世界,赛博一词源于诺伯特·维纳在1948年提出的控制论(cybernetics)。控制论是一门研究动态系统如何在变动环境中保持稳定的科学,在这一理论基础上,互联网系统得以建构。今天通行的互联网架构源于诞生在1969年的阿帕网(ARPA-

---

① 周勇.视听新闻报道[M].北京:中国人民大学出版社,2021.
② 郭全中,袁柏林.AIGC与WEB3.0有机融合:元宇宙内容生产的新范式[J].南方传媒研究,2023(1):36-47.

net),阿帕网当时是美国国防部高级计划研究署(DARPA)推动开发的一个实验性网络,最初仅有4台计算机相互连接。1974年,罗伯特·卡恩和温顿·瑟夫共同提出了TCP/IP协议。TCP/IP协议包括传输控制协议(TCP)和互联网协议(IP),这两个协议一起工作,确保了数据的可靠传输和网络的互联互通。1983年,TCP/IP协议被确定为互联网的标准协议,并被所有网络采用,这一协议的确立被视作全球互联网正式诞生的标志。20世纪90年代初,蒂姆·伯纳斯-李设计并制作了第一个网页浏览器,名为World Wide Web,并在1991年成为互联网工程任务组的标准,电子邮件、BBS、网络游戏等逐渐集中到这个平台上。

20世纪90年代,雅虎网开启了门户网站的时代,随之涌现出一大批信息内容服务网站。雅虎网(Yahoo!)是一家跨国科技公司,成立于1994年,最初是一个互联网服务提供商和门户网站(见图1-1)。雅虎公司以分类搜索为基础提供多种服务,包括电子商务、广告、电子邮件、媒体内容、财务信息和在线社交服务等,随后,雅虎将其自身打造成用户接收线上内容的统一入口。在发展的鼎盛时期,雅虎还提供整站托管、聊天室、群组和邮件等服务,并成功构建互联网发展史上最早的规模化收入和盈利的商业模式。

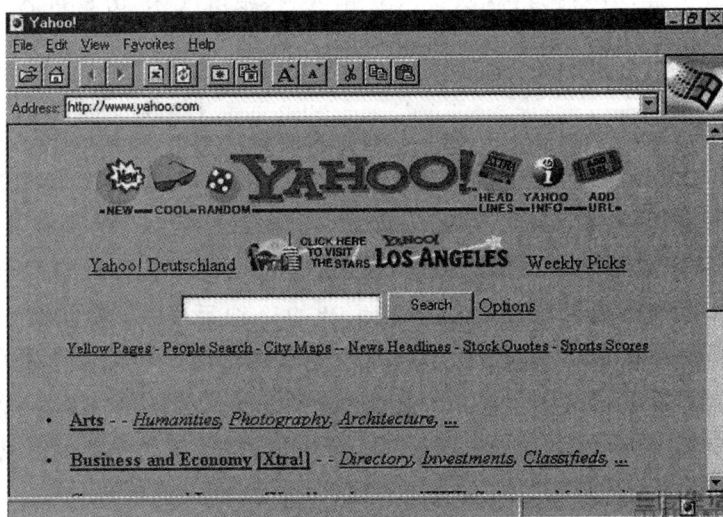

图1-1 雅虎网早期界面

在互联网发展的早期,门户占据了互联网服务的关键位置,并创建了通过广告和增值业务等实现收益可持续增长的商业模式。该模式成为互联网创业和发展的主导性思维模式,在互联网发展史上占有重要地位。

2004年,国际互联网媒体开始了一场新的变革,核心特征是用户参与的Web2.0模式。Web2.0是指互联网的第二发展阶段,该概念始于美国O'Reilly Media公司和Media Live国际公司的一次头脑风暴会议,它强调用户生成的内容、在线协作和社交网络。在Web2.0时代,用户可以更加方便地创建、共享和交流信息,网站也更加注重用户体验感和互动性。与此同时,Web2.0还促进了各种在线服务和应用程序的发展,如社交媒体、博客等。Web2.0是建立在内容之上的社会网络和文化网络,其特点是开放性、协作性和用户参与度高。

从起源来看,互联网作为计算机技术发展的产物之一,主要负责解决计算机之间的连接问题,以实现机器间信息的传输及共享。在早期,互联网的应用领域主要集中在科研、军事和学术界。[①]20世纪60年代至80年代初,互联网被美国国防部用于军事通信和科研机构之间的数据交流,随后学术界开始使用互联网进行学术研究成果的共享和交流。直到90年代,随着商业互联网服务的兴起,互联网应用才开始向商业和公众领域拓展,涉及电子邮件、文件传输等功能。此后,互联网经历了从早期门户网站到Web2.0时代新闻形态的更新,在此基础上,有智能技术参与的新闻生产也逐步发展起来。

(二)智能技术融入新闻生产的初期实践(2000—2010年)

这一时期,VR、虚拟主播、自动化新闻写作等创新形式初现雏形,被尝试性地引入新闻生产中。人们对VR技术的实验性探索可以回溯到20世纪五六十年代,其中最重要的成果当属莫顿·海利格于1957年开始研发并在1962年正式推出的VR设备Sensorama。Sensorama是一台虚拟体验游戏机,它能让人沉浸于虚拟摩托车骑行体验,感受声响、风吹、震动和布鲁克林马路的味道。除了丰富的视觉效果外,Sensorama还通过3D摄影机和放映机拍摄和重现画面,配合震动座椅,给观众带来立体声响、城市气味、仿真自然风等其他感官体验。不过,由于造价高昂及计算机、多媒体技术尚不成熟,直到20世纪90年代,VR技术的发展仍停留在相对初级的探索阶段。[②]

21世纪初,AI合成主播出现。2000年4月,英国报业联合会新媒体公司在美国硅谷支持下,历时9个月,推出了一位名叫"安娜诺娃"的虚拟主持人,这是互联网发展初期第一位能够播报新闻的计算机模拟"新闻女郎"。安娜诺娃被设定为28岁,拥有漂亮高挑的身材,其新闻播报用词风格鲜明独特,能够为全球网民提供24小时不间断的新闻报道。

自动化新闻写作作为计算机辅助新闻生产的一种手段,有效补充了用户生成内容(UGC)和专业生成内容(PGC)。媒体主要使用监督式学习这一种算法模式来推进自动化新闻写作的发展,通过人与机器合作,共同完成新闻报道。2001年,Google首席科学家克里希纳-巴拉特开发了一个与Google搜索核心技术Page Rank算法相关的算法Story Rank,可用于搜索引擎优化(SEO)和网页新闻排序,即Google News的前身。Google News为不同的国家和地区提供不同的版本,其本质上是一款Web新闻聚合器,其首页新闻更新和新闻推荐都不依赖人工操作,而是由后台的聚合算法执行。2007年,美国科技公司Automated Insights(AI)开发了一款名叫WordSmith的软件,负责编写雅虎、美联社的一部分体育财经类新闻。美联社通过WordSmith平台实现财报新闻撰写的"自动化"。企业财报是商业新闻重要的组成部分,这类讲求精确和速度的制式化新闻非常适合通过预先设置的模块化计算机程序完成。WordSmith平台每周可以批量生产数百万篇报道,其合作伙伴还包括雅虎公司(Yahoo)、美国全州保险公司(Allstate)、美国有线电视宽带网络及IP电话服务供货商康卡斯特公司(Comcast)等。

---

① 彭兰.网络传播概论[J].北京:中国人民大学出版社,2023.

② Koch N.e-Collaboration and E-Commerce in Virtual Worlds:The Potential of Second Life and World of Warcraft [J]. International Journal of E-Collaboration,2008(3):1-13.

在2009年的美国职业棒球大联盟季后赛上,一款名为StatsMonkey的人工软件以极高的效率最先完成一篇新闻稿件。自动化新闻写作在新闻领域发挥着越来越重要的作用。

(三)智能技术融入新闻生产的井喷时期(2011年至今)

2010年后,人工智能技术开始深入主流媒体实践,特别是2022年以ChatGPT为代表的生成式人工智能技术快速发展,新闻行业迅速投身这场颠覆式技术变革中,积极引入文生视频、图生视频、数字孪生等技术,极大地促进了新闻生产力的提升。

最早利用人工智能和自动化来助力核心新闻报道的新闻媒体是美联社。在使用人工智能之前,美联社的编辑和记者每季度都要投入了大量人力和资源来制作财务报告,甚至影响到对更有影响力的新闻的制作。2014年7月,美联社宣布使用人工智能程序处理有关企业收益的报道,原本依赖人工每季度只能制作300份财务报告的美联社,使用人工智能技术后,几秒钟内就可以将投资收益数据转换为可发布的新闻报道,简报类季度收益报告的产量达到了4400篇,是人工写作的近15倍,效率大大提升了。

实际上,同一时期使用人工智能的媒体远不止美联社一家,还包括彭博社、路透社、福布斯、纽约时报社、华盛顿邮报社、英国广播公司等大型媒体。这些大型媒体对人工智能的应用方式主要是将机器学习(从数据中学习)运用于采集、制作和分发新闻等各个流程。[①]例如,2015年,《纽约时报》利用Blossomblot系统筛选文章并推送给社交网站等网络平台;《洛杉矶时报》的智能系统专注于处理自然灾害等突发新闻,包括金融、体育、天气和政治选举等方面的自动化新闻写作。[②]英国《金融时报》甚至创设了人工智能编辑这一新职位。不过,在"前生成式人工智能"时期,智能工具虽然已能够生成财务收入和体育赛事结果等直接的报告,但并未在编辑内容的过程中广泛使用。

2017年6月,英国ITV的《早安英国》节目推出了机器人主播Sophia,这是智能视听新闻主播在主流媒体中得到应用和实践的典型案例。Sophia是以奥黛丽·赫本为原型设计的,设计师在她的两只眼睛和胸前共装载了4台摄像机,通过这些摄像头,Sophia可以捕捉周围人类的表情。Sophia在交流过程中能够对答如流,这得益于大量的数据和程序的支持。Sophia的核心技术是面部识别及反应,即通过摄像头识别对面谈话者的表情,对谈者大笑她也笑,对谈者哭泣她也严肃悲伤。Sophia经常出现在各种电视节目中,比如早间新闻节目《早安英国》、CBS电视台的《60分钟》以及吉米·坎莫尔主持的《今夜吉米秀》(见图1-2)。

随着计算机技术的不断进步,虚拟现实技术在商业领域和消费市场上受到了广泛的关注,其应用范围涵盖了游戏、娱乐、教育、医疗和工业等多个领域。VR技术通过将虚拟世界与现实世界结合,让使用者进入一个奇妙的三维立体的虚拟世界。VR可以把"远处的"的场景"移动"到"眼前",而且使用者还可以根据自己的想法来干预场景。谷歌于2007年推出了"街景",Oculus VR于2012年推出了头戴式显示设备Oculus Rift等,而Oculus VR被

① 陈昌凤.生成式人工智能与新闻传播:实务赋能、理念挑战与角色重塑[J].新闻界,2023(6):4-12.

② 文静.自动"抓取"海量信息,写稿机器人"抢"饭碗?[EB/OL].(2018-11-19)[2024-12-11].https://baijiahao.baidu.com/s?id=1617506646524438875&wfr=spider&for=pc.

图1-2　机器人主播Sophia亮相吉米秀

Facebook以20亿美元收购的事件也成为当时高科技行业的焦点事件。[①]

　　VR在新闻界的应用与"沉浸式新闻"概念的提出密切相关。2010年,美国南加州大学安纳伯格传播与新闻学院的诺妮·德拉佩纳在论文中首次提出"沉浸式新闻"(Immersive Journalism)的概念,VR+新闻成为新闻报道的一种新方式。这一技术的运用打破了传统新闻在距离和空间上的局限,赋予了传统新闻更具趣味性和"沉浸感"的虚拟互动模式,让受众能够身临其境地感受新闻。2013年,美国甘内特报业集团旗下的《得梅因纪事报》推出了首个VR新闻项目"Harvest of Change",将虚拟现实和游戏元素融入其中,向观众呈现农场家庭的变化,这被认为是国际上首次在新闻报道中运用VR技术。[②]2015年,美国《前线》杂志发布了第一支使用VR技术的新闻短片,《纽约时报》、美联社和美国广播公司也将VR技术引入新闻日常生产机制。

　　美国广播公司电视网是世界上第一个正式进行VR新闻生产的传统媒体机构,2015年9月16日,美国广播公司电视网播出了一期使用VR技术制作的新闻片,观众可以通过佩戴合作方Jaunt VR公司提供的头戴显示设备,体验虚拟环境中叙利亚首都大马士革的历史与现实景象,该设备共配备16个不同位置的摄像头,能够将电视台拍摄团队在不同时间、地点拍摄的影像拼接在一起,带给观众更丰富、全面的体验。

　　《纽约时报》于2015年11月7日制作了名为"流离失所"的VR新闻短片(见图1-3),该短片引起了新闻界对VR新闻的关注和重视。短片讲述了逃亡至黎巴嫩的难民儿童以及南苏丹和乌克兰的无家可归者的生活,新闻用户可以通过将Cardboard set与手机应用NYT VR连接来获得360度沉浸式体验[③],并观看VR新闻短片的具体内容。

　　英国《卫报》和BBC也推出了VR技术体验短片,创新新闻叙事方式。《卫报》的《6×9:单独监禁牢房的虚拟体验》用VR与音频技术相结合,呈现了更真实的效果。该VR短片体

---

① N. Foreman, L. Korallo. Past and Future Applications of 3-D (Virtual Reality) Technology[J].Scientific and Technological Journal of Information Technologies, Mechanics and Optics, 2014:(6):1-8.

② 喻国明,张文豪.VR新闻:一种新闻形态的考察[J].新闻研究导刊,2017(10):1-2.

③ 常江.虚拟现实新闻:范式革命与观念困境[J].中国出版,2016(10):8-11.

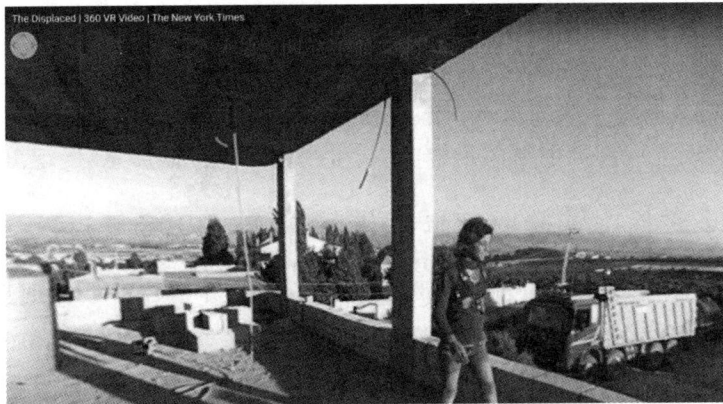

图1-3 《纽约时报》制作的VR短片《流离失所》

验中的牢房和房间细节都是使用Unity和CGI技术设计而成,并且再现了加州和纽约囚犯的生活环境,用户能真实感受到囚犯们的体验,甚至能够听见他们真实的声音。2016年12月14日,BBC在Oculus平台上发布了第一部VR作品——VR动画短片《We Wait》,该片讲述了一个叙利亚难民家庭搭上希腊走私船开启偷渡旅程的真实故事,BBC希望通过VR技术将观众置于影片故事的中心,进而唤起人们对中东难民问题的关注,呼应战争与和平的主题。

三、智能视听新闻的现实发展:中国实践

随着媒介技术的不断发展与视听新闻行业的持续交融,中国新闻业长久以来形成的标准化生产流程不断被冲击、消解。学者按照参与新闻生产的程度,将新闻业中对人工智能技术的运用划分为三个阶段,大致与智能视听新闻发展的过程相符,即辅助增强阶段、初步自动化阶段和自动化内容生产阶段。[①]在辅助增强阶段,智能工具作为辅助工具能够帮助新闻工作者完成资料整理、素材搜集等基础工作,或者自动生成视听集锦和简短的视听新闻概要。在初步自动化阶段,智能工具能够深度参与新闻生产,与新闻工作者共同完成选题策划、深度视听内容生产等复杂工作。在自动化内容生产阶段,智能工具能够通过深度学习和反复优化,自主生成高质量多模态内容。

互联网发展以及网络体系的建设是中国智能媒体技术起步的基础。1994年起,中国互联网的基础设施、骨干网络开始布局。1996—1999年,互联网迎来了民间、商业及应用层面的广泛参与,呈现蓬勃发展之势。1995年,雅虎的上市启发了中国的网络媒体创业者,新浪网、搜狐网、网易、腾讯等后来构成中国互联网商业格局的主要公司都在这一时期诞生了。[②]

在互联网发展的不同阶段,视听新闻展现出不同的内容生产方式,从专业内容生产到用户内容生产、智能辅助生产,再到生成式人工智能内容生产,视听新闻生产模式的参与主体、

① 史安斌,刘勇亮.从媒介融合到人机协同:AI赋能新闻生产的历史、现状与愿景[J].传媒观察,2023(6):36-43.
② 陈建功,李晓东.中国互联网发展的历史阶段划分[J].互联网天地,2014(3):6-14.

内容、数量不断丰富,媒介丰富度、智能化水平也在不断提升。随着互联网的发展,主流媒体也经历了自身的变革和转型,经历了从传统广播电视传播体系到融合传播智能视听体系的转变。2014年,国家将媒体融合纳入顶层设计,在媒体融合的推动下,中国视听媒体改革不断向纵深发展,涌现了一大批创新的内容产品、生产模式和传播形态,展现出蓬勃生机。

（一）PGC时代中国视听媒体发展（1994—2000年）

1994年前后,国内新闻媒体开始积极拥抱并接入互联网。[①]Web1.0时期的新闻内容生产以专业内容生产（PGC）为主,即新闻内容由专门机构或专业人士生产,新闻内容在专业机构渠道播出,新闻的内容质量因行业规范而得到保障,大众无法直接参与新闻生产,因此互联网早期的视听媒体是以广播电视专业从业者为主体进行大众文化内容生产和传播的。

在PGC时代,许多新闻媒体开始着手开创网络版或电子版的媒体。1995年1月12日,《神州学人》杂志开中国出版刊物上网之先河,《神州学人》杂志是一本综合性时事政论类刊物,由社会科学文献出版社出版发行。《神州学人》杂志以深度报道和评论见长,内容涵盖政治、经济、文化等多个领域,旨在提供高质量的理性分析和观点交流,以推动社会进步和学术研究。同年10月20日,《中国贸易报》成为新闻上网的先行者,接着,广东人民广播电台于1996年10月建立了自己的网站,中央电视台和中国新闻社香港分社也于1996年12月跟进,迈出了中国媒体网络化进程中的重要一步。

2000年前后,中国网络新闻媒体逐渐形成三种主要模式:第一种是以《人民日报》网络版为代表的模式,即传统媒体的网络版模式;第二种是以千龙新闻和上海东方网为代表的千龙新闻网模式,这种模式依托地方性传统媒体并试图运用现代企业的管理规则进行运营;第三种是新浪网模式,以新浪网站为代表的综合性商业网站在获得发布新闻的权利之后成为一种新型网络新闻传播媒体,这类综合性商业网站在我国网络媒体发展初期同样引起了业界的广泛关注。[②]

（二）UGC时代用户参与式新闻生产（2001—2014年）

Web2.0的出现激活了个体的传播潜力,带来了一场全新的传播革命。互联网凭借其连接与开放的特性,使大众转化为具有公共性、参与性、互动性的新闻传播主体,用户生产内容（UGC）的时代到来了。UGC泛指用户以任何形式在网络上发表的自创文字、图片、音频、视频等内容,这是Web2.0环境下一种新兴的网络信息资源创作与组织模式,以微博、微信等为代表的社交媒体开始崛起。[③]Web2.0时代有三个特征,信息分享、互动性、个性化。在Web2.0时代,用户可以深度参与文化现象或事件的创造、传播和分享,个人不再以被动的客体的

---

① 方兴东,钟祥铭.中国门户网站之发展历程、规律和启示——反思门户思维对中国互联网和传统媒体转型的内在影响[J].新闻与写作,2019(2):5-10.

② 雷跃捷,金梦玉,吴风.互联网媒体的概念、传播特性、现状及其发展前景[J].现代传播-北京广播学院学报,2001(1):97-101.

③ 赵宇翔,范哲,朱庆华.用户生成内容(UGC)概念解析及研究进展[J].中国图书馆学报,2012(5):68-81.

身份而是作为传播主体参与到互联网中,不同个体在接收和理解文化信息的同时,又以其自身为主体赋予文化信息新的意涵,成为主动传播者和生产者。在UGC阶段,内容生产不再是专业人员的专属工作,自媒体蓬勃发展,参与人员众多,内容丰富但质量低,人工智能在这个阶段对新闻内容生产起到辅助增强的作用①。

Web2.0传播模式下,新闻传播行业出现了许多个性化的发布方式,博客是其中最成功的一种。博客(Blog)是个人或群体以时间为顺序所做的一种记录,并且实时更新。Blog用户之间的交流主要是通过引用(trackback)和留言评论(comment)的方式进行的,Blog的作者(Blogger),既是创作人,也是管理人。2002年7月,博客中国创始人方兴东和王俊秀正式将Blog命名为"博客",一个月后,博客中国网站开通,这是博客在中国发展的起点。作为一种简单的、个性化的网络信息发布载体,博客被许多人用来发布信息。2005年,中国的博客用户数量达到了1600万。根据中国互联网络信息中心(CNNIC)2007年7月发布的数据,在中国网民中,写博客的比例为19.1%,按此比例换算,2007年上半年,中国已经有约3094万人在使用博客。其中,一些新闻爱好者利用博客网页向公众发布自己采集的新闻以及发表自己的观点,形成专门的新闻博客。

UGC搭建了社会大众表达观点的舞台,每个人都是传播者,每个人都是自媒体,不仅可以传播新闻、信息和知识,还可以表达、分享和传播思想。这一开放的传播方式"使用户获得了前所未有的自主性",打破了传统媒体在信息传播格局中的主导局面,内容和渠道都得到了丰富和拓展。新闻机构不再执着于固守单一的渠道,转而进驻公共平台,开疆拓土,抢占新的阵地,呈现一种传播资源共通共享的格局。②

在Web2.0时代后期,建立在PGC和UGC基础上的PUGC(professional & user generated content,即专业媒体与用户联合生产的内容生产模式)受到大众的欢迎。在PUGC阶段,机构媒体与自媒体协同发展,参与人员众多、内容丰富,在机器的辅助下,内容的质量逐渐提高。不过,在实际运作中,PUGC也面临着专业生产能力不足以及缺失内容核实把关环节等问题。③

(三)AIGC与人机协同的新闻生产(2015年至今)

2015年之后,主流媒体纷纷开始将智能技术融入新闻生产的实践。在以区块链、人工智能等为基础技术支撑的Web3.0阶段,人机协同新闻生产、人工智能生成内容的AIGC(AI Generated Content)内容生产模式出现。2022年9月,中国信通院和京东探索研究院共同发布了《人工智能生成内容(AIGC)白皮书》,将AIGC定义为"既是从内容生产者视角进行分类的一类内容,又是一种内容生产方式,还用于内容自动化生成的一类技术集合"。2023年,随着大模型技术逐渐被新闻业采纳,ChatGPT、Sora等大模型应用被应用于视听新闻生产,

———————————
① 彭兰.WEB2.0在中国的发展及其社会意义[J].国际新闻界,2007(10):44-48.
② 许同文.UGC时代受众的角色及内容生产模式[J].青年记者,2015(12):30-31.
③ 简璞.在场凝视与在线创作——新媒体视域下短视频与当代艺术的互文性融合和传播[J].电影评介,2020(21):1-4.

并作为非人类行动者赋能多模态视听新闻内容的生成。具体来说,AI大模型目前主要从三个方面参与智能视听新闻内容创作。一是智能化内容加工。Deepseek能结合新闻的背景信息,帮助生产者完成常规智能视听新闻解说词和分镜头脚本设计等工作。Sora则可以根据新闻文本内容,完成自动化字幕生成和内容剪辑,生成高质量多模态智能视听新闻内容。二是智能化新闻集锦生成。AI大模型具备丰富的视频编辑和处理能力,可以对生成的视频素材进行剪辑、配音、添加特效等,还可以根据关键词自动生成精选视频集锦,大大提升了智能视听新闻内容的观赏性。三是智能化内容形态创新。大模型应用及终端设备的迅速发展使得虚拟数字人得到进一步完善,能够代替真实的主持人在各种现实场景中与人互动,促进节目样态的创新升级。例如,新华社发布了基于媒体数据训练的模型MediaGPT,开发了专门用于生成式任务的验证方法和以新华社媒体数据为基础的数据集;中央广播电视总台发布了"央视听媒体大模型"(CMG Media GPT),以海量视听数据和深度专业知识为驱动,专注于视听节目创作、智能剪辑等;《每日经济新闻》的"雨燕智宣",同样是媒体视频化转型的成熟产品。

当前,一场由AIGC带来的新闻业改革,已经拉开帷幕。生成式AI在新闻传媒业的应用,主要体现为提高新闻采编各环节的效率,包括新闻信息的采集与处理、内容生成,以及多模态生成能力。国内外新闻生产中的人工智能技术运用见表1-1。目前来看,AIGC凭借其独特的人工智能技术,具备强大的生产力,可以创造个性化的生产过程以及优质可体验的生产结果。

表1-1　国内外新闻生产中的人工智能技术运用[①]

生产环节	新闻采集		新闻写作		新闻分发	
媒体类型	中国媒体	西方媒体	中国媒体	西方媒体	中国媒体	西方媒体
机器学习	舆情监测,热点追踪	排除虚假信息,收集主题相关资料	训练新闻写作模型		学习用户的偏好和舆情的走向	
自动生产	自动抓取信息,为新闻写作提供素材	自动抓取数据,自动寻找采访对象	语言转文字、AI语音生成等	自动生成文本、图像、视频等内容	自动推送用户感兴趣的新闻	
数据处理	过滤重复信息	从大数据中抓取有用数据	大数据运算等	对数据进行加工,用于预测趋势、舆情研判等	计算用户偏好,进行精准推送	

1. 强大的生产力

AI技术在浅层神经网络阶段就具备了自学和运算能力,这使得AI技术支撑下的内容生产模式具有强大的生产力。主要体现在以下四个方面。其一,生产的全天候。AIGC根据

---

① 史安斌,刘勇亮.从媒介融合到人机协同:AI赋能新闻生产的历史、现状与愿景[J].传媒观察,2023(6):36-43.

算法产生劳动力,与有限的人力形成对比,只要设置好算法就可以持续运行,实现24小时全天候内容生产。其二,生产的快速性。AI大模型具备强大的运算能力,可在短时间内通过机器学习将复杂的创作任务快速转化成大量数据,并完成创作,实现时间和数量上的飞跃。其三,生产的自主性。AIGC的生产能够模拟人脑思维且具有深度自学能力,它不依赖人的思维,而是独立的机器人。其四,生产的多样性。AIGC并不局限于某一领域的创作,其应用范围既涵盖了文学、管理学、传播学等人文社会学科等领域,也被应用到生物学、科学等自然科学学科中,具有明显的多样性。

2. 个性化的生产过程

与传统的UGC、PUGC生产模式类似,AIGC在生产过程中也具有个性化的特征。不同的是,UGC与PUGC是由多主体的用户参与实现个性化生产,其内容生产需以互联网平台的社交媒体为载体,这就不可避免地受到平台中的群体压力、群体趋同等传播效应的影响,容易出现内容同质化现象,尤其是商业媒体机构平台经常出现一哄而上追逐当前热点的行为,因此,虽然UGC、PUGC模式下的内容生产主体具备独立个性化的特征,但并不能保证其生产内容的完全个性化。而AIGC在生产过程中弱化了用户的作用,其通过自动识别场景,抓取数据,寻找不同模态间的对应关系,实现个性化,有效避免了同质化的现象。

3. 优质可体验的生产结果

不同于UGC、PUGC中由于用户内容生产水平不同导致的内容质量参差不齐的现象,AIGC以其自主和个性化的生产极大地提高了生产内容的质量。首先,由于算法的不断优化,内容生产中低级的错误如语法、错别字等可以被自动检索并规避,还能在内容语义上模拟更高素养的作者的思维,同时在审核方面更精准地把关内容;其次,GAN等技术的支持,使AIGC能够生成更高清的图像,带来更好的视觉呈现。另外,AIGC也能够通过构建多维数据,将平面的场景转换成立体的模型,推动2D内容到3D内容的过渡,还可以与VR、AR技术结合带来三维沉浸式的体验效果。[①]

值得注意的是,由于"AI幻觉"问题,其生产的内容可能会出现胡编乱造信息的情况,人工智能的训练方法的特性使它无法区分引文和参考来源,因此内容剽窃的问题同样严重。此外,AI的生成使虚假信息生产和传播的门槛降低,如不加以控制,就会被恶意利用,生成未经核查的虚假信息,污染信息生态,加剧谣言和假新闻的传播,甚至造成严重的社会影响,给新闻业公信力带来挑战。

四、智能视听新闻的具化形态

智能技术深度介入视听新闻带来了新闻形态、生产模式、生产者的变革。在新闻生产方面,智能写作技术仍是当前最主要的智能视听新闻生产实践应用技术,智能写作工具作为人

---

① 郭全中,袁柏林.AIGC与WEB3.0有机融合:元宇宙内容生产的新范式[J].南方传媒研究,2023(1):36-47.

类记者的补充被媒体与相关机构广泛使用。然而,由于不具备共情、思考、常识判断等基础能力,人工智能技术仍然无法满足高要求、高限定场景下的写作需求,通常仅在体育赛事、财经资讯等特定领域运用。因此,至少在内容生成领域,生成式AI目前还是辅助角色,人类记者仍然是主要的内容生产者。大数据技术融入新闻生产过程提升了新闻生产效率,在信息分发阶段,以算法推荐为核心的智能技术被应用到新闻产品的发布环节中,智能主播也可以作为播报新闻的技术形态存在,在新闻体验方面,智能技术带来的不仅仅是沉浸式的场景互动新闻,元宇宙引发的对未来新闻形态以及媒介形态的思考更值得我们关注。

（一）新闻生产——智能写作与数据挖掘

1. 智能写作

在当下的新闻生产过程中,机器人写作不再是一件新鲜事,机器人不仅能够完成简单的文字写作,还能使新闻报道图文并茂,甚至能够借助大模型技术生成生动的音视频作品,新闻资讯内容创作平台以人工智能作为技术支撑,带来生产效能的大幅提升。

2017年5月,微软(亚洲)互联网工程院提出"人工智能创造"(AI Creation)概念,继续推进人工智能技术迭代。AI智能写作是指利用机器学习和自然语言处理等技术,让计算机模拟人类的写作过程,并生成具有一定逻辑的文章。AI写作在某些方面具有一定的优势,首先,它可以帮助提高写作效率,对于那些需要大量撰写文稿、报告或新闻稿件的人来说,AI智能写作可以快速生成内容,减少时间和精力的消耗。其次,AI智能写作可以提供多样化的写作风格和语言表达。通过对大量的文本数据的学习,AI可以模仿不同作者的写作风格,使生成的文章更加灵活多样。

当前,国内外媒体都积极投资智能写作机器人开发与应用。2015年,腾讯推出了名为"梦幻写手"的AI写稿机器人,发布了题为《8月CPI涨2％创12个月新高》的报道,这是国内首次将智能写作技术应用于实践。2015年11月,新华社也推出了名为"快笔小新"的写稿机器人,在财经和体育报道中,"快笔小新"可以同时完成多项任务。依托大数据技术对信息进行实时采集、清洗和标准化处理;再根据业务需求定制相应的算法模型,对数据进行实时计算和分析;最后,根据计算和分析结果选取合适的模板生成语言标准的稿件,并自动列入待编稿库,供编辑审核后签发。今日头条于2016年推出的"张小明"将写稿机器人的技术水平提升到了"2.0",该机器人在里约奥运会期间共撰写了457篇关于羽毛球、乒乓球和网球的消息、简讯等赛事报道,日均写稿超过30篇,涵盖了小组赛至决赛的所有比赛内容,发稿速度几乎与电视直播持平。[①]国内外媒体、机构将写稿机器人应用于新闻报道、内容生产和稿件分发等环节,并投入更多技术力量对"写稿机器人"进行深度研发,不断尝试将智能语言处理、人工智能的技术应用到稿件生产中,进一步提高了写稿机器人的智能化水平。目前机器人写稿正重点探索以下几个方面。

---

① 杨耀东,国亚妮.智能化时代机器人写稿对新闻传播的重构——以《钱江晚报》"小冰"为例[J].新闻传播,2018(13):46-47.

（1）文本复述。

文本复述就是通过对原有文本进行改写,生成新的文本描述。在生成的文本和原文本的比对过程中,我们会发现,二者表达的意思基本一致,但是可能会加入一些不同的观点等,添加更多的表述风格,使复述出来的稿件更加生动,观点更全面,更具可读性。

（2）语音交互。

语音交互技术主要包括语音识别和语音合成两个主要应用方向。语音识别简单地说就是机器将人的语音转换为文字。语音合成,又称"文语转换"（text to speech）技术,能将任意文字信息实时转化为标准流畅的语音,相当于给机器装上了人工嘴巴。编辑记者只要口述所需查询的内容,写稿机器人就可以自动搜索并获取相应网络信息,并进行实时播报,实现智能问答、人机交互。

（3）图片、视频自动生成。

图片、视频自动生成就是根据给定的图片或者视频,自动生成可以描述图片或者视频内容的稿件,类似于"看图写话"或是"看视频写话"。首先,需要从图片或者视频文件中抽取诸如人物、时间、事件等信息,然后根据这些信息找出其表述的重要概念,最后运用自然语言处理技术将上述概念根据该事件的实际场景和实际语境整理成一句或者一小段合乎逻辑的文本。

（4）智能模板生成。

目前,写稿机器人所采用的模板大多是从技术人员采集、分析后入库的往期稿件中挑选的,系统会自动从技术角度挑选最合适的模板来匹配实际场景。写稿机器人可以应用机器学习技术,学习编辑记者曾经发过的稿件,然后根据不同的报道要求,自动生成最合适的模板。

（5）扩展信息来源。

"巧妇难为无米之炊",丰富广泛的数据库资源是机器人写稿创作的源泉,不断完善扩充的数据库是提高机器人写稿能力的重要手段,完备、丰富、准确的数据库是智能写稿质量的强有力保证。如在"小弈写作"平台中,国际资讯活跃数据横跨两年,整体存储了5~6年的资讯,这也间接反映出写稿机器人平台拥有海量的数据支撑。

目前,智能机器人写作也存在一些问题和挑战。首先,AI写作缺乏创造性和情感,虽然AI可以生成符合语法规范的文章,但它无法像人类一样具有创造力和情感表达能力;其次,由于AI是通过学习已有的文本数据来生成文章的,它可能会受到数据偏差或错误数据的影响,导致生成的内容不准确或具有误导性。此外,AI智能写作也引发了人们对版权和伦理等问题的关注,例如是否应该将AI生成的文章与人类创作进行区分,以及AI是否可以代替人类写作等问题,都需要新闻界人士进一步关注。

2. 数据新闻

数据新闻（data journalism）,也被称为"数据驱动新闻"（data-driven journalism）,数据新闻生产是一种跨学科的新闻生产方式,兴起于大数据时代,得益于计算机数据分析技术在新闻报道领域的应用。

数据新闻的概念最早是由前《卫报》数字编辑西蒙·罗杰斯在2008年12月18日的一篇博文中提出的,当天《卫报》网站发表的一篇名为《按下按钮,把官方数字变成可理解的图表》的文章中,首次将这种新形态的新闻称为"数据新闻"。西方主流媒体和新闻机构纷纷设立专门团队来设计这一新闻应用,即运用技术软件来抓取、处理、分析和形象化呈现数据,数据呈现方式包括可视化数据图、浮动图表和网络在线演示等。经过十多年发展,如今传统媒体、新兴网站和新闻机构中,数据新闻已经很普遍。[①]

数据新闻不同于传统图表新闻,它通常需要从不同途径收集具有公共性和新闻价值的数据。为确保数据质量和数据新闻的可信度,还需要对数据进行审核与处理。数据新闻的呈现形式结合了多种媒介形态的特点,静态的数据可视化作品和融合报道兼具传统文字报道与可视化呈现形式的特点,而动态的交互式、可视化新闻应用则更偏向交互呈现形式,需要观众在信息交互中阅读和感受新闻。

较早推出数据新闻作品的媒体机构除《卫报》之外,还有《纽约时报》《经济学人》以及美国全国广播公司(NBC)和BBC等。BBC在制作数据新闻方面已经形成了自己独特的风格,他们注重实用性和服务性,将用户在生活中遇到的困难和实际需求作为首要考虑因素,他们将数据视为一种工具,用来补充和完善新闻内容,为读者提供帮助。数据新闻的创作不是简单地将数字图表化或可视化,而是一种数据再生产的过程。如《今日美国》制作的西格玛数据新闻奖获奖作品《You elected them to write new laws. They're letting corporations do it instead》,暴露了美国各州立法者在采纳由公司、行业团体及智库所起草的成千上万法案过程中存在的深层问题。具体而言,这些所谓的"示范"法案在不同州之间被反复抄袭,悄然地为制定这些法案的群体带来了利益。在过去八年中,至少有10000份法案几乎完全从示范立法中复制,并在美国范围内被援引,其中超过2100份法案已正式签署成为法律,使受伤害的消费者更难以起诉公司。[②]这类数据新闻作品比新闻文字作品更能够形象直观地揭露掩盖在事实之后的规律和秘密。

国内媒体机构也在积极探索数据新闻作品,央视网、新华社、澎湃新闻、财新网等还推出了数据新闻频道或有影响力的数据新闻作品,运用现代技术深入挖掘数据,实现数据新闻的生产。如新华网推出"数·百年"专题,就是用数据新闻的方式反映百年来,特别是新中国成立以来社会生活发展进步的方方面面。其中《买买买,中国人的日子越过越红火!》重点展示了各省区市社会消费品零售总额、进口商品量值表、全国居民人均收支情况等信息,反映了民生情况。《百年奥运 中国成绩》(见图1-4)则是以国家体育总局的数据为基础,回望我国的奥运历程,展示了从洛杉矶奥运会许海峰为中国体育代表团射落首金,到里约奥运会中国女排第三次登上最高领奖台等奥运重要事件,借此呼应建设体育强国的主题。

① 方洁,颜冬.全球视野下的"数据新闻":理念与实践[J].国际新闻界,2013(6):73-83.
② 数据来源于Sigma Awards数据新闻奖网站。

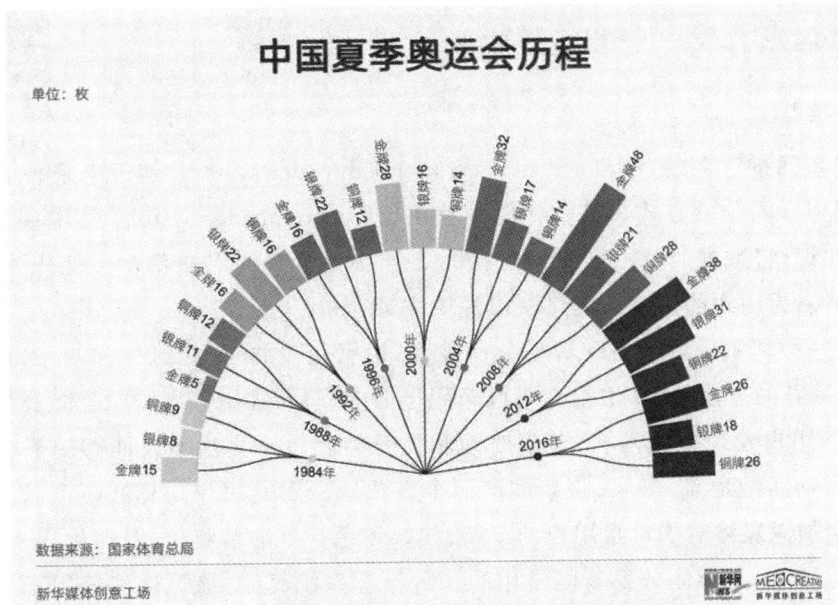

图1-4 数据新闻作品《百年奥运 中国成绩》

财新网的数据新闻集中在经济领域,由于经济数据的独特价值,财新网也开启了付费墙模式,成为全球Top9的数字付费媒体,推动了媒介经营模式的改变。2023年,财新"数字说"频道的数据新闻作品《"新工体"揭面纱:"新"在哪?相比全球豪门俱乐部主场如何》(见图1-5),以动画互动的模型展示了新工体的结构。经济数据本身更适合运用数据新闻形式呈现,建立在准确和权威基础上的财经数据新闻,满足了用户对专业、深度报道信息的需求。

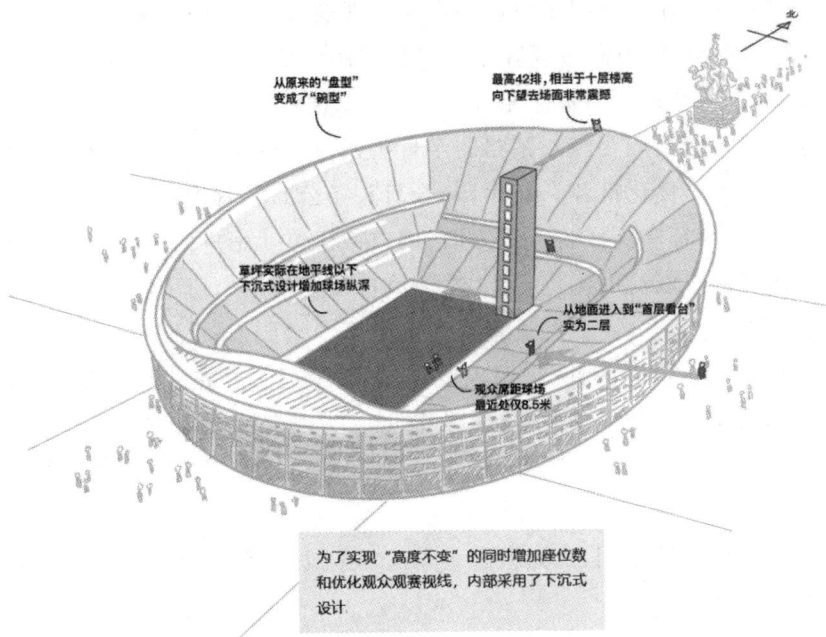

图1-5 财新网数据新闻作品《"新工体"揭面纱:"新"在哪?相比全球豪门俱乐部主场如何》

（二）信息分发——智能技术嵌入产品发布

1. 算法推荐

个性化新闻推荐系统（personalized news recommender system）是近年来备受学界和业界关注的新型新闻分发方式。其依托的推荐系统（recommender system）技术基于计算机技术、统计学知识，将数据、算法、人机交互有机结合，建立了用户和资源的个性化关联机制，在信息过载时代，为用户的消费和信息获取提供决策支持。

算法是一种利用机器学习和数据分析技术，根据用户的兴趣、行为和偏好，自动提供个性化建议或推荐的方法。[①]算法推荐可以应用于诸多领域，如电商、社交媒体、音乐和视频流媒体等，帮助用户发现新的内容、节省时间和提升体验感。算法不仅能够用于生产新闻产品，还能够自动匹配地点、场景，将新闻产品个性化地分发给用户。算法还可以用于收集用户画像，从而加深媒体对于自身用户的了解，使媒体运营更加精细化、个性化。

协同过滤算法是媒体分发新闻常用的一种推荐系统算法，该算法能够用于预测用户可能感兴趣的内容或物品，通过分析用户历史行为数据，找到与目标用户兴趣相似的其他信息，然后给目标用户推荐可能喜欢的内容或物品。它的应用场景十分广泛。

（1）电商平台：协同过滤算法可以根据用户的购买历史和行为偏好，向其推荐相关的商品或服务，提高用户购买的满意度和交易量。

（2）社交媒体：协同过滤算法可以根据用户的兴趣、关注和社交网络信息，向其推荐可能感兴趣的朋友、话题或内容，提高用户黏性和社交参与度。

（3）音乐和视频平台：协同过滤算法可以根据用户的播放历史和喜好，向其推荐类似的音乐、电影或视频，提高用户的娱乐体验和内容发现能力。

（4）新闻和文章推荐：协同过滤算法可以根据用户的阅读历史和兴趣偏好，向其推荐相关的新闻和文章，提供个性化的信息服务。

以精准推送与定制新闻为核心策略的今日头条，很早便引入了人工智能技术，采用协同过滤算法进行内容的个性化推荐。2018年，今日头条公布了其推送算法，其新闻推送综合考虑了用户特征、环境特征和文章特征三方面：用户特征包括用户的兴趣、职业、年龄、性别、使用的手机型号以及用户以往的浏览行为等；环境特征包括用户使用客户端所处的地理位置、时间、天气、使用的网络类型（手机流量或 WiFi）等场景要素；文章特征则包括文章的主题词、热度、兴趣标签、质量、时效性、来源以及相似的文章等，并在此基础上向用户推送其"关心的"新闻。[②]通过上述的推荐算法，今日头条可以实现个性化推荐、实时更新等功能，为不同用户提供更加符合其需求的内容，此外，今日头条还可以基于用户画像，进行广告推荐、商品推荐等。

未来的算法将更加注重用户分析，通过综合数据如阅读、社交、服务和实时场景等建立

---

① 陈昌凤，师文.个性化新闻推荐算法的技术解读与价值探讨[J].中国编辑,2018(10):9-14.
② 刘涛.融合新闻学[J].北京:高等教育出版社,2021.

更全面的用户"塑像",用户的个性化偏好将成为信息分发的主要依据,媒体将根据用户喜好制作相关的新闻内容,为用户提供与其个人生活场景相匹配的定制化产品,传统媒体平台在新闻分发中的控制权也将减弱,用户将拥有更多样化的新闻信息,且能够更为自主地获取新闻信息的渠道。[①]然而,算法推荐也面临一些挑战,如信息茧房、数据隐私保护、信息过滤和个人权益保护等,因此,在设计和使用算法推荐系统时,需要平衡个性化和多样性,以确保用户获得全面且公正的推荐体验。

2. 智能主播

除写稿机器人外,智能主播也是智能视听新闻生产中的重要非人类行动者。数字人的研发起步于20世纪90年代初,数字人指存在于非物理世界中,由计算机手段创造及使用,并具有多重人类特征(外貌特征、人类表演能力、交互能力等)的综合产物,包括虚拟人、智能主播等。智能主播建立在人工智能与虚拟仿真技术基础上,是脱离了"碳基"身体的主播。[②]智能主播结合了语音识别、图像应对、自然语言应对等多种技术手段,可以以数字化的形式存在,具备与真人主播相似的语音、语调、表情和动作。智能主播目前可以用于节目主持、播音、直播、配音、演讲等内容生产活动,拥有强大的信息处理能力,可在短时间内分析大量数据,为观众提供及时、准确的信息,尤其在新闻报道等领域,能够迅速整合信息,提升新闻报道的效率。智能主播具有强大的信息处理能力、多语言能力、长时间工作能力和成本优势,在一定程度上改变了传统媒体和娱乐产业的格局。[③]

目前,智能主播已经历了起步和探索阶段,随着新技术的不断涌现,智能主播技术变得愈发成熟。智能主播从拟人化、动漫化到目前的超仿真,在新闻实践中不断调整和优化。在2018年11月7日的世界互联网大会上,搜狗与新华社联合发布了首个完全仿真的智能主播"新小浩","新小浩"以主持人邱浩为原型,运用了语音合成、唇形合成、表情合成以及深度学习等技术,具备和真人主播的相同播报能力。2020年5月,全球首位3D版AI合成主播"新小微"在全国两会开幕前夕正式亮相。人类主播有上下班工作时限,而"AI合成主播"则可以实现24小时全年无休播报。[④]

2020年,中央电视台网络春晚创新引入了"数字画像"大数据盘点节目,这档节目由首次亮相的虚拟主持人"小央"主持。2021年,央视新闻联合百度智能云推出了首个AI手语主播,从北京冬奥会开始,该主播全年无休地为听障用户提供手语服务。2022全国两会期间,中央广播电视总台央视频推出了首个拥有超自然语音、超自然表情的超仿真主播"AI王冠"。这一数字形象不仅高度还原了真人容貌、表情、唇形、动作等,更是一个数据信息枢纽,能够汇聚和处理各方面资讯,与真人主播的观点输出相结合形成内容上的层次感和梯度感,

① 彭兰.更好的新闻业,还是更坏的新闻业?——人工智能时代传媒业的新挑战[J].中国出版,2017(24):3-8.

② 邵鹏,杨禹.AI虚拟主播与主持人具身传播[J].中国广播电视学刊,2020(6):71-74.

③ 吴锋,刘昭希.人工智能主播历史沿革、应用现状及行业影响[J].西南民族大学学报(人文社会科学版),2021(5):174-183.

④ 姜泽玮.AI播音与人工播音的语音差异性考察——以新华社APP智能语音新闻播报为个案[J].新闻世界,2020(9):49-54.

给观众带来全新的观看体验。

虚拟数字人在媒介领域的另一应用是数字记者。2022年9月,川观新闻首位数字记者小观数字人发布上线。数字记者"小观"可以参与重大主题策划、报道,以及资讯播报中的内容生产和传播,有效地实现了现实世界和虚拟世界的无缝交互,赋能创新表达。

图1-6 数字记者在视频栏目中的应用"小观看天"

此外,数字记者在视频化栏目中同样展现出成熟的运用能力。比如数字记者小观就有自己的固定栏目"小观看天"(见图1-6),这是一档由数字记者"小观"主持的天气预报栏目,每天更新一次,实现了常态化的栏目更新。2023年9月,川观新闻10.0版发布,川观新闻首批20名数字记者正式亮相。一方面,这些数字记者是川观新闻20位真人记者的数字化分身,真人记者在前线实地采访、数字记者在后台出镜解读,打破了时间、地点、人力的限制,从而实现了稳定持续的内容输出。另一方面,数字记者打破了传统的视频生产方式的限制,不再需要布景、妆造、灯光、摄像、剪辑,只需要输入一段文本或语音,5分钟即可生成一段3分钟的视频播报新闻,相较传统的视频拍摄方式,节省了1个小时以上的拍摄时间。

从实践来看,智能主播在不同情境下的认知互动仍是难点。虽然智能主播实现了对真人主播外形、动作的超仿真复现,但由于缺乏情境认知能力,难以建立风格独特的个人品牌与受众基础,而情境认知在很大程度上决定了播报的艺术性和创造性。比如,近年来广受观众喜爱的朱广权的"花式"播报、撒贝宁主持的"神救场"以及康辉的"草根"Vlog等真人主持创作的"名场面",都源于对特定情境的及时感知和细致理解[1],而智能主播无法完成这种个性化的二次创作,无法主动核实纠正稿件内容或逻辑错误,也无法处理紧急事务和应对突发状况。此外,由于输入文本存在瑕疵或技术与网络安全等问题,智能主播同样有可能出现播出事故甚至引发技术伦理问题。

从语音合成技术来看,目前机器合成的语音虽然在语气、语调、停顿等细节处理上与真人相似度大幅提升,但与真人音色相比缺少情感变化,总体仍存在差距。想要改进语音技术,需要在对真人记者主持人的声音数据进行采样的基础上,训练出智能主播本人特有的情感化声音,从而进一步提高视听内容的质量。

【案例1-1】

新华网推出超写实数字人"筱竹"

2022年,新华网成立数字人实验室,开启"全方位、全流程、全链条"的数字人研究、生产、

---

① 王秋硕,鲁昱晖.智媒时代播音主持艺术的创作嬗变与价值考究——以"AI合成主播"为例[J].中国电视,2021(4):86-91.

运营全模式,全方位打造数字人、全流程开发和应用数字人信息技术、全链条开展数字人IP运营和媒体融合。2022年6月1日,新华网第一个超写实数字人"筱竹"上线(见图1-7),两天后的端午节,由新华媒体创意工场打造的首支数字人创意视频《端舞安康》推出,筱竹作为中华文化推荐官出现在视频中。作为新华网推出的首位数字人,筱竹是"科技+文化"深度融合的产物,既代表着数字技术的前沿成果,也蕴含着丰富的国潮元素。筱竹的名字灵感源自诗句"咬定青山不放松,立根原在破岩中","竹"在中国传统文化里象征着中正、坚韧、质朴、奋进、高洁的品格,担任中华文化推荐官的筱竹,所承担的使命是向世界传播中国文化,讲述中国故事。(资料来源于澎湃新闻)

图1-7 新华网推出数字人"筱竹"

(三)新闻体验——可视化与临场体验

1. VR(虚拟现实)新闻

VR技术是一种建立在计算机模拟(computer simulated)和沉浸式多媒体(immersive multimedia)技术基础之上的新型科技,其主要特点是能够高度仿真地模拟现实情境,让使用者获得身临其境的"体验",甚至与其进行交互。VR新闻(virtual reality journalism)建立在VR技术基础上,具有沉浸式、交互式的特点,且能创造丰富的想象空间,是一种使观众能够获得新闻中的故事或者场景的第一人称视角体验的新闻。运用VR技术能够建立媒体用户与现场的新关系——"临场",即进入现场。[①]VR新闻能够改善用户的感官体验,增强新闻用户在新闻事件中的"临场感"或"进入感",还可以激发用户的想象。目前,VR普遍运用于新闻纪实、娱乐、体育赛事或现场难以复制的新闻事件报道,适合画面感强、有视觉冲击力的新闻报道。

在VR新闻中,用户不再是简单地看、听、读新闻,而是在亲历新闻事件,感受沉浸式新闻(immersive journalism)。传统的新闻报道往往只能通过文字和图片来描述事件的发生和影响,而虚拟现实技术可以让受众仿佛置身于现场。例如,在报道自然灾害时,通过虚拟现

---

① 彭兰.更好的新闻业,还是更坏的新闻业?——人工智能时代传媒业的新挑战[J].中国出版,2017(24):3-8.

实技术可以让受众目睹灾情的严重程度,真切感受灾民的痛苦和困境,从而更深刻地理解事件的影响和紧迫性。虚拟现实技术也能够增强新闻报道的可信度和真实感,在传统的新闻报道中,受众往往只能通过文字、图像段落来想象事件的发生过程,容易产生主观臆断或误解,而通过虚拟现实技术,新闻媒体可以将受众带入事件的"真实"环境中,让他们亲身感受事件发生时的声音、光线、气味等细节,增强报道的真实感和可信度,这对于一些重大事件或复杂问题的报道尤为重要,可以减少信息传递中的偏差和误解。

VR视频360°的观看形式,决定了VR视频的拍摄制作与传统视频有较大不同。在设备选择上,便携易操作的拍摄工具是首选。轻巧的VR视频拍摄设备更符合新闻报道场景多样性的要求,便于记者携带、移动报道以及实时响应。同时,还需要根据拍摄任务选择合适的产品配件,合理的配置能起到优化拍摄效果和减少后期修饰的作用。在拍摄方式上,如果是大场景拍摄,可以选择移动拍摄和定点拍摄两种方式;如果是小场景拍摄,最好选择定点拍摄,否则会使观众"应接不暇",产生眩晕感。比如在浙江新闻客户端《720°VR看"十三五"》系列报道中,面对宁波舟山港集装箱码头这一大场景,记者采用移动拍摄,在稳定呈现码头场景的前提下,尽可能地丰富画面内容,增强身临其境感。在移动拍摄过程中,镜头的朝向也要尽量保持不变,让观众能够明确移动走向,找到"方向感"。而当记者到达桥吊操作室后,则转换为定点拍摄,避免了拍摄设备晃动。

在国外,《纽约时报》对VR新闻的探索成果较为丰富。2015年,《纽约时报》推出NYT VR,这款虚拟现实移动应用APP总共上线了20多个VR纪录片,题材涉及难民故事(如《The Displaced》)、漂泊不定的电影明星(如《Take Flight》)以及太空漫游科幻故事(如《Seeking plutos Frigid Heart》)等。

《纽约时报》的VR报道,采用的是传统的新闻纪录片叙事方式,因此,这些报道实际上只是将VR技术应用于电视(视频)新闻中,并没有触及VR新闻存在的虚拟叙事逻辑"去中心化"的问题。VR新闻以全景视频呈现的自由视角的画面,给用户提供了第一人称视角的参与感,其"深度沉浸"和"高度参与"的特性让新闻叙事失去了固定的镜头和焦点。这就要求记者编辑探索全新的叙事方式和叙事逻辑,通过及时和充分的逻辑引导,让用户了解其中的新闻点和内涵,不致"迷失"。

在国内,我国主流媒体自2015年就开始制作VR新闻。人民日报社在2015年"九三阅兵"期间推出了VR直播,让用户能够亲身体验阅兵现场氛围;2016年5月,新华网上线VR/AR新闻频道,并形成固定栏目;2019年2月,央视网正式推出VR沉浸新闻栏目,该栏目结合重大主题制作的VR新闻得到了广泛认可。

自2016年起,央视在诸如全国"两会"、里约奥运会等重大事件的报道中,引入了VR技术进行同步直播,并持续在专题报道领域探索除现场报道外的创新形式。通过实现多平台的内容推送,央视构建了一条具有独特特色的传播链。2022年北京冬奥会期间,央视VR频道推出"VR全景看冬奥广场",用户按照指引打卡大型立体吉祥物冰墩墩和雪容融、大屏云转播,以及中心舞台、冰雪体验区、非遗文化展览区、志愿者服务区等冬奥场地,足不出户便可近距离感受冬奥氛围。

2016年,财新传媒、中国发展研究基金会和联合国千年发展目标计划合作,首次尝试使用VR技术拍摄反映贵州松桃大湾村中围绕留守儿童和山村幼儿园的乡土社会图景的VR新闻纪录片《山村里的幼儿园》（见图1-8），并将镜头对准贵州松桃、湖南古丈等地的留守儿童、进城务工父母以及在农村工作的志愿者教师。拍摄团队使用虚拟现实手法360度展示农村留守儿童的生活状态，让观众能够深入了解这个特殊群体，引发社会对留守儿童问题的关注。

图1-8　VR影片《山村里的幼儿园》画面

VR新闻不仅代表了新闻素材采集与呈现的一种革新手段与沉浸式体验，它还标志着新闻叙事模式的一次全新转型。在VR技术尚未完全成熟的情况下，这种新的叙事模式还处在探索阶段。未来，VR新闻需要在保持新闻业"真实性"传统的基础上，形成独特的成熟叙事模式与风格，这将是它所面临和需要解决的问题。[1]

2. 智能音频

从便携式盒式磁带播放器、MP3播放器、iPod，到智能手机、智能音箱、智能车载，音频新闻的载体和介质在不断革新。作为人工智能技术的重要应用领域，音频行业涌现出一大批智能应用，如AIGC音频创作、AI主播＋AI续写、ASR自动语音识别、SP音频处理、内容推荐等，音频智能化为新闻生产提供了新介质、新渠道，掀起一场新的变革。智能音频媒介成为视觉化生活的解读者，缓解了受众的"视觉疲劳和信息焦虑"[2]，让听觉媒介在深度媒介化的智能社会中重新焕发生机。

智能音箱是目前最常见、受众面最广的智能音频介质之一。2014年11月，亚马逊推出了智能音箱Echo。2016年5月，谷歌推出了智能音箱Google Home。与此同时，三星公司的智能音箱Bixby和微软公司的智能音箱Cortana也先后投入市场。在中国，阿里巴巴公司推

---

① 常江.虚拟现实新闻：范式革命与观念困境[J].中国出版，2016(10)：8-11.
② 李雪娇，胡泳.听觉复兴：从"媒介四定律"看中文播客的解构与重构[J].中国编辑，2022(12)：77-81,91.

出的天猫精灵和小米公司推出的小米智能音箱也逐渐成为该市场的强有力的竞争者。[①]

　　智能音箱的功能很丰富。首先,智能音箱具有语音识别和语音控制的能力,用户可以通过简单的口令与音箱的内置语音助手进行交流。无论是播放音乐、查询天气、控制家居设备,还是获取新闻资讯,只需轻轻一声"你好,音箱"语音指令,就能实现各种操作。这种语音交互的方式极大地方便了用户,节省了时间和精力。其次,智能音箱拥有强大的音频播放功能。只要连接到互联网,智能音箱可以随时随地播放各种音乐、电台节目和播客。用户可以根据自己的喜好选择不同类型的音乐,或者通过语音命令来播放指定的歌曲。此外,智能音箱还可以提供高质量的音效,给用户更好的音乐享受。

　　智能音箱的主要应用场景是家庭。由数字文本和影像构成的视听世界让人眼花缭乱,引发麦克卢汉所说的媒介"断裂界限",当媒介过于繁忙时就会发生反作用。智能音箱能帮助使用者从屏幕的视听冲击中解脱出来,尽情享受智能音箱在做清洁、烹饪、锻炼等居家时间提供的静默陪伴。智能音箱的核心是一套语音交互系统,其中包含了自动语音识别、声纹识别、对话状态维护、自然语言理解、文本到语音合成、自然语言生成等关键技术。随着算法的优化和用户数据的积累,智能音箱不仅能够理解说话者的意思,还能辨认说话者的身份,并根据用户的喜好提供个性化的服务。借助物联网,智能音箱通过与其他智能设备的连接,可应用于更加广泛的场景。比如,在健身房里,它可以作为个人教练,为用户提供运动指导和鼓励;在厨房里,它可以作为食谱助手,提供菜谱和烹饪技巧。智能音箱的功能不断扩展,为用户带来更多的乐趣和便利。

　　数字音箱给传统新闻媒体带来了新的机遇,也带来了新的挑战。根据美联社的战略部主管和人工智能部联合主管弗朗西斯科·马尔科尼所言,语音指令技术是继因特网和移动可触设备之后,为新闻媒体带来第三次变革的技术。然而,目前使用智能音箱消费新闻产品的体验还并不完美。由于当前的人工智能技术尚在发展阶段,传统新闻媒体依旧需要不断调整和改善新闻产品,以适应智能音箱这一新兴智能媒体。

3. 元宇宙

　　元宇宙(Metaverse)也称为后设宇宙、形上宇宙、元界、超感空间、虚空间,科学家钱学森将其命名为灵境。元宇宙是一个可与现实世界交互的网络虚拟空间,其中所有事件都是实时发生的,且具有永久的影响力。关于"元宇宙"的概念,至今没有准确的定论,维基百科这样描述"元宇宙":元宇宙是通过虚拟增强的物理现实,呈现收敛性和物理持久性特征的、基于未来互联网的具有连接感知和共享特征的3D虚拟空间,是所有虚拟世界、增强现实和互联网的总和。元宇宙作为下一代互联网集大成者,充分融合AR/VR等新一代交互技术、5G、区块链、边缘计算、人工智能等新一代信息化技术,为用户提供了一个充满无限可能性的虚拟平行宇宙,也为包括新闻业在内的各领域提供了良好的发展机遇。"元宇宙"一词源自作家尼尔·斯蒂芬森的科幻小说《雪崩》,在这部小说中元宇宙被设定为一个互通虚拟与现实的开放平台,由闭环经济体构建而成。因此,元宇宙被认为是虚拟现实、区块链和人工智能

---

①　张建中,弗雷迪·梅修.智能音频与新闻媒体未来的发展[J].青年记者,2020(34):82-83.

等技术的结合,其将现实与虚拟相融合,创造了一个全新的数字世界。[①]在元宇宙中,人们可以身临其境地参观名胜古迹、探索未知的星球、与虚拟的人物互动等,这种沉浸式的体验将会大大拓展人们的想象力和创造力,使艺术、文化和娱乐产业得到极大的发展。元宇宙也可以为人们提供各种教育和培训的机会,例如,元宇宙可以通过模拟真实场景,使学习变得更加有趣和高效。

2021年被称为中国元宇宙元年。2021年初,Soul在行业内提出要构建"社交元宇宙"。2021年8月,海尔发布了制造行业首个智造元宇宙平台,实现智能制造的物理和虚拟的融合,带来"厂、店、家"跨场景的体验。2021年8月,字节跳动收购VR创业公司Pico。2022年11月,作为卡塔尔世界杯持权转播商,中国移动创新推出世界杯元宇宙比特景观,打造了5G时代首个世界杯元宇宙,创造了几个"首次":国内首创批量数智人参与全球顶级赛事转播和内容生产;首创中国自主知识产权音视频标准商业化播出;首创5G+低延时转播方案;首创基于3D渲染引擎的裸眼3D视频彩铃;首创多屏多视角"车里看球"智能座舱(覆盖2022年80%以上新能源车企);首创基于5G+算力网络+云引擎的比特转播,并实现跨手机/平板/VR/AR/大屏等多终端的全新体验。世界杯期间,登录中国移动咪咕全系产品,领取专属比特数智人身份的首批"元住民"超180万,元宇宙互动体验用户超5700万。

随着元宇宙的发展,大量的新兴产业和就业机会将会涌现。从虚拟货币的交易所到虚拟商品的设计和制造,从元宇宙平台的开发到虚拟现实设备的制造,这些领域都将成为新的经济增长点。同时,元宇宙还将带动传统产业的转型升级,例如旅游业可以通过在元宇宙中展示景点和提供虚拟导游服务来吸引更多的游客。元宇宙还将对社交关系产生深远的影响,在元宇宙中,人们可以与世界各地的人们进行交流和互动,打破时间和空间的限制,促进跨文化交流和理解。同时,元宇宙还可以为人们提供一个安全、匿名的环境,使得那些在现实世界中受到歧视或排斥的群体能够找到归属感和支持。

同样,元宇宙也面临着挑战和风险。首先是技术方面,如保护用户隐私和数据安全,防止虚拟现实设备对人类身体和心理健康的潜在影响等。其次是法律和伦理问题,如虚拟财产权的确立、虚拟现实中的道德规范等。随着元宇宙建设的推进,这些问题需要政府部门、科技公司和社会各界共同努力解决,并制定相关政策和规范。

【案例1-2】

亚运元宇宙

2023年8月10日,杭州亚组委联合中国移动正式发布"亚运元宇宙"平台(见图1-9),推出我国首个大型国际综合体育赛事元宇宙,包含亚运知识科普与问答、虚拟竞技、元宇宙观赛、智能互动、AIGC个人藏品等。"亚运元宇宙"由Web 3D开源互动图形引擎开发而成。通过融合AI智能、数字孪生、VR等技术打造亚运场馆、城市文旅、亚运个人藏馆三大创意空

---

① 喻国明.未来媒介的进化逻辑:"人的连接"的迭代、重组与升维——从"场景时代"到"元宇宙"再到"心世界"的未来[J].新闻界,2021(10):54-60.

间,推出亚运知识科普与问答、虚拟竞技、元宇宙观赛、智能互动、AIGC个人藏品等创新体验,实现了用户以虚拟人方式游城、观赛和竞技等多种功能,用户不仅可以和亚运会吉祥物对话、学习亚运知识、游览城市美景、参与虚拟实境热门赛事项目,还能见证亚运火炬传递、开闭幕式等重大活动的直播互动。

图1-9　杭州亚组委联合中国移动正式发布"亚运元宇宙"平台

第二节　智能视听时代新闻从业者的素养

一、培养全媒体思维与跨媒体传播能力

在"人人都是记者和编辑"的时代,新闻教育必须建立全媒型人才的培养理念,改革传统教学体系,着力培养学生的跨媒体传播能力。媒体在全面深融、换道赛跑的过程中,只有解决在人机协同中遇到的问题、强化专业核心竞争力、发挥专业优势,才能寻求更好的发展。[1]

未来,传媒业的界限将逐渐模糊,版图将重新构建。新闻传播学科的发展将呈现交叉融合的趋势,与大数据、云计算等技术的结合也将更加密切。媒体行业日新月异,在智能媒体时代,除了需要专业的内容创作能力外,还需要具备信息辨别、采集、筛选、加工、整合、审查和分发等综合素养。[2]传媒从业者要能灵活应对各种挑战和问题,需要有创新思维,不断寻找新的报道方式和表达方式,以吸引观众的注意力。同时,传媒工作者还需要具备解决问题的能力,能够迅速应对突发事件和困难。

① 方雪琴.内容生产的变革与新闻教育的转型[J].当代传播,2011(3):103-105.
② 李明德,陈盼盼.不忘本来·吸收外来·面向未来——智媒时代的新闻传播教育[J].新闻战线,2020(3):50-52.

　　参与式传播文化在Web2.0时代兴起,促使传媒与公众共享话语权,推动个体化的内容创作的涌现。公众拥有了多样化的途径来行使对新闻的解释权利。首先,公众可以主动参与新闻事件的讨论和辩论,表达自己的观点和看法。其次,公众可以通过社交媒体等平台,分享自己对新闻事件的解读,与他人进行互动和交流。公众还可以选择性地获取信息,从不同的媒体渠道获取不同的观点,以便进行比较和判断。在这种新的传播逻辑下,如何掌握对公共事件的解释权,成为新闻工作者需要考虑的重点。

　　国内新闻媒体经过约十年的融合发展,普遍建立全媒体采编体系,这就更需要高校在进行新闻人才培养时着力提升未来从业者的全媒体思维和技能。未来新闻从业者应该清楚了解各种类型媒介的传播特性,能够使用合适的视听技术手段呈现内容,学会根据不同媒介特点进行新闻文稿写作和制作,能够运用文本、音视频、网络等多种形式叙事,并根据不同媒介的要求将产品以最好的方式展示在适合的媒介上。

　　多终端媒介平台的综合管理能力,是传媒工作者必备的素质。对主流媒体的工作者而言,有两个能力是必须具备的。首先是复杂媒体环境下的议程设置能力,包括在热点事件当中发声定调、在敏感事件当中引导舆论等一系列正面叙事的能力。其次是创新创造能力,特别是新质生产力的理解和运用能力,包括媒体智能化、视频化、智库化的转型。智能媒体时代的新闻教育也应致力于跨学科整合,应强化文理知识、跨文化思维、多学科专业理论的传授,以满足业界、市场对人才的需求,就教育手段与方法而言,要坚持理论与实践相结合的原则。

二、人工智能技术对新闻教育的影响

　　当前,人工智能技术正在快速渗透到社会的各个领域,新闻业也正经历着人工智能应用的蓬勃发展。新闻教育从业者面临一个重要问题:面对深度媒介化的社会和人工智能技术对新闻业的影响逐渐加大的趋势,新闻教育该如何做出回应?人工智能技术改变了市场对新闻人才的需求,新闻从业者除了需要掌握传统的采写编评技能,还需要了解、学习大数据、物联网、人工智能等新技能,与时俱进地了解、学习全球传播新技术。人工智能技术优化了新闻传播教育的范式,可以辅助学生更好地理解和应用新闻规律,提高新闻生产效率和质量,激发学生学习的主动性、创造性和实践能力。人工智能技术通过赋能教师教学,提升教育教学手段和质量,提供个性化、精准化的教学,真正做到因材施教。人工智能技术还可以弥补学生的学科短板,打通学科壁垒,实现跨学科交流和融合,拓宽学生知识面和视野。

　　人工智能技术改变了新闻业运行逻辑,也促使高等院校新闻传播专业重新调整教育理念、培养计划、课程安排和教学方法等,如国内不少新闻学院在近年增设了数据分析、人工智能与数据科学、融合新闻等课程,以适应新闻传播业融合化、智能化的变革。[①]

　　人工智能驱动的新闻教育理念的转变是对以往理念的升级,这种改变并不意味着摒弃

---

　　① 陈刚,单佳豪.作为实践的技术与开放式培养:新闻传播实务教育的创新探索研究——基于四所院校本科生培养计划的考察(2013—2022)[J].新闻大学,2024(5):15-31,117.

传统理念中的新闻真实性、新闻价值和客观性,而是推动新闻教育从大众化向个性化发展。传统媒体教育受到师资和技术等方面的限制,只能进行大众化教育,而人工智能的虚拟现实和增强现实技术为个性化学习奠定了技术基础。新闻传播领域的革新取决于两个因素,技术演化和人的行为模式演化。尽管无人敢声称自己能够预测未来,但新闻传播领域的变化趋势已非常明显,即技术演化与人的行为模式紧密贴合、协同发展,主要表现在大数据利用和人机对话两个方面。互联网及各类终端作为基础设施的全面普及,个人、媒体、互联网企业和国家层面的信息交换,都将围绕数据的采集、分析利用和人机对话来进行。

人工智能教育融入新闻传播教育的过程中,容易出现倚重工具理性而忽略价值理性的问题。"技术进步赐予人类以极大的物质与社会力量,但人类却没有驾驭这股力量的能力,反而受其支配"[1],这最终导致"文化向技术投降"[2]。生成式人工智能在文本、图像和视频生成方面的强大功能固然能为学生提供前所未有的便利,但同时也可能引发过度依赖和去主体化的现象,使得知识的生产逐渐向"机器"让渡。因此对新闻传播教育而言,面对人工智能技术引发的连锁反应,除了积极拥抱变革外,还应重视对新闻业经典理念、理论和科学规范的教育,提升学生精神层面的训练。

本章知识脉络

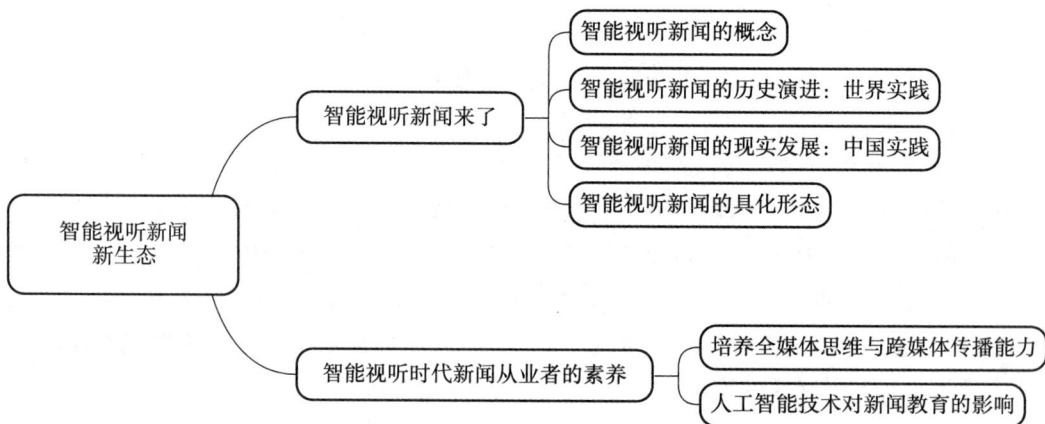

```
                                                  ┌─ 智能视听新闻的概念
                                                  │
                              ┌─ 智能视听新闻来了 ─┼─ 智能视听新闻的历史演进:世界实践
                              │                   │
                              │                   ├─ 智能视听新闻的现实发展:中国实践
  智能视听新闻                 │                   │
  新生态 ────────────────────┤                   └─ 智能视听新闻的具化形态
                              │
                              │                                  ┌─ 培养全媒体思维与跨媒体传播能力
                              └─ 智能视听时代新闻从业者的素养 ────┤
                                                                 └─ 人工智能技术对新闻教育的影响
```

思考题

1. 阐述智能视听新闻的发展历程。

2. 智能视听新闻的具体应用形态有哪些? 分别有什么特点?

---

① 赫伯特·马尔库塞.工业社会和新左派[M].任立,编译.北京:商务印书馆,1982.

② 尼尔·波斯曼.技术垄断:文化向技术投降[M].何道宽,译.北京:北京大学出版社,2007.

第二章

智能视听新闻报道基础

◆ **本章导读**

本章将介绍智能视听新闻报道的软硬件基础,包括信息技术、采编工具和生产平台,阐述主流媒体与商业机构在新闻生产方面的新进展,并探讨智能视听新闻报道在智能视听时代的传播价值与理念规范。

◆ **学习目标**

· **知识目标**

1. 了解智能视听新闻的硬件基础和软件工具。

2. 了解主流媒体和商业机构的智能生产平台。

· **能力目标**

1. 掌握智能视听媒体的常用软件工具。

2. 理解智能技术与新闻生产的辩证关系。

· **素养目标**

1. 培养平台思维,丰富新闻表达形式。

2. 了解智能媒体环境下的新闻价值塑造。

第一节 硬件基础:信息技术

智能视听新闻报道的硬件基础指支撑智能视听新闻发展的信息技术条件,信息基础设施是智能视听传播得以实现的前提。5G技术以及物联网技术是智能视听新闻形态呈现的技术环境,是沉浸式新闻创造和传播的基础。这些技术硬件基础决定了智能媒体与传统媒体的不同。

一、信息技术基础设施

信息基础设施是指光缆、微波、卫星和移动通信等网络设备,它们是国家信息化建设的支柱,是社会生产和人民生活中不可或缺的一部分。通信网络基础设施(如5G、物联网、工业互联网和卫星互联网),以及新技术基础设施(如人工智能、云计算和区块链),还有算力基础设施(如数据中心和智能计算中心),都是新一代信息技术。

在传统视听新闻传播时代,广播是一种通过无线电波或导线向特定范围内播放声音和图像节目的大众传媒。根据传输方式的不同,广播可以分为无线广播和有线广播。广播通过点对点信号传输来传播声音和图像节目,接收者需要具备相应的接收设备,这些都是广播传播系统的构成要素。电视则是一种使用电子技术传输图像和音频信号的设备,也是重要的视频接收工具。

1834年,世界上第一家通讯社哈瓦斯社开始建设信息的工业设施,并使用电报网络。随着大西洋海底电缆的铺设和四大新闻通讯社对全球新闻市场的划分,新闻传播速度方面的竞争已经蔓延到全球。信息本质上扮演者联结时间与价值的角色,构成了工业时代媒体特有的时效性的基础。基于此,时事新闻和信息均被视作商品,而作为商品的新闻价值取决于其传播速度,越是鲜为人知,其潜在价值越高。各新闻机构都竭尽所能缩短新闻生产和传播的时间,以确保新闻的"新鲜",并避免任何中间环节的延误。电报技术确保了新闻能够以最快的速度传播,其速度已经超过了人类感知的极限,实现了几乎无延迟的传播。[1]

新技术不仅打破了时间和空间的限制,还建立了更多的新联系,使事物之间产生了更多的新关联。对于新闻行业而言,电报和遍布各地的电缆使得本地新闻和那些没有时效性的新闻失去了登上报纸上的核心位置的机会。最开始,电缆的铺设范围和信息发布的费用都相对较高,是各家媒体争夺的资源。当整个行业普遍采用新的信息技术基础设施以追求更快的信息传递速度时,信息的传播速度变得比信息来源更加重要。新闻时效性的地位被提到了前所未有的高度。更重要的是,随着信息基础设施建设带来的传播速度的提升,时效性成了一种新的媒体商业价值。

二、5G技术

5G技术即新一代无线移动通信网络,主要用于满足2020年之后大众的移动通信需求。2019年6月,工业和信息化部正式向中国移动、中国电信、中国联通和中国广播电视网络有限公司发放5G牌照。同年年底,全球首个700MHz+4.9GHz的5G基站在湖南长沙开通,至此,广电进入5G商用时代。如今,5G科技带来的超高清视频早已融入大视听全场景产业

① 吴璟薇.基础设施与数字时代的新闻价值变迁:对媒介技术、新闻时效性与相关性的考察[J].西北师大学报(社会科学版),2022(4):94-102.

链。从传统端到移动端、从大屏到小屏、从供给端到消费端,5G赋能超高清视频深入大众的生产生活。视听产业对视听体验的追求一直没有停止,从宽带普及、3G时代、4G时代到如今的5G时代,几乎每一场科技变革都会引发内容产业的升级,而超高清视频和裸眼3D等新技术的应用,是5G为视听产业带来的"科技红利"。

5G给视听产业带来的最直观价值,就是让超高清视频得以实现并普及。在此之前,超高清视频在国内的推广有着诸多困境,比如上游制作的成本压力大,下游终端消费者缺少体验和观看渠道等。5G依靠"5G+云计算"等技术,有效解决了上游的生产效率问题。云编辑、媒体AI、媒体处理等云服务,让超高清视频大体量的素材可以实现加工云端化,并通过5G高速上传下载。5G网络大带宽、超可靠、低时延的特性,保证了超高清视频的快速传输,优化了超高清视频的传播效率。与此同时,随着5G商用化落地,能播放超高清视频的手机、电视等播放终端如今已经成为市场主流。

对高清视频"情有独钟"的不仅仅是广电行业,以腾讯视频、爱奇艺、咪咕视频、华为视频等为代表的视频平台以及喜马拉雅、华为音乐、云听等声音平台,为了提升用户视听体验,也相继为会员提供超高清音视频(HDR Vivid、Audio Vivid)服务。比如腾讯视频的"臻彩视听"、爱奇艺的"帧绮映画"、华为视频的"AiMax"和咪咕视频的"原画HDR";喜马拉雅有声剧"白夜剧场"、华为音乐的空间音频专区、云听APP的菁彩声专区等。

在这场变革中,唯有善用科技者能胜出。最具代表性的案例莫过于近几年的视频平台的"黑马"——咪咕视频。在2022年世界杯直播期间,咪咕视频用HDR Vivid+高帧率还原比赛现场真实画面,获得亿万球迷的一致好评,咪咕视频也脱颖而出,在竞争激烈的视频行业凭借超高清视频技术实现"逆袭"。

在这场科技风暴里,不仅有"黑马"弯道超车,行业内的头部企业也在与时俱进,用5G科技武装自己,音频行业也不例外,比如喜马拉雅。此前,喜马拉雅联合华为TWS耳机FreeBuds Pro 2用菁彩声(Audio Vivid)模式推出专辑《李昌钰·罪案剧》。用户可切换电影院、有声剧场、音乐厅等不同渲染模式,获得身临其境的体验感,被故事代入其中。不同主题能够呈现不同的氛围感,也赋予故事更高级的质感,一举刷新了音频行业的既有收听体验模式。对5G科技进行探索的勇气,也是喜马拉雅能稳坐音频行业龙头老大位置的原因。

在视觉传播领域,5G技术的引入推动了视频媒体的崛起,社会核心表达和关键交流方式被视频取代,这是一个明显的变化趋势。尽管短视频具有快速和生动的特点,但由于其时长较短,缺乏主流和关键逻辑表达所需的深度、严谨和周全性,对主流表达的影响仍然有限,因此,利用5G的高带宽和高速率优势,中长视频能够更好地展现自身的价值,并成为必然的选择。[①]

---

① 喻国明.5G:一项引发传播学学科范式革命的技术——兼论建立电信传播学的必要性[J].新闻与写作,2019(7):54-56.

【案例 2-1】

央视频"珠峰十二时辰"5G直播

2020年4月,中央广播电视总台央视频5G新媒体平台联合中国电信推出"珠峰十二时辰"系列慢直播(见图2-1),首次向全国观众360度全景呈现了珠穆朗玛峰24小时实时景观变化。

图2-1 "珠峰十二时辰"系列慢直播

央视频依托中国电信"5G+云网"技术,通过4K高清画面和VR视角,让万千网友足不出户便可欣赏到珠穆朗玛峰的壮美与险峻,以"身临其境"的方式体验这场全球海拔最高的"慢直播"。此次"珠峰十二时辰"慢直播共设置了"珠峰VR""珠穆朗玛峰""珠峰大本营""珠峰绒布寺"四个观看视角,用户在央视频直播页面中根据喜好切换视角,并可以在页面下方进行评论互动。在"珠峰VR"视角下,观众还可通过触控屏幕或转动手机,自由切换观看角度,实现在海拔5000米以上高度360度看珠峰。(资料来源于央视频)

三、物联网和智能硬件设备

物联网是智能传播的基础设施。物联网的主体由通信互联网、能源互联网和物流互联网三大关键部分共同构成,为在一个高度互联的、跨越时空界限的全球化超级智能网络中将所有人和物集合起来提供了认知神经系统和基础物理手段。在智能媒体时代,物联网基础设施以其开放式、分布式、协同化的特点,推动了信息、创意和内容等媒介产品生产力和生产效率的提高。每一个被物联网所连接的物体都将具备智能媒体的属性,小到一块手表大到一台汽车,都将被植入一定的智能媒体。一旦接入物联网,它们就会开始实时地自我监控并全面地记录、分析和洞察我们的生活,在需要的时候它们还会主动与我们交流。

信息技术、机器学习、传感器及实时分析等多系统融合而成的物联网,对新媒介发展产生了至关重要的影响。IoT的概念源于美国麻省理工学院(MIT)在1999年建立的自动识别中心(Auto-ID Labs)提出的网络无线射频识别(RFID)系统,即把所有物品通过射频识别等信息传感设备与互联网连接起来,实现智能化识别和管理。①狭义上的物联网指连接物品和物品的网络,实现物品的智能化识别和管理;广义上的物联网则可以看作信息空间与物理空间的融合,将一切事物数字化、网络化,在物品之间、物品与人之间、人与现实环境之间实现高效信息交互,并通过新的服务模式使各种信息技术融入社会行为,使信息化在人类社会的综合应用达到更高境界。②

物联网不仅仅是一个科技概念,它也是一种全新的网络技术应用。在互联网应用的早期,人们意识到互联网具有解放人类思想和实现传播自由的巨大潜力,而如今,网络数字技术让人们能直接连接到整个物质世界。随着全球信息通信的发展,这种现象变得更加普遍。从短距离的移动设备到长距离的设备和日常用品之间的通信,物联网催生了人与物、物与物之间的新型通信模式,信息技术和通信技术给世界增添了新的发展维度:过去只能在人与人之间进行的信息交流,现在可以在任何物体之间进行。

智能硬件就是借助物联网技术,使设备与设备之间产生互动,实现智能化、自动化的生产和生活。如今智能家居如智能音箱、智能摄像头、传感器等都成为新的智能媒介,可用于采集和处理媒体内容。智能硬件设备具备高精度、低延迟和高效能的特点,能确保采集到的数据的质量。传感器新闻就是媒体工作者利用传感器进行数据挖掘,并在此基础上形成的更为专业化、精准化、格式化的新闻报道。它是智能媒体时代的新的新闻生产模式,是传感技术与数据新闻相结合的产物。

传感器新闻依托物联网、大数据技术,将信息采集功能运用于新闻生产过程中,提升了新闻报道的科学性和准确度。传感器新闻是利用传感器来生成或收集数据,并通过分析、可视化数据来支持新闻报道。因此,传感器在感知的广度、深度、准确度等方面有着显著的优势,例如监控摄像头、GPS系统、无人机、智能眼镜等都可作为传感器采集信息。新闻媒体对数据信息的需求增加,以及通过传感器来采集数据信息成本的降低是传感器新闻兴起的主要原因。传感器新闻使得新闻信息的采集从公共场合单纯的人类观察,提升到技术层面的全面监控。传感器新闻在为媒体提供更大发展空间的同时,也带来了安全、法律及伦理等问题。③

2015年10月,央视推出了数据新闻专题《数说命运共同体》(见图2-2),是使用传感器进行数据采集和挖掘的典型案例。新闻中,五位数据分析员利用21天的时间对从GPS系统获取的"全球30万艘大型货船轨迹"进行了分析。他们比对了超过120亿行的航运数据,在数据分析中发现,过去一年里,途经"一带一路"沿线主要国家的海上货运量增加了14.6%,而同期全球航运总量仅增加了3.8%,从而证实了"一带一路"共建国家40多亿百姓有着休戚

① 高钢.物联网和Web3.0:技术革命与社会变革的交叠演进[J].国际新闻界.2010(2):68-73.
② 孙其博,刘杰,黎羴等.物联网:概念、架构与关键技术研究综述[J].北京邮电大学学报,2010(3):1-9.
③ 朱杰,李洪力.技术哲学视阈下的传感器新闻研究[J].新闻论坛,2017(5):9-13.

图 2-2　央视数据新闻专题《数说命运共同体》

相关的密切联系。[①]对于这个专题中核心数据的挖掘来说,GPS 系统是至关重要的,因为它是与地理位置相关的传感系统。另外,央视联合百度推出的《数说春运》也是基于 GPS 等地理位置数据创作的新闻产品,描绘了中国人在春运期间的大规模迁移轨迹和旅途的故事。

　　相比传统媒体的图像、声音和文字,现实场景中的信息更加丰富多元,比如温度、重量等,因此,传感器等智能硬件设备提供的是更加多元的环境数据信息,包括图像或图像信息的抽象表达,以及对整合文字、声音、图像、视频这四个最主要人类感知信息源提供补充的多模态环境信息。结合传感器,AI 才有了真正的环境理解能力和在场感。智能传感器未来将广泛存在于各种环境、物及人上,获取过去人力无法企及的数据,这些数据可以帮助媒体从新的角度揭示和描述新闻事实。[②]传感器新闻生产流程如图 2-3 所示。

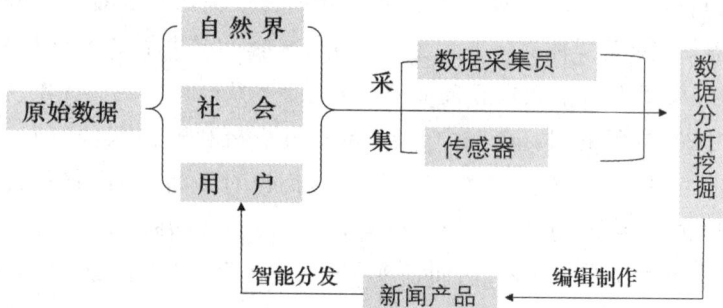

图 2-3　传感器新闻生产流程

---

　　① 央视网.数说命运共同体:远方的包裹[EB/OL].(2015-10-03)[2024-09-21].https://tv.cctv.com/2015/10/03/VIDE1443870897485935.shtml.

　　② 彭兰."传感器"与"新闻"的相遇会带来什么?[J].新闻论坛,2017(5):7-8.

第二节　软 件 工 具

视听新闻在内容创作、用户分析、传播过程等方面迎来变革，除了依托网络信息技术的基础设施、物联网、人工智能硬件设备以外，高效的数据处理、技术任务的执行、创意过程的协作等均离不开软件工具的支持。当下，智能视听媒介相关的软件工具已经十分丰富，极大提高了新媒介的便利性、普及性和深度渗透性，深刻改变了人们的日常生活模式、行为方式和社会连接方式。

一、智能采编工具

智能采编工具是指应用于视听新闻采集、编辑、制作、分发、接收、反馈等各流程的软件工具，具体包括移动新闻采集工具、非线性编辑工具、智能合成工具、视频媒资库系统，这些工具可以帮助新闻工作者完成多维检索、多场景快速新闻采集、非编剪辑、语音合成、字幕合成、主播合成、视频合成、自动拆条、自动分发、媒资管理等新闻信息处理和产品生产工作。如根据用户输入的视频标题、文字稿件内容以及关键词等基本信息，智能采编工具能够快速地合成并输出高质量的视频。手机端编辑处理工具，支持对视音频内容进行帧精度的精编处理，可完成节目编辑、图文叠加、本地配音等视音频制作工作。智能采编工具开发通常与媒体融合平台的建设同步进行，媒体大多会根据自身组织架构特点开发适配自身融合媒体平台的采编工具。

1. 智能视听新闻信息搜索工具

智能信息搜索技术通过精准的搜索引擎、分析引擎和可视化组件，自动收集背景信息，并根据推荐的消息来源和新闻线人，进行消息源验证和核查，为采编人员提供更具价值的新闻线索和多元观察视角。

例如，新华社研发的"新闻雷达"（NewsRadar），能够自动预警突发事件，并根据事件性质和规模预测事件热度。BBC研发的新闻聚合和内容抽取系统"榨汁机"（Juicer），能够自动抓取全球免费新闻网站的内容，利用人工智能对新闻进行分类、贴标签，为记者提供新闻素材和选题参考。《纽约时报》开发的数据分析机器人Blossomblot，通过对社交平台上推送文章的分析，预测适宜在社交平台上传播的信息，帮助打造"爆款"内容。美联社推出由人工智能驱动的多模态搜索平台，用户可以通过语义搜索更容易地找到符合条件的照片和视频，丰富了新闻媒体的信息来源。

在新闻选题搜索方面，封面新闻将智能信息搜索工具与传统新闻线索收集相结合。一方面，通过系统实时监测全网动态，及时捕捉热点信息；另一方面，通过跑口记者收集、部门汇总、编委把关等方式甄选议题，并在每日采前会与编前会上进行线下交流部署。从信息来源看,主流媒体和第三方媒体的信息有重要参照价值,遍布各地、各条线的自有专业生产者也是选题尤其是本土独家信息的重要来源。当前,自动化、数字化、数据化、智能化的智能辅助新闻线索收集已经占据新闻选题搜索的重要地位。

2. 智能视听新闻编辑生产工具

在新闻编辑生产环节,智能视听新闻生产辅助工具主要应用方向是:收集市场信息,辅助策划选题或草拟提纲;进行事实核查、语音转文字、自动剪辑、字幕生成、智能配乐、自动翻译、文本图片转视频等辅助编辑工作;进行自动写稿、生成短视频、制作图表海报、数字主播配音主持等内容创作工作。

智能视听新闻编辑生产辅助工具为媒体从业者提供更多的知识辅助与支撑。传统的编辑过程不仅需要耗费大量的时间和人力资源,还难免会出现疏漏和错误。通过人工智能辅助工具,编辑部可以自动检测和纠正拼写和语法错误,提供实时反馈和建议,从而减少了人工编辑的工作量,让媒体人从大量重复琐碎的人工劳动中解放出来。此外,智能工具还可以分析大量的数据和信息,帮助编辑团队更好地了解受众的需求和喜好,专注于内容的创新、创意,创作更具吸引力和有针对性的内容。

例如,央视网加强了与多个人工智能技术机构的合作,加快人工智能编辑部的建设。2019年5月,央视网与科大讯飞达成了战略合作,共同开发融媒体智能终端产品。同年7月,央视网与百度智能云展开合作,将“云+AI”能力应用到央视网的各个场景,并共同建立人工智能媒体研发中心。新华社自主打造可控、可靠、多智能体融合生产引擎“新华新语”,在内容核查、虚假信息鉴别、智能态势分析、知识增强的智能策划、视觉增强的智能创作等方面表现突出。人民日报推出的“创作大脑AI+”平台,集纳了近20款智能工具,可及时制作、快速生成多模态新媒体产品,一站式完成采访、拍摄、直播、剪辑、发布等全流程工作。全息采录眼镜支持实时人脸识别、AI语音互动、实时直播流发起等多种功能。路透社的网络发布平台LEON,不仅可以支持团队使用谷歌翻译、Transperfect和DeepL自动翻译新闻的内容,还集成了人工智能生成的标题助手和要点摘要工具,集中应用智能工具总结故事和生成标题。路透社还使用人工智能工具FactGenie,它可以从新闻稿中提取重要信息,并编写提醒信息,记者可以据此快速选择和发布稿件。

在垂直报道领域,针对各类细分行业研发的专业模型也不断涌现。彭博社是将人工智能、机器学习和自然语言处理应用于金融领域的开拓者,其开发的Bloomberg GPT TM语言模型专门针对各种金融数据的训练,为进一步优化金融信息服务打开了新空间。美联社与研发ChatGPT的公司OpenAI合作,开发生成式人工智能领域,并进一步扩大了生成式人工智能的应用范围。比如,将英语报道翻译成其他语言、生成标题、创建新闻摘要、分镜头、音频转文本以及标记内容以供搜索等。在特定流程上使用人工智能和自动化技术,记者可以花更多时间处理更有影响力的报道。

3. 智能分发工具

在内容分发环节,人工智能技术能够依托大数据信息,帮助媒体开启深度洞察,勾勒用户画像,与用户建立深度连接,实现精准推送。借助算法和大数据技术,个性化推荐已经成为新闻分发的主流方式。使用智能分发工具,媒体不仅能够实现新闻产品在多平台的一键分发,还可以基于历史浏览记录,将更多精细化的数据纳入推荐考量标准。如国内大型融媒体平台大多能够实现一键分发、智能推荐功能。国外如美国新闻聚合网站BuzzFeed、短视频平台TikTok都将用户数据分析做到极致,这些平台可以对用户点击的频次、停留的时间、喜好的内容等进行综合分析,运用分析结果指导内容策划、运营和推广。

随着智能技术的发展,人工智能能够帮助实现"点对点"信息分发。这就是说,用户可以通过嵌入在各种搜索引擎和应用程序里专属于自己的"信息管家",获得特定场景下所需要的个性化信息内容。借助"点对点"传播,智能分发甚至不必借助集中性的平台就能实现。目前,微软、谷歌、百度等均已在搜索引擎中部署了生成式人工智能程序,大型语言模型与搜索引擎的融合或将成为新的流量入口和新闻分发渠道。

4.智能视听新闻评价反馈工具

在完成分发后,用户如何评价、传播效果如何,是媒体需要思考的问题。人工智能技术能精准实现传播效果评估与数据考核,帮助媒体进一步提升管理效率。如可以分析用户观看时长、点击率以及分享次数等数据来量化评估内容的吸引力;运用情感分析工具捕捉受众在观看过程中的情感变化和社交媒体上的讨论,判断传播内容的感染力;通过观察用户的互动行为,如评论数量、点赞、踩、举报等,评估用户的参与热情。

央视网通过构建覆盖大小屏的收视评估模型实现融合媒体生态下的跨屏收视指数评价,实时展示包括中央台直播频道、直播节目、点播栏目的收视情况。依托这一工具,媒体可以全面了解频道、节目在大屏、小屏及各终端的播放效果和评价。《华盛顿邮报》使用智能评价反馈工具,通过可视化数据图表同步呈现网站的登录人数、每篇文章的阅读数排名、用户喜欢作者排名以及喜欢阅读的文章类型百分比等数据。

智能评价反馈工具的优势还在于媒体消费中的用户定位,即所有信息都会根据用户的态度、喜好、停留时间等具体数据进行定制。[1]以大数据为基础的用户定位可以帮助媒体更好地了解受众的兴趣爱好和消费习惯,通过分析用户的浏览记录、购买记录和社交媒体行为等数据,媒体可以了解用户喜欢什么样的媒体产品,以及他们的消费习惯和购买决策过程,这些信息对于媒体来说非常宝贵,可以帮助他们调整媒体产品设计、改进产品推广策略,从而更好地满足用户需求,提高市场竞争力。

二、大数据工具

大数据是指规模巨大、类型复杂多样、处理速度快、价值密度低的数据集合。大数据是需要不断更新处理模式,才能具有更强的决策力、洞察发现力和流程优化能力的海量、高增长率和多样化的信息资产。大数据工具是建立在Web2.0背景下的数据挖掘分析技术,其核心能力是识别、发现和利用以关系为纽带的社会网络。数据挖掘分析能力就是当下媒体能

---

① 仇筠茜,陈昌凤.黑箱:人工智能技术与新闻生产格局嬗变[J].新闻界,2018(1):28-34.

否掌控数据这一最核心资源的能力,如依托大数据挖掘和分析工具的数据新闻。数据驱动的新闻叙事不仅在数据维度上反映并构建现实,更以其丰富的表现形式,利用文字、音视频、要素关系等软数据,增加了新媒体产品表达的宽度和深度。

数据驱动的调查式新闻使媒体在工作层面上迈向了一个新的阶段,从关注社会表面现象转向发掘社会深层现实。数据驱动的调查式新闻指记者通过对大量数据的收集和整理,得到更加准确和全面的事实依据。[①]在过去,新闻报道往往依赖记者的亲身经历和采访对象的口述,这样的报道容易受到主观因素的影响,难以做到完全客观公正。同时海量的数据中往往隐藏着许多传统的新闻报道难以发现的有价值信息,数据驱动的调查式新闻可以揭示隐藏在数据背后的真相和规律。在数据驱动的调查式新闻的创作模式下,记者可以运用大数据分析和数据可视化技术,对数据进行深入分析和挖掘,将庞大的数据转化为可视化的图表和图像,使受众能够直观地了解问题的本质和背后的原因,这样的报道不仅提供了更加准确和全面的信息,还能帮助受众更好地理解复杂的社会问题。例如,国外有记者在报道环境污染问题时,通过收集和分析空气质量监测数据,揭示污染源、污染程度以及对人体健康的影响,数据化表达使公众更好地认识问题的严重性,促使政府和企业采取相应的行动来解决问题。

在新闻生产和分发方面,大数据算法已经被整合到新闻制作体系中。"算法新闻"是指在机器学习或神经网络技术基础上生成和传播的新闻,其主要目的是生产新闻文本。算法的第一阶段是数据输入,即从公开或私人数据库中获取信息,并将这些信息作为"原材料"用于算法新闻的生产;第二阶段是数据处理,通过监督式机器学习(根据预先设定的规则)或非监督式机器学习(机器自动学习形成一套规则,并应用于后续新闻生产),根据既定的语法和句法规则,通过半自动或全自动的自然语言生成将输入的数据按一定的结构进行整理,这个阶段涉及的技术较为复杂且用户无法理解或解释,因此也被称为算法的"黑箱";第三阶段是新闻产品的输出,即由自然语言生成新闻产品,并完成线上和线下的分发。

当然,数据的准确性是一个关键问题。大数据的精准分发依赖大量的数据收集和分析,如果数据质量不高或者分析方法不准确,将会影响传播效果。因此,媒体需要确保数据的准确性和可靠性,并运用专业的分析工具和算法来进行数据处理和分析。同时,大数据算法分发也存在一些挑战和问题,其中,隐私保护是一个重要的问题,用户的个人信息是非常敏感的,如果被滥用或泄露,将对用户造成严重的损害,因此,媒体在收集和使用用户数据时,必须遵守相关法律法规,加强数据安全保护措施,保护用户的隐私。

三、大语言模型

大语言模型指使用大量文本数据训练的深度学习模型,它可以生成自然语言文本、理解语言文本的含义。这些模型通常具有高度的通用性和泛化能力,可以应用于自然语言处理、图像识别、语音识别等领域,还可以处理多种自然语言任务,是实现人工智能应用的

① 王斌.大数据与新闻理念创新——以全球首届"数据新闻奖"为例[J].编辑之友,2013(6):16-19.

关键因素。

　　大模型产业发展得很快,层次也越来越清晰。从产业视角来看,大模型产业是一个多层次、专业化的生态体系,包括基础层、模型层、工具层、生态层和应用层。从技术视角来看,大模型技术现阶段已在规模与参数、学习能力、泛化能力以及技术创新等多个关键领域取得突破性进展。大模型正转变为人工智能领域的基础设施,有望推动人工智能迈向新高度。

　　目前,国内媒体智能化进程快速推进,智能媒体生态日益完善。新型主流媒体和头部互联网平台成为智能媒体发展的两大关键引领者,也是大模型技术行业落地的先导者。对媒体机构而言,大模型的应用已经超越传统的内容生产范畴,而是促进"策采编审发评馈管"全链条提质增效,为传媒行业全面赋能。在大语言模型不断深化完善的同时,多模态预训练大模型技术也取得了显著进展,可深度参与视听产业链,包括从内容创作到分发,再到用户交互和市场分析的全流程,预期可带来革命性变化。

　　同时,大模型的应用还激活了全媒体传播生态,包括赋能创作者生态,丰富主流媒体内容创作平台;盘活融媒联盟生态,促进省市县技术资源共享;赋能政务、服务、商务生态,提高"新闻+"模式连接广大人民群众的作用。

　　总体来看,目前全球各大媒体都已迈入大模型集中投建阶段,但如何利用大模型赋能媒体融合,还有许多需要思考和解决的问题。对主流媒体而言,打造安全可控的媒体大模型技术底座是关键。大模型赋能全媒体传播应以媒体大模型为技术底座,以核心能力为支点,以业务场景为切入点,以媒体应用创新为落脚点,通过多层次赋能完善主流媒体布局,推进媒体深度融合。

第三节　智能视听新闻生产平台

　　广义的新闻生产平台是指能够进行新闻采集、编辑、发布和传播的媒体机构或平台,狭义的新闻生产平台指新闻机构用于整合新闻生产流程,生产、分发新闻产品的软硬件设施。新闻生产平台通过专业的新闻生产流程,将线索信息和新闻事实加工成新闻产品,再通过不同渠道传播给公众。随着人工智能技术的加入,新闻生产平台变得更加迅捷、高效,影响力得到极大拓展,在专业的新闻生产、个人的媒介接触和政府的舆情监控层面都发挥着不可替代的作用。

一、主流媒体机构生产平台

（一）新华社媒体大脑智能生产平台

　　新华社媒体大脑(Media Brain)是国内较早创设的主流媒体人工智能平台,由新华智云和阿里巴巴公司合作研发,2017年12月26日正式发布。媒体大脑提供基于云计算、物联网、大数据、人工智能(AI)等八大技术功能,应用范围覆盖报道线索、策划、采访、生产、分发、反馈等全新闻流程。媒体大脑作为智能时代新闻生产基础设施,为媒体机构提供线索发现、素材采集、编辑生产、分发传播、反馈监测等服务,有助于提升新闻报道的智能含量。

2018年,新华社进一步推出短视频智能生产平台"媒体大脑·MAGIC短视频智能生产平台"(见图2-4),这是人工智能技术首次在媒体领域实现集成化、产品化、商业化的应用。MAGIC的意思是MGC(机器生产内容)加上AI(人工智能),平台将人工智能引入新闻全链路,重点在采集、生产、分发端帮助用户高效完成短视频内容创作。"媒体大脑·MAGIC短视频智能生产平台"集纳了多项人工智能技术,如自然语言处理、计算机视觉、音频语义理解等。平台还设置了智能模板,其应用范围覆盖时政新闻、突发事件、体育赛事、时尚娱乐等多个场景和领域。平台能够对进入的媒体资源进行智能分析,并自动识别具有较高新闻价值的信息,如火灾、地震等突发事件,帮助记者、编辑在报道中节约宝贵的时间;在体育直播、金融等特定领域,平台可以实现从数据采集到视频发布环节的数据可视化、数据视频化、视频自动化。目前,MAGIC平台已在世界杯、亚运会、世界人工智能大会、进博会等重大活动中负责内容生产。

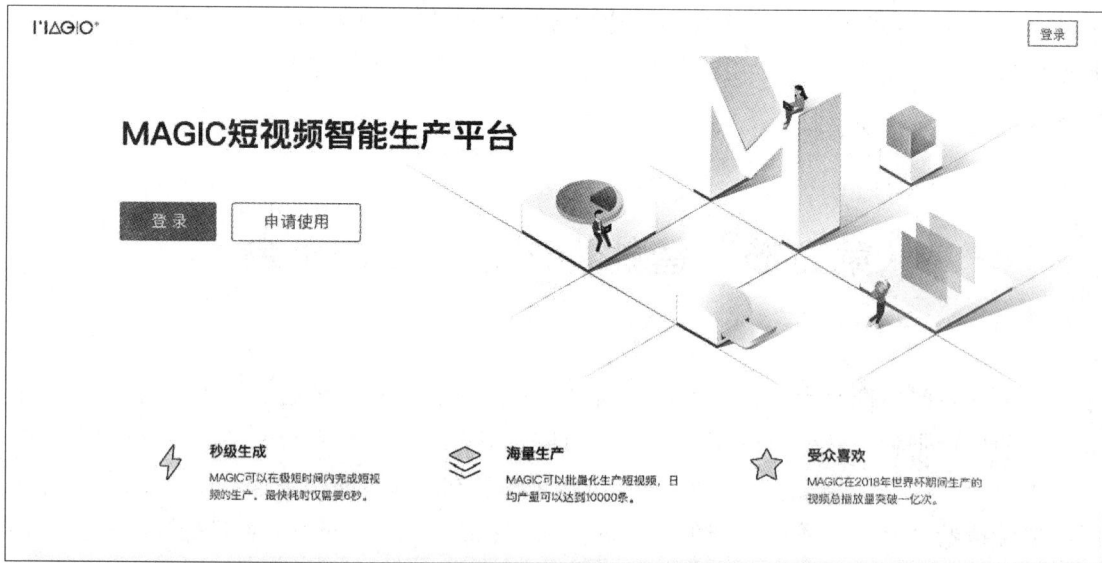

图2-4　媒体大脑·MAGIC短视频智能平台登录界面

新华社媒体大脑3.0版本引入了区块链技术和AI内容风控技术。通过深度学习和多模态理解,媒体大脑可以对图像、文本、视频进行检测,不仅能处理涉黄、涉暴、涉恐等违法违规信息,还能识别敏感旗帜、标语和人物,降低内容风险,节省审核人力。媒体大脑内容生产平台上已有的30余款媒体机器人,能够为媒体内容生产者提供"策采编审发评馈管"全流程智能支持。同时,媒体大脑3.0还是一个为媒体机构、宣传部门、企业单位各类融媒体中心提供一体化解决方案的数据中台和内容生产平台。

（二）人民日报"中央厨房"生产平台

"中央厨房"模式是一种集媒体策划、采访、制作、播发等多种功能于一身的多媒体综合平台，包括传统媒体和新兴媒体融合的物理-技术工作平台、全媒体内容生产-管理平台、传播效果监测-反馈系统、内容-用户数据库等数据支撑平台。媒体行业对"中央厨房"平台的理解经历了不断深化的发展过程。起初，"中央厨房"基本就是采、编、发一体化的稿库，随着媒体融合不断向纵深推进，"中央厨房"逐渐成为一个完整的、体现整体融合的全体系，"中央厨房"就是融媒体中心。"中央厨房"模式既包括空间平台、技术平台，也包括组织架构。

"中央厨房"模式是当前新闻传播领域的主流生产方式，人工智能的加入使新闻报道的自动化和智能化程度得到大幅提升，"中央厨房"生产模式的各个流程也由此得以极大优化。人工智能不仅使"中央厨房"的新闻资源进一步集中、新闻的生产和分发更具效率与规模，还弥补了传统"中央厨房"生产模式的诸多缺陷。人民日报的"中央厨房"生产平台被认为是媒体样板，通过该平台，新闻生产实现集中化、规模化、高效化。

人民日报"中央厨房"建筑面积达3200多平方米，从空间布局上体现出其"指挥中心"的地位，"中央厨房"成为掌管整个人民日报社新闻生产的中枢和大脑。在组织架构上，人民日报"中央厨房"打破了过去媒体板块分割的运作模式，专门设立了总编调度中心，建立采编联动平台，统筹采访、编辑和技术力量，体现"一次采集、多元生成、多渠道传播"的工作格局。实现了集中指挥、高效协调、采编调度、信息沟通。

随着智能技术与"中央厨房"生产平台的深度融合，以往内容同质化、媒介渠道失灵、成本高但使用率不高等问题也得到了解决。"人工智能＋大数据"的方式实现了内容生成的个性化、平台管理的智能化和资源分配的合理化。

首先，通过对人工智能的应用，"中央厨房"可以避免因对半成品新闻加工不足导致的新闻同质化问题。"中央厨房"生产模式的核心理念是"一次采集，多种生成，多元发布"。在只有单个媒体集团进行了单次采集的情况下，尽管由不同部门进行了不同的加工，也难免出现内容一样只是包装不同的问题。人工智能可以极大提升新闻加工的效率，通过对算法的设计，不同媒介可以根据自身的不同特点对新闻线索进行精加工，还可以通过海量数据或其他技术手段丰富新闻线索内容，最终创作有别于其他媒体的产品。

其次，通过对人工智能的运用，"中央厨房"可以通过更通达的平台管理对资源分配进行优化。"中央厨房"的构建需要巨大的成本，往往在多个媒体共同组成的媒体集团内部搭建，存在资源重合和调度成本。然而实际上，需要进行广泛且区别化报道的新闻事实相对不多，这就造成了大量的资源闲置。人工智能能够提前甄别需要"中央厨房"模式化生产的新闻事实，并通过精简的人员管理方式减少媒介与媒介之间的沟通成本，实现采编的高效化和资源配置的节能化。

人工智能使"中央厨房"的采编流程更加智能化，在当今平台化的媒介生态下，依托人工智能，"中央厨房"有望进一步扩大规模，成为一个信息集换的总设施。

二、商业机构发布平台

随着社交网站转化为具有多种延伸功能的平台组织,以Facebook和腾讯为代表的平台开始涉足新闻业。[①]这些平台首先以其创新的算法和技术模式在新闻生产规制层面改变了传统新闻生产的采写流程、生产绩效以及职业价值。在以Twitter为代表的社交平台上,"现场信源"这个概念由于社交平台多样化的信息发布来源被弱化,社交平台成为新闻创作中较为普遍且广泛的信息来源渠道。这一趋势随着媒体数字化程度的加深而更加明显。在平台机构发布规制中,记者被赋予公开讨论的权利,但这可能对新闻的客观性规范造成冲击,使记者在维系受众和保持专业判断力之间难以找到平衡点。商业机构分发平台一般将"场景、内容、用户偏好和平台优先级"等算法价值观念作为新闻生产的过程逻辑,并且让"流量"取代了传统的工分制度成为新闻编辑室的绩效新标准。由此可见,以商业机构平台为主导的算法逻辑与传统媒体的新闻生产逻辑在新闻规范、新闻生产环境中技术角色定位等问题上存在着不小差异。

目前,国内外商业平台机构中,新闻汇聚平台、短视频和社交平台发展最为迅速。截至2024年11月,短视频发布平台抖音的日活跃用户数为7亿,同比增长约10%,短视频发布平台快手的日活跃用户数为4.08亿,同比增长5.4%。微博、微信、网易新闻、今日头条等社交平台和互联网信息平台更是深度渗透人们的日常生活,为用户提供移动阅读、即时社交、在线消费等诸多服务。

微博由新浪公司于2009年8月推出,微博不仅是一个社交媒体平台,还通过多媒体形式如文字、图片、视频等,实现了信息的即时分享和传播。随着移动互联网的发展,微博的用户可以通过多种终端接入平台,进一步推动信息的快速传播和互动。截至2024年11月,微博的月活跃用户数为5.83亿,日活跃用户数为2.56亿。微博鼓励用户生成高质量的内容,致力于提升用户的社交活跃度。在内容生态方面,微博会充分利用赛事热点营销的优势,例如巴黎奥运会相关话题的阅读量和讨论量均显著提升。此外,微博还在文娱、数码等领域加大了投入,进一步提升了平台的商业变现效率。

网易新闻是网易公司于2011年3月打造的一款新闻资讯类产品,以做"有态度的新闻"及"无跟帖不新闻"为特色,为用户提供全天候综合新闻资讯服务,打造自媒体生态和富媒体内容格局。网易新闻的目标用户十分明确,即成长于互联网时代的新一代内容消费群体,因此网易新闻致力于呈现多元化的内容和鲜明的品牌文化。

今日头条是北京字节跳动科技有限公司于2012年8月推出的一款移动资讯客户端产品,其突出的特色是基于算法的新闻信息推荐机制,即根据用户的阅读习惯、结合用户所处的环境和阅读的文章内容等,向用户推荐个性化信息。用户登录后,今日头条能够在5秒内分析并得出用户的兴趣点,并将相关的新闻资讯推送给用户,整个过程无须用户进行任何操作,今日头条在用户做出选择之前就已经对新闻进行了分类筛选,这种分类筛选基于今日头

① 白红义."平台逻辑":一个理解平台-新闻业关系的敏感性概念[J].南京社会科学,2022(2):108-116.

条的智能技术和算法机制。[①]字节跳动在2016年成立了人工智能实验室,加大对人工智能相关领域的长期投入和探索力度,旨在为字节跳动的内容平台提供算法和技术支持,该实验室的研究领域主要涉及自然语言处理、数据挖掘、机器学习、语音与音频等方面,其独立研发的"今日头条"客户端,通过海量信息采集、深度数据挖掘和用户行为分析,为用户智能推荐个性化信息,开创了一种新的新闻阅读模式。

国外社交媒体、搜索引擎等商业机构如Facebook、Twitter和Google等也纷纷推出了自己的新闻频道或新闻客户端,利用算法进行新闻的筛选和分发。随着算法技术发展,与之相关的沉迷上瘾、信息茧房、热搜作弊、大数据杀熟等争议和风险问题始终存在。2022年3月,今日头条上线了算法关闭键,允许用户在后台一键关闭"个性化推荐"。商业平台机构如何进一步优化运行机制,优化基于用户驱动与算法推荐的选择机制成为广为关注的问题。

第四节 智能视听新闻的传播重塑

随着互联网、智能技术的蓬勃发展,媒介生态格局逐渐从传统的"媒介—受众"二元结构变成多层次、立体化、互动融合式的新媒介生态格局。智能视听新闻受到互联网以及智能技术发展的影响,呈现形式更加丰富多元,呈现内容更加生动有趣,在受众反馈方面也探索出新途径,更加重视与受众的互动,创造了独特的传播价值。

一、数智技术丰富内容表达

在新媒介生态的结构框架下,内容层次的多元化是媒介生态系统中各要素之间关联互动的结果,反映了媒介在适应和塑造社会环境过程中呈现的多样性和复杂性。从面对面的口语交流、结绳记事到文字印刷、摄影术,再到电影、广播和电视,每种媒介的出现既是对旧媒介的局限的克服,也是对人体感知丰富度的还原。媒介丰富度或信息丰富度指的是媒介潜在的信息承载量及其传播信息内容的质量和效果,即媒介将不同类型的信息从发送者传递给接收者的能力。不同传播媒介的信息丰富性程度是不同的。在评估媒介的信息丰富度时,有以下四个准则。第一是反馈机制,强调实时反馈,允许对问题做出响应并立即进行修正。第二是多种线索,信息的线索包括实体态度、声音的语调变化、身体姿势、文字、数字图形符号等。第三是语言多样性,例如,相比自然语言数字能更精确地传达信息的意义,而自然语言则能广泛传达对概念和理念的理解。第四是个性化,当个人将感觉和情绪融入沟通中时,信息能够被更完整地传达出去。所谓"高丰富性"的媒体,其特点是能够使用响应性反馈、多种线索、适当使用语言和/或数字,以及"量身定制的参考框架"。

① 陆璐:从"今日头条"的成功突围看新闻App的生存法则[J].江苏科技信息,2014(8):78-80.

新闻不仅是对事件发生的报道,新闻还要通过音视频、图文等手段和多种叙事手法来丰富 故事表达。媒介融合推动着多种视听媒介形态、表达方式的丰富,适应着用户新需求,推动了视听新闻报道在表达方式上的改进与创新。在报道对象方面,智能视听新闻报道更有利于追踪和呈现动态发展的新闻事件进程和变化的场景。智能视听新闻也能带给受众沉浸式视听享受和心理上的愉悦,比如VR新闻、新闻游戏、H5互动等运用多样化的声音和画面呈现丰富的媒介景观。智能视听新闻通过引入更多互动手段,吸引用户参与新闻事件评论,提升新闻事件的受关注度和用户参与度,增强传播效果,使智能视听新闻报道更具特色,从而稳定受众群体,并提高市场竞争力。

在视觉方面,数智手段可以通过虚拟图像和沉浸式视觉效果来增强信息的直观性和可理解性。传统的纯文字报道可能会显得枯燥乏味,而运用图片、图表、动画等视觉元素,可以更加生动地展示事物的外观、结构和变化过程,使受众更容易理解和记忆。例如,在新闻报道中,通过插入图片或视频或生成虚拟场景,可以让受众更直观地了解事件的发生经过和影响。在听觉方面,数智手段可以通过声音和音频效果来增强信息的感染力和情感共鸣。声音是一种强大的情感表达工具,能够通过节奏、音调、音量等传达丰富的情绪和意义,在广播、电视和网络视频等媒体形式中,通过运用背景音乐、配音、采访录音、智能配音、声音修复等手段,可以增强信息的感染力,使观众更加投入并产生共鸣,同时,声音也可以为视觉元素提供解释和补充,帮助观众更好地理解和感受新闻信息。

智能视听新闻报道作为新媒体时代的创新形式,展现了更高的媒介丰富度,主流媒体在新媒体内容生产过程中,将多种智媒技术进行"混搭",以新技术赋能内容表达,以"场景化"焕新用户体验。媒体运用实时渲染＋广泛兼容＋可视化的AR、VR、XR技术,不断升级用户体验,打造"场景化"的沉浸体验。随着生成式人工智能的出现和广泛应用,AIGC技术在视听新闻领域的应用日益广泛,能够生成高质量的图像、文本、音视频内容和虚拟场景,降低了元宇宙场景的创作门槛,内容产品的"沉浸式""可交互"特征进一步凸显。例如,ChatGPT可以生成故事线,MidJourney可以生成动画,这些技术不仅提高了采编效率,还带来了更加丰富多样的内容和全新的视觉化、互动化体验。虚拟现实、虚拟仿真技术、人工智能技术被媒体更多地融入内容产品,在传统的视听节目内容形态之外,涌现出许多数字内容产品。在运用智能技术搭建的数字场景中,数字内容产品更加注重用户体验和产品的交互性。整体看来,数字场景下的视听内容创作正向着用户创造空间叙事、内容游戏化虚拟化、体验全真升级的方向转变。许多专题节目在进行历史叙事时,更多借助前沿技术制作虚拟场景,实现情景再现。如湖南卫视推出的党史微纪录片《百炼成钢·党史上的今天》,在讲述毛泽东等人召开新民学会新年会议这一事件时,由于缺少新闻资料画面,主创团队就制作了书社的虚拟场景,并对其进行再现:主持人推门而入,进入书社虚拟场景中,站在书社院内,对当时的历史事件进行"沉浸式讲述"。

【案例2-2】

中央广播电视总台"艺术里的奥林匹克"

《艺术里的奥林匹克》是中央广播电视总台奥林匹克频道(CCTV-16)推出的文化类节目(见图2-5)。该节目运用动画、3D建模技术、实景再现等技术,选取奥林匹克发展进程中具有代表性的艺术作品、中国古代体现运动的经典绘画作品以及与历届奥运会相关的艺术作品,通过多种影像呈现方式,带来丰富的沉浸式体验,传递了奥林匹克精神内涵。在《马术图》这一集节目中,主创团队运用数字动画、3D建模技术赋予人和马鲜活的动态特征,还运用"实景音效还原"技术,加入万马奔腾的蹄声、骏马的嘶鸣、急促的车铃声等音效,生动还原了《马术图》所描绘的皇家马术表演盛景。

图2-5　中央广播电视总台《艺术里的奥林匹克》

二、媒体革新加强新闻交互

交互性是新型视听传播的本质特征,兼具大众传播和人际传播的双重特性。传播作为人类活动与交往的基础,与传播技术的发展密切相关。新型视听传播对传统广播电视传播的各种突破,也是对传统的传播关系、互动模式的突破[①]。例如,在电视新闻的交互性方面,从2016年移动直播元年开始,移动新闻直播不仅继承、发展了电视直播的新闻性、实时性、现场感,还突破了电视直播的局限,在社群交互、移动场景化中实现创新。

智媒时代的视听语言表达也已经摆脱单一的实拍镜头结构,转而迈向了"虚拟＋实拍"

① 王晓红.新型视听传播的技术逻辑与发展路向[J].新闻与写作,2018(5):5-9.

的全新构成方式,展现一种独特的"虚实交融、互动共生"的特征。传统的镜头语言是由实拍镜头一个个剪辑、组合而成的。智媒时代的镜头语言突破纪实本体,越来越多地使用虚拟画面。视听创意生产也由过去单向灌输的闭环模式转向了更具交互性、体验性、对话性的双向模式,趋向"可视化交互"。比如在总台《国家宝藏》(第三季)播出的敦煌莫高窟节目中,主创团队采用虚拟技术对经典的动画形象九色鹿进行了三维转化,制作了虚拟"九色鹿"。借助虚拟技术和全息投影,虚拟"九色鹿"和真人扮演的"常书鸿"之间实现了"虚实互动",完成了惟妙惟肖的对手戏。视觉导演运用播控软件,通过节点操纵虚拟九色鹿的一举一动。在节目现场,制作团队在饰演常书鸿的演员面前放置了一块LED屏幕,使他可以通过LED屏幕看到自己与虚拟九色鹿的位置关系,再根据助演的声音配合,完成与虚拟九色鹿之间的互动与对话。

随着移动互联网与交互技术的发展,以人机智能交互、人际同步交互、群际异步交互为代表的内容产品,实现了现实与虚拟"相互弥合"的情感互动。其中,"虚拟数字人"作为一种重要的人机智能交互内容产品,以"智能互动＋共情"的模式,改变了传统的报道方式,为用户带来全新的交互体验。智能视听新闻的创作过程中,作品的当事人(主人公或旁观者)、用户与计算机创造的虚拟人物或环境进行互动,共同完成视听内容的交互叙事。

相比传统新闻的单向传播模式,智能视听新闻在技术维度上实现了与用户的互动,不仅为用户带来了一种全新的接收和认知体验,更有助于新闻价值的实现。智能视听新闻作品通过为用户创设环境与身份、引导用户采取某种行为、给予用户反馈这三种方式,实现完整的互动叙事链条。想要让用户参与叙事中,首先要为用户创设一个能够发挥主观能动性的环境,并构建一个具体而形象的身份,这样,用户在浏览新闻时,才能有意或无意地将自身代入到角色之中,进行沉浸式地探索。有些作品直接将用户设置为"主角",让用户主观上参与到故事情节与情感体验之中;也有些作品将用户设置为观察者,在虚拟世界中,通过选择导航推动事件的进展,让用户发挥主观能动性,且避免将自己"卷入"其中。[1]

重报集团的《党员,请选择!》是一款沉浸式互动视频产品,作品采用互动视频模式,融入年轻人热衷的"剧本杀"游戏元素,根据史实精心打磨故事情节,通过代入性选择,让用户"选择"剧情走向,在对剧情的沉浸式体验中感悟革命先辈的理想信念。该作品再现了情报员发现情报、转移情报、传达情报的惊险历程。在视频正式开始之前,作品中会出现"回到烽火年代"的字幕按钮,点击之后会出现发送情报的嘀嗒声以及当时的历史背景简介,用户可以跟随音乐及画面迅速进入该情景。视频为用户设置了"情报员"的身份,并营造了紧张与惊险的氛围。紧接着会出现"党员,请选择,同志,请选择你的掩护身份"按钮,点击之后会出现三个人物剪影,用户可以点击选择速记员、电台业务员、报务员三个身份中的任意一个,选择之后会出现对应身份的名字和其他基本身份信息,以及该角色需要紧急完成的任务。至此,视

---

① 罗中艺.融合新闻互动叙事实现路径探究[J].今传媒,2022(12):38-40.

频已经完成了作品的背景和任务交代工作,用户作为故事参与者,其主体身份也被构建。[①]交互视频互动体验环节后,作品还讲述了角色背后历史人物原型的事迹,讲述了视频中的每位原型为共产主义信仰和革命理想,在个人和国家之间做出的伟大选择。

大众传媒本身是一种促进社会交流的组织,它通过一种或多种渠道向公众传播信息。视听媒体的互动性策略是引导观众参与,为观众提供互动交流的方式,从而增强媒体与观众的互动性。首先,增强用户体验和情感投入。交互性使观众不再被动接收信息,而是能够积极参与内容的创作和互动。以"智能互动＋共情"的模式,改变传统的报道方式,为用户带来深刻的交互体验。其次,提升内容的多样性和创新性。随着媒介技术的发展,交互方式逐渐从外部观赏深入叙事内部,观众成为叙事的一部分,可以决定故事走向。这种参与感不仅丰富了视听内容的形式,也提升了内容的多样性和创新性。如中央广播电视总台中国之声在首批国家公园成立一周年之际,推出的特别直播《国家公园·两天一夜》,应用5G背包、现场视频连线等方式,将直播间搬到国家公园的山水之间,在用户交互方面首次尝试"双向奔赴"方式,由用户互动的留言决定节目下一步走向,提升了受众参与感。通过智能技术和互联网技术手段,观众能够及时反馈意见和建议,对广播电视视听节目的优化和改进提供有益的帮助。

此外,交互性还体现了技术与艺术的结合。交互欣赏模式将技术与艺术相结合,运用了声、光、画、感同步的互动功能,如用户点击屏幕按钮就能出现增强现实效果,使用户能够得到身临其境的体验。这种复合审美过程不仅提升了观赏的体验感,也对视听作品创作和传播产生了深远影响。

三、焕新形式增加新闻趣味性

趣味性在传统新闻业对新闻产品和新闻价值的界定中并不受重视。智能媒体语境下,用户的情感转向与情绪满足需求日益明显,用户对趣味性的需求显著增加。实际上,用户对趣味性的需求在交互式、沉浸式的新闻环境中越来越重要,用户自身也在参与创造新闻的趣味价值,这一点甚至超过了职业记者的想象。公民新闻将故事性、趣味性与民间智慧结合起来,并采用多样化的发布形式和互动形式,相比之下,传统新闻媒体必须正视并积极应对这种变化。在智能视听新闻的制作过程中,记者应该充分认识趣味性因素的重要性,善于发现有趣的元素,提升表达技巧,增强新闻的可读性。[②]

首先,智能媒体在新闻操作层面通过不断焕新形式,使新闻报道中的趣味元素得到增加和凸显,提升了用户对阅读和收看新闻的兴趣。2018年Vlog这种视频播客逐渐在中国兴起,开启了视频社交的新方式。Vlog以及其他视频对日常生活的展演成为一种新兴的视觉文化潮流,反映了人们越来越注重的精神需求与自我表达欲望。Vlog的主要用户是青少年

① 李娅.视觉语法视角下互动新闻的再现意义分析———以中国新闻奖媒体融合奖获奖作品为例[J].今传媒,2021(8):54-56.

② 刘冰.融媒时代新闻价值新思考[J].编辑之友,2015(1):60-63.

群体,而其主要发布平台包括微博、抖音、VUE VLOG 和 Bilibili。视频的主题非常广泛,从大型活动到日常琐事的方方面面。Vlog 从普通用户的视角为视听文化增加了丰富有趣的内容,使视听表达方式焕然一新。例如中央广播电视总台主播康辉的 Vlog 就受到很多用户的欢迎,他在 Vlog 中记录的新闻机构的台前幕后轻松活泼的工作日常,充满趣味。其中"康辉的第一支 Vlog"记录了康辉第一次拍摄视频播客时开关设备转场时不太熟练的瞬间,网友直呼"是演我第一次拍视频无疑了",引发了广泛的情感共鸣。近年来 Vlog 的发展越来越成熟,衍生出专业的制作团队、脚本设计与变现模式,有利于创作者更长久地进行内容输出。

其次新闻游戏化是新闻产品在趣味性上的特殊探索,也是近年来视听新闻在全球新闻业创新中的典型代表。新闻游戏(news gaming)这一概念在新闻界被普遍认为是由游戏设计师弗拉斯卡在 2003 年创办新闻游戏网站 Newsgaming.com 时提出的。新闻游戏的产生最初即是为了应对媒体市场激烈竞争的压力,争取新闻受众更多的注意力资源,在新闻界引入游戏元素的跨界资源来创新新闻叙事。在这一过程中,衍生出两类较为典型的新闻游戏类型:新闻改编游戏和新闻体验游戏。新闻改编游戏一般是指根据新闻事件改编的严肃游戏,开发者主要是游戏制作公司和独立游戏制作人;新闻体验游戏一般以新闻互动程序为创作策略,生产者一般是新闻媒体或者媒体委托的游戏制作公司。国外媒体很早就开始了新闻游戏探索。2014 年,半岛电视台打造了交互式新闻游戏《盗渔》,讲述了记者在西非国家调查非法捕鱼的故事,这款新闻游戏为半岛电视台带来了 80% 的新增用户。2016 年美国大选期间,CNN 曾推出过民调预测游戏《Political Prediction Market》,仿效股票市场的运营方式,透过股票涨跌来预测竞选结果。我国媒体在深度融合进程中也进行了不少新闻游戏的实践探索,如人民日报现象级产品 H5 新闻游戏《快看呐! 这是我的军装》、新华社"飞越神州"项目、共青团中央《重走长征路》等。

在新闻游戏中用户是关键行动者,新闻用户与新闻文本之间、新闻用户与新闻用户之间的连接关系构成了新闻生产革新的一个关键目标:通过提升用户参与度、丰富用户情感体验不断增进连接效能,并在这一过程中持续探索全新的新闻叙事模式,游戏化恰好能实现这一目标。例如,在 2022 年北京冬奥会期间,为促进冰雪运动走向大众,国内许多新闻机构纷纷推出不同类型的体验式数字新闻产品。人民日报新媒体推出的 H5 数字新闻产品《2022 冰雪动物城》,以卡通小动物在冰雪城参加体验项目为设计点,展现了花样滑冰、单板滑雪障碍追逐、冰球、冬季两项以及高山滑雪等冰雪项目。每个项目的"小动物代言人"都充分体现了项目的特点,并与设定的"人设"统一,具有很好的亲和力。这些游戏将国风元素融入冰雪运动竞技项目的实景还原中,是用户喜爱的一个特色。用户可在参加竞技之前观看说明以理解运动规则并准确完成交互操作,也可在竞技之后查看竞技结果的排名,仿赛事的流程设计对于增进参与者的代入感和营造"冰雪热"的社会文化氛围产生积极影响。澎湃新闻的冰壶运动新闻游戏化叙事产品,使用户能够在掷球、刷冰等交互操作中感受高保真的竞技体育体验,还能在新闻游戏的精细化设计上对发球力度、方向、撞击等操作进行实景化、数据化抽象设置,使用户更能够获得身临其境的体验。这类冬奥会期间的新闻游戏产品的探索使用户与竞技体育新闻议题之间建立更紧密的关系:通过游戏体验,获得对冰雪运动趣味性的认知,提升了对冰雪运动热的认知和认同。

【案例 2-3】

人民日报 H5 新闻游戏类产品《2022 冰雪动物城》

《2022 冰雪动物城》是一款由人民日报新媒体与抖音在北京冬奥会召开之前联合推出的 H5 新闻互动产品(见图 2-6)。用户通过扫描二维码,即可选择扮演五种动物角色中的一种,然后分别挑战单板滑雪障碍追逐、花样滑冰、冰球、冬季两项、高山滑雪等冰雪运动项目。人民日报新媒体推出的这款互动游戏,旨在通过线上体验的方式,让用户直观了解"非大众"的冰雪运动,营造良好的冬奥赛事氛围。

四、"新闻+创意"创造沉浸体验

在智能技术的影响下,视听新闻体现出更强的创意性和沉浸感。"新闻+创意"发展大致经历了三个阶段:第一阶段主要是 PC 时代,表现为简单技术的叠加与嵌套,技术、新闻、创意有相加而

图 2-6　人民日报新媒体 H5《2022 冰雪动物城》

无相融;第二阶段是移动互联网发展初期,表现为多元技术的复杂应用,在追求打造视听盛宴的驱动下创造三维特效、H5、数据可视化、VR、AR、MR 等融媒体作品;第三阶段即为新媒体技术与人工智能技术全面应用的当下,表现为吸引用户的沉浸式、交互式的"新闻+对象+场景"的创意和创作。

以历时 20 多年的神舟载人飞船系列报道为例,2003 年神舟五号载人飞船发射时,新闻报道采用的创意方法有限,比如用图形图像技术拆解神舟五号结构、用 Flash 技术模拟火箭发射过程、用地图技术对应标识的报道位置与报道内容等。2013 年神舟十号发射时,"新闻+创意"被运用得较为充分,如运用 3D 技术模拟的全程发射动画,运用 CG 技术演示的飞船发射、对接、回收全过程,以及电视台与天宫一号双向对接的"天空课堂"直播。2022 年神舟十五号发射时,"新闻+创意"的视听新闻报道中已经有了智能技术的身影,如新华社采用了数字记者、虚拟数字人"小诤"(见图 2-7),观众可以看到"她"在空间站、舱外、火星等多种环境中执行采访任务,做漂浮、翻转等大幅度的肢体动作,甚至穿越时空与航天员同框。拥有多种"超能力"的"小诤"是媒体面向沉浸式数字场景——"元宇宙""超级数字场景""3D 互

联网"开展的探索。①

  未来,媒体创意报道的出口不仅是网页端、手机端、Pad端,还包括智能终端——无人驾驶汽车、智能家居设备和随身可穿戴设备。创意产品在设计时需要考虑这类终端的特点和用户特征,从用户的使用习惯、场景空间的要求出发进行适配,比如家庭中的智能镜子不仅可以作为健身的陪伴,也可以成为新闻阅读的新场景,智能冰箱面板上不仅显示冰箱内的食品品类、保质期,还可以播报食品安全使用期、食品、烹饪的相关知识等,创意性和沉浸感不再停留在新闻、内容层面,还与生活、服务场景密切关联。

图2-7 新华社数字记者、数字航天员"小诤"

  从技术角度看,人工智能技术应用到视听新闻领域能够拓宽"新闻+创意"的实践范围,未来也一定会有更多的新技术被研发,并应用到新闻报道中。人工智能大模型能够给"新闻+创意"的融合视听报道提供无尽的创意方案、创意文案、创意剧本和创意设计。在最新发布的讯飞星火认知大模型中,已经有"短视频脚本助手""绘本故事创作助手""绘画大师""虚拟主播新闻播报""命题文案创作""影视剧编辑大师"等多个智能助手,这些智能工具目前未必能直接生产、创作智能视听新闻产品,但可以在创新思维、拓宽思路和智能协作等方面提供参考。②

五、智能技术提升新闻时效性

  新闻时效性指新闻报道能够及时反映事件发生的现场情况,并且将其在最短的时间内传递给公众。新闻时效性使媒体能够迅速反应和报道突发事件,无论是自然灾害、社会事件还是政治变动,这些事件往往具有紧急性和即时传递的需要,媒体通过及时收集信息、进行调查和报道,让公众第一时间了解事件的情况和进展,从而做出相应的应对措施。时效性也

---

  ① 新华网.全球首位数字航天员!国社数字记者如何讲述中国人自己的太空故事?[EB/OL].(2021-09-24)[2024-10-11].https://www.xinhuanet.com/mrdx/2021-09/24/c_1310207231.htm.

  ② 詹新惠.媒体创意融合报道的前世今生[J].青年记者,2023(17):9-11.

是媒体吸引读者和观众的关键。在信息爆炸的时代,人们对新闻的需求越来越高,同时他们也更加注重新闻的时效性,读者和观众希望能够通过媒体了解最新的资讯,以满足他们对于知识和信息的渴求。媒体如果不能及时提供新闻,就会失去读者和观众的关注,进而影响媒体的生存和发展,及时、准确的报道可以帮助公众识别真假信息,提高对媒体的信任度。

随着互联网的迅猛发展,对新闻报道时效性的要求越来越高,如何提升新闻报道的时效性成为行业关注的焦点。时效性即时间和效率,对于新闻传播而言,"时"指的是及时报道最近发生的真实事件。在新的形势下,新闻时效性要求已经发生了新的变化,"时"的含义更加丰富,更倾向于全天候和即时,使新闻发布的内容更接近事实,也更贴近民众的生活。

在智能视听技术的推动下,新闻采集和传播的时效性得到进一步提升。过去,由于交通工具和印刷技术的限制,从事件发生到受众接收信息之间的时间较长,因此,时效性对新闻传播的意义重大,但对新闻价值的影响并不显著。然而,电报发明以后,信息传播速度取得了重大突破,新闻的时效性成为各家媒体竞争的目标,促使他们争分夺秒地抢发新闻。随着电报、传真、电话和互联网等技术的发展,新闻事件的发生、报道和接收在时间与空间上的联系变得日益紧密,光速一般的传播实现了这三者在空间和时间上的无缝对接,使得时效性差异在新闻竞争中日益减小。[①]

比如智能搜索可以帮助记者快速发现和筛选出最有价值的新闻线索,从而提高采访报道效率(见图2-8)。南方都市报产品技术中心开发了一款名为"新闻线索监控机器人"的系统。该系统利用自行研发的爬虫和语义识别技术,通过同步微博、百度热点、政府官网、纪委新闻、法院新闻、市场监督信息、教育系统信息、证券股市公告等渠道来进行线索的监控和采集,同时该系统还会进行数据清理和语义分析,并根据记者设置的关键词及时向记者发送相应的新闻线索信息。[②]《华盛顿邮报》使用知识图谱技术将信息快速有效地关联,从大量复杂的文档中找出和获取鲜为人知的线索,这些线索使得媒体机构获得独家新闻的概率大大增加。知识图谱技术是人工智能领域的一个分支,是用可视化技术描述知识资源及其载体,挖掘、分析、构建、绘制知识及它们之间相互联系的技术。知识图谱技术为发现新闻线索提供了一个重要的路径。

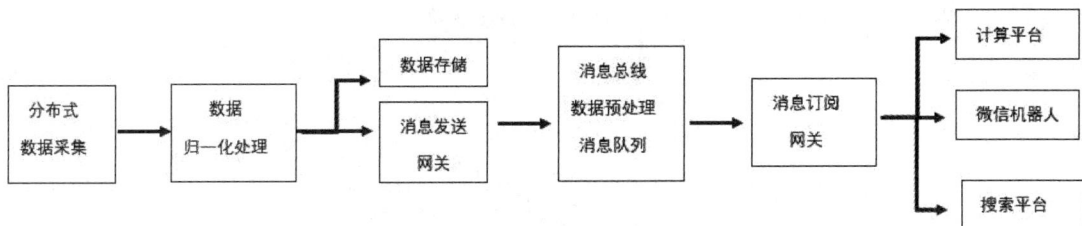

图2-8　线索数据智能搜索流程

① 吴璟薇.基础设施与数字时代的新闻价值变迁:对媒介技术、新闻时效性与相关性的考察[J].西北师大学报(社会科学版),2022(4):94-102.

② 杨博文.运用人工智能发现新闻线索——南都新闻线索监控机器人的实践[J].南方传媒研究,2020(4):108-112.

本章知识脉络

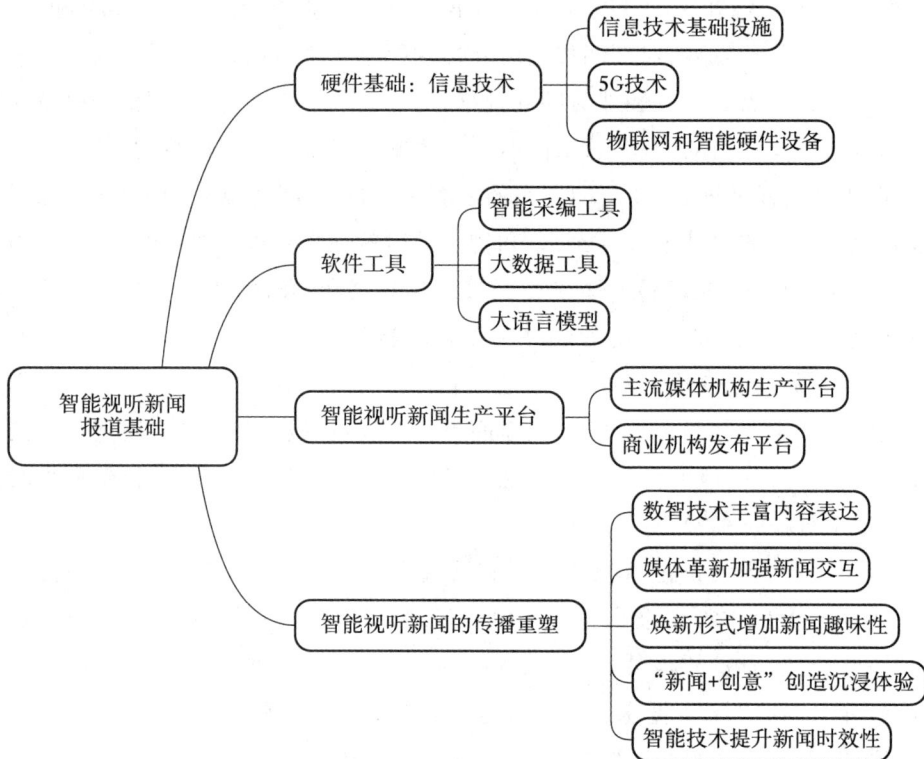

- 智能视听新闻报道基础
  - 硬件基础：信息技术
    - 信息技术基础设施
    - 5G技术
    - 物联网和智能硬件设备
  - 软件工具
    - 智能采编工具
    - 大数据工具
    - 大语言模型
  - 智能视听新闻生产平台
    - 主流媒体机构生产平台
    - 商业机构发布平台
  - 智能视听新闻的传播重塑
    - 数智技术丰富内容表达
    - 媒体革新加强新闻交互
    - 焕新形式增加新闻趣味性
    - "新闻+创意"创造沉浸体验
    - 智能技术提升新闻时效性

思考题

1. 列出与智能视听新闻相关的技术基础，并指出其与传统媒体相比有哪些不同。
2. 如何理解物联网技术是智能视听传播的重要基础设施。
3. 阐述智能视听时代视听新闻生产的理念与传播价值。

第三章

智能视听新闻报道主体

◆ 本章导读

　　本章内容主要从新闻机构、记者、编辑等层面阐述智能视听新闻报道主体。重点学习智能媒体报道机构的演变;理解全能型记者角色以及智能视听新闻记者必须具备的素养;理解编辑作为新闻资源的运营者与传统媒体工作职能的不同;了解媒体管理者是如何在智能技术辅助下参与媒体运行和管理的。

◆ 学习目标

·**知识目标**

1.了解智能视听新闻报道机构。

2.认识智能视听新闻记者、编辑等报道主体。

·**能力目标**

1.了解全能型记者的能力要求。

2.理解智能视听新闻编辑的资源协调者角色。

3.能够分析新闻流程中管理者角色的变化。

·**素养目标**

1.提高新闻专业性与职业素养。

2.具备新闻编辑、全流程管理思维。

第一节　从融媒到智媒

　　新闻报道的主体指新闻报道的发起者和执行者,其中包括新闻机构和新闻记者、编辑等。新闻报道主体是新闻活动的实施者,负责收集、编辑和发布新闻信息。视听新闻机构如电台、电视台、融媒体平台等是主要的新闻报道主体,广播电视机构是高度职业化的社会组织,拥有专业的采集、编辑、发布信息的能力。在广播电视机构内部,视听新闻的工作流程也被细分成若干环节,一个运转正常的广播电视机构往往包含这样一些部门:信息制作机构、媒介管理机构、媒介技术机构、媒介营销机构、媒介行政机构等,这些机构的功能和定位在智能媒体时代也正发生变革。

一、主流媒体与新型视听平台的双向成就

从"推动融合"到"推进媒体深度融合",我国媒体融合从顶层设计到媒体实践,走过了不寻常的10多年。目前,我国媒体融合已进入纵深发展阶段。宏观层面上,"中央—省—市—县"四级媒体融合实践全面开展,构建了全媒体传播体系,打造了以人民日报社、中央广播电视总台等为代表的新型主流媒体,如人民日报社建成了拥有报、刊、网、端、微、屏等10多种载体的全媒体矩阵。微观层面上,传统媒体向移动端转型、向"小屏"发展,在融合转型中不约而同地选择了视频化发展方向,创作了各具特色的新型视听产品。

组织架构上,广播电视等主流媒体在向新型视听平台媒体转型的过程中,多数以"中央厨房"方式搭建组织架构。"中央厨房"的起源可以追溯到新闻通讯社的一对多供稿模式。2007年6月,广州日报成立了"滚动新闻部",通过滚动采访和传播来组织并催促报纸记者向该部门提交稿件,并将这些稿件传递给集团内的各个渠道。这种"滚动新闻部"的运营模式已经初具"中央厨房"的雏形。美国佛罗里达州的坦帕新闻中心(Tampas News Center)是美国最早的媒体融合试验中心,可以说是"中央厨房"的鼻祖,坦帕新闻中心的记者和编辑都受统一的指挥调度,分享新闻资源和共同分发新闻,这也被视为媒介融合的典型案例。中国媒体行业约在10年前开始进行"中央厨房"内容生产调度建设,由人民日报发起,之后,省市县各级媒体纷纷建设融(全)媒体中心组织架构(见图3-1)。"中央厨房"模式在一定程度上具备以技术平台实现对于传统僵化流程和管理结构的"倒逼"式调整的能力,因为素材跨部门共享和信息横向的无障碍流通意味着传统的层级化管理机制对于素材和信息的纵向封锁力被大大削弱。新闻产品的生产主体从以部门、行业划分的个体记者、编辑,转变为跨部门、跨行业的"新闻工作室",新闻产品化的实现路径更加灵活多元。

视频化转型是媒体机构融合发展、实现移动优先的重要一步,随着直播及短视频走向多样化及普及化,拥抱新型视听平台成为主流媒体加速进入主战场的重要措施。以视频号为例,其社交属性能够使内容长尾传播效果好,用户不用单独下载客户端,具有独特的价值优势,对报业、广电媒体融合转型大有裨益。在实践操作中,人民日报、新华社、中央广播电视总台等主流媒体已入驻视频号,将其作为发声的重要阵地,视频号已成为主流媒体新闻报道的标配。2023年,央视新闻联合微信发起"全球日出·追光2023"视频号直播活动(见图3-2),通过门票分享、朋友圈晒图、红包预热等方式,吸引用户踊跃互动,场观人数突破3600万。在这场跨年直播中,"全球日出·追光2023"通过长达14.5个小时的镜头,呈现了全球50多个城市地标的新年日出,带来空中、海上等多个独特视角下的日出景象,记录了运动健儿的拼搏进取与艺术家们的倾情演绎。汇集自然、人文、音乐、体育、艺术等不同领域的

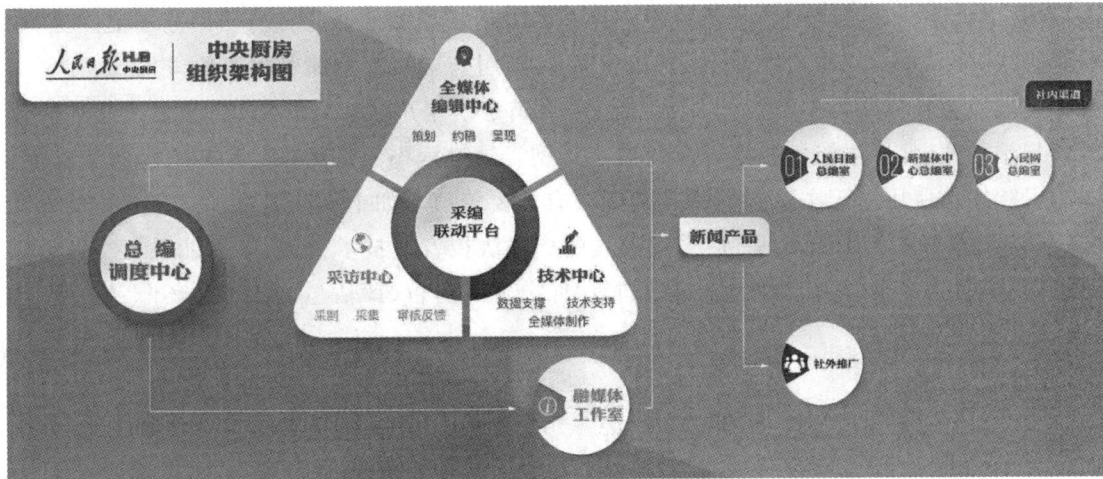

图 3-1　人民日报中央厨房架构

多个视角,交织成 2023 年第一次"与光的约会"。这场"开年长直播"走红的背后,是主流媒体与新型视听平台双向成就的缩影。同时,公共价值也通过新型视听平台得以弘扬和彰显。视听平台呈现了生活中的真挚情意、温馨感人事件、平凡人的互助瞬间,有的看起来只是小事,但是细微之处的感动往往能让视频够获得大量关注,也能激发用户的情感共鸣。

图 3-2　央视新闻"全球日出·追光 2023"视频号直播

　　大数据与人工智能蓬勃发展的智能时代,互联网可以连接一切、覆盖一切、打通一切。媒体机构从融合媒体向智能化、数字化、网络化平台媒体转变,形成新的纵深维度。在智能技术赋能下,广播电视在向新型主流媒体转型的过程中,着力将"网络视听+"、"未来电视"、数字营销传播、虚拟数字人等作为广电机构改革新的着力点,打造新型智能视听媒体平台。新闻媒体更加重视人工智能的运用,不断创新新闻报道的样态。智能传播主要依靠数据和算法驱动内容分发的流量逻辑,使得新闻内容的生产方式和传播方式发生变革,并重塑了传播格局。借助人工智能技术,新型视听媒体平台的运作更加便捷、高效,作用范围更广泛,在专业的视听新闻生产、用户媒介使用和政府的舆情引导层面都发挥着重要的作用。

智能视听技术的"可见性"与"沉浸性"极大满足了用户的多元化需求,激发了媒体的创造力与想象力,促使主流媒体在智能化数字转型发展过程中创造更多生动感人的视听作品。智能视听技术应用对于主流媒体融合转型具有重要价值。如中央广播电视总台建设的专注视听领域的AIGC智慧媒体平台,采用领先的广播级视音频技术,将人工智能融入视频策划与指挥、采集与汇聚、编辑与制作、审核与管理、分发与运营、评估与评价等各环节,推动了音视频平台的智能化进程。

二、智慧技术融入地方媒体

当前,中央级媒体的"中央厨房"已升级为智能媒体中心,大多数省级广电机构和部分地市广电机构都在整合媒介资源,积极引入智能技术,从生产要素层面打通广电传统媒体与新媒体。县级融媒体中心在全国遍地开花,实现全覆盖,省市级与县级媒体在融入数字技术和智能技术的进程中存在差异。

多数广电机构已建立适应全媒体生产传播的一体化组织架构,构建了贯通广播电视与网络视听、网上网下一体、大屏小屏联动、区域协同、央地融通的全媒体传播格局。例如,湖南广播影视集团(湖南广播电视台)在2014年就开始自主建设芒果TV视听平台,打通了湖南卫视与芒果TV双平台,实现台网资源互通互享、一体化运营,以主流新媒体集团建设为核心打造全媒体传播体系。北京广播电视台融媒体中心致力于打造"连接千行百业和千家万户"的全媒体传播格局,建立"广电品质＋互联网技术"的全链条内容传播体系,"数字媒体＋智慧城市运营"的精准化用户服务体系,"产媒融合＋多元经营"的科技化产业平台体系。

各个省市级媒体加强了与互联网的融合。通过建立自己的官方网站和移动应用程序,省市级媒体得以将新闻和信息以更快、更直接的方式传递给读者和观众。省市级媒体部门利用社交媒体平台与用户进行互动、收集用户的反馈和意见,从而提供更好的服务。在新媒体的创新和发展方面,省市级媒体也积极展开探索,如开展直播、创作短视频等,吸引更多年轻人关注地方新闻,省市级媒体也建立了新媒体矩阵。利用大数据技术,省市级媒体可以分析用户的需求和兴趣,为其提供个性化的新闻推送,增加用户黏性,提升内容质量,加强内容创新。新媒体技术手段与新闻采编团队的建设相结合,提高了省市级媒体机构新闻报道的专业性和深度。省市级媒体机构从当地新闻信息资源出发,挖掘当地的特色故事,吸引了更多观众。

【案例3-1】

芒果TV新广电视听平台

芒果TV是湖南广电创建的视听平台,于2014年4月上线。芒果TV以视听互动为核心,融网络特色与电视特色于一体,是"多屏合一"(独播、跨屏、自制)的新媒体视听综合传播服务平台,也是以传统媒体自制版权内容带动互联网视频平台发展的典型案例。凭借独播、独创,以及垂直生态的打造的优势,湖南广电融媒体实现了新老媒体突破彼此逻辑宿命的交互式发展,形成了相对独特的媒体融合模式。芒果TV由湖南快乐阳光互动娱乐传媒有限公司负责具体运营,连续五年获评中国互联网企业百强,2023年,芒果TV在全国广播电视新闻"百佳"推优活动中获得优秀广电新媒体称号。

在媒体融合和全媒体传播体系建设的大格局中,县级融媒体中心发挥着重要的底层支撑作用。县级融媒体中心作为媒体机构不仅是智能视听报道的重要主体,也是深入基层社会治理、智慧城市建设、社区信息服务的重要力量。县级融媒体是连接用户的"最后一公里",要贴地飞行得稳健和长远,就要与用户建立强连接,构筑与本地生活并行的场景空间,以期实现全方位精准、智慧服务。在场景化适配过程中,县级融媒体要深耕中端生产环节,以技术智能化与内容优质化担起"中枢系统"的责任,将用户体验放在核心位置。现实场景和虚拟场景的丝滑连接、触发全景式的感知效果和互动体验、优质的人文内容输出质量,使用户在接收信息时有更加强烈的在场感受和代入感,从而产生信赖和进一步传递信息的动机。

从技术应用层面来看,大数据、云计算、人工智能技术均已在县级融媒体机构得以应用和推广。大数据技术帮助县级融媒体机构快速找到新闻聚焦点,实现智能策划、智能推送、智能传播,推动媒体传播影响力提升。例如,山东移动为周村古商城景区搭建了智慧文旅调度平台,帮助其运用大数据深度整合景区信息,精准预测游客流量变化趋势,为景区管理提供科学依据。山东移动为周村古商城景区搭建的古商城智慧文旅调度平台,采用了云计算等技术,解决了景区建设难题,实现了设备的高效部署和资源的灵活调配。一些县级融媒体平台还利用人工智能的新闻写作辅助、智能推荐等功能,提升新闻内容生产和传播效率。如甘肃省某县级融媒体3.0通过增加智能审核评论等功能,让新闻生产更智能。

县级融媒体中心在内容生产、盈利模式等方面进行了积极的探索和实践,并取得了显著的成效,目前,短视频、直播等形式的内容在县级融媒体内容中的占比不断增加,部分县级融媒体中心的短视频播放量占总播放量的比例已超过50%,直播活动的参与人数也呈上升趋势。例如,2024年资阳大足双城农文旅联动营销季暨第三届安岳元坝油菜花赏花活动中,当地群众通过"川善治"平台实时发布活动现场精彩图片,同时有10余家自媒体开展现场直播报道。而一些专注于本地特色内容创作的县级融媒体,其用户关注度和互动量明显高于其他平台。例如,南京市高淳区融媒体中心以抖音作品《rap说螃蟹》展现了本地螃蟹产业及旅游产业,其新颖的内容形式受到大众广泛关注。

此外,地方融媒体还主动借力央媒技术赋能本地化传播。如香河融媒体指挥平台接入中央级媒体智慧平台,与省、市两级融媒体端口对接的同时,在区域内构建了"互联网＋广播电视＋报纸＋网站＋客户端＋智能户外＋楼宇社区"的多平台传播矩阵,有力践行了中央媒体与地方媒体、主流媒体与商业平台全方位联动的全媒体传播理念。

作为全国首个县级融合媒体,浙江长兴是最早的县级融媒体样板案例。长兴传媒集团以互联网思维优化配置资源,优化组织架构,着眼于平台融合。长兴传媒集团的融媒体起步较早,旗下拥有电视、广播、网站、两微一端及平台号等媒体平台,其中自主研发的"掌心长兴"客户端,总下载量182万,注册用户44万,占县域常住人口的67%。掌心长兴抖音号有粉丝237万,快手号有粉丝140万,移动端总用户超600万。①媒体产业连续多年稳定增长。

【案例3-2】
长兴融媒体中心推动智慧综合应用,建设应急广播体系

应急广播体系是社会治理的重要基础设施,是打通基层应急信息宣传的"最后一公里"。近年来,长兴县融媒体中心依托现有融媒矩阵平台资源,将已有资源充分纳入应急广播体系建设中,探索多渠道、多终端、全覆盖的立体化传播路径,实现全域18个乡镇、2046个自然村(20户以上)全覆盖,推动县域应急管理能力和社会治理水平不断提升,彰显了长兴融媒体在智慧应急广播建设方面的特色。

随着数字化信息化建设的推进,大数据、算法、人工智能、场景模型等被广泛应用到应急广播体系建设中,通过智慧化推动应急广播向更高水平发展。一是构建"AI智能"管控大脑。长兴融媒体中心正着力建设未来广播驾驶舱,对全县域范围内的广播资源进行集中管理,保障广播前端资源的合理性配置,实现一图全域感知、一体联动指挥、一屏智能决策,构建感知、分析、服务、指挥、监察"五位一体"的未来广播管控平台。目前,应急广播管控平台已实现县内多厂家广播系统的互相融合,具备为三方系统提供对接服务的能力。二是拓展"智慧"治理新格局。长兴融媒体中心依托"数智"技术团队,着眼基层社会治理实际需求,累计研发各类智慧广播场景应用10多个,包括电动自行车"安骑"系统、重点场所火情应急联动应用、特定区域防入侵应用、太湖龙之梦隧道管理应用、人员紧急疏散场景应用,以及防溺水、水位监测、水质变化监测、船类监测报警等监测类应用。"安骑"系统上线后,全县电动自行车骑行不戴头盔比例从44.7%下降到8.7%。三是拓展"智慧"应用市场。长兴融媒体中心聚焦应急广播市场化发展需求,与浙江大学台州研究院合作成立智慧广电研发中心,与华为、海康威视等头部企业签订战略合作协议,实时提升核心研发技术,自主研发应急广播管控系统,对外定制基于HTTP API接口规范、对接市场上任意基于国标开发的广播系统,截至目前,已实现县内2个不同类别广播系统的融合,对外复制推广融合项目3个。同时,长兴融媒体中心主动对接景区、企业、社会机构等市场主体,开展绿色停车、智慧工地、未来景区等应急广播项目建设。

---

① 李彪.县级融媒体中心建设:发展模式、关键环节与路径选择[J].编辑之友,2019(3):44-49.

第二节 记者角色：全媒信息的挖掘者

在智能媒体时代，记者需要重新定义自己的角色，全方位提高传播素质和能力。融媒体时代要求记者成为全媒化、复合型人才，智能媒体时代则要求记者成为能使善用多种智能媒体技术的全媒信息挖掘者。智能媒体时代的记者除了需要具备采访、写作、录制、剪辑和直播等多种能力外，还应该建立与人工智能的协同合作，善于使用人工智能进行线索筛选与处理、新闻策划、编辑与制作等工作。同时，记者应树立正确的价值观，坚持新闻伦理与新闻精神，善用技术，用好技术，筛选和生产符合新闻标准和社会规范、有利于维护向上向善社会风貌的新闻作品。[①]

一、智能媒体时代记者角色定位

记者在新闻传播中被视为"把关人"。在传统媒体时代，新闻机构是唯一的新闻信息来源，在信息传播链条中，记者处于较高的地位，承担着传播者的角色。数字媒体时代，新媒体技术使得新闻的广度、密度和速度都发生了巨大的变化，新闻采制方式与传统的新闻制作模式相比有很大的不同。新媒体技术的发展在很大程度上改变了新闻制作和传播的过程。有人认为，传统的专业新闻从业者对于新闻制作和传播的垄断局面已经被打破，借助社交媒体与手机拍摄设备，每个人都可能成为一名新闻记者，每个人都有可能成为突发事件的目击者和传播者，甚至成为揭露隐藏真相的人。事实上，借助新技术人人都可以成为信息传播者，但并不代表人人都能成为记者。记者的重要性不仅未被削弱，相反，在众声喧哗的舆论场中、在人工智能可能因深度伪造而引发信任危机时，我们比以往任何时候都更需要专业新闻记者对事实进行公正客观的采访报道。面对智能媒体和网络媒介生态的变化，记者需要与时俱进，及时调整和重新定位自己的角色，不断淬炼专业技能、提高认知水平。

人工智能技术推动了智能传播的兴起和传媒行业生态格局的重构，促进媒体内部生产模式的全面转型，以及经营理念和组织架构的相应调整促使记者转变角色认知和工作要求。由技术驱动的媒体，从来都是新技术的积极拥抱者，面对智能媒体技术的挑战、面对社交媒体的竞争，新闻记者需要不断学习和适应新的技术和平台，适应从新闻事实采集者到全媒信息挖掘者的角色转变，始终保持与受众的密切联系。

记者要综合认识大数据，多元利用大数据，谨慎分析大数据。面对虚假信息、深度伪造信息、谣言信息等带来的信任危机、隐私泄漏风险，记者还要担负起更大的责任，积极应对挑战。记者需要能够快速筛选和评估信息的真实性和重要性，通过事实核查和深入调

---

① 杨洋.融媒体时代需要怎样的全能型记者[J].视听界,2020(1):119-120.

查来提供准确和可靠的新闻报道。基于时效性的要求,记者也需要在有限的时间内完成调查、采访和撰写报道的工作,因此新闻从业者需要具备良好的时间管理能力和批判思维能力,以确保能够生产高质量的新闻报道。

传统媒体时代,新闻记者的信息收集手段有限,难以满足信息产品和传播的多元需求。而在智能媒体环境下,AR\VR、无人机和人工智能等技术的广泛应用使新闻记者有了更多的信息采集手段,有效弥补了信息收集手段单一的问题。借助新技术,新闻记者真正转变为全媒信息挖掘者。面对智能媒体传播环境,媒体应当关注记者角色定位的转变,将记者从重复的、简单的工作中解放出来,从事更具创造力和价值的工作,如提升专题策划能力,提升深度报道、调查性报道能力,去探寻深层次的事实真相,重构"把关人"在新媒体时代的作用。新闻传播业的伦理秩序不能完全依赖智能筛选,机械工具背后是提供算法的"掌舵者",技术操作并不能完成"伦理把关",因此,在新闻生产中,记者应当坚持新闻专业素养,不断提高自身素质和新技术的应用能力,以应对新媒体转型带来的角色危机。记者还应具备独立思考和判断能力。在新闻报道过程中,记者需要对事件进行准确的分析和评估,从而做出正确的判断,还需要保持独立思考的能力,不受外界干扰,坚持真相和正义。

二、全能型记者的业界实践

全能型记者指具备多种技能的新闻从业人员。他们不仅具备扎实的新闻素养和丰富的专业知识,还具备广泛的兴趣爱好和良好的沟通能力。全能型记者在新闻报道中可以胜任多个工作,如采访、撰稿、编辑、摄影等,能够应对各种复杂的情况和任务。

首先,全能型记者应具备深厚的新闻素养和丰富的专业知识,需要了解新闻行业的基本原则和伦理规范,掌握新闻采访的技巧和方法,对社会、政治、经济、文化等多个领域有一定的了解,能够对不同的新闻事件进行准确的分析和报道。其次,全能型记者还应具备良好的沟通能力和人际关系管理能力。他们需要与各类人群进行有效的沟通,包括政府官员、企业高管、普通市民等。全能型记者通过与不同的人交流,获得更多的信息和观点,从而制作更加全面和客观的报道。当前新闻报道早已超越文字、图片、声音的单一表现形式,转为多模态新闻,以适应社交媒体、智能媒体等多种媒介形式。因此,全能型记者需要掌握计算机操作、网络知识、人工智能等技术,灵活运用各种智能工具和软件,还要能够担任提示词(prompt)工程师,以便更好地完成多种新闻报道环境下的任务。

因此,全能型记者是具备多种技能的新闻从业人员。通过不断学习和探索,全能型记者能够更加全面地理解和报道各种新闻事件,为用户提供更加准确和详尽的新闻信息。

在新闻行业的深度融合新闻改革与报道实践探索中,全能型记者的培养已成为记者队伍建设和转型的重要目标。例如,宁波日报报业集团成立了全媒体新闻部,组建了一支由15名全媒体记者组成的团队,每个记者都配备了摄像机、数码相机、录音笔和笔记本电脑。他们以"手机+电脑+摄像机"的方式向新闻网站、报纸和手机报提供全媒体新闻报道。一个新闻选题任务,派出一名记者和一名摄像师,一次采集,可以生成多个稿件,完成以往需要多名不同记者才能完成的任务,并在多个平台上发布。①

南方都市报创刊于1997年,是南方报业传媒集团系列报之一。南方都市报目前拥有1份报纸、1家网站、2个手机客户端、2种期刊、近百个社交媒体公众号,形成了"报网端微刊"立体传播体系,并走出珠三角向外拓展,成功打造了省外+海外的媒体市场发展布局。在这样的布局之下,采编流程有了极大的变化,这些变化也给记者和编辑等采编人员提出了新的要求。②实现全媒体集群的关键途径之一是培养全媒体人才,包括新媒体运营和技术人员,例如,在时事新闻中心设立全媒体出镜记者岗位,打造多样化的流媒体产品。

流媒体是指通过互联网或其他网络传输技术,将音频、视频和其他多媒体内容以信息流的形式实时传输到用户设备上的一种技术。与传统的下载方式不同。流媒体的优势在于实时性和即时性。用户可以随时随地通过互联网连接,获取和观看自己感兴趣的音视频内容,而无需等到下载之后。这种实时性使得流媒体成为人们获取信息、娱乐和学习的重要途径之一。从形式上来看,流媒体是将静态照片、动态影像、声音、交互图表、flash等多种传播媒介集合在一起的一种立体视觉传播方式。流媒体不等同于视频,也不是简单的"音乐+照片"的PPT,它的制作者既是摄影记者,又是录音师、视频记录者和后期特效师,类似于制片人和编导,这正是全媒体框架下需要培养的全能型记者。

南方都市报原本习惯纸媒的记者想要将采访经验和新闻资源融入全媒体操作中,需要观念的改变,也需要硬件的支持。纸媒记者通常在采访前有一个思路和计划,在采访结束后整理文字和图片两种素材。然而,这些计划和素材无法直接用于全媒体内容的制作。采访规划和选题策划可以为音视频采集工作助力,素材则可以为全媒体产品的制作作出贡献。南都全媒体信息集成中心于2010年开始建设,目前已成功将传统媒体的选题和素材转化为全媒体内容制作所需的材料,使全媒体信息集成中心成为一个汇集原材料和产品的重要单位。③

对于全能型记者的认识,业界有不同的观点。蔡雯在介绍西方媒体"融合新闻"的实践和理论时认为,将"融合新闻"等同于个别"超级记者"的作品是片面的。因为新闻实践证明,依靠单个"超级记者"虽然可以实现跨媒体采访,但也带来了一些问题。一方面,记者使用多媒体设备同时采访不同对象时,会导致其无法保证及时完成稿件;另一方面,在高强度的工作压力下,同时完成不同类型媒介的报道难免会出现内容、角度和形式上的重复。这些新问题不利于媒体提供精准服务。

就当下国内新闻实践来看,"全媒型记者"的目标应该是在记者"一专多能"发展的基础上,打造一个具有较强新闻采写编能力的"全媒型记者"团队,发挥每个记者的特长和优势。当然,仅有"一专多能"的"全媒型记者"团队还不够,因为新闻实践中情况千变万化。媒

① 方雪琴.内容生产的变革与新闻教育的转型[J].当代传播,2011(3):103-105.
② 王景春.全能型记者——我们在路上——南都视觉中心以流媒体生产为试点向全媒体转型[J].新闻战线,2012(8):16-18.
③ 王景春.全能型记者——我们在路上——南都视觉中心以流媒体生产为试点向全媒体转型[J].新闻战线,2012(8):16-18.

体应该培养各有强项的"战队",根据实际需要随机组合,形成不同的战斗小队,以适应不同新闻报道的需求。同时,要鼓励记者深入研究一个系统或领域,长期关注行业发展,从旁观者变成主动参与者,真正成长为拥有话语权的"专家型记者"。①

三、智能媒体时代呼唤记者专业性

媒介之所以'新',本质在于其是否为人类社会的连接提供新的方式、新的尺度和新的标准。人与媒介技术在使用场景中的相互形塑是一个复杂而深刻的过程。这个过程中既包含媒介技术对人类使用习惯的顺应和满足,也包含媒介技术对人类认知思维和世界观的影响和改变。在传统媒体时代,记者是内容生产者,而在智能媒体时代,记者被赋予了更多的职责,记者的社会角色功能也进一步凸显。智能媒体时代需要记者专业性的回归。

施拉姆在他的著作《大众传播的责任》中对"专业"这一概念进行了阐述。他指出,专业人士是为了完成某种重要的公共服务而存在的行业从业者。他们大多数不是受雇于他人,而是与接受他们服务的少数群体保持紧密联系。通常情况下,他们在获准从事某个专业之前必须展示其独特的专业知识。为了获取这些专业知识,他们通常会花费很长时间在专业学校接受教育,这些学校是研究、批评和讲学的中心。人工智能时代的记者的专业性包括其对自身优势和职业价值的再认识,包括对作为职业新闻人的专业优势和作为新闻媒体系统成员的专业优势的再认识。人工智能工具自动撰写新闻的基础是数据化的资料,这种间接经验的获得无法替代记者在新闻现场的触摸与感知。专业记者具有对新闻事件刨根问底地深入考察的能力,在揭开"事实"的面纱时,专业记者会竭尽全力靠近"真相"。

与以技术为运行基础的机器人记者相比,专业记者的重要性还体现在人是有思想的,专业记者能将自己的思想融入新闻报道,不仅能做到公正客观,更能恪守职业道德,传递真善美。每位专业人士都有自己的良知,并将其表现在行为规范上。在任何社会体制下,大众传播系统都对依赖它获取信息的公众负有责任。这也成为从事新闻工作的人们必须追求的职业理想,即新闻专业人士的职业理念。这一理念应成为新闻行业职业制度的实践指南。

在信息时代,人们对于新闻的需求与日俱增。媒体应确保所传递的信息准确无误,并遵循职业道德原则进行客观报道。记者要从源头严格核实信息的真实性,避免虚假新闻的传播。同时,媒体还应该摒弃个人偏见和政治立场,以公正的态度呈现事实,让公众能够自由获取真相,进行独立判断。媒体责任是一项重要的使命。媒体作为信息传递的重要渠道,应该承担起真实、客观报道的责任,并注重社会责任感。同时,媒体还应当尊重个人隐私权和人格尊严,以及文化多样性和价值观。只有这样,记者才能发挥其应有的作用,为社会进步和人类文明的发展做出积极贡献。

---

① 何耀军."全媒型记者"不是"全能记者"——基于"全国50个城市135名一线记者问卷调查"的思考[J].青年记者,2022(21):37-39.

【案例3-3】

"钢铁侠"多信道直播云台

"钢铁侠"多信道直播云台是光明网最新打造的全媒体报道单兵设备(见图3-3),该云台集新闻信息采集、发布于一体,现场只需一名记者即可快速实现视频、全景、VR等内容的同步直播与录制,通过设备后台的云控制台、云存储及流媒体服务系统,记者还可以一键同步实现PC端、新闻客户端及H5页面等跨平台视频内容的分发与适配,让多种媒体产品在同一平台快速生产聚合。为满足短新闻内容生产传播的快速、稳定、安全需求,《光明日报》、光明网在钢铁侠二代基础上重新选配了视频采集设备,在保障视频画面稳定流畅的基础上,通过前方经验丰富的节目编导,借助光明网多信道直播云台将采集到的视频内容直接进行碎片化

图3-3　"钢铁侠"采访全国政协委员吴碧霞

加工。前方可实现一键加入栏目包装、一键切换传输画面、一键同步分发给多家视频平台。经测试,通过光明网多信道直播云台,视频内容可以实现一次成型、多渠道播出。①

第三节　编辑角色:新闻资源的策展者

大众传播语境下,新闻编辑往往发挥着信息选择、知识生产、事实报道、意义阐释与价值创造的作用,通过将"无结构的信息转化为结构化的语义内容",新闻编辑在很大程度上决定了受众对现实世界的认知,编辑把关也往往蕴含着一种自上而下、单向支配的权力。

在智能媒体时代,大众传播语境下封闭的新闻生产逻辑转变为多元主体、多种媒介复杂互动的开放型逻辑,新闻编辑也从传统的把关人转变为新闻系统内外部资源优化配置的策展者。

一、智能媒体时代的新闻编辑流程

传统视听新闻编辑的工作有三个层面,宏观层面的编辑工作包括媒体机构总体策划、协调和管理,中观层面的编辑工作包括栏目策划、运营与管理,微观层面的编辑工作即新闻编辑的日常事务性工作。虽然智能时代的新闻传播格局较传统大众传播时代发生了变化,呈

---

① 李政葳,邱晓琴.光明网"钢铁侠"亮相《点赞中国》获赞:一个人就是一支报道队伍[EB/OL].(2018-11-22)[2025-01-11].https://about.gmw.cn/2018-11/22/content_32023577.htm.

现新的舆论环境和传播生态,新闻编辑角色也随之发生了变迁,不过,首先应该明确的是,新闻编辑的社会责任、新闻生产的专业规范和创造性劳动的本质没有发生变化,编辑工作对新闻信息的传播、政策宣传和舆论引导仍有不可忽视的作用。

智能媒体时代,新闻编辑的策展者角色意味着编辑从传统媒体"最后一公里"的把关人转变为新闻生产网络中的核心节点,引导着整个信息网络的结构走向。新闻编辑的策展者需要连接网络中各类节点主体,创造人与技术以及职业群体与非职业群体之间的通路,在杂合的、不断流动的、开放的网络中成为结构性支撑力量①。因此,新闻编辑的工作拓展为信息筛选、整合、协作、创造、传播、增值等,新闻编辑需要在更为开放的新闻业生态中搭建传播网络,设计公共讨论的空间,整合内外部资源,提高新闻价值。

在新闻信息的筛选和整合环节,新闻编辑需要充分发挥新闻专业生产者的优势,担任新闻价值、公众选择与算法的中间人,制定新闻把关与筛选的标准,新闻编辑不仅要为公众生产新闻提供适当的空间,还有责任帮助公众在海量的信息中找到有价值的信息内容,不断优化、调整算法推荐规则,避免技术带来的价值异化,引导公众正确采取进一步行动。在此过程中,公众的信息反馈也是新闻编辑采取下一步新闻行动、追寻更多新闻线索、不断调整对新闻事实的报道策略的依据。

在新闻信息的协作和创造环节,新闻编辑需要运用智能技术,与公众协作,共同完成新闻策展。在信息爆炸的智能媒体时代,新闻事件往往以真假混杂形式碎片化地散布在互联网各处,新闻编辑需要有更广阔的视野、更开放的思维以及总揽全局的能力,来帮助公众更好地理解新闻主题。也就是说,新闻编辑需要在碎片化的、不确定的信息中选取正确的、有价值的内容。在多方主体共同参与下,新闻编辑要结合特定的时空语境,将各类信息按照一定的事实逻辑以及新闻逻辑汇聚,并通过多媒体技术手段与多样态视听呈现形式包装信息,从而更全面、更深层次、更立体地展示新闻事件。借助智能技术,新闻编辑可以更好地提炼新闻故事,帮助公众理解新闻主题。新闻编辑可以通过合理规划公共空间、有序安排平台内的热点话题以及新闻栏目,促使公众在不同区域内针对不同主题、不同叙事风格的新闻作品展开交流与讨论。

在新闻传播和增值环节,新闻编辑需从报道者转变为资源的管理者。新闻编辑除对新闻内容进行专业化组织以及选择多媒体新闻形式进行呈现外,还要有效推动新闻组织内部与外部机构资源融合,有效统筹整合社会资源,处理各种横向或纵向合作关系,保证生产流程的顺利进行。智能媒体时代的新闻编辑不再局限于新闻生产,而是通过统筹各类新闻资源来实现新闻的价值增值。例如,在确定好新闻专题策划方案之后,新闻编辑还应该协调跨部门间的融合协作和多种媒体人、财、物调度,还要履行与新闻编辑部之外的技术公司进行随时沟通对接等职责。

大众传播时代,新闻编辑的职责在新闻产品播出之后即结束,而智能媒体时代的开放式信息传播格局,使信息传播得到了即时反馈,借助社交媒体等平台编辑可以在信息发布之后即刻得到用户的反馈,从而进一步追踪什么新闻或哪些形式的新闻更容易引起较高的关注

---

① 戴宇辰,苏宇.从把关人到策展者:智媒时代新闻编辑角色转型的内在逻辑[J].中国编辑,2023(1):42-47.

度,或者对同一新闻事件如何报道更符合用户的兴趣,以便及时调整报道方向或回应用户的反馈。

虽然在智能媒体时代,人人都可以成为信息提供者,但新闻价值仍然需要编辑进行专业判断。新闻编辑需要在海量信息中寻找稀缺资源并进行筛选,只有经过筛选和审核的信息才具备新闻价值。编辑需要从专业立场和专业角度分析大量碎片化的信息,并将其转化为新闻产品。在智能媒体环境下,编辑必须加强思维转换,强化新技术学习能力,树立服务意识和平等传播的理念,以用户为中心,从用户体验出发。编辑需要具备出色的策划能力,具备敏锐的新闻嗅觉,能够分析信息的内涵和价值,以及最大限度地分析利用信息。网络是信息的汇聚地,新闻编辑应善于利用网络中的新闻线索,并将其转化为媒体新闻报道。当然,在转换过程中,新闻编辑必须保持头脑清醒,辨别真伪,谨慎把关,绝不能传播错误信息。[①]

二、新闻生产的组织架构重组

新闻机构是一个专门从事新闻报道和传播的组织,在不断变化的媒介环境中,拥有一个有效的组织架构可以确保新闻机构能够及时、准确地提供新闻信息,并保持竞争力。随着智能媒体的发展,新闻机构的组织架构也在不断演变。为适应传播环境的变化,新闻机构纷纷采取扁平化组织结构,编辑部门在组织架构中居于中心位置,管理层级减少,决策效率和响应速度提高。同时,跨部门协作成为重要趋势,各部门之间的沟通和合作更加紧密,媒体协同作战能力提升。

新闻机构一般设立了总编辑岗位,总编辑专门负责机构的新闻内容生产,包括负责研究并制定媒体的工作方针,确保媒体的发展方向和战略目标得以实现;协调和管理编辑部的各项工作,包括选题策划、稿件编辑、版面配置等;培养和管理编辑团队,进行绩效考核,并协调团队成员的工作。在一些大型媒体中,总编辑还需参与媒体的经营管理,确保媒体的整体运营和发展。

新闻编辑部在跨部门、跨媒体协作中居于核心地位。新闻编辑部主要负责收集、筛选、编辑和发布新闻内容。我国新闻编辑部经历了一个形式和功能转变的过程,从最初的"大编辑部"到"台网互动""台网融合"再到"中央厨房"、智能编辑部,这一转变过程体现了政策与技术的引领。编辑部通常由一位主编/主任领导,负责制定编辑方针和指导编辑人员的工作。编辑部下设各个编辑小组,每个小组负责特定领域或主题的报道。编辑人员需要具备良好的新闻判断力和写作能力,以确保新闻报道的准确性和公正性。

除了新闻编辑部,新闻机构还有其他重要的部门与新闻编辑部共同完成新闻内容生产,如新闻采访部、摄像部、视频制作部等。新闻采访部负责派遣记者去现场采访和报道事件,这一过程通常由编辑部进行方向性的指导,确保新闻报道的及时、准确和全面。摄像部和视频制作部负责拍摄和制作图片、视频素材、后期包装等,使新闻报道的形式和内容更加丰富立体。此外,新闻机构还有广告营销部门,负责推广和宣传机构的新闻产品。广告营销部门需要与广告商和其他媒体合作,制定有效的市场推广策略,提高机构的知名度和影响力。同

---

① 张明珍.浅析新媒体时代下报纸编辑的角色转型[J].东南传播,2014(12):116-117.

时,营销部门还需要与观众进行互动,收集反馈和意见,以不断提高新闻产品和服务的质量。

在新闻机构的组织架构中,还有一些支持性部门,如财务部、人力资源部和技术部等。财务部负责管理机构的财务状况和预算,确保资金的合理分配和使用。人力资源部负责招聘、培训和绩效评估等人力资源管理工作。在智能媒体时代,技术部门的重要性进一步提高。在大众传播时代,技术部门往往更多是负责维护和更新机构的硬件技术设备和系统,而在智能媒体时代,技术部门需要突破以往的知识局限,补充智能技术人才,自主研发或者与外部技术机构合作研发智能视听新闻生产所需的软硬件,以提升新闻报道和传播的效率。

【案例3-4】

新华社智能编辑部

新华社智能编辑部正式成立于2019年,它运用人工智能、人机协作、媒体大脑、算法智库等构建了健全的新闻应用场景,以多维的方向和先进的技术独树一帜。2018年,新华社开始进行智能编辑部的初步实践,在两会期间,新华社运用智能工具分析最近五年的政府工作报告,快速得出报告的高频词、热点话题,并通过客户端发布"增强现实"报道《AR看两会政府工作报告中的民生福利》。2019年12月12日,新华社首个智能化编辑部正式建成并投入使用。"AI主播"新小浩、新小萌在新华社平台上岗,参与了春运、春节、两会等重要事件的新闻报道,"AI合成主播"让普通受众能够近距离地直观感受人工智能在新闻场景中的应用。2020年,新华社在两会期间运用"全息＋5G＋8K"技术推出"全息跨屏访谈"直播,领跑全行业。2021年,全国两会报道期间,新华社推出了全球首个5G沉浸式多地跨屏访谈、新立方智能化演播室、升级版AI合成主播等,不仅让受众有"空间穿越"的感觉,更实现了裸眼3D的效果,"全实景"＋"超沉浸"助力"采播"由二维平面转变为三维立体的形式。2022年,技术的融合成为新华社智能编辑部生产的主要方向,"全国两会融屏访谈"运用虚拟空间、XR等创新技术,打造以真实场景为背景的"天地融屏"采访,并以AIGC为架构搭配8K的显示与5G的带宽。新华社在重大事件的报道上建立了更加成熟的人机生产协作模式。新华社智能编辑部生产流程如图3-4所示。

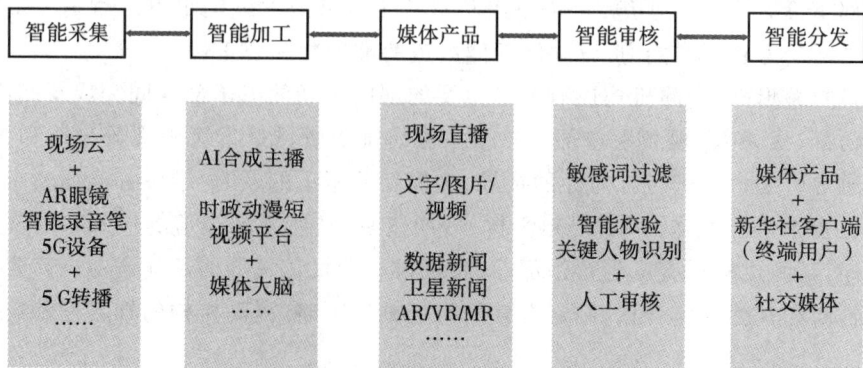

图3-4　新华社智能编辑部生产流程

第四节　新闻机构：新闻流的集成管理者

对于新闻媒体来说，传播渠道与信息载体的多样化，都将带动新闻机构组织结构及其角色和功能的变化，新闻机构本身也从新闻生产者转变为新闻融合的实践者和新闻流的集成管理者。新闻机构正以更加开放和灵活的组织架构，适应更加多元的传播格局。

一、建立新闻信息中心

2006年11月2日，美国最大的报业集团甘奈特（Gannette）集团首席执行官克雷格·杜博在一份备忘录中宣布，集团旗下的所有报纸将设立全新的"信息中心"，取代现有的新闻编辑室（newsroom），以便报纸读者能够随时随地通过他们喜欢的平台接收新闻和信息。这一消息引起了美国报界的广泛关注。克雷格·杜博解释说，甘奈特集团意识到，报纸读者对于新闻本身的兴趣远远不止于此。他们还对与生活密切相关的本地信息（如天气、航班、饭店、电影等）有着需求，而且这种需求越来越多、越来越重要。使用"信息中心"这一名词可以凸显我们对这些需求的回应，同时也强调我们不仅为报纸，也为网站、手持移动设备以及其他多种平台收集新闻和信息[①]。根据这一构想，甘奈特信息中心不再按照新闻编辑室的原有部门设置（如城市、经济、体育等新闻采编部门），而是将其分为7个功能部门：数字部（以数据库为基础快速收集新闻和信息）、公共服务部（媒介监督）、社区对话部（原评论专栏的延伸，帮助实现传—受交流和受—受交流）、本地新闻部、内容定制部（为小众市场定制专门信息）、数据部（发布生活类"有用"信息）以及多媒体内容制作部。

甘奈特集团组织架构的变化反映了新闻媒体机构对信息技术变革所做的应对。随着我国媒体融合的深度推进，新闻机构内部部门边界模糊化、组织虚拟化、组织层级减少的趋势凸显，媒体集团纷纷按照全媒体生产方式优化内设机构、配置人财物资源，细分各领域的部门制逐步被中心制所取代，建立适应媒体融合发展的高效扁平化新闻管理体系。部分媒体集团进行了组织机构的去行政化工作，精简职能部门。在一项基于31家大型媒体集团的调研中，约61.29%的媒体集团部门数量不超过11个，部门的精简化成为大势所趋。媒体机构大多强化了技术机构设置，加强技术联动，超过96%的媒体集团设置了技术部门或技术公司，专门进行5G、AI、云计算、大数据等先进技术的开发应用。同时，媒体机构还积极学习外部平台领先技术，赋能智能媒体发展，激发组织活力。

在中心制的具体架构中，原有按照媒体类型划分部门的方式（比如广播中心、电视中心、

---

① 邓建国."信息中心"：未来报纸的新闻编辑室？——美国甘耐特集团的"激进"报业改革[J].新闻记者，2007(01)：71-73.

新媒体中心等)被打破,媒体机构转而采用按照信息流分类的方式构建组织架构,如融媒体新闻中心、融媒体政务服务中心、融媒体民生服务中心等,每个中心专注于一种信息流的深度内容开发、服务、线上与线下互动等,统筹该类型信息流的生产、产品投放与服务反馈。这样媒体机构成为信息流的集成管理者,无论原先是广播、电视还是网络,只要是相同类型的内容、产品与服务资源,都被配置在一个中心部门内,实现了资源有效管理统筹共享、垂直领域覆盖,提高了传播效率。

在业务流程上,传统的新闻生产、流通和消费环节之间存在脱节,内容生产部门和广告经营部门之间缺乏有效的协作。在新的组织机构中,一个中心或部门将生产团队、运营团队和技术团队联合起来,共同完成一个项目。运营团队将基于大数据进行线上线下市场分析,并与其他团队共同策划产品和服务项目;生产团队根据需求进行生产;技术团队负责传输、流通、和用户接触。这样就形成了一个良性循环的链条,避免了一些媒体的融合实践中部门之间缺乏合作、业务链之间相互干扰的资源浪费和低效率情况的发生。在以内容为核心、技术为支撑、管理为保障的全媒体体系中,生产团队、技术团队和运营团队"三位一体"的架构是最现实、最稳固也最有效的全媒体组织架构和业务流程。[①]

在国内,"澎湃新闻"是一个重要的媒体机构转型样本,它代表了一种新的尝试和探索,同时也具有强烈的地方特色。"澎湃新闻"起源于中国传统党报体系的"母报",并经历了原有的媒介组织内部的"设计"和"改造",旨在成为原有组织的框架下的一种"新媒介产品"(见图3-5)。

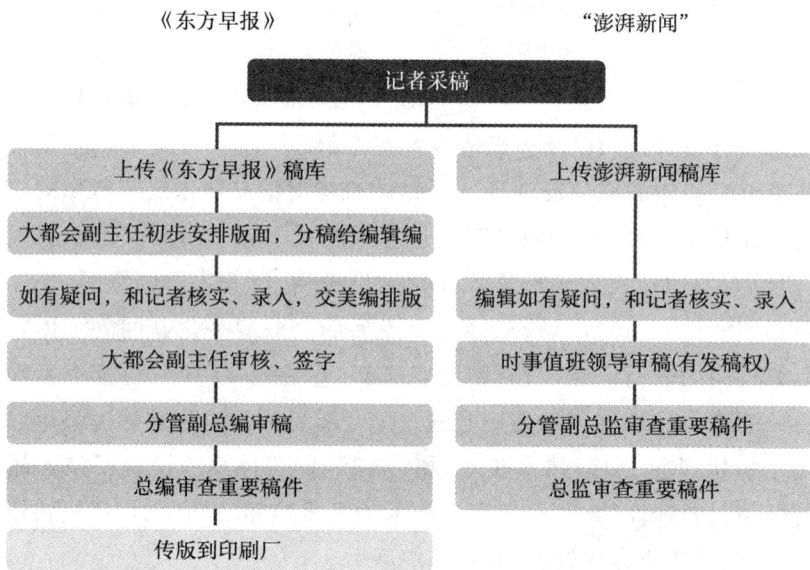

图3-5 《东方早报》与"澎湃新闻"记者采稿流程

① 胡正荣,李荃.重点清障突破,催生深融质变——"十四五"时期主流媒体高质量融合发展进路展望[J].编辑之友,2021(2):24-32.

从媒体机构的架构来看,由于"澎湃新闻"是在《东方早报》的基础上发展起来的,它在组织结构、管理方式和采编人员构成上与《东方早报》有着衍生关系(见图3-6)。"澎湃新闻"的大部分员工和领导最初都来自《东方早报》,并且在整体组织架构上延续了《东方早报》的原有结构。《东方早报》的管理层大多同时担任"澎湃新闻"的同级领导,《东方早报》的记者也大多兼任"澎湃新闻"的记者。在这种以"嫁接"和"兼任"为主的设计思路下,大多数员工个人具有双重甚至多重身份。这使得员工个人的职责变得更加多样化,有利于新闻内容的整合、共享和成本控制。[①]

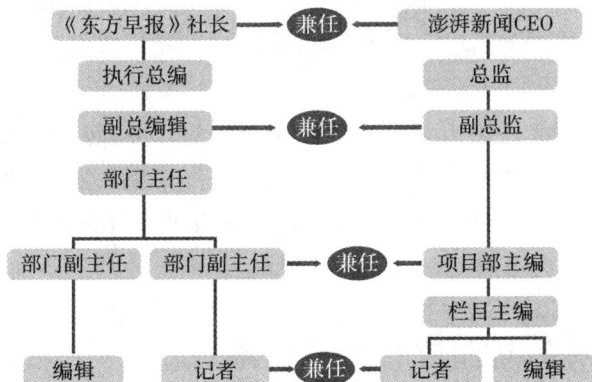

图3-6 《东方早报》与"澎湃新闻"人员构成

在媒介融合和智能媒体发展的过程中,新闻机构不断适应着新的角色定位。对新闻业来说,传统媒体机构转型最大的改变并非在于强调新闻发现和采集的职能,而是强调对新闻和信息流的加工和集成职能。新闻机构借助智能技术,集中和调度优质资源,大力开发信息、新闻服务,从而介入百姓日常,成为智能社会基础设施和信息中枢,发挥着不可替代的作用。

二、组建新闻协调部

为了更好地适应信息集散的"去中心化"与"再中心化"特征、传受关系的紧密连接和新闻报道的"即时化、社交化、数字化"趋势,新闻机构需要在传统"做新闻"的基础上做"好"新闻。2009年,人民日报社在编辑部内设立了一个与总编室平级的机构,名为"新闻协调部"。该部门的主要职能是协调重大新闻选题资源和组建公共稿库。最初,这个新设部门的人员配备并不充足,对原有的生产流程和报道形态的改变也较小。到了2011年底至2012年初,多种因素的作用促使报社重视社交媒体平台,尤其是微博。于是,人民日报社在"新闻协调部"下成立了"官微运营室",新闻协调部的功能开始得到凸显。

新闻协调部的主要职责在于协调新闻报道与编辑工作,确保整体流程的顺畅与高效。

---

① 卞清,赵金昳.媒介融合语境下的编辑部改造——基于"澎湃新闻"日常实践的考察[J].新闻记者,2015(12):61-70.

智能媒体时代的新闻报道往往需要跨部门、跨团队甚至跨媒体的协作,协调人员和资源是必不可少的步骤。编辑工作则涉及新闻稿件的排版、审阅、发布,需保证新闻的节奏和速度,新闻协调部需要协调新闻报道与编辑工作,确保工作高效、准确、及时,从而提升新闻内容的质量与准确性,确保新闻报道的客观性和权威性,这也是新闻协调部的核心任务之一。

在实际操作中,新闻协调部需要处理众多复杂的事物,包括新闻素材的收集、审核、编辑与发布等。这些任务不仅考验着部门的专业技能,更考验着团队之间的沟通与协作能力。通过有效的协调与合作,新闻协调部门能够确保新闻报道的顺利进行,为读者提供高质量的信息。新闻协调部门还需不断适应媒体环境的变化,利用新技术、新工具提升工作效率与质量。例如,通过使用大数据分析、人工智能等技术手段,新闻协调部能够更高效地处理海量信息,提高新闻报道的精准度与及时性。

除此以外,新闻协调部还承担着与其他媒体合作的任务,包括与报纸、电视台及网站等进行信息和资源共享,以共同提升媒体行业的整体水平和运行效率。通过合作,新闻协调部能够在更大范围内促进新闻资源的优化配置,这不仅有助于提升新闻质量,也能够进一步促进媒体间的合作,增强新闻报道的影响力,共同推动新闻行业的健康发展。

三、中央厨房的新闻流程集成管理

在全媒体传播体系中,各种媒体应加强动态沟通,并建立多个互助体系,以实现优势互补的一体化发展。在内容生产发布方面,以中央厨房为代表的集成模式已成功实现了新闻采编播发的一体化运营,形成了全流程打通的媒体融合生产体系。以人民日报中央厨房为例,我们可以看到媒体机构对新闻生产流程的集成管理。

首先,中央厨房式的全媒体报道平台致力于培养全能型记者,通过激活内部产能,实现传统媒体和新媒体角色(如记者、编辑、主持人和制作人)之间的自由切换。这样的举措旨在适应融媒体时代的需求,并通过智能化的采编流程提高采编效率,智能分析受众行为和特定舆论场,从而构建新闻产品生产的高效形态,即"一体策划、一次采集、多种生成、多元传播、全天滚动、全球覆盖"[①]。

在信息采集方面,中央厨房实现了渠道整合一体化。前线记者特别采集的内容素材被放入全媒体数据库,各类传播渠道和自媒体可以根据自身传播特点对内容素材进行二次加工,生产符合自身传播形态的新闻产品。这样,媒体可以使同一新闻素材在不同渠道端口呈现多样的解读,构建"一套人马、多个出口"的运营模式[②]。

在技术支撑方面,"中央厨房"采用了集成调度系统、采编系统、Prysm显示技术与人机互动系统、传播效果监测反馈系统和融合云等子系统构建的技术系统。这个技术系统的搭建为新闻线索收集、选题策划、传播效果和运营效果监测提供了数据支撑,为"中央厨房"的业务运行提供了有力保障。媒体大脑也是一项重要的尝试,它融合了云计算、物联网、大数

①　何瑛,胡翼青.从"编辑部生产"到"中央厨房":当代新闻生产的再思考[J].新闻记者,2017(8):28-35.

②　侯洪强.从"中央厨房"看传统媒体转型的困境与出路[J].青年记者,2017(26):47-48.

据和人工智能等前沿技术,用于主流媒体智能化新闻的生产。该技术的功能应用范围非常广泛,包括从发现新闻线索和采集信息素材,到编辑新闻内容和传播稿件,还包括监测受众反馈等整个新闻业务流程。通过智能采集设备如摄像头、传感器、无人机和行车记录仪,结合新闻发生地附近的多维数据,媒体大脑可以自动检测新闻事件,并生成数据新闻和富媒体资讯内容[①]。

在精准运营方面,在技术的支撑下,媒体可以通过"中央厨房"(见图3-7)搭建数据化、智能化、移动化的技术系统,实时抓取全网的数据,从内容关联、社会关系和兴趣类别等维度入手,描绘较为清晰的用户画像,实现与用户的紧密连接。同时,"中央厨房"还可以对全国热点事件进行预测、监控及系统分析,并将新闻内容进行细分化和标签化管理,最终根据用户需求和喜好为其推送相应的信息产品。"中央厨房"还能够借助5G、大数据和人工智能等技术手段实现对传播效果的全程监测和精准评估。在万物互联的全媒体生态中,用户需求并非一成不变,而是多元的、动态的,媒体要实时跟踪分析用户的阅读偏好、习惯和行为特征,将新闻稿件与用户喜好精准匹配。

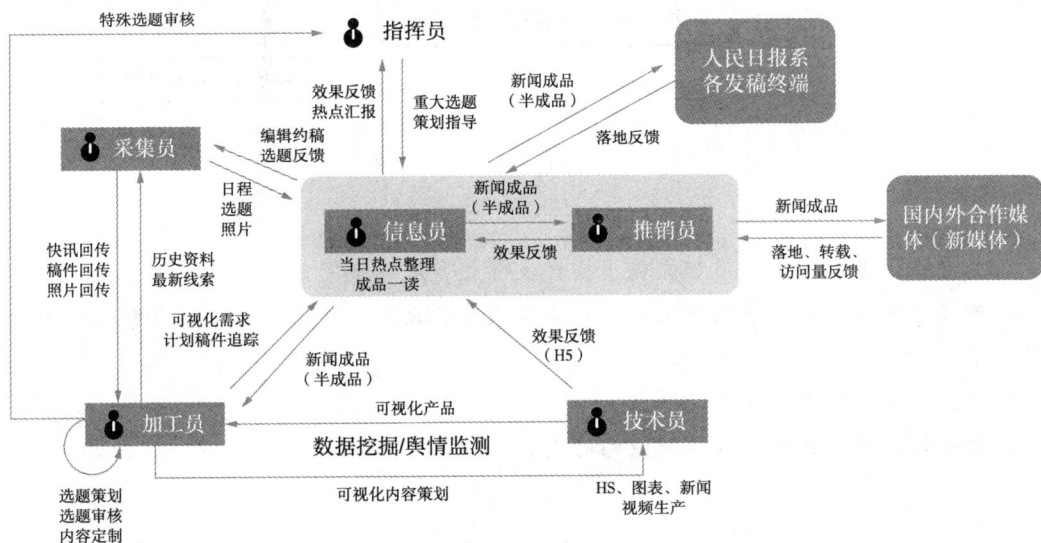

图3-7 "中央厨房"模式

传统的新闻报道模式下,记者只属于一个媒体机构,并且信息供应对象是需求定位基本一致的单一受众群体,因此不存在信息采集方面的困难。然而,在"中央厨房"的组织框架下,一个媒体集团拥有多个子媒体,记者队伍共用一套指挥系统和管理模式。这种新的组织框架改变了记者的身份,同时也改变了生产关系。过去,记者负责向一个报道平台的用户提供信息,这是一对一的生产关系。但现在,他们需要面向多个终端的不同用户群体,生产关系变成了一对多。基于分众需求的信息采集对记者提出了更高的要求。

---

① 新华网.从"AI合成主播"和"媒体大脑"看新华社融合创新发展[EB/OL].(2019-08-08)[2024-11-02].https://www.xinhuanet.com/politics/2019-08/08/c_1124850634.htm.

本章知识脉络

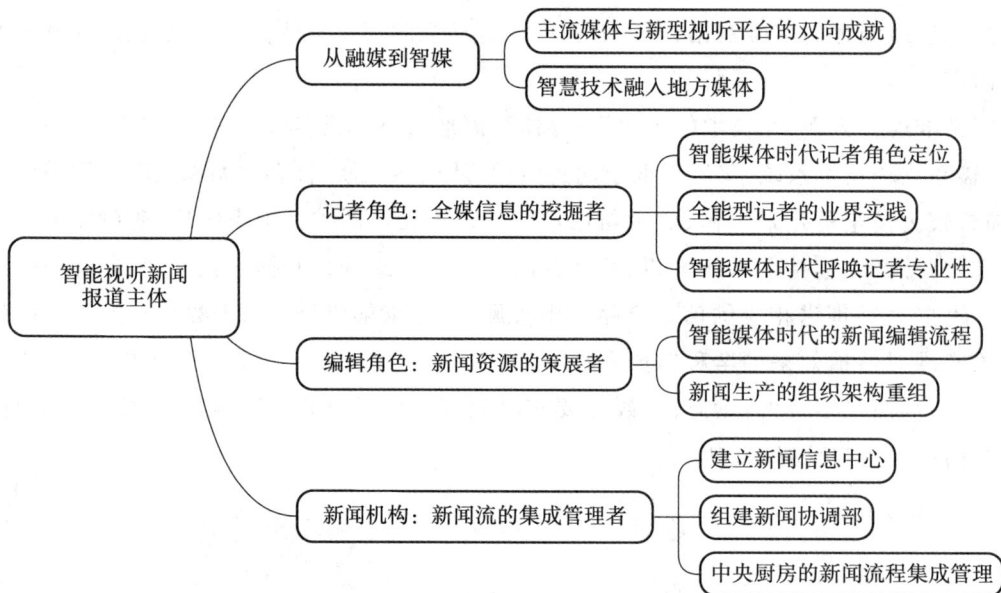

```
                        ┌─ 从融媒到智媒 ──┬─ 主流媒体与新型视听平台的双向成就
                        │                 └─ 智慧技术融入地方媒体
                        │
                        ├─ 记者角色：全媒信息的挖掘者 ──┬─ 智能媒体时代记者角色定位
智能视听新闻             │                              ├─ 全能型记者的业界实践
报道主体 ───────────────┤                              └─ 智能媒体时代呼唤记者专业性
                        │
                        ├─ 编辑角色：新闻资源的策展者 ──┬─ 智能媒体时代的新闻编辑流程
                        │                              └─ 新闻生产的组织架构重组
                        │
                        └─ 新闻机构：新闻流的集成管理者 ─┬─ 建立新闻信息中心
                                                        ├─ 组建新闻协调部
                                                        └─ 中央厨房的新闻流程集成管理
```

思考题

1. 主流媒体平台如何利用智能媒体技术获得更多发展空间？

2. 智能媒体记者与传统媒体记者的优势分别是什么？为什么说专业性在智能媒体时代同样重要？

3. 智能媒体时代编辑职能的转变。

4. 智能媒体时代新闻机构组织架构的变迁。

第四章

智能视听新闻全流程

◆ **本章导读**

本章以智能媒体技术发展为背景,介绍包括智能视听新闻采集与制作、智能视听新闻的多平台分发和智能视听新闻的循环结构在内的智能视听新闻生产全流程,并对人机合作下智能视听新闻生产新模式进行了前瞻性阐述。

◆ **学习目标**

· **知识目标**

1. 熟悉智能视听新闻的概念。

2. 掌握智能视听新闻生产全流程的特点。

3. 了解智能视听新闻采集、制作、分发的基本方法。

· **能力目标**

1. 能够分析智能视听新闻与传统视听新闻流程的异同。

2. 具有基本的智能视听新闻采集、制作、分发等相关智能工具运用能力。

· **素养目标**

1. 能够在视听实践中传播社会主义核心价值观,树立责任意识和阵地意识。

2. 具备智能视听新闻素养,拥有开阔的媒介观和良好的新闻专业素养。

第一节 智能视听新闻采集与制作

对新近发生的事实进行加工并形成新闻作品的过程被称为新闻生产,新闻生产包括新闻的采集与制作。传统的新闻采集与制作流程主要由选题策划、采访、编辑、排版、刊发等阶段构成,新闻生产者通过对新闻进行有意识地加工,设置媒介议程,进而构建"拟态环境"。在传统新闻生产模式下,记者发现新闻线索、进行采访、撰稿成文并编辑播出,新闻生产的每一个环节都由新闻从业者进行把关,整个过程是一个单向的线性流程,且受法律法规、专业标准、市场形势和媒体自身定位等因素的影响。

相比以人工操作为主的传统新闻生产,深度嵌入数字智能技术的新闻生产流程已经发生了彻底的变革,逐渐形成了以人工智能技术为基础、人机协同为特征的智能视听新闻生产系统。新闻内容生产需要结合大数据、地理定位技术、体感技术等新兴科技,全媒体采集手段同人工智能、5G基础设施、个性化算法推荐等其他技术结合,新闻源的取材范围不断扩大,新闻采集制作方式也有了更多的可能性。

面对智能媒体对新闻生产的赋能,新闻媒体也应当把握好技术创新带来的"红利期",客观、全面、理智地看待智能媒体对于新闻业的冲击与价值,在智能媒体发展的大趋势下积极调整现有结构模式,更好地应对不断出现的变革与挑战。

一、智能视听新闻多种采集

(一)传统新闻采集方式

新闻采集是新闻生产的基础性环节。传统的新闻采集主要是指通过记者采访、摄影、录音等方式,收集得到文字、图片、视频等新闻材料的过程,其主要方式包括记者采访、网络线索收集、阅读器订阅采集等。

新闻记者采访是最主要的传统新闻信息采集方式,这种方式在智能媒体时代仍应占据重要地位。新闻记者采访,即记者前往新闻现场实地收集新闻素材、采访当事人,通过把握具体细节而获得信息。新闻采访建立在专业标准和职业规范基础上,通过现场观察、提问、拍摄等方式对关键情节、关键人物和关键细节进行抓取,努力还原或记录当时场景,并通过调研把握关键信息,获取具有实际新闻价值的核心信息。

无论时代如何变化,记者到新闻现场去,通过眼观耳听、现场感知、提问并进行逻辑梳理而得到的新闻素材是最符合新闻价值的核心信息,其他信息采集手段均应建立在记者采访的基础之上,而不是将之取代。

网络检索和通过RSS(简单信息聚合)阅读器进行信息收集也是传统的信息采集手段之一。RSS是一种订阅网站更新内容的工具,它可以将新闻、博客等的标题、摘要和内容按一定要求整理并推送,用户可将感兴趣的网站订阅到一个软件中,随时查看其更新内容。RSS阅读器操作简单,有助于信息的快速聚合和传播。用户可以通过手动添加的方式将感兴趣的信息快速采集,为新闻生产提供基本素材,也便于新闻生产者洞察受众的关注内容。

随着监控系统的普及,新闻机构和社交媒体广泛运用监控系统进行信息采集。监控系统采集的资料一般运用于对新闻事件过程的解读,能够对新闻画面进行实时采集。监控系统采集的画面优势在于直观、清晰,能够展现新闻现场全貌。同时,监控系统能够远程操控,记者不用抵达现场即可掌握事件动态。但监控摄像头是固定的,其呈现的画面也是一成不变的,难以展现细节部分。监控摄像头清晰度有限,这就需要新闻生产者采用文字、字幕、图标等方式进行简单解读。"慢直播"是使用监控系统进行新闻报道的典型例子,这种直播形式一般没有主持人,也没有镜头快剪、编辑、音乐渲染等制作痕迹,在监控镜头下,事件的传播与发生是同时进行的,能够长时记录实景并进行原生态呈现。

传统新闻采集方式存在一定不足。在单向线性信息采集流程中,记者对文字、图片、视频等基本资料进行采访收集和整理,存在效率低下、分布模式单一和反馈渠道闭塞的问题。同时,数据整理的过程中需要投入大量的人力、物力和财力,前期投入巨大,还有可能牺牲新闻的时效性。另外,记者根据主观经验和对信息的敏感度判断新闻的价值,还可能存在信息来源少、主观性较强等问题。因此,智能媒体技术在新闻采集的过程中的应用能够弥补传统记者采访等人工采集新闻的缺陷,提高采集效率、延伸采集范围,推动新闻采集模式全面变革。

(二)智能视听新闻采集方式

在智能技术的辅助下,新闻工作者使用智能设备、智能平台等,以人机高度协同的形式对视听新闻素材进行收集的活动称智能视听新闻采集。与传统记者外出采访的形式相比,智能视听新闻采集借助智能视听新闻采集软硬件,不再完全依赖人力,大大提高了采集效率。

智能视听新闻采集工具是指使用智能技术收集、整理、分析、处理和展示新闻资讯的软硬件系统或服务,包括传感器数据采集、无人设备拍摄、数据库智能数据挖掘、自然语言处理、社交媒体源采集、数据平台建设、移动采编系统等多种智能技术手段。

1. 传感器数据采集

传感器数据采集指通过传感器,对环境、物体等数据进行监测和收集,获取环境和物体的物理量和状态,并将这些数据进行处理和分析。早在20世纪80年代,传感器技术就被视为与计算机技术、通信技术相并列的信息技术三大支柱之一。传感器是人类感官的"延长",能将监测到的信息按一定规律转化为数据信号输出,以完成信息的记录、传输、存储、显示和控制等,具有微型化、数字化、智能化、多功能化、系统化、网络化等特点。传感器技术与新闻采制的结合,极大地拓展了新闻发现的时间与空间维度。目前,应用于新闻报道的传感器或传感器系统已经十分多样,如遥感卫星、GPS系统、具有传感功能的智能手机、可穿戴传感设备、无人机、无人驾驶汽车以及各种类型专门用途传感设备。借助传感器收集,人人都可以成为新闻的生产者和传播者,这在一定程度上推动了新闻采编的多元主体发展。与社交媒体的用户自主传播相比,传感器数据可以在更大程度上保障非专业新闻传播的真实性和可靠性。基于传感技术的众包新闻、"众筹"新闻的信息采集和生产的专业化程度将进一步提高,传感器新闻社群也将不断生成。

物联网、互联网技术将传感器、控制器、人与物等通过智能方式连接在一起,形成人与物、物与物的高度互联,搭建起信息化、智能化的网络。传感器作为其中的一环,是智能化的新闻信息采集者和传播者,能够为新闻受众提供更为精准和细致的信息内容。传感数据主要包括环境数据、地理数据、人口结构数据、物流数据、自然界数据等。通过传感数据对自然环境、社会环境等进行实时监测,能够洞察新闻事件发展的动向,进行预测性报道等。目前,传感器运用得较为普遍的领域是环境新闻和社会调查新闻,如美国"公民新闻"网站利用国家航空航天局的卫星遥感系统,以可视化数据新闻形式报道了1922年至2014年期间路易斯安那州的水土流失和海岸萎缩状况。再如《休士顿纪事报》记者在当地化工厂周围布设了传感器,以探测土壤污染情况。美国佛罗里达州《太阳哨兵报》记者萨莉·克丝汀和数据专家约翰·梅因斯利用高速公路收费站的传感系统,报道当地警察在非公务时段的5000多次违法超速行为,该报道获得了普利策新闻奖"公共服务奖"。

传感器新闻是传感器、互联网、物联网相结合的产物,它通过分析传感器数据分析、加工新闻信息,提高了新闻产品的精确度和可信度,同时节省了人力物力,提高了新闻的质量与效率,成为数据化时代新闻传播变革的重要实践内容之一。

2. 无人设备拍摄

无人设备拍摄包括运用无人机、无人车、机器狗等设备进行的拍摄活动。无人机是由控制站管理的航空器,包括远程操控无人机和自主飞行无人机。在新闻传播实践中,无人设备拍摄最为常见的应用方式是使用无人机进行航拍,即操控无人机在空中完成影像采集,采集到的信息可以是静态的图片,也可以是动态的视频。无人机新闻的发展可以追溯到2011年11月美国内布拉斯加-林肯大学的新闻与大众传播学院建立"无人机新闻实验室"。2013年3月,密苏里大学KBIA公共广播电台播出了第一条无人机新闻,拍摄的是密苏里中部地区的一群白天鹅,其后,他们制作的美国火山、雪鹅迁移、中西部干旱等电视新闻报道也获得成功。我国也较早将无人机应用于新闻业,2012年9月《重庆晨报》成立航拍工作室。2015年6月15日,新华社成立中国第一个无人机编队,2016年4月7日,新华网无人机频道正式上线,新闻无人机编队依托无人机技术,创新报道内容形态和传播形式,形成鲜明的报道特色。无人机影像采集能够提高到达现场的速度,提高新闻采集效率,同时也能够深入人类无法到达的新闻现场,进行全景式、立体化的画面信息收集。在重大突发事件以及各类体育赛事、国际活动报道中,无人机影像采集充分展现了智能视听新闻报道的表现力和震撼力。

专业级航拍无人机在恶劣的条件下仍然能工作,可以进入危险新闻现场,在灾害性和调查性报道中完成现场拍摄、调查的工作,这样既能保证记者自身的安全,又能够高质量地完成拍摄任务。另外,无人机以高空俯视的视角拍摄,成功弥补了传统新闻画面中没有自上而下视角的遗憾,为观众呈现了更完整、更真实的新闻场景,还原了新闻主体的全貌。如2015年8月12日,位于天津港的瑞海公司危险品仓库发生爆炸,事件发生后,由于现场存在有毒有害气体,新华网、央视网等记者携带无人机深入现场进行采访和报道,从爆炸区域发回航拍视频,以高空俯视视角真实还原了事故现场,为观众提供了有冲击力的新闻图像(见图4-1)。2015年被业内人士认定为无人机新闻的元年。无人机正悄悄改变着新闻传播的格局,它可以在自然灾害、交通事故、油气泄漏、环境保护等新闻报道方面发挥独特优势。

当然,无人设备拍摄也存在一些问题,如续航能力、抗电磁干扰、感知避让能力等技术的不成熟使无人设备在运行时存在一定安全隐患和拍摄困难。另外,无人机、无人车设备拍摄

图 4-1 无人机拍摄的事故现场

可能导致隐私泄露、国家机密泄露或干扰航空飞行等问题,无人设备采集应该在法律法规和行业规范框架下合理运用。无人设备只能作为新闻事实采集的辅助工具,对其过度依赖可能会使新闻价值发生偏离。

3. 数据库智能数据挖掘

数据库智能数据挖掘是一种从由大量数据形成的数据库中提取有价值信息的技术,可被用来发掘有价值的新闻信息和潜在的新闻来源。数据库智能数据挖掘涉及多个学科领域,包括统计学、计算机科学等。数据库智能数据挖掘利用各种技术和工具来处理和分析大规模数据,以发现其中的模式、趋势和关联,分析的深度和广度可以根据特定任务的需求进行调整。

数据库智能数据挖掘技术能够帮助新闻工作者在文档中找到人工不易发现的报道细节、线索,让事件本质从错综复杂的数据中浮现出来,帮助新闻工作者挖掘看不到的故事,填补人工新闻采访中存在的不足。例如,可以通过对社交媒体上用户的行为和兴趣数据的智能分析,找出与当前热门话题相关的人物或组织,从而获取更多的新闻线索。

运用智能技术挖掘的信息可以分为新闻信息和用户信息两个维度。通过大数据分析,新闻工作者能够获取新闻信息,实现数据可视化,最终生成数据新闻,还可以利用大数据技术和人工智能技术处理历史信息,进行有效的数据统计分析,生成可视化数据视觉图像,在深入挖掘新闻事件的同时提高生产效率。平台系统中的算法能够实时监测互联网中的信息,并按照热度值进行价值的判断与新闻的排序,以便在新闻发生或者热点事件出现时及时通知新闻生产者,帮助新闻机构找到新的报道主题,为报道提供更多背景资料。

在用户信息挖掘层面,新闻媒体可以运用数据库智能挖掘技术统计分析用户的新闻浏览情况,从而得出用户的兴趣爱好,制作用户行为习惯图谱,从而开展个性化定制化的新闻采集和制作工作。通过对用户性别、行为和阅读兴趣的分析,新闻工作者可以在推荐系统中构建精准用户画像,深度挖掘内容与用户潜在的关联,从而在引导用户关注重大新闻事件的同时推送用户感兴趣的内容,以达到更好的传播效果。智能数据挖掘技术协助新闻工作者通过对众多数据的挖掘和价值分析,进行筛选、重组和整合,最终得出客观结论,并利用可视化的形式来呈现整个新闻故事。基于数据抓取、挖掘、统计、分析、可视化来呈现新闻,是一种全新、生动的新型报道方式。央视网智媒数据链"智闻"产品能够通过挖掘全网大数据,对包括网站、APP以及电视在内的全媒体实时热点信息进行快速捕捉分析,追踪热点发生源头与发展脉络,感知热点变化趋势,从而帮助运营人员精准挖掘有价值的素材信息,更好地完成选题策划。

4. 自然语言处理

自然语言处理技术是一种将自然语言转换为计算机可处理形式的技术,它旨在使机器能够理解、解释自然语言,并将处理结果转换为人类语言,实现人机之间有效交互。自然语言处理技术的应用领域广泛,包括机器翻译、舆情监测、自动摘要、观点提取、文本分类、问题回答、文本语义对比、语音识别、中文OCR等。自然语言处理技术是人工智能的核心技术,在智能视听新闻采集方面,自然语言处理技术拥有广泛的应用场景和强大的新闻采集能力。

自然语言处理技术能够从大量文本中提取关键信息,帮助新闻采集人员快速锁定范围并进行信息筛选,大大提高了新闻采集的效率。通过对新闻内容的分类和核心关键内容的提取,自然语言处理技术还能够分析社交媒体、新闻网站等平台的热点话题,从而为新闻报道提供有价值的线索与素材。对于多语言环境的新闻采集工作,自然语言处理技术可以实现跨语言的信息抽取和翻译,有助于新闻采集工作者突破语言障碍,获得范围更广的素材。

2022年底,以ChatGPT为代表的大语言模型取得技术性突破,对文本分类、结构分析、语义分析、信息提取、知识图谱、情感计算、文本生成、自动文摘、机器翻译、对话系统、信息检索和自动问答各种核心的自然语言理解和生成任务均产生了巨大的冲击和影响。Chat-GPT、Deepseek在大规模预训练过程中习得丰富的语言知识,它处理自然语言任务时能在少样本、零样本场景下接近乃至达到传统监督学习方法的性能指标,且具有较强的领域泛化性。大语言模型将带来自然语言处理主流研究范式的变革,进一步提升自然语言核心任务的能力,例如通过生成式框架完成各种开放域自然语言处理任务并减少级联损失,通过多任务学习促进知识共享,通过扩展上下文窗口提升理解能力,通过指令遵循和上下文学习技能从大模型中提取信息,通过思维链技术提升问题拆解和推理能力,通过基于人类反馈的强化学习技术实现和人类意图一致等,未来,大型语言模型将推动智能视听新闻采集生产全流程产生更加革命性的变化。

5. 社交媒体数据采集

Web3.0时代,社交媒体几乎覆盖了所有的互联网用户,是媒体获取公众意见和社会动态的重要渠道。社交媒体平台上,用户可以发表对新闻事件的看法,与其他用户进行交流,提供生活经验,成为新闻发生时的目击者或记录者,为新闻采集提供丰富的素材、观点和全面的新闻视角。同时,用户可以根据自己的兴趣和需求,订阅新闻、设置关注的话题。个性化的新闻定制有助于新闻采集人员更加精准地定位目标受众,提高新闻内容的针对性和吸引力,增强用户黏性。

　　社交媒体拥有即时性、用户高互动性、数据丰富性等特点与优势,为新闻从业者获取新闻线索和新闻信息提供了更快速、更广泛的途径,提高了新闻采集的时效性。同时,社交媒体上的用户实时反馈信息还为新闻工作者寻找下一步新闻线索或报道方向提供了更多的选择和可能性,有利于新闻工作者生产更加符合用户需求的新闻。虽然社交媒体数据已经成为重要的信息来源,但是社交媒体数据存在真假混杂的情况,采集到的数据中还可能存在重复、错误、不完整等问题,需要进行数据清洗和人工审核。

6. 新闻数据平台

　　新闻数据平台是一种集成环境,旨在提供数据采集、处理、存储、分析和可视化等一站式服务。在智能媒体时代,除了借助分散的软硬件技术和应用外,新闻机构也纷纷通过自建一体化新闻数据平台的方式汇聚、存储和分享新闻信息。借助云计算、大数据等技术,新闻媒体的数字采编中心得以汇聚多种资源,建设新闻数据库和素材池,在系统中存储本机构记者和合作机构采集的新闻信息与素材。媒体可以根据自身的定位和实际需求,差异化地使用数据库中的信息,以生产适用于不同媒体终端的新闻,从而实现"一次采集、多种生成"的集约化新闻生产。

　　新闻数据平台还具有数据追踪和抓取功能,记者通过订阅可以接收平台定时推送的新闻线索,以帮助记者随时掌握新闻动态,获取最新的新闻信息。数据平台通过提供互动、交流和反馈机制,促进用户参与新闻生产,丰富新闻内容。数据平台通过信息抓取技术将用户反馈纳入数据库,并根据用户反馈获得新的新闻线索,在突发事件的报道中这一功能的作用得到凸显。

7. 移动采编系统

　　智能视听新闻采编系统以云计算和大数据技术为驱动,以移动互联网和智能终端的发展为支撑,以智能化汇聚、加工和分发理念为技术支撑,以快速生产、及时发稿、灵活调动、一稿多用为目标。移动编辑系统是采集智能视听新闻的有效工具,通常作为新闻数据平台的延伸,记者只需在手机上安装移动采集和编辑应用程序,就能够轻松地进行新闻素材拍摄、稿件创作、文件传输、视频编辑等新闻采集和编辑工作,为新闻记者在移动状态下快速完成优质新闻素材的采集和传输提供技术支持。

　　新闻报道的时效性是媒体竞争关键因素之一,在传统媒体时代,新闻采集、传输和制作过程是分离的,记者在新闻现场使用摄像机、相机、录音设备记录新闻现场视听画面后,需要将其暂时存储在相应设备中,然后返回新闻机构进行传输和编辑制作,新闻采集和传输的时间成本较高。移动新闻生产制作是一项基本的系统服务,其功能是提供选题、拍摄材料、编辑稿件、提交和管理稿件。移动新闻生产的所有工作都可以在手机上操作完成,方便新闻工作者随时随地开展新闻采编工作,从而提高新闻的生产效率。移动采编终端可以是专用设备,也可以是直接安装在记者手机上的相应软件,记者将新闻现场采集到的素材用移动采编终端上传到机构的新闻数据后台,由后方人员编辑后使用,也可以经过简单编辑后直接回传到稿件系统,由新闻编辑直接采纳。移动采编终端大大提高了新闻素材采集、传输和制作的效率,压缩了时间成本,从而满足了智能时代大众对新闻时效性的更高要求。同时,记者还可以借助移动采编系统的大数据和云计算技术实现对新闻素材的实时检索、快速采集,通过数据分析得出网络热词,进而根据系统设置进行智能视听新闻采编,实现新闻的 24 小时全天候实时推送。

【案例 4-1】

浙江报业集团"媒立方"

制作机构:浙江报业集团。

作品内容:

浙江报业集团研发的"媒立方"平台是新型智能化的新闻内容生产平台,集舆情调查评估、统一采集、中央稿库、效果评估、多元分发等功能于一体,已经实现了大数据平台对新闻业务平台的驱动,并且做到了以技术平台驱动"策采编发"。在策划环节,"媒立方"建立了热点追踪等数据模型,量化新闻事件的传播热度、主题分布和受众反馈等具体的数据,为新闻记者提供参考,推动采编工作的进行;在采集环节,"媒立方"平台建立了统一的内容资源库,建立多维度的内容标签体系,对采编到的新闻进行整理分类,从而实现"一次采集、多次生成";在编审环节,"媒立方"利用计算模型筛选出含有敏感内容、字词的稿件,保证了内容质量;在发稿环节,"媒立方"依托大数据构建用户图谱,通过个性化推荐算法系统实现了多渠道多平台的个性化精准投放;在评估反馈环节,"媒立方"建立了评估反馈系统,以文章的阅读、互动、转载量为参考指标,计算单篇文章的互联网传播效果指数。

"工欲善其事,必先利其器",智能技术可以辅助记者进行多方面信息的快速采集,在缩短新闻采集时间、提高新闻时效性的同时也拓展了新闻报道空间和视角。当然,智能视听新闻采集强调记者对智能机器设备的灵活运用,对记者的技术能力和专业素养提出了更高的要求。从采集阶段开始,智能视听新闻生产者就应综合考虑图片、文字、视频和音频等多类型素材的收集问题,以便生成更为多样化、针对性更强的智能视听新闻产品。

二维码 4-1
智能视听新闻采集
的特点与优势

二、智能视听新闻制作

智能视听新闻制作是在传统视听新闻制作模式的基础上,采用人工智能技术自动化生产和优化新闻制作的过程。智能技术是当下贯穿新闻制作流程的新变量,智能技术不仅全面应用于新闻生产的各个环节,逐渐改变了传统新闻生产流程,还成为与人类新闻工作者"并驾齐驱"的主体,促使人们改变自身参与新闻制作的习惯。智能视听新闻制作方式的发展,使人机耦合与自动采编生产新闻内容的方式成为可能。开发智能视听新闻写作应用、建立智媒体指挥中心和数字化生产系统,旨在生产满足不同终端的新闻产品。

（一）智能视听新闻写作

1. 智能视听新闻写作的应用

采用人工智能技术辅助生成视听新闻报道稿件，被称为智能视听新闻写作。智能视听新闻写作本质上是一套算法语言，通过计算机程序对搜集和输入的数据信息进行自动化地分析、处理和加工，是在新闻制作层面运用智能化工具的典型。相较于传统的新闻写作，智能视听新闻写作工具的信息处理效率高、制作内容精确、可工作时间长，已经在各大媒体中得到了广泛运用。2015年，腾讯网财经频道使用Dream writer完成了文章《8月CPI同比上涨2.0％创12个月新高》，这是国内首次发布由机器人写作的新闻。此外，对于一些调查性报道和数据新闻而言，智能视听新闻写作能为报道提供更多细节和个性化信息，呈现整体的趋势和宏观情况，使得报道点面结合、内容更加丰富。

人工智能写作工具除了能够进行文字写作和加工，还能够根据文字生成相对应的音视频产品，或对音视频内容进行编辑。视频技术公司Wibbitz致力于将文字报道直接转化为视频，其建构的人工智能平台可以对文字报道进行语义分析、从文章中抽取关键词、自动生成摘要，还能够从网上自动搜索相关图片进行匹配，然后将文字和图片信息转换成为视频，生产出图文并茂的报道或音视频作品。

2. 智能视听新闻写作的特点

智能视听新闻写作具有以下特点。一是过程自动化。新闻制作过程的自动化是智能视听新闻写作的最大特点。智能视听新闻写作工具通过对数据库与资料的收集、处理和分析，能够将抽象的事物量化，完成更为精确的解读。同时，智能视听新闻写作工具可以对大量数据信息进行分析，快速发现其中的新闻点，并生成稿件。智能视听新闻写作工具为体育新闻、财经新闻等模式化类型化的新闻的创作提供了便利。二是流程精简化，写作效率高。传统的新闻制作流程主要由选题、采访、编辑、排版、出稿等阶段构成，制作流程较为复杂。智能视听新闻写作工具基于智能技术，能够实时监测互联网中的信息并按热度值进行排序，追踪热点趋势，实时获取信息并提供给采编人员。特定的算法使智能视听新闻写作工具能够将传统新闻生产中的采、写、编、评有机融合，从而简化复杂的新闻制作流程，提高写作效率。

智能技术辅助下的视听新闻写作工具也存在一些问题和不足，智能技术不能完全独立于专业新闻生产，需要与专业记者写作有机配合。智能视听新闻写作工具的不足在于，一是写作语言单一。智能视听新闻写作工具依赖特定的文章模板，因此从内容表达和写作风格上来看，其文章结构比较单一，用词较为简单，内容也以描述为主。二是依赖结构化数据。结构化数据（structured data）指数据表、数据库、表格等组织化的信息，是能够放入二维数据表格中的数据。目前智能视听新闻写作工具主要应用于天气、体育、财经、地震等能够提供结构化数据的领域。三是模式化的规模生产。智能视听新闻写作工具依赖结构化数据和特定文章模板。一旦有了特定的写作模板，数据就能够被填入模板，转化为报道，并快速进行模式化生产，这样容易导致内容缺乏细节和变化。

【案例4-2】

Scube智媒魔方是上海广播电视台生成式人工智能媒体融合创新工作室推出的集成应用工具,包含多种AIGC能力:多模态素材识别、智能横屏转竖屏、智能生成稿件摘要、全语种智能翻译、视频智能剪辑拆条等。在2024年全国两会报道中,Scube智媒魔方辅助上海台在各种新闻发布会、部长通道等重要的现场直播报道中,通过实时语音识别、智能横屏转竖屏、自动写稿、全语种智能翻译和视频片段智能拆条等功能,完成了现场实况内容整理、新媒体网端播出内容制作、新闻报道初稿生成等工作。据统计,Scube智媒魔方在两会报道中一共自动化生产了149个AI内容包,每条内容包的生成时间仅有5分钟。

(二)建立智媒体指挥中心

传统媒体集团通常采用科层制管理方式,在这样的模式下,上级机构对下级机构进行直接管理,形成垂直的层级组织关系,各个部门的记者和编辑独立工作。融媒体中心的建立打破了传统科层制的条块分割,推动其重新按照信息资源类型划分职能,并在此基础上引入智能技术支撑的智媒体指挥中心创造全新的生产模式,编辑部在智能技术辅助下根据指挥中心的目标和任务,调配媒体内外部资源进行新闻产品的生产、制作和发布。新型智能化内容生产平台见图4-2。

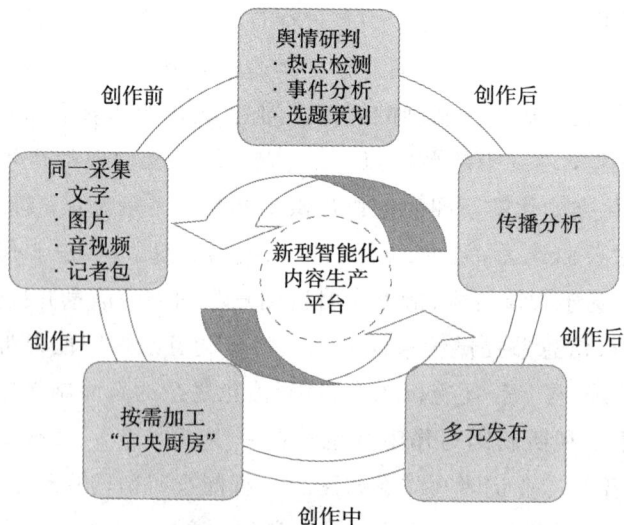

图4-2 新型智能化内容生产平台

智媒体指挥中心保障新闻生产链的高效运转,加强内部沟通,并协调各部门的生产工作。智媒体指挥中心能够发挥媒体大脑"中枢神经"的指挥引领作用,高效完成智能视听新闻报道选题策划、协调组织、调度采编、信息沟通、回收反馈意见等工作,指挥整个平台的新闻生产。如人民日报社建成了建筑面积3200多平方米的媒体中心专用大厅,采编、运营者能够在大厅中协同生产新闻,大大提高了生产效率。

（三）建设数字化新闻生产系统

新闻生产业已进入数字化时代,分散的新闻生产工具需要通过数字化新闻生产系统连接起来,媒体机构需要建立数据库系统、数字新闻制作、编辑模块,从而挖掘数字平台的真正价值。建立数字化新闻生产系统需要先进技术的支持,有的媒体机构采用内部技术力量自主研发,有的则与专业技术公司合作,扩展媒体新闻资源价值。数字化新闻生产系统使传统的单向链条式结构转变为链状网络式结构,通过存储多媒体信息的数据库实现媒体内外部资源的共享,通过信息流传播的相互作用实现智能视听新闻生产的价值增值。

【案例4-3】

2020年,北京市广播电视局与京东集团达成战略合作(见图4-3),加快数字新基建建设,推进视听产业园区、直播电商、视听产品营销、精准扶贫等领域合作,支持电商直播经济发展。北京市广播电视局与京东通过安排线上营销会议、线上展会等活动,共同推动电商可视化发展,开展可视化的广告推广;围绕应急管理、垃圾分类等特大城市治理的堵点和痛点,共同探索特大城市治理的视听＋平台建设,创新5G、物联网、AI等技术应用场景,充分挖掘视听空间在城市精细化治理中的作用和价值。

图4-3　北京市广播电视局与京东共同推进新型数字化基建

（四）生产适合终端特点的新闻产品

先进的数字化生产流程能够提高智能视听新闻报道的生产效率,但为了达到最佳的传播效果,记者和编辑需要根据不同媒体终端的特点来选择合适的新闻素材和新闻呈现方式。

报纸等纸媒终端可以呈现二维的图片文字信息;以网站为代表的网络终端存储空间大、限制少,便于新闻资料汇聚,编辑可以为网站设置专题报道的专栏;以APP为代表的移动终端适合呈现多媒体新闻产品,编辑可以从新闻资料库中选择图片、视频、音频文件等各种素材进行编辑。在移动环境下,用户的阅读时间和注意力通常比较分散,编辑需要在有限的时间和空间内提供高质量、有价值的新闻内容。智能媒体环境下,新闻呈现要素更加多元,编辑需要根据投放渠道的不同特点对新闻素材进行多次加工,生成适合终端展示的智能视听新闻产品,呈现新闻产品的丰富性。

智能视听新闻产品的新要素包括以下几种。

1. 图表

图表是指能够传达和解释新闻信息或具有新闻价值的图片和表格,主要有单独使用、结合文字、信息整合三种主要呈现方式。图表新闻通过图形、表格等形式,将复杂的数据和信息进行可视化处理,使用户更容易理解和接受。在信息高度发达的时代,图表新闻已成为新闻产品不可或缺的组成要素,为人们提供了更加高效、直观的信息获取方式。利用图表进行数据展示、新闻解读和情景再现,还可以提高新闻报道的传播速度和亲和力。当没有新闻照片或仅靠新闻照片不能充分传达故事的主题时,图表可用于呈现数据和提供信息,增加新闻报道的丰富性和可读性。

【案例4-4】

快戳我!《民法律》明起施行,10个你最关心的问题答案

作品类型:图表新闻。

制作机构:腾讯新闻、每日经济新闻。

作品内容:

2021年腾讯新闻联合每日经济新闻(NBD)发布了《快戳我!＜民法律＞明起施行,10个你最关心的问题答案》。

在创意方面,作品罗列了人们对《中华人民共和国民法典》中的相关规定最关心的10个问题,阐释了《中华人民共和国民法典》的适用范围,有利于提高用户依法保护自己权利的意识。在策划方面,用户可以在初始页左滑进入作品,首先显示的是问题与相应插图,用户点击插图下的民法典图标即可查看解答,查看完毕后,就可以点击触点进入下一问题,最后是十个内容统揽,用户下滑浏览完毕后可分享作品或重新再看一次。在设计方面,作品罗列的内容正是大家关注的热点问题,用户了解相关内容后,可在遇到问题时运用正确的应对方法和法律依据,保护自己的合法权益。(资料来源于H5案例分享)

2. H5

H5指第五代超文本标记语言(HTML5),HTML是构建Web内容的一种语言描述方式,H5技术能够将Web带入一个成熟的应用平台,这个平台对视频、音频、图像、动画以及与设备的交互都进行了规范。H5通过标记符号显示网页的各个部分,包含页面上的图像、链接、音乐和程序等非文本元素,是网页制作必备的语言工具。H5新闻,即基于H5技术进行新闻内容呈现的一种形式,它能够综合图文、音视频、动画等内容素材,并在终端平台(以移动终端为主)上进行交互式传播。H5新闻以短、快、新的方式向用户展示新闻报道、活动、会议或者策划方案,H5也能让用户及时、高效和便捷地获取新闻信息。它具有适配性高、包容性强、应用面广、传播便利等优势,在智能视听新闻领域应用广泛,H5新闻以精巧的方式创新了新闻表达,丰富了媒体报道手段,强化了用户视听交互体验。

【案例4-5】

东京奥运会——金牌大挑战

作品类型:H5。

制作机构:人民日报。

作品内容:

东京奥运会期间,人民日报新媒体制作了《东京奥运会——金牌大挑战》H5(见图4-4),为无法到现场观赛的观众提供了解各项体育赛事的机会,也吸引了更多人为奥运健儿们加油。

观众可以选择首页九种挑战中的任何一种,包括田径、举重、跳水、击剑、乒乓球等,这些都是奥运会的热门项目。在简单地了解选择的项目后,用户可以通过迅速点击屏幕或控制目标移动等方式进行挑战,最终得到相应的分数。以乒乓球项目为例,该项目共有11个回合,观众可以通过点击图标的方式控制乒乓球拍左右移动进行接球。

这一交互类H5以其易于上手的操作和简洁的画面吸引用户,通过《人民日报》微信公众号发布后,获得了10万+的阅读量。(资料来源于数英)

图4-4　H5新闻《东京奥运会——金牌大挑战》

3. 短视频

短视频是一种新型视频形式,主要特点是视频的长度以秒为单位,一般不超过5分钟。短视频主要通过移动智能终端快速拍摄视频并对其进行美化编辑,然后通过社交媒体平台实现实时分享,具有易获取、易扩散、强交互、篇幅短等优势。短视频因其制作门槛低成为用户生产内容(UGC)的主要形式。从用户需求来看,短视频时长短的特点适应移动互联时代用户碎片化使用媒介的习惯,能够有效抓住用户的注意力。随着用户需求的增长和技术的不断成熟,短视频应用逐渐走向专业化,如社交短视频和新闻资讯类短视频等。短视频还可以被细分为海报视频、移动短视频、快闪短视频、竖视频、Vlog等,这部分内容将在本书第七章中作详细介绍。

短视频新闻是短视频影像与新闻内容的融合,短视频新闻内容涵盖新闻时事、社会民生、热点话题等多个层面,旨在基于"短小精悍"的创作理念将报道主体、叙事内容按照事件逻辑进行创新结合,帮助用户在最短的时间内创作最为有效、生动、形象的新闻信息。由于日常生活中的资讯信息与用户自身关联性较强,短视频新闻经由移动终端、社交媒体传播后,能够对社会舆论场域产生重大影响。短视频的表现形式与新闻信息的内容融合正将新闻业带向一个新的传播领域。

【案例4-6】

一百秒·一冰城

作品类型:短视频。

制作机构:央广网。

作品内容:

2022年,央广网聚焦中国拥有冰雪魅力和冰雪经济发展迅猛的特色城市,推出了以"闪耀冰雪城"为主题的《一百秒·一冰城》系列短视频(见图4-5),在一百秒的时间里展现了一座冰雪城市的独特魅力,让更多人感受到了冰雪和冰雪运动之美。

图4-5　短视频《一百秒·一冰城》

4. VR

虚拟现实技术(VR)是一种可以创建和体验虚拟世界的计算机仿真系统,它以计算机技术为主,包括电子信息技术和仿真技术,其利用并综合三维图形技术、多媒体技术、仿真技术、显示技术、伺服技术等多种高科技的最新发展成果,借助计算机等设备创造一个逼真的,融合视觉、触觉、嗅觉等多种感官体验的三维虚拟世界,从而使处于虚拟世界中的人产生一种身临其境的感觉。"VR之父"的杰伦·拉尼尔指出,VR技术营造的虚拟世界具有"3I"特征,即沉浸(immersion)、互动(interaction)和想象(imagination)[①]。VR新闻是将虚拟现实技术与新闻报道产品相结合的一种新闻形式,虚拟现实新闻也被称为沉浸式新闻。虚拟现实新闻可以制造在视觉、听觉、触觉等感官上与真实环境高度相似的数字化环境。用户借助专用设

① 喻国明,谌椿,王佳宁.虚拟现实(VR)作为新媒介的新闻样态考察[J].新疆师范大学学报(哲学社会科学版),2017(3):15-21.

备,可以实现与数字对象的交互,从而产生亲临新闻现场的感受与强烈体验。早期VR新闻产品有《新闻周刊》的深度报道VR《饥饿洛杉矶》,《得梅因纪事报》的纪实报道《丰收的变化》,《Vice》杂志制作的《纽约百万人大游行》VR报道等。2013年开始,国内人民日报、新华社、央视等主流媒体,及网易、新浪等网络媒体纷纷试水VR新闻,制作并推出VR新闻产品。与传统新闻以提供报道内容为主相比,VR新闻具有沉浸式、交互性、多感官、非线性叙事等特点,更加注重用户新闻体验,能够为用户营造身临其境的在场感。生产者创造一个新闻用户可以"进入"和"参与"的空间,并以新闻中的当事人(或参与新闻过程的报道者,或亲历新闻事件的人物)为第一视角完成叙事,进而提高新闻事件对用户的影响力[1]。

【案例4-7】

高精度复刻|VR全景看新时代之美

作品类型:VR全景。

制作机构:新华社。

作品内容:

为了迎接党的二十大,新华社推出报道《高精度复刻|VR全景看新时代之美》,展现了新时代近十年的非凡成就。该报道产品复刻的3D模型数据量巨大,且为超高清画质,为了让受众流畅地感受大国工程的震撼效果,创作团队运用了云计算、分片渲染、全景视频等技术,让产品的现场感达到极致。(资料来源于新华网)

5. 短音频

短音频是指时长短且独立完整的音频产品,适合在移动状态和短时休闲状态下收听。音频是一种适用于移动媒体的完美原生格式,事实上,广播本身就是一种移动媒体。短音频产品内容覆盖知识分享、幽默搞笑、时尚潮流、社会热点、广告创意和民生采访等领域,可以单独成段,也可以成为系列栏目。不同于短视频,短音频具有伴随属性、情感属性和想象空间,适应于碎片化时代的受众需求。配合文字、图片和表情包,时长3到5分钟的音频内容可以在移动互联网的各个平台和终端发布,同时被贴上易于搜索的分类标签。

短音频形式简短但逻辑完整,适合碎片化的收听场景;其清晰鲜明的主题,可以满足用户个性化的收听需要;其场景化的特征,可以提供垂直细分的依据,便于分类和搜索。因此,短音频有利于移动网络平台上的二次传播,与传统广播相比具有更大的传播价值。与歌曲、广播剧等声音产品不同,短音频强调"价值传递",满足了互联网受众的审美和认知需求。将传统电台的节目内容转换为短音频,除了可以拥有稳定的高频内容输出外,还可以扩展用户渠道。不过,目前短音频的传播价值还没有得到充分的开发和利用,在未来,短音频可能成为移动互联网广播的下一个风口。

---

① 常江.导演新闻:浸入式新闻与全球主流编辑理念转型[J].编辑之友,2018(3):70-76.

【案例4-8】

声声入心！二十大报告有声海报来了

作品类型：短音频新闻。

制作机构：央视新闻。

作品内容：

该作品以有声海报的形式提炼了党的二十大报告的精髓，选择了中心任务、中国式现代化、两步走、五个重大原则，全面建设社会主义现代化国家的首要任务，全面建设社会主义现代化国家的基础性、战略性支撑，全面建设社会主义现代化国家的内在要求，全面建设社会主义现代化国家的应有之义，全面建设社会主义现代化国家的战略要求，"五个必由之路"等部分的现场原声，在丰富产品形态的同时，拉近了网民和新闻的距离，让网民能够获得参会的体验。（资料来源于中国青年网）

第二节　智能视听新闻的多平台分发

随着媒介内容产品发布渠道的多元化和用户的分众化，智能视听新闻产品内容已呈现多平台、多终端的发布趋势，内容产品的分发环节，已不再受制于分销渠道、地理范围和受众覆盖面。多平台分发是指将视听内容分发到社交媒体、新闻网站、论坛、博客等多个PC端、移动端等平台或渠道。多平台分发可以满足不同用户群体对新闻内容的需求和使用习惯，扩大内容覆盖面、增加内容的曝光度，提高知名度和用户参与度，吸引更多用户。

二维码4-2
智能视听新闻多平台分发的特点

利用人工智能技术，智能视听新闻分发平台实现对海量视听内容的筛选、分类和推荐，通过自动识别、分析、理解用户需求，使用户能够更加快速准确地获取自己感兴趣的视听内容，为用户提供个性化视听服务。同时，智能视听新闻分发平台还通过语音识别、图像识别等技术，为用户提供更加智能化的交互体验。

新闻聚合类媒体通常指抓取互联网信息，并以特定方式进行聚合的网站或新闻客户端，新闻聚合类媒体较早实现了基于技术的精准分发。新闻聚合类媒体运作的核心逻辑是通过信息抓取技术采集互联网数据信息，并利用机器深度学习技术和人工智能技术，实现对海量数据的筛选、分类，从数据中挖取有价值的信息，实现精确化、个性化的内容分发。同时，可以利用大数据算法来匹配用户之间的社会关系，从而为用户量身定制的个性化信息。如今，这种大数据算法推荐机制已经成为互联网信息流的核心逻辑，在一定程度上决定了信息的意义和流向以及用户感知信息的方式。

新闻聚合媒体通过基于社会关系或机器算法的分发机制，在分发新闻内容的过程中获得了更多的用户份额。其分发机制大体上可分为以下几种方式。

一、基于用户基本信息的协同过滤分发

在整个算法推荐系统中,基于用户基本信息的协同过滤是最基础、最简单、最常用的推荐方法。用户基本信息主要是指用户在平台注册账户时填写的基本资料,如用户通过QQ、微信等社交媒体账号注册时填写的性别、年龄、职业、学历、收入、兴趣及所在地域等基本资料,平台会获取这些社交媒体账号的基本信息。

基于用户基本信息的协同过滤算法主要考虑用户之间的相似度,通过找出相似用户的喜好内容,进行内容推荐,比如用户A、B、C、D的基本信息相似度在90%以上,那么就可以把用户A、B、C共同偏好的内容推荐给用户D。用户在使用平台的早期阶段收到的内容推荐通常是基于对用户基本信息的协同过滤。例如,抖音平台推荐栏目的一个重要原则是视频与用户画像的匹配程度,使用协同过滤算法来查找相似用户喜欢的视频,并选择那些点击量、评论量和转发量较大的视频进行主页推荐。

另外,通过地域定位推断用户信息偏好也是算法推荐的一个重要依据。平台通过用户注册城市或GPS定位,进行相关地域的视频推送。用户即使不进入同城模块,也会发现地域定位的推荐功能的作用,比如用户的注册城市在宁波市,有关宁波方言、热门景点、地标建筑等相关内容就会被优先推荐,如果用户近期到武汉旅游,平台就会通过地域定位为用户推荐与武汉相关的知名景点、热门美食甚至本地广告等内容。

二、基于用户社交关系的精准分发

社交媒体实现了"点对点"和"去中心化"传播,用户成了传播节点中不可或缺的一环。用户点击、关注、点赞、评论和转发等行为成了社交媒体平台判断用户喜好的重要依据。基于用户社交关系的精准分发方式可被分为两种类型:以社交图谱为代表的强关系推荐和以兴趣图谱为代表的弱关系推荐。

社交图谱是指根据现实中的社交关系构建的社交网络图谱。在社交媒体平台,一旦有强关系好友加入,用户之间通常都会进行互粉,平台会优先推荐强关系好友发布或感兴趣的内容。

兴趣图谱是指以共同的兴趣、爱好或话题为线索构建的社交网络图谱。平台参照用户的浏览、点赞、转发、跟帖等社交互动数据推荐内容,通过数据驱动发掘用户的兴趣点,提升用户黏性。

然而,以兴趣图谱为基础的推荐模型牺牲了用户获取多样化信息的权利,也在一定程度上影响了用户改变兴趣的想法。这种精准的内容推荐模式往往会使用户对内容的接收趋于同质化,导致审美疲劳。同时,这种推荐模式也会导致用户接收到的信息类型单一。用户在相对熟悉的领域被固定的信息空间所限制,形成了封闭孤立的"信息茧房"。"信息茧房"最早由哈佛大学法学院教授凯斯·桑斯坦提出,主要是指信息个性化技术可能导致人们减少对多样化内容的阅读。个性化推荐系统根据用户现有的阅读偏好对关键词进行匹配和重新分配,基本上不会推荐相关性低的内容,因此用户的阅读范围也会被局限。通过对移动互联网

技术的长期监测,我们可以发现,在积极有效传播信息的过程中,由于公众自身的信息需求并不全面,他们会将更多的精力和实践投入到自己选择的内容和满意的领域。随着时间的推移,他们也会把自己限制在信息茧房里。这类算法推荐加剧了用户对个性化推荐的"沉迷"程度,相似的内容也会增强用户的"回声室效应"。面对算法推荐机制所带来的"信息茧房"困境,媒体对单一化信息空间进行了持续突围,如《华尔街日报》推出了"蓝推送、红推送"等技术"矫正器",以努力寻求信息消费的平衡。

三、基于内容流量池的叠加推荐

叠加推荐以内容的完播率、点赞、评论、转发等数据作为评估标准,当这些数据的量级达到了一定标准时,媒体平台便会将大数据算法同人工运营结合,进行新闻信息内容的推荐。如,用户在抖音平台上传新视频之后,平台便会根据关注、附近、地域、话题等标签进行第一轮的推荐,如果第一轮推荐得到的完播率、点赞量、评论量、转发量相对比较多,平台就可以判定此视频内容质量较好、比较受用户欢迎,该视频就会进入下一轮的推荐机制,被推荐给更多的用户观看,如果第二次推荐有较好的反馈,就可进入再下一轮的推荐机制,获得更大的流量。

这种推荐机制也容易带来短视频平台内容强者愈强,弱者愈弱的马太效应。有时,第一轮推荐可能存在人为操纵,会误导计算机算法机制推荐平庸和低俗的作品,导致优质内容得不到关注。事实上,即使有了最智能的技术,机器算法也有其缺点。只有将算法推荐与人工审核相结合,才能实现高质量、合法、精准的内容推荐。

【案例4-9】

今日头条的算法机制

今日头条是新闻聚合平台的典型,它根据用户的使用习惯进行数据的挖掘和分析,并展开精准化个性新闻推荐,实现新闻信息与受众偏好的高度匹配。

今日头条的机器学习和大数据分析技术使它成为新闻资讯类APP中的翘楚,它能够将信息准确推送给需要这条信息的用户。用户的行为、诉求的差异也都能被系统观察和记录。

今日头条系统的推荐机制算法的依据主要有三类——人的特征:兴趣、职业、年龄、性别和用户行为;环境特征:地理位置、时间、网络、天气;文章的特征:主题、时效性、热度、来源等。

系统会记住某个时间地点因为某原因给某人推荐了哪些内容,他是很快地划过去了还是在这个内容上停留了,是点进去读了一半还是认真读完了,用户的每一次行为都给系统带来一次"训练"。

系统从三个主要维度丰富了信息的组合,并对知识规律进行统计。每个维度下都有许多子维度,每个子维度都有许多取值。机器不需要休息,记忆力超强,能够学习复杂的逻辑和规律,拥有人类无法比拟的计算能力。

第三节　智能视听新闻的循环结构

随着 Web 3.0 时代的到来,传者和受者的界限更加模糊,智能视听新闻传播没有固定的传者和受者,传播中的人、技术(智能)都能作为传播行为的主体。各主体通过信息的传受,处于你来我往的相互作用之中,形成循环结构。具体新闻实践中,用户调查和反馈成为新闻生产环节的一部分,新闻媒体以多渠道获取的用户反馈为起点进行下一轮新闻生产,用户也可以通过各种形式参与新闻生产协作,共同完成新闻循环。

一、智能视听新闻的交互式

智能视听新闻的交互式既指人机交互式新闻生产,也指用户参与的交互式新闻实践。在互联网传播领域,交互式是在媒介环境中以不同形式存在的传播主体间的相互关系,是人、机(智能)参与及其体现的多层次控制关系。交互式处理(interactive processing)是指人与计算机之间进行互动和沟通的过程,是操作人员和系统之间存在的交互作用的信息处理方式。操作人员通过键盘、鼠标、触摸屏等终端与智能系统进行交互,并向智能系统输入信息或指令,智能系统则通过屏幕、声音等输出方式回应操作员的信息或指令,操作人员可以根据处理结果进一步输入信息和操作命令。交互式是一种灵活、互动的过程,可以让人们与计算机之间进行更加自然和高效的交流。通过交互式技术,人们可以更加方便地与计算机进行交互,提高工作效率和生活质量。

在技术赋能的交互式环境中,多个参与者被赋予了行使控制权的机会与能力,通过双向交流的方式,实现了传播效果和影响力的显著提升。

互动新闻是数字新闻时代新兴的一种新闻报道形式。尼基·厄舍在《互动新闻》一书中将"互动新闻"定义为"一种通过代码来实现故事叙事的视觉化呈现,通过多层的、触觉的用户控制,以便实现获取新闻和信息的目标"。互动新闻的多媒体元素强化了文本叙事,始终服务于新闻内容,用户可以通过互动、数据可视化、图表、地图等视觉元素增强对新闻的理解,也可以通过触屏、按键参与新闻产品互动。互动新闻在传达信息、鼓励参与和审美之间取得平衡。

【案例 4-10】

墙:不为人知的故事,意想不到的后果

作品类型:交互新闻。

制作机构:《亚利桑那共和报》与今日美国网。

作品内容：

《亚利桑那共和报》与今日美国网新闻团队利用互动技术向用户提供了交互式地图、纪录片、航拍视频、边境视频故事、创作者访谈和虚拟现实的探索美墨边境墙的方式，公众可以通过声音和图像探索美墨边境的真实环境。在《墙：不为人知的故事，意想不到的后果》（见图4-6）的页面上，用户可以选择自己的探索路径和内容，然后按自己选择的路径进行多层次的探索，实现深层交互。

图4-6　交互新闻《墙：不为人知的故事，意想不到的后果》

互动视频是一种智能视听新闻终端产品，通常发布在短视频平台。互动视频通过多样的互动形态和互动内容表现手法，增强观看者的参与感和代入感。互动视频通过交互式符号实现用户与新闻作品之间的实时交流，给用户提供更加清晰的交互指引，进而激发用户的新闻交互行为。互动视频新闻不仅能够吸引用户注意力，还能提高用户的活跃度，让他们在观看时做好自主探索的准备。互动视频通过视频与互动的结合使原有的线性视频叙事过程呈现非线性的特征，用户不再需要完全遵循新闻生产者的叙述逻辑，而是可以在一定程度上自己决定故事走向。

【案例4-11】

党员，请选择！

作品类型：互动视频。

制作机构：华龙网。

作品内容：

《党员，请选择！》（见图4-7）是一款党史宣传类互动视频，该产品融合了年轻人所热衷的"剧本杀"玩法要素，以历史事实为基础对故事情节进行了仔细打磨，并以代入的方式进行了取舍，让使用者自主"选择"情节发展方向，使他们能够沉浸式感受革命先辈们的理想和信念。

图4-7　互动视频《党员，请选择！》

《党员，请选择！》这部作品采用了基于历史事实的场景再现技巧，通过重构叙事逻辑，从新的视角塑造了一个"红色现场，融合表达，语态年轻化"的生动整体，构筑了一条辉煌的"时空隧道"，与党和观众的红色基因同频共振，深深扎根于观众内心。该作品采用年轻人喜闻乐见的方式进行创新演绎，实现了破圈。(资料来源于中国记协网)

传统"我说你听"式的新闻正在被交互式新闻互动取代，交互式新闻通过智能媒体的立体化、互动场景创造有意义的空间，以沉浸式交互叙事优化用户体验。因此，媒体从业人员也应转变思维方式，了解智能媒体特点，改变过去新闻制作思路，注重用户交互，为用户创造多样化的新闻参与体验。

【案例4-12】

拥有一枚专属于你的冬奥雪花

作品类型：融合创新。

制作机构：新华社。

作品内容：

《拥有一枚专属你的冬奥雪花》(见图4-8)是北京冬奥组委联合新华社制作的融合互动新闻产品。用户只需扫描海报中的二维码即可参与活动。用户可根据提示输入姓名拼音或者缩写(切换英文输入法)，再选择性别、输入电话号码后四位，这些输入的信息并非系统要采集个人信息，而是会根据输入的数据来随机生成专属的雪花。填写完毕后点击"生成"，即可随机生成并领取用户专属雪花。

图4-8　融合互动新闻产品《拥有一枚专属你的冬奥雪花》

二、智能视听新闻的生产流程

传统的新闻生产模式可以概括为三大环节。

一是新闻素材搜集环节:记者外出采访、调查,拍摄、录制视频等。

二是新闻素材加工环节:记者编写稿件,提交编辑之后,编辑对其进行修改、审查,形成成品。

三是新闻稿件传播环节:将经过把关、筛选之后的作品通过广播电视等渠道传播给用户。

二维码4-3
智能视听新闻的
流动态

智能视听新闻则在传统生产流程(见图4-9)基础上形成了循环结构,单向传播转变为与用户互动的循环生产链(见图4-10),单一的记者主体转变成为记者与智能技术、用户共同参与的主体。

图4-9 传统的新闻生产流程

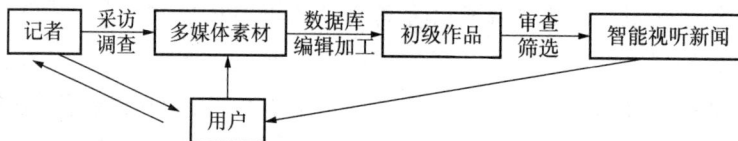

图4-10 智能视听新闻生产流程

在新闻素材采集环节,记者采集文字、图片、音频、视频等素材,同时操作人工智能设备、使用人工智能平台发现新闻线索、获取数据信息,并整合用户向数据库提交的新闻线索和素材。

在新闻素材编辑环节,人工智能平台对海量数据进行筛选、分类,判断数据价值,编辑按照需求并根据不同终端的特点将数据库中的新闻素材制作成新闻产品。

在新闻作品传播环节,编辑在智能技术协助下根据不同终端媒介的特点将制作的新闻成品投放到相应平台,并基于用户反馈实现精确化的内容分发。

用户通过互动和反馈,提供新闻素材,与记者、编辑及其他用户进行互动。用户反馈的信息也可作为新闻生产的素材,成为新的话题点,构成一个循环往复的生产流程。在这种新的生产流程里,用户是智能视听新闻生产中的一个重要主体,用户创造内容也是智能视听新闻生产的一个重要机制。新闻众筹、新闻众包等也成为新闻生产的新方式。用户的才华与创造力,众筹新闻、众包新闻甚至可以超越职业新闻工作者的作品。

在这种机制下,用户的主体地位得以提升,用户互动问题成为智能视听新闻运作的关键因素之一,智能视听新闻对用户互动的重视也远远超越了传统新闻。虽然在传统媒体时代,报纸、广播、电视在新闻运营过程中也会注重读者、听众、观众的反馈意见,但由于人力、物力、技术等硬件条件的限制,大多数传统媒体的新闻产品的传播是一个单向的过程,用户反馈并没有反映在新闻生产中。在智能视听新闻的生产流程里,被动的"受众"成了具有主观能动性和创造力的"用户",整个生产流程被连接成了一个动态的生产圈,富有开放性、高效性以及双向流动性,实现了"一体化策划、一次采集、多种生产、多元传播、全天滚动、全球覆盖"的传播格局。

第四节　走向人机合作的智能视听新闻生产

人工智能实现的关键在于人与技术的高度协同,只有当人能够熟练掌握智能技术的操作系统、能够与技术系统进行深度协作时,数字智能系统才能够有序运行。人与数字智能媒介的关系正逐步变为相互规训与共生的关系,二者在共同组成的媒介网络中协同运作。在人工智能得以广泛运用并且实现了人机耦合的当下,人的作用并没有被抵消,并在算法治理等需要更多"智能"的行业中得以强化,人与技术的融合深刻影响着新闻生产模式的变革。

在人类价值理性指导下,人工智能才能生产彰显公平正义、以人为本的符合社会主流价值观的新闻。大多数情况下,人工智能技术产生并服务于以盈利为核心的商业模式,强调"效率""资源优化配置"等原则。因此,人机合作的模式只有以人本精神为引领,才能够营造良好的社会氛围,推动社会和谐有序发展。

人机合作能够有效平衡对整体趋势的呈现和对个体案例的报道。智能视听新闻写作能够高效率地呈现个案,解决"是什么"的问题,而人类能够将个案置于社会化的场景中进行阐述与解释,丰富故事性内容,实现一定的社会功能。以美联社为例,在采访方面,部署了多种新闻采集工具,使记者能够获取新闻并进行更深入的挖掘。在内容采集方面,通过自然语言处理、扫描和分析社交媒体源,研发内部工具,运用这些工具记者可以更快地验证社交媒体和用户生成的内容;在制作方面,人工智能工具简化了工作流程,比如从视频的自动转录,到自动生成视频分镜头列表和故事摘要,都可以由人工智能工具完成,这样,记者能够专注于更高层次、更有深度的工作;在分发方面,该社努力建设标记系统,通过图像识别来优化内容,创建了行业内第一个编辑驱动的计算机视觉分类法(editorially driven computer vision taxonomy),这一方法不仅节省了数百小时的制作时间,还有助于更轻松地呈现内容。

相较于人工智能机器,人类具有较强的灵活性、创新性和社会属性,可以对非常规事件作出灵活应变和创新式传播。人工智能对常规性、重复性工作的完成能力与人类的灵活创新应变能力相结合,带来了视听新闻生产流程的革新,推动了未来新闻生产的智能化发展。未来的智能视听新闻生产流程将呈现"专业生产＋用户生产＋机器人生产"的格局。

二维码4-4
智能视听新闻生产
存在的局限

实 训 项 目

一、实训内容

（1）以学习小组为单位制作一期智能视听新闻节目。

（2）学习小组提前自主学习，收集新闻线索，召开选题策划会，确定新闻节目的选题。

（3）制定采访计划，确定采拍流程，提前踩点并做好相关人员的前期沟通工作。

（4）进行后期制作，完成对画面、声音内容的编辑。

（5）生成宣传方案，进行节目的分发。

二、实训要求

（1）选题内容具备新闻价值、时效性，要求积极向上，有正能量。

（2）小组群策群力，分工合理，共同完成选题策划、信息采集、新闻写作和分发的全流程工作。

（3）记录角度：Vlog第一人称、第三人称以及多角度采访等。

（4）可采用长视频形式，也可采用短视频形式。

（5）鼓励充分利用各种智能媒体技术，发挥技术赋能优势，尝试新形态的体验式报道。

三、实训设备

（1）电脑、手机等可查阅资料的设备。

（2）摄像机或单反相机、手机等。

（3）配备收声话筒。

（4）三脚架、手机稳定器等。

（5）录音设备。

四、实训考核

（1）提交完成的作品：以小组为单位，完成一期智能视听新闻节目，并进行发布。

（2）要求有出镜记者进行现场口播、现场采访等，同时要有旁白对画面进行解释分析。

（3）提交个人总结：每个小组成员提交实训总结一份，结合自己实训的经历提出问题和思考。个人总结可以包括以下内容：选择这个选题的初衷是什么？是否具备智能视听新闻的特点？有没有新闻价值？小组的分工形式是否合理？自己在本次实训中的主要职责是什么？是否合格完成了自己的分工任务？在采访拍摄和节目编辑中遇到了哪些问题，是如何解决的？节目是通过何种形式发布的，阅读量如何？

（4）小组提交实训总结PPT一份，总结小组智能视听新闻全流程生产发布的思路与流程，总结经验，用于课堂作品汇报交流，然后进行小组互评＋教师点评。

五、实训材料

2023年6月，第十四届夏季达沃斯论坛在天津举行，主题聚焦人工智能等新兴技术。新华社记者通过Vlog形式，以第一人称视角记录了论坛现场，视频中融入了专家采访和幕后花絮，展现人工智能技术对经济与社会的深远影响。视频以记者手持设备自拍开场，记者面向镜头介绍论坛主题："大家好，这里是天津夏季达沃斯论坛现场，今天我们将带大家探索人工智能如何重塑未来经济……"记者边走边解说，观众跟随记者进入主会场、分论坛及展区。

视频内容风格十分亲切，例如，内容呈现了记者准备采访设备、与团队沟通的幕后细节场景，增强了真实感和亲切感。视频采用全景与细节镜头结合、台前与幕后双线叙事的方式。视频使用了无人机拍摄论坛场馆全貌，中间穿插了展区机器人演示的特写镜头，并运用旁白解释技术应用场景。

台前报道记录了分论坛讨论内容，如"AI与就业"议题的专家辩论，采用了现场同期声和字幕补充观点；幕后花絮则展示了记者团队整理素材、剪辑视频的过程，旁白道："一条3分钟的Vlog背后是数小时的素材筛选工作，只为传递最核心的科技趋势。"此外，这条视频还采用了数据可视化的呈现方式，在介绍AI技术时，视频运用旁白配合动态图表展示了全球AI市场规模增长趋势，并选取了合适的背景音效营造科技感氛围。

参考以上案例，选取你最近关注的身边的新闻，开展采访，创作一组智能视听新闻报道节目，从多种角度阐述事实、总结观点，并完成作品的发布。

▶ 本章知识脉络

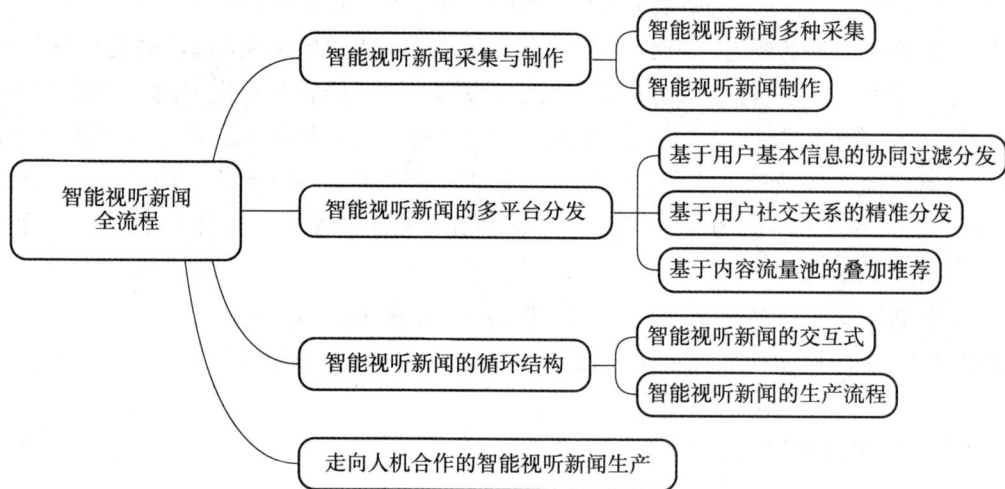

```
                          ┌─────────────────┐      ┌────────────────────┐
                          │ 智能视听新闻采集与制作 │──────│   智能视听新闻多种采集   │
                          └─────────────────┘      ├────────────────────┤
                                                   │   智能视听新闻制作    │
                                                   └────────────────────┘

                                                   ┌──────────────────────┐
                          ┌─────────────────┐      │ 基于用户基本信息的协同过滤分发 │
                          │ 智能视听新闻的多平台分发 │──────├──────────────────────┤
┌──────────┐             └─────────────────┘      │ 基于用户社交关系的精准分发   │
│ 智能视听新闻 │                                      ├──────────────────────┤
│  全流程   │─────                                   │ 基于内容流量池的叠加推荐   │
└──────────┘                                      └──────────────────────┘

                          ┌─────────────────┐      ┌────────────────────┐
                          │ 智能视听新闻的循环结构  │──────│   智能视听新闻的交互式   │
                          └─────────────────┘      ├────────────────────┤
                                                   │   智能视听新闻的生产流程  │
                                                   └────────────────────┘

                          ┌──────────────────────────┐
                          │ 走向人机合作的智能视听新闻生产      │
                          └──────────────────────────┘
```

▶ 思考题

1. 什么是智能视听新闻的循环结构？
2. 简述多平台分发的特点。

第五章

智能视听新闻策划

◆ **本章导读**

本章阐释了在智能传播环境下视听新闻策划的定义、特点、层次,并结合大量最新案例介绍了智能视听新闻策划的流程与方法。

◆ **学习目标**

· **知识目标**

1. 理解智能视听新闻策划的概念及其特点。

2. 学习智能视听新闻策划的原则。

3. 熟悉智能视听新闻策划流程。

· **能力目标**

1. 掌握智能视听新闻策划的基本方法。

2. 能够根据智能视听媒体平台的特点进行新闻策划。

3. 能结合大数据、人工智能等技术进行视听新闻策划。

· **素养目标**

1. 具备创新思维,提高智能视听新闻策划创新能力。

2. 提高新闻敏感与信息把关能力,宣传正能量,增强社会责任感和崇高的职业使命感。

3. 树立新闻理想,坚守职业规范,使新闻策划符合法律规范、社会伦理和职业准则。

第一节 智能视听新闻策划基础

策划一词最早出现在《后汉书·隗嚣公孙述列传》中:"是以功名终申,策画复得",

策指计谋、谋略,划即设计、安排。策划广泛应用于经济、社会和政治活动中,《哈佛企业管理》丛书对策划有这样的论述:"策划是一种程序,本质上是运用脑力的理性行为",策划是行动的先决条件。随着我国媒体竞争加剧与新闻创新重要性的凸显,"新闻策划"于20世纪90年代逐渐成为一个专业新闻工作概念。中国新闻界对"新闻策划"的概念内涵曾有过争论,比较一致的观点是:新闻策划是新闻报道的主体遵循新闻规律,围绕一定的目标,对新闻资源进行去粗取精、去伪存真、由此及彼、由表及里的分析和研究,发掘已知,预测未来,着眼现实,制定和实施相应的政策和策略,以求最佳效果的创造性的策划活动[①]。新闻策划的是报道角度、报道过程、报道方法,而不是新闻事实。在智能传播时代,面对新闻信息碎片化、同质化、优质资源稀缺等问题,新闻策划成为一项重要的信息资源整合和市场预测工作。新闻策划通过整合和规划,对信息进行加工处理,以达到最高效率和最优传播效果,满足用户的需求。在智能传播时代,新闻策划作为媒体第一大脑水平的直接体现,通过挖掘有价值的新闻点,不仅影响着新闻报道的角度、深度和温度,也反映着媒体舆论引导的水平。新闻策划是保证媒体宣传工作整体质量的关键,在增强媒体传播力、引导力、影响力、公信力,提升用户接受度和认可度、提高市场份额等方面具有重要作用。

一、智能视听新闻策划的概念

(一)"新闻策划"概念的演变

20世纪90年代中期,中国新闻界开始关注、引进和研究"新闻策划"。1994年5月,中国地市报研究会组织召开了第一次全国地市报"报纸策划"研讨会。与会者对报纸新闻策划达成了一些共识:新闻策划要把社会公益放在首位;报纸策划要处理好总体策划与地方策划的关系;报纸策划要贴近实际、贴近群众、贴近生活,融指导性、知识性、娱乐性、可读性、服务性于一体,为经济建设服务,为人民群众服务;报纸策划要增强总体策划意识和参与意识。

1996年至1997年,《新闻大学》《新闻界》《新闻知识》等专业期刊就"新闻策划"的合法性与概念的界定这些焦点问题发表了探讨文章,激烈的争论持续了一年多。之后,"新闻事实策划"和"新闻报道策划"两个概念被区分开来,按照历史唯物主义的新闻观,应先有事实,后有报道,"新闻事实"与"新闻报道"的概念有着本质的区别,因此"新闻事实策划"与"新闻报道策划"在实质上大相径庭。其中,新闻报道策划,即编辑部在一段时间内进行报道构思和策划,形成具有以下要素的报道设计方案:主要报道内容、报道重点、过程报道、报道策划书格式、策划书封面策划、版面状态等。在新闻层面,新闻可以设计,但新闻事实无法设计。

1995年前后,"新闻策划"一词开始出现在报刊上。当时,"新闻策划"在公关和新闻领域有两种不同含义,即"策划新闻事件"和"策划新闻报道"。

在之后关于"新闻策划"的讨论中,又产生了两种新的策划理念:一是"新闻业务策划",二是"传媒运作策划"。"新闻业务策划"中的"新闻策划"又被理解为策划新闻业务活动,"新

---

① 赵振宇.新闻策划[M].武汉:武汉出版社,2000.

闻策划"的范围由"新闻报道策划"扩展为三个层面,即:传媒运作策划、版面栏目策划、新闻报道策划。"传媒运作策划"中的"新闻策划"被理解为传媒运作中各种策划行为的总称,不仅包括新闻业务策划的三个层面,还把传媒的其他各类经营活动和社会活动(即新闻事件策划)都纳入策划范畴①。

从"报道策划""新闻策划",到"新闻业务策划""传媒运作策划","新闻策划"的概念在不断丰富和完善。

(二)智能视听新闻策划三要素

1.可供传播的客体

新闻是对新的、变化的客观事实的报道,而变化的事实是新闻的重要组成部分。因此,传播者所感知和获得的有关外部世界变化的客观信息就成了策划新闻传播的重要依据。在这种情况下,"可供传播的对象"就是信息策划者所了解的不断变化的客观事实。它有两个属性:一个是"客观存在",另一个是被策划者所觉察。信息的对象并非没有边界,它总是在"可供传播的对象"的边界之内;对象不存在,报道就不存在,新闻策划也不存在。

2.用户的获知需求

新闻传播活动的基础是传播者和接收者之间的信息传递,新闻传播离不开用户,而满足用户需求也是新闻传播的基本要求。因此,新闻发布的策划要以用户的信息需求为基础,要根据用户的需求选择新闻的内容和类型。面对分众化、细分化的用户群体,智能视听新闻策划应该建立在对用户群深入分析的基础之上,确保每一项新闻策划都能满足特定用户群体的信息需求。因此,新闻报道的策划应以用户定位为基础,确定报道的影响目标,设计最佳的报道方案,取得成最优报道效果。

3.实现传播的条件

新闻传播活动是以一些客观条件为基础的,在新闻报道中,除了报道主体和受众的客观存在之外,其他外部条件和内部条件都不可或缺。外部条件包括:政治、法律和道德。新闻报道必须遵守相关的法律和政策,同时也要符合社会文化环境和道德观念的要求。内部条件是指:是否具备收集相关新闻信息的人力、财力、技术条件,以及必要的运行机制和管理水平。在智能化、数字化媒体时代,对新技术的驾驭能力成为实现传播的重要条件,在进行新闻策划时必须充分考虑到这些条件,并据此做出正确的决定,以实现有效的信息交流。

(三)智能视听新闻策划的概念

新闻策划是新闻媒体和新闻传播者在整个新闻生产、加工和传播过程中,为了更好地配置和使用新闻资源以达到最佳的传播效果,而对新闻业务进行的创造性的计划和安排。因此,新闻策划应建立在与实际情况密切相关的事实基础上。

智能视听新闻策划,是指结合了智能技术的视听新闻策划活动。智能技术的发展打破

---

① 董天策.“新闻策划”研究的学理审视[J].暨南学报(哲学社会科学版),2002(5):65-72.

了时间与空间的隔阂,模糊了人与现场之间的界限,用户反馈更为直接,对新闻策划提出了更高的要求,新闻策划的重要性和效果也更加凸显。智能视听新闻策划比传统新闻策划的内涵更加丰富,好的智能视听新闻策划有助于提高新闻价值和新闻报道水平。

【案例5-1】

少年

作品类型:主题MV。

制作机构:人民日报社新媒体中心。

作品内容:

2021年3月9日,人民日报社新媒体中心制作发布了建党百年主题音乐视频《少年》(见图5-1),引起社会广泛关注。该产品贯彻习近平总书记对青少年进行党史学习教育的重要指示和要求,内容涵盖青少年的生活习惯和接受能力等方面。该节目将建党百年主题与“十四五”规划相结合,将“盛世百年”与“开启新征程”相衔接,全网播放量超过1.6亿次。

图5-1　音乐视频《少年》

音乐视频作品《少年》成功策划的启示有以下几点。

一是充分运用新媒体展现红色资源。通过新的媒体产品形态,充分挖掘、运用红色资源,将党史上各种辨识度极高的人物和事件串联起来,通过技术创新以及互联网技术和渠道的全方位运用,对内容进行精心演绎、组合、协调,让红色故事既有意义又有趣味。

二是面向青年用户的“年轻态”呈现。80、90、00后网民被称为“网络原住民”。作品采用他们喜爱的歌曲、歌手和剪辑风格,具有“年轻态”。

三是重视情感共鸣。音乐视频作品《少年》的内容、歌曲和歌词的声音和情感具有强大感染力。视听新媒体作品要与广大网络青年产生共鸣,就要增强社交属性,提高情感饱和度,让人们沉浸其中,产生共鸣,从而更乐于分享和推广。(资料来源于人民网)

二、智能视听新闻策划的特点

智能视听新闻策划除了具有一般新闻策划的共性特点外,由于智能视听新闻生产、传播逻辑的不同,还具有一些个性特点。

1. 高效性

依靠智能技术,视听媒体可以实现高效、全天候地运行,大数据、人工智能的赋能使视听媒体得以在短时间内生产大量新闻内容。智能视听新闻策划的高效性体现在多方面,包括信源挖掘、数据分析、内容比对、文稿修改等环节,人工智能技术还可以通过优化传统工作模式、工作形态和工作流程来提高新闻策划效率。建立在海量数据和信息来源基础上的新闻策划,大大节省了人力寻找、筛选和比对新闻线索的时间,AI技术可以实时生成图像、视频和音效,创作更符合用户需求的媒体新闻内容;智能校编机器人的使用可以极大地提升校编的准确率和效率,为用户提供更加真实准确的信息服务。此外,AI技术在新闻采访中的应用,如采访机器人和大数据分析,使得信息采集更加便利快捷,突破了传统采访模式的地域和时空限制。

二维码5-1
一般新闻策划的
特点

【案例5-2】

今日头条智能机器人张小明

在2016年里约奥运会上,今日头条推出的机器人张小明(xiaomingbot)崭露头角。它是今日头条媒体实验室同北京大学计算机所万小军团队共同研制的新闻写作智能机器人。里约奥运会期间,它从奥组委数据库中收集信息,在直播的同时撰写文章。在奥运会开幕后的13天内,撰写了457篇关于羽毛球、乒乓球和网球的报道,每天超过30篇。它不仅能在数秒钟内完成新闻稿的撰写,还能利用自动图片选择技术将新闻与图片相匹配,让新闻变得生动活泼;它还可以根据球员的排名、赛前预测与实际比赛结果的差异以及比分的差异程度自动调整新闻的语气,还可以使用"笑到最后""实力不俗"等富有感情色彩的词语。

2. 互动性

智能媒体减少了用户与现场之间的隔阂,无论是直播、H5、VR/AR还是人机交互产品,其策划的核心都在于给用户提供了一个"浸入式"的场景。一方面,这种沉浸式的体验消减了用户心中的距离感,使用户对产品内容有一种更直观、更透彻的理解;另一方面,随着反馈渠道的拓展,媒体与用户建立了一种平等的互动关系。这种互动给媒体提供了一个直观的渠道来检验新闻策划的效果,同时增强了用户与媒体之间的黏性,提升了传播效果。

【案例5-3】

一张照片背后的这七年

作品类型:H5互动新闻。

制作机构:湖南广播电视台。

作品内容:

《一张照片背后的这七年》(见图5-2)是一款发布在新闻客户端"芒果云"的H5互动新闻

图5-2　H5互动新闻《一张照片背后的这七年》

产品。作品围绕"'精准扶贫'重要论述首次提出7周年"这一重大主题,从一张7年前的合影开始,通过"照片＋文字＋视频＋音乐"的形式,展现十八洞村12位村民7年来的生活变迁。作品体现了融媒体传播规律,具有创意性与互动性。该H5产品生动形象地反映了十八洞村"精准扶贫"的丰硕成果,对时间和影响的把握准确。产品图片拍摄精良,文字故事调研充分,短视频生动鲜活,界面设计简洁清新,将好主题、好故事、好制作融为一体,让重大论题宣传信息"有趣味"又"接地气"。同时,产品在传播过程中也充分展现了"可互动、可分享、可体验"的特质。(资料来源于中国记协网)

3. 多样性

智能媒体时代,新闻工作者在进行智能视听新闻策划时选择的往往是多模态新闻呈现形式,而不是以往单一视频或音频的模式,因此需要综合运用多种媒介形态,包括图片、文字、音频、视频、VR、AR、H5等。例如VR与新闻策划结合形成的全景式新闻报道,突破了传统媒体新闻报道的文字、图片与视频的表现形式和平面的、线性的叙事方式。在计算机构建的虚拟环境中,智能视听新闻呈现多视角、全方位的交互式、全景式的新型新闻叙事模式。多样化新闻呈现方式能够更加立体展示实时新闻内容,直接触达用户,使报道更加丰富、深入人心。

【案例5-4】

漫画长卷 | 十八洞村:走上幸福大道

作品类型:全景式新闻漫画。

制作机构:湖南日报。

作品内容:

全景新闻漫画专版《十八洞村:走在幸福大道上》(见图5-3),在策划时创新运用了新闻漫画＋全景技术的表现形式,全方位、全景式地展现十八洞村"精准扶贫"行动的首创之地——十八洞村的完美脱贫之路。漫画长卷讲述了十八洞村的扶贫故事。整幅作品由一条从左下角向上延伸的大道连接起来,寓意致富奔小康的道路越走越宽。这条大道既是一个空间概念,又是一个时间概念,同时还起到了画面分割线的作用,将18个精准扶贫的小故事转化为一个整体,构成了一幅完整的扶贫画卷。从整体框架,到每一个扶贫小故事,都经过了巧妙的细节策划,独具匠心。长卷描绘了200多个人物形象,如大家熟悉的养蜂专业户龙先兰,"网红"石拔专老人等,屏幕上随处可见脍炙人口的故事。作品力求完美,在艺术表现上借鉴了中国画的青绿、黑白等色彩,充分运用漫画绘画中的夸张、象征等

表现手法。(资料来源于湖南省人民政府网站)

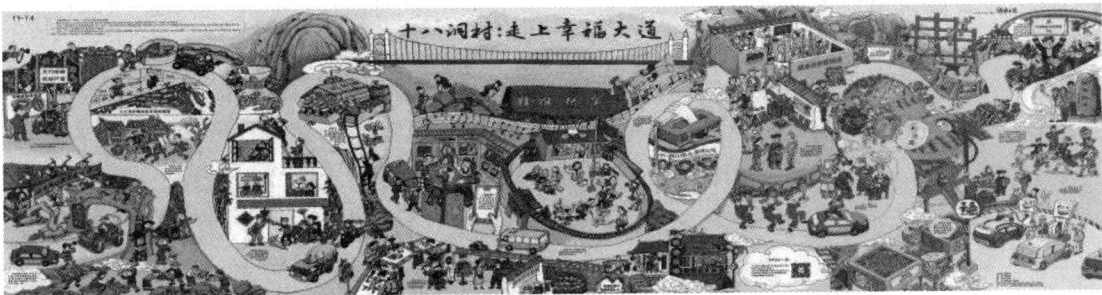

图5-3　全景式新闻漫画作品《漫画长卷 | 十八洞村：走上幸福大道》

4. 个性化

智能视听新闻策划可以借助人工智能技术，对算法进行优化，根据用户的浏览或阅读数据，向用户推荐个性新闻。内容推荐机制通过提示或引导用户阅读可能感兴趣的其他新闻和信息，吸引用户长时间地停留在新闻媒体网站上，从而获取更多的关注。第一，智能视听新闻的策划要建立在基于个性化的用户数据基础上。使用人工智能技术，能够准确挖用户的需求点，从而为用户提供更好的个性化服务。因此，在进行智能视听新闻策划时更应当积极引导、严格把关，为用户策划既满足其自身兴趣和需求，又有温度、有质量、有内涵的新闻产品。

第二，智能视听新闻策划要考虑不同信息发布终端的特点。我国广播电视等媒体经过十多年的融合发展，正在加快形成全媒体传播体系，新闻发布平台呈现大屏小屏交互、聚合式和社交型媒体叠加的特点。不同发布平台具有不同传播特点和新闻叙事逻辑，新闻工作者需要针对发布平台进行个性化新闻策划。通过文字、图片、音频、视频的分类筛选、整合与深度加工，让新闻不再平面化，转而以立体、沉浸式的形态展现，为用户打造一个极具条理性和适配度的新闻发布环境。

第二节　智能视听新闻策划的层次和流程

新闻报道的策划是一个复杂的过程，对其层次和流程进行分析有助于找到最佳的策划方式，取得更好的效果。

一、智能视听新闻策划的层次

（一）个体层面的智能视听新闻策划

个体层面的智能视听新闻策划的主要行动者是记者、编辑等一线新闻采编人员。"超级记者"在智能时代主要是指掌握了更多的智能媒体技能,能够同时承担创作文字、图片、音频、视频等多种报道任务,能够独立完成采、写、编、评等多个报道环节,向不同类型媒体提供新闻报道的记者。

例如,在美国,"融合新闻"做得最成功的媒介综合集团(Media General Inc.)里有一个名叫杰姬·巴伦的电视记者,她就是一位典型的"超级记者",她调查并报道了安东尼奥的重大联邦案件。杰姬·巴伦一天的行程是:早上6点,在网站上发布一篇关于此案的专栏文章,然后去法院收集当天的最新进展;上午10点,向电视台发送最新消息;下午2点半到3点,准备晚上的电视节目,然后去法院收集下午的案件进展,为第二天的报纸写新闻稿。

这种类型的记者的业务能力非常高,不仅精通各种类型媒介的编写,还能对整体事件进行宏观把握,在采访的同时在脑海中制定完整的规划,且掌握一定的智能技术。从实际的效果来看,这种前方记者身兼多职的新闻操作方式,工作量太大,给记者带来的压力也太大。除此之外,在这种高强度的工作环境下,一个记者要同时给不同类型的新闻媒介供稿,加上记者的认知能力、知识储备是有局限的,因此难免会出现内容、形式、角度等方面的问题,不利于媒介更加精准地为用户提供最贴切的新闻服务。虽然实际工作中存在困难,但"超级记者"确实为智能媒体时代所需要,并且在报道重大突发事件、面临人力资源局限的地方媒体,以及派驻外地及海外的记者站等的新闻工作中发挥着重要的作用。

(二)媒介组织层面的智能视听新闻策划

相比个体层面的新闻策划,媒介组织层面的智能视听新闻策划向宏观层面推进了一步。记者个体层面的新闻策划适用于日常报道或具体新闻报道工作。而大型传媒集团,或者主题宏大、内容较重要的新闻事件,就需要从媒介组织层面,运用跨部门多人组成的新闻团队来组织新闻策划。这样,智能视听新闻报道工作就逐渐由单个记者承担转向了媒介组织内外部资源来完成,这样更有利于媒体集团对资源和信息的有效利用,从而使新闻策划的内容深度、广度和影响力进一步扩大。媒介组织层面的新闻策划既包括具体新闻事件的报道策划,还涉及传媒的整体报道战略、用户定位、产品设计、制作与营销、内部管理机制等多个方面。

(三)文本层面的智能视听新闻策划

"新闻制作和新闻接收的实践活动从理论上看可由两个重要的部分组成:文本部分和语境部分"[①]。新闻报道文本是新闻的表现形态。新闻策划者在确定了选题和角度之后,就要对新闻文本进行设计。文本要能够表现新闻的核心事实与核心观点。做好文本,是实现预期传播效果的一个关键步骤,有助于构建合理的新闻报道框架,明确新闻层次。智能视听新闻的文本策划的表现形式多样,总体来说,文本策划包含建立总体框架和设计文本层次两个步骤。

文本策划要建立总体框架。结构是新闻文本的骨骼,是新闻文本内容的组织形式。人

---

① 托伊恩·A.梵·迪克.作为话语的新闻[M].曾庆香,译.北京:华夏出版社,2003.

们在接收新闻时,印象深刻的好的新闻报道都是段落架构合理清晰、层次分明的。智能视听新闻的文本不仅有文字信息,还包括图片、音频、视频、超链接等多种能传递事实和消息的形式,因此,新闻工作者在进行文本策划时,应当将这些不同形式加以统筹,在建立总体框架时,不仅要考虑文字本身的逻辑框架是否得当,还要兼顾文字与图画、音频和视频的配合。

以深度报道为例,首先,智能视听新闻深度报道要对新闻进行总体设计与布局,提前筹划好文本结构,文本结构是总体设计和布局的重要体现。新闻文本的总体框架要全面深刻、条理清晰、结构明晰,能清晰阐释采编人员的想法,同时也需要重视用户阅读的趣味性。其次,要设计好文本层次。确定了主题与文本框架后,要对文本层次进行谋划布局。在深度报道中,策划者面对复杂的新闻背景,要对其进行详细说明。同时,要对事件本身有基本的了解和认识,从各个角度展开补充。如果在报道中不分主次只一味堆砌新闻材料,用户可能无法有效提炼作品想要传达的观点和主题,信息和价值传递的效率就会大打折扣。策划者要合理布局,在文本上下功夫,就要做到层次鲜明、有主有次、突出要点,这样才能让用户接受和理解信息,达到最好的传播效果。

二、智能视听新闻策划的流程

新闻策划是一个系统的过程,无论是可预知的新闻事件或是活动报道,还是突发性新闻事件,智能视听新闻策划虽然在实施方式和呈现效果上与传统新闻策划有所不同,但其本质上仍旧遵循传统新闻策划的一般规律。从组织到实施新闻策划的流程包括五个环节:明确报道目标—选题调研—方案设计—实施报道—反馈意见(见图5-4)。在智能辅助下,智能视听新闻策划能更加主动地掌握用户信息反馈,因此也更加注重用户反馈过程。

智能技术的发展正在不断地改变信息的采集、编辑、制作、传播和反馈方式。与传统的

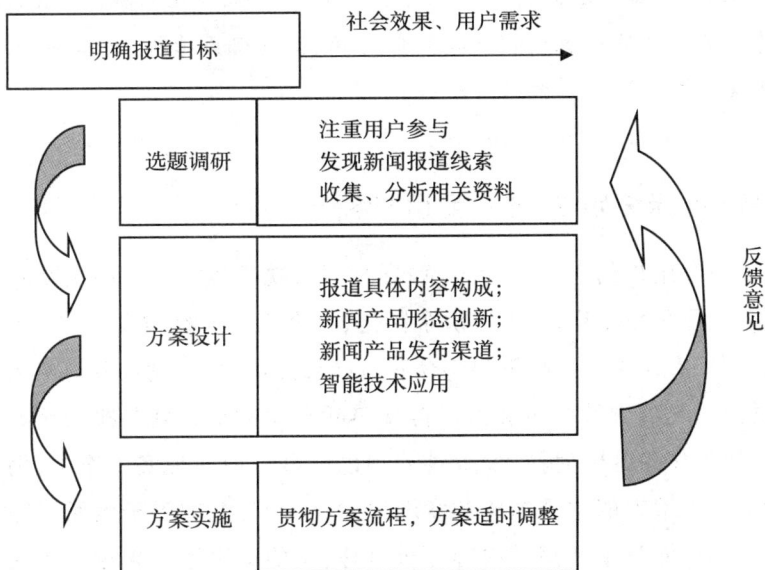

图 5-4　智能视听新闻策划流程

新闻策划相比,智能视听新闻策划将更加注重信息资源的整体调度和内外部资源的链接,更加注重与用户的全面深度互动。在各个策划环节上呈现以下特点。

(一)选题立意更加注重宏大叙事的平民化视角

宏大叙事往往会让公众有距离感,使得传播难以达到预期效果。智能视听新闻策划强调受众的主体地位,借助网络和智能技术,鼓励受众积极参与议题的生产与传播、主动把握舆论引导的话语权,以亲民的姿态融入公众,获取公众信任。如央视新闻策划推出的主播康辉在微博账号"大国外交最前线"中的发表的系列 Vlog,在抖音等短视频平台推出的竖屏短视频"主播说联播"等新型视听新闻产品受到网友热捧,这就是主流媒体在新闻策划时将宏大主题转换为亲民化视角的成功典型。

【案例5-5】

南方小土豆+东北老铁 抱团蹲亚冬会烟花

作品类型:Vlog新闻。

制作机构:央视新闻。

作品内容:

第九届亚洲冬季运动会开幕式于2025年2月7日晚在黑龙江省哈尔滨市隆重举行。中央广播电视总台时政 Vlog 新闻团队没有选择传统的在室内主场馆架设机位进行报道,而是提前来到开幕式分会场冰雪大世界,在寻找开幕式烟花最佳拍摄点位的过程中记录与五湖四海朋友们的喜相逢。和普通观众一起"蹲"亚冬会烟花的过程,正是宏大叙事亲民化表达的呈现。

在《南方小土豆+东北老铁 抱团蹲亚冬会烟花》中,主火炬塔被点燃、烟花绽放等高光时刻,记者手持设备和现场的观众们一样兴奋自拍,报道视角独特,内容丰富,充满了临场感和亲切感,非常接地气。(资料来源于央视网)

(二)报道目标设定更加注重用户需求

随着信息传播和用户信息消费行为模式的变化,视听传播的重心逐渐转向用户。智能媒体更加注重用户需求和体验,着重提供个性化、有价值的内容和服务。智能视听新闻策划要做到以用户为本,从党的方针政策和群众利益结合点出发,从党和政府与人民群众共同关心的问题中选材,从党的方针政策和人民群众实际利益的结合处寻找问题。新闻报道要抓住问题的要害,新闻作品的针对性、实效性才得以凸显。但在现实工作中,仍有一些新闻策划的目标制定从记者编辑的主观想象和意图出发,生产的新闻浮于表面,形式陈旧,不仅可看性不强,费时费力,而且新闻报道内容乏善可陈,不能吸引用户兴趣。因此新闻策划要更加贴近百姓,注重百姓需求,多说百姓听得懂的话,多创作接地气的作品。

【案例5-6】

SVG交互|这条路,通往……

作品类型:H5。

制作机构:甘肃新媒体集团。

作品内容:

SVG(scalable vector graphics)即可缩放矢量图形,相较于JPG、PNG、GIF,这种格式的图片可以无限伸缩而不失真,是基于XML(extensible markup language)开放标准的矢量图形语言,可以直接用代码描绘图像。SVG技术即通过代码改变SVG图形的大小、位置、形状、轮廓等形态,来实现动效变化,达成交互效果。新甘肃客户端推出的《SVG交互|这条路,通往……》(见图5-5)SVG交互长卷,以"轻交互"模式,把全年政府为人民办的一件件实事化作故事主人公回家沿途的所见所闻,用户点击一只只憨态可掬的小老虎,就可以直观感受过去一年的社会生活变化。

长卷采用SVG技术,与用户进行一对一的专属互动,给用户带来强烈的互动感和现场感。该作品主要面向年轻用户,将2022年度人们即将面临的民生现实问题与流行的盲盒元素相结合,彰显年轻化和社会性,有效完成了话语整合。(资料来源于闪电新闻)

图5-5　《SVG交互|这条路,通往……》交互作品

与传统的节目策划相比,智能化的媒体环境拉近了传者与用户的距离,新闻传播的互动性更强,实现了从单向传播向双向交流、从"你听我说"向"平等对话"的转变。媒体要正视用户需求,与用户平等交流,让用户在交流互动中理解信息,从而达成共识。

(三)方案设计上更加注重用户参与

在智能媒体时代,用户的深度参与和互动在社交网络、智能手机、移动终端等多样化传播和分享的过程中得到充分体现,用户不再是新闻的被动接收者,而是信息的提供者、生产者和传播者,他们会主动参与到新闻的制作过程中。在进行新闻策划方案设计时,要注重用户参与,理解用户参与新闻创作的动机。首先,用户参与新闻的动机表现为意见表达和信息分享的需要,用户希望通过参与新闻创作过程,表达自己对社会事件、公共议题的观点,也希望通过阐述自己的亲身经历或独特见解,满足表达和分享的欲望。其次,用户参与新闻的动机表现为社交互动和自我实现的需要。在参与新闻评论、讨论等活动过程中,用户可以与其他用户交流观点、分享看法,建立社会联系、获得认可,满足社交互动和自我实现的需求。在新闻策划过程中注重用户参与的关键是在形式和内容设计上引发用户的情感共鸣,使用户在阅读产品叙述内容过程中产生对人物、情节的移情反应或认同,在保证新闻内容准确性与严肃性的同时,选择用户喜闻乐见的角度别出心裁地"讲故事"。

【案例5-7】

H5 ｜ 我宣誓——打卡红色地标 重温入党誓词

作品类型:新媒体互动产品。

制作机构:新湖南客户端。

作品内容:

在庆祝建党百年之际,新湖南客户端推出新媒体互动产品《H5 ｜ 我宣誓——打卡红色地标 重温入党誓词》(见图5-6)。该产品以党史学习教育为主题,采用当下新用户喜闻乐见的翻图拍照互动形式,让用户打造极具时代特色的专属"时装"入党宣誓照。将橘子洲头等五大经典红色地标融入产品中,通过"人脸识别＋人脸融合"技术,用户可以选择红色地标卡片并上传照片生成属于自己的年代照片。

图5-6　新媒体互动产品《H5 ｜ 我宣誓——打卡红色地标 重温入党誓词》

这款产品的主要价值和创新之处在于,它抓住了党史教育中最庄严、最具表现力的教育环节之一——入党誓词,唤醒党员的初心,让每一位用户都获得一次光荣而豪迈的体验和难忘的教育经历。(资料来源于中国记协网)

(四)内容呈现上更加注重技术应用

好的新闻策划方案需要通过技术突破来实现。从早期计算机技术到计算机技术与网络技术融合,再到5G技术、人工智能、大数据技术融合,新技术始终在智能视听新闻生产中发挥重要的推动作用。

1. 形态突破是智能媒体要素的直观体现

新产品的创意设计首先要考虑产品的形态,即媒介的呈现方式。媒介技术的飞速发展为创意设计创造了空间和环境,新闻报道需要从单一的文字报道向文字、图片、音频、视频、直播、H5、VR/AR、数据可视化等综合性全方位报道转变。

　　生成式人工智能技术的突破式发展,以及通用大语言模型和垂直模型应用探索爆发式推进,使得人工智能对各行业的影响进一步加深。网络视听成为人工智能新技术应用的核心场景,人工智能促进深度合成、视频修复及智能推荐等技术在影视剧、短视频、网络直播等视听形态中的运用,涌现出诸多创新案例,推动智能视听新闻逐渐步入深度变革阶段。

　　从2016年直播元年开始,移动直播在新闻报道中也得到了越来越普遍的应用。相比传统媒体的直播报道,移动直播更加灵活,往往只需要一部手机就可以进行,机动性强。影像的实时传播技术能够将现场情况准确地传达给用户,新闻的时效性和准确性都有很大提升。此外,移动直播最大的特点是互动性,记者可以与观众实时互动,观众的评论以及与记者、其他观众之间的聊天有时甚至可以影响直播内容的选取,这使得移动直播的信息传播成了一个有针对性的、高效率的过程。

　　2023年以来,人工智能技术被进一步应用到现场直播、体育赛事等多种场景中。虚拟主播/AI数字人主播具备专业过硬、情绪稳定、永不疲劳的特点,可以帮助媒体大大降低人工成本和运营费用。在体育赛事方面,以杭州亚运会期间的体育赛事解说为例,该赛事通过运用中国移动通信能力中心的智能字幕技术,在原有普通话注音字幕的基础上进行了升级。针对方言转写准确率普遍偏低、运动员姓名和体育术语容易拼写错误等复杂问题,赛事方利用方言声学模型优化技术和翻录翻译干预训练,推出了中国七大方言的闽南话和粤语直播智能字幕,中文字幕准确率达92%。再比如,中央广播电视总台运用AI技术提升了2024年巴黎奥运报道的呈现效果,CMG媒体云的加持进一步提高了智能辅助工具的智能转写、智能唱词、智能翻译、智能配音等语言类能力;AI辅助拍摄为公用信号制作提供全新赛事视角,可以灵活捕捉赛事精彩瞬间,清晰记录运动员潇洒身姿,从多角度拍摄,提升观众的观赛体验。

　　AI技术在短视频方面的应用相对更加广泛,AI创作功能快速迭代,催生"超级生产者"。市面上已经有很多可以帮助降低短视频制作难度的AI短视频制作工具,如抖音官方视频剪辑软件"剪映"的AI图片转视频功能,它除了可以进行自动提取关键字和自动生成字幕等基本操作外,还加入了自动文字配音、文字转视频、数字字幕、个性化文字幕和多元风格卡点等高级功能,从而丰富了以往的视频制作方法。

【案例5-8】

为智能亚运点赞 全红婵和陈芋汐的每次对决都注定是一场"神仙打架"

　　作品类型:AI智能生成短视频。

　　制作机构:央视网体育。

　　作品内容:

　　央视网借助能实现画面快速传输的"无影"云电脑、嵌入预设模板、匹配字幕等多项AI技术进行短视频内容的创制。《为智能亚运点赞 全红婵和陈芋汐的每次对决都注定是一场"神仙打架"》不仅通过AI实现了高效智能检选创作素材,还可以对已有素材进行合理化剪辑和拼接,并利用大数据算法评估视频画面的传播潜力,即观众的"爱看"程度。同时,该短视频还运用了大语言模型和绘画创作大模型等AI产品,涉及的主要功能包括文案创作、多轮对话、逻辑推理、多语言支撑、多模态理解以及图片创作辅助等。AI技术的应用提高了短视频的创作与传播效率,拉近了观众与赛场的距离。(资料来源于央视网)

2. 新技术促进新闻策划跨界融合

新闻策划和报道,其实就是有效利用媒体资源和其他社会部门资源,对社会舆论进行主动、积极的引领。媒体机构要打破新闻记者"跑口"的传统做法,形成跨行业融合,新闻策划过程中要进行合理的资源整合与协调。如央视每年举办的"3•15"消费者权益日晚会,以及每年的经济指标评选等,都通过交叉整合资源,实现了社会效益和经济效益。

智能技术还促进了不同媒体之间的跨平台合作。例如,新闻内容和社交媒体的融合,使得新闻发布渠道不仅限于传统媒体,还能够通过社交平台迅速传播,或借助社交网络的力量进行二次传播。此外,AI还能够帮助媒体平台实时分析受众反馈,及时调整内容策略,从而进一步促进平台间的有机融合。

图5-7　《"重返"案发现场·人民的检察官》

【案例5-9】

"重返"案发现场·人民的检察官

作品类型:普法纪实系列动画短片。

制作机构:最高人民检察院新媒体、快手真实生活频道、检察日报融媒体策划工作室。

作品内容:

平时看起来"高冷"的最高人民检察院和快手等媒体实现了跨界、跨平台联动。2022年,全国两会前夕,最高人民检察院新媒体与快手真实生活频道、检察日报融媒体策划工作室联合,邀请快手用户"天才职业故事"进行后期制作,在全网推出首个普法纪实系列动画短片《"重返"案发现场·人民的检察官》(见图5-7)。短片融纪实、普法、二次元、剧情元素于一体,以新时代检察英模施净岚、潘志荣、王勇、梅枚、徐贺为原型,根据真实案件改编,将检察英模真实办案故事以动漫形式进行创意化表达,提升公众对法治中国的感知力。作品呈现了有温度、有态度、有深度的创新普法纪实内容,创新了英模宣传方式,推动崇尚英模、学习英模、争当英模的良好风尚的形成。

（五）策划实施中更加注重用户反馈

反馈是信息科学中的一个重要概念，是信息的一种回流形式，即系统输出信息并作用于信息接收对象，信息接收对象再将相关意见返回到输入端，进而影响系统功能的过程。

新闻信息反馈的实质是将信息传播后所产生的实际效果与预定目标相比较，然后确定偏差程度、分析偏差原因、制定纠偏措施，并对下一步的新闻传播做出更加切合实际的安排。用户的反馈主要体现在用户在接收传播内容并对其进行思考后产生的想法、观念和采用的实施方式上，这些想法、观点和实施方式会通过特定的反馈机制在新闻信息传播中体现。因此，传播系统必须建立有效的反馈机制，确保信息传播活动沿着正确的方向和轨道进行，产生良好的传播效果，促进良性循环和社会发展。

智能技术的发展打破了时间与空间的区隔，拉近了传播者与用户之间的距离，用户的反馈更容易被获取，用户反馈在信息传播过程中的地位愈发重要。用户反馈是检验信息传播价值的一项重要指标。根据反馈，策划者能够及时调整现有的内容，重新整合信息。

2021年，虚拟偶像鼻祖"微软小冰"更新到了第九代，它将人机交互的水平提升到了人机交流、人人交流的层次，语音助手不仅能够帮助人类完成指定任务，还能够通过人与机器的交流和沟通获取用户反馈，并不断训练语音助手，满足用户新的需求。微软的语音助手有更为灵活的应用场景，它能让机械的命令执行过程变成人与设备之间纯粹的沟通过程。例如，"微软小冰"可以根据指定的内容要求创作童话故事，通过分析人类语言创作个性化的AI声音，这二者的结合给孩子带来多种多样的定制化儿童故事，既减轻了家长的负担，也极大丰富了儿童视听内容制作，给儿童带来了更为多姿多彩的童年。今日头条自创办起，其"算法推送"就被大规模地运用到新闻报道的反馈和呈现上。"算法推送"通过对用户的搜索方式和阅读内容等的整合分析，挖掘用户喜好，再根据用户喜好不断调整优化推送内容，进而做到精准推送。

无论是"微软小冰"智能语音助手，还是今日头条的"算法推送"，其核心都在于密切关注用户需求和反馈，不断调整产品设计。正如麦克卢汉所言"媒介即人的延伸"，技术促进媒介的革新，而媒介归根到底仍旧是为人能够感知的世界服务的。

二维码5-2
智能视听新闻策划
的原则

第三节 智能视听新闻策划方法

一、突发新闻策划

突发新闻是指突然发生、不可预见的新闻事件，如自然灾害、事故灾难、公共卫生事件和社会安全事件等。突发新闻策划是媒体针对这类突发新闻事件报道所进行的策划活动。与可预知新闻报道策划不同,这类新闻报道无法事先行策划,通常要在事件发生后立即开展。

虽然突发新闻无法预知,但突发新闻策划在长时间的新闻实践中形成了特定的规律,总的来说,突发新闻的策划要遵循以下要点。

(一)要快速组建策划团队,形成合力

新闻策划是一项具有协调性和系统性的工作,需要多人合作完成。在重大突发事件报道中,只有采编人员广泛参与,才能深度挖掘更具感染力、说服力的事实。突发事件往往变化快速、情况复杂,会在短时间内涌现大量真伪难辨的新闻线索和新闻素材,仅靠采编人员单枪匹马是无法完成报道任务的。媒体机构需要在平时组建一支训练有素的策划团队,在突发新闻事件发生后迅速集结,快速调动各方面资源,为前方记者提供报道方向,形成报道合力,这样才能取得良好的传播效果。

(二)突发事件报道策划要客观及时

突发新闻事件是意外的、不为人所能控制的新闻事件,对于这类型事件的新闻策划而言,现场是最为重要的一环。公众对突发性事件没有事先了解,现场是给他们的第一印象。媒体在进行突发性新闻策划时,要做到及时、客观。及时,意味着突发事件发生后,媒体要把握新闻策划的时机,第一时间派出记者赶往现场,根据现有的相关信息,创造性选择新闻制作与发布的时间、方式和平台,对相关问题进行全方位调查报道,快速出击、合理安排、高效配置,实现新闻价值的最大化。在有效信息匮乏的情况下,及时收集最新信息形成报道、积极设置新闻议程、掌握话语主动权,是减少社会恐慌、规避谣言泛滥十分有效的途径。客观,意味着媒体要保证新闻真实性、还原事发现场,在事件原因、过程等不明朗的情况下,报道只陈述客观事实,不带任何主观看法。

(三)突发事件报道策划要全面追踪

突发事件往往是动态的。在突发事件报道中,连续报道、跟踪报道,可以动态地向公众清晰展示事件的发展变化情况,实现报道与事件动态同步,从而进一步深化报道。新闻发布会是官方向社会及时通报重大突发事件处理措施的主要方式,新闻媒体往往会从新闻发布会上获取新闻信息,进而向公众通报。媒体应持续关注新闻发布会信息,追踪事件最新动态,帮助公众在第一时间了解官方权威信息。

重大突发事件的背景是复杂的,其影响也是多方面的,因此,新闻媒体必须对灾害发生的原因和后果进行详细的研究和解释,才能正确评估突发事件并对其进行客观报道。对突发性事件要进行全面报道,向公众提供全面的视角,回应公众所关心的话题,引发公众对该事件的关注与思考,从而降低用户对权威信息的不信任感,也能避免公众被虚假信息和谣言误导,造成网络舆情危机。

（四）突发事件报道策划要把握好"度"

一方面,媒体要服从党的领导,对内维护党和人民的利益,对外维护国家形象。既要善于发现积极因素,又要尊重新闻的真实性和客观性,向公众传递真相。媒体应引导公众通过新闻报道,全面、准确地了解事件真相。

另一方面,特殊事件发生后,公众通常会主动去了解相关新闻。为此,媒体应在突发事件的新闻报道策划中加入人道主义议题,尊重公众的知情权,体现人文关怀。媒体须关注相关人群的生存和发展需求。

就媒体而言,新闻策划中的人文关怀包括以下几点:一是报道最新情况,尽量避免引起公众和社会的恐慌,通过正确的舆论引导,缓解公众恐慌情绪,营造良好稳定的舆论氛围;二是为当事人提供相关有价值的信息,如救援工作信息等;三是反思事件本身,分析导致事件发生的原因,探讨解决问题的措施,包括对相关方的问责。

【案例5-10】

四天三夜,被困门头沟列车乘客大救援

作品类型:新闻专题。

制作机构:北京广播电视台。

作品内容:

《四天三夜,被困门头沟列车乘客大救援》(见图5-8)是第34届中国新闻奖一等奖获奖作品。2023年7月底,北京遭遇140年未遇的特大暴雨,山洪汹涌,冲毁路基,三趟列车上近3000名乘客被困门头沟山区,进退维谷。北京市政府迅速组织力量展开陆空立体大救援,历时四天三夜,终于化危为安。这篇广播专题是全国首篇全景式展现救援现场的报道,视角独特,叙事有张力,体现了媒体对突发事件报道的强大策划能力。

图5-8　新闻专题《四天三夜,被困门头沟列车乘客大救援》

策划充分体现了突发事件的报道原则。7月31日,记者从应急指挥部获知有列车被困山区,此时消息尚未公开。北京广播电视台迅速反应,调派多路记者及时跟进:一路前往门头沟,无惧暴雨、塌方、断路,连续三天徒步向深山区挺进,最终找到被困乘客;一路想方设法登上空投物资的军用直升机,获取独家空中视角素材;一路彻夜蹲守火车站,直至被困乘客全部转运。

前后方团队作战,密切配合是这篇报道策划成功的关键。前方记者全力采访,后方团队全员上阵,加工音频、视频等宝贵素材。全面掌握救援进展后,资深记者系统梳理时间线,巧用乘客和救援两条线索交叉叙事,完成大救援时空"拼图"。专题采用超过20段现场同期声,展现多个场景,避免了前方记者单一视角的局限性,充分展现了视听传播的魅力。(资料来源于中国记协网)

二、可预知新闻事件策划

智能技术的作用在可预知新闻事件策划中得到更加充分的体现。可预知新闻报道的策划旨在围绕特定的主题进行深入、全面、系统地报道,以获得预期的传播效果。常见的新闻策划以专题或单个报道的形式呈现,在智能媒体环境下,新闻媒体应充分利用可预知新闻事件的策划空间弥补传统视听传播的不足,为视听传播发展注入新的动力。

(一)时政新闻

时政新闻是对一个国家政治生活中最近或正在发生的事件的报道。主要表现为政党、社会团体和社会力量在国家生活和国际关系方面的方针、政策和活动。

1. 时政新闻策划的原则

(1)注重报道的权威性与深度。

时政新闻的报道,不能单纯为追求趣味性和吸引眼球而进行表面化、碎片化的报道,应在更新报道形式、贴近用户的同时,注重报道的权威性和深度。程序性报道是时政新闻报道的主要方式。如在进行会议报道时,以专题报道的形式,从不同的角度和视角,反映会议的重要议题和决议,深入挖掘会议的精神和内涵,让公众不仅了解会议的决议是什么,还能深刻理解为什么要做出这些决议,以及决议的影响等。时政新闻不仅要有短平快的动态报道,更要有揭示事物本质和发展趋势的深度报道。

(2)综合运用不同语态表达。

现阶段,时政新闻报道中网络元素与报道内容深度融合,语态呈现"年轻态、网语化"趋势。以新华社两会宣传片为例,其中不乏"编写的稿件绕地球几圈""燃,现场新闻,从你的全世界路过""统统到我的碗里来"等网络用语。宣传片由年轻人串场,将新华社两会期间的报道进行提前预告,让更多的年轻人关注两会。

值得注意的是,由于政府工作的权威性和严肃性,时政新闻不能无限制地使用网络语言,而应结合"党言党语、法言法语、民言民语、网言网语"等不同语态的特点,坚持准确性和权威性,灵活恰当地运用语言表达,拉近报道与观众的距离。

(3) 优化舆论引导方式。

在有效传播时政信息的同时,时政新闻策划还应优化舆论引导方式,以平和、生动的报道基调完成价值导向的输出。时政新闻不仅要把握好内容的准确性,更要注重传播时机和输出方式,用更形象化、更轻快、更亲切的时政声音,升华报道主题,彰显报道的时政主旋律,从而发挥舆论引导力量,取得良好的传播效果。

2. 时政新闻策划的策略

(1) 智能媒体技术为时政新闻报道赋能。

数字技术的进步将数字主持人、元宇宙直播间、跨维对话、数字互动、三维漫游等新形态与时事报道结合起来,丰富了时政新闻。新媒体技术的赋能使得新闻传播充满乐趣和创意,具有移动、互动、全息等特点。每当进行重大时政新闻报道时,如一年一度的两会报道,各级媒体就纷纷运用智能技术进行实战演练,各种新型设备、先进软件、智能技术都被运用到新闻实践工作中,为公众呈现精彩纷呈的时政报道。

【案例 5-11】

虚拟数字人"小C"

虚拟数字人技术是近年来媒体时政报道策划中的最新应用。2021年全国两会期间,一位拥有高颜值的,名叫"小C"的央视数字虚拟编辑,作为"全国两会C+真探系列"记者首次亮相,与梁倩娟、马慧娟等全国人大代表进行了对话。三年多来,央视虚拟数字人小C在全国两会、北京冬奥、网络春晚等重大场合亮相,与各界专家、体育明星等进行交流,对"同行"虚拟偶像嘉然与星瞳进行了访谈,进行歌曲演唱表演等,由于小C的主持风格多变、语言风趣、多才多艺,给节目带来了更多的亮点,也因此收获了一大批粉丝。

(2) 加强交互,重视用户体验。

在智能传播环境中,新闻工作者可以通过照片识别、语音识别和个性化交互等技术加强信息交流,为用户提供不同的互动体验。例如,用户可在新闻互动产品中通过屏幕按钮接收不同的信息,或者在报道中献花、唱歌、玩游戏,以互动方式直接参与事件报道,甚至还能与报道中的人物对话等。时政新闻策划在注重时政新闻报道的权威性和准确性的同时,还要兼顾用户的感知认知和感官体验,利用多种技术手段调动用户的积极性,促使用户更深入地参与到报道中来,有效实现传播目的。

(3) 实现时政新闻报道的社交化传播。

社交化是智能媒体时代信息传播的重要趋势。在移动端,具有碎片化、沉浸感和趣味性的新闻产品容易激发用户的分享欲望。例如,《人民日报》新媒体在两会报道中将政府工作报告的代表议案设计为H5并生成海报,附上关键词与链接,激励用户主动参与和分享。在未来的时政报道策划中,媒体可继续深入挖掘突发事件报道的社交特性,尝试更多的社交话题构建形式。

时事新闻策划要解决社会化分享的复杂性,需要解决以下主要问题:一是在主题选择方面,如何捕捉并且通过主流价值理念、方法和技巧发挥时事新闻的社会动能,将高高在上的时事话题转为日常问题;二是在报道语气方面,如何将严肃的时事话语转为生动接地气的应对话语;三是如何调整报道立场,从对国家和公众进行承诺转为与用户建立思想和情感上的共鸣。

图5-9 《2022两会热词 限时填空大比拼》

【案例5-12】

2022两会热词 限时填空大比拼

作品类型:交互新闻。

制作机构:封面新闻。

作品内容:

2022年全国两会,封面新闻推出了一款H5小游戏《2022两会热词 限时填空大比拼》(见图5-9),将两会信息精炼化,通过答题测试的形式吸引用户参与。作品共包含8道填空题,用户需先观察题中的图片,再从参考文字中选出最合适的字组成两会热词并填空,每题限时30s,若需修改,用户可删除文字并重填。若完成作答,用户可通过"提交"按钮查看正确答案。8题全部完成后,用户还可查看正确率,并根据提示进行留言、再玩一次或生成一份专属海报,系统还会鼓励用户在朋友圈及其他平台分享。(资料来源于封面新闻)

(二)节庆新闻

节庆活动是媒体策划新闻报道的重要对象之一。节庆新闻报道的策划是一个复杂而细致的过程,需要充分考虑主题的选择、内容的创意、观众的需求以及信息的准确传达等多个方面。只有做好充分的准备和策划,才能制作既符合节日氛围,又具有教育意义、社会价值和娱乐属性的优秀报道。节庆新闻报道的策划还需要实现在短时间内快速激发用户兴趣的效果。总的来说,节庆新闻报道策划的要点如下。

1.创新文化表达,实现情感共振

节庆新闻报道不仅是媒体对节庆活动的记录,更是对文化和传统的传承。媒体可以通过挖掘和宣传地方独特的传统文化,增强民族认同感和文化自信。好的节庆活动的报道,是媒体弘扬优秀传统文化、传播核心价值观的重要途径,也是提高播出质量、实现与用户情感共鸣的重要渠道。媒体在节庆新闻报道中要深入挖掘地方文化、融合多媒体手段、构建情感共鸣和实践共情传播。在节庆主题下,媒体要弘扬家国情怀和民族精神,扩大报道的广度和深度,引导人民群众将内在的精神力量外化为现实的奋斗力量。

【案例5-13】

人民记忆:百年百城

作品类型:新闻网站新闻专题。

制作机构:央视网。

作品内容:

2021年是中国共产党成立100周年,在这重要历史时刻,中央广播电视总台央视网联合地方政府、重点网站、社交媒体,推出《人民记忆:百年百城》(见图5-10)大型专题节目,围绕脱贫攻坚、经济发展、民主法治、社会民生、文化传承、生态文明、党的建设七个主题,以系列短视频的方式展开报道。该新闻专题创新之处在于:以微观视角展现宏观成就,通过真实可感且接地气的画面表达,辅以生动有力的数据呈现,采取"特写"和"航拍全景"两极画面展示,将城市的发展变迁直观而灵动地展现出来。恰逢百年交会之际,该专题策划以城市变迁映照中国共产党领导下各项事业蓬勃兴旺的现实,主题鲜明,格调积极,品质优良,充分展现了中国共产党带领人民奔小康的发展成就。(资料来源于央视网)

图5-10　新闻专题《人民记忆:百年百城》

2. 创新报道形式,增强表现力与感染力

随着智能媒体的发展,微视频、直播、图解、第5代超文本标记语言(H5)、虚拟现实技术(VR)等传播样态在节庆新闻中的创意运用,使节日报道更具表现力、亲和力和影响力。

【案例5-14】

春暖山河·家国清明

作品类型:融媒体特别策划。

制作机构:央视网。

作品内容:

《春暖山河·家国清明》(见图5-11)以慢镜头记录了祖国各地的春景,且与直播连线现场播报无缝结合。该融媒体活动通过立体多媒体、跨平台布局,打造大屏小屏联动、线上线下融合的矩阵式、沉浸式传播场景,多维度展现中国春天之美,展现了江苏、四川、贵州、福建、云南五地的特色春景,并精准匹配场景拍摄地的影视配乐,让观众领略到万物复苏、春意盎然的中国春景。而在移动直播中,总台影视剧纪录片中心充分发挥平台在资源调动方面的强大优势,邀请语言学家、纪录片主创、书法家、表演艺术家、青年演员、大学生等各界嘉宾一同吟诗、赏春、观景,讲好中国故事,领略中国传统文化的独特魅力。

图 5-11　《春暖山河·家国清明》节目场景

该节目内容在中央电视台新媒体矩阵、央视电视剧、央视纪录新媒体账号、央视视频APP、央视新闻客户端、云听APP、央视网海外频道发布,由多家中央媒体同步制作报道。全媒体矩阵的全覆盖和慢镜头直播形式,为用户创造了身临其境的观看体验,来自世界各地的观众在屏幕上互动,表达了对春天的赞美、对未来的憧憬、对美好生活的向往,所有美好的情感在镜头营造的中华传统文化空间中交汇、升华。(资料来源于央视网)

(三)科技新闻

科技新闻的内容涉及最新科技成果、科技发展趋势、科技政策等方面,科技新闻不仅具有新闻的一般特性,还强调科学性、通俗性和知识性。科技新闻具有专业性强的特点,科技新闻的策划不仅需要扎实的写作功底,还需要敏锐的洞察力和对科技发展趋势的准确把握能力,善于将高深的科技信息转化为普通公众喜闻乐见的科技新闻。根据科技新闻的主题和特点,媒体需要设计贴近受众需求,有冲击力、趣味性和感染力的报道方案。有效的策划,可以使科技新闻更加吸引人,同时也能准确地传达科技发展的进展、价值和意义。总体来说,科技新闻策划的要点如下。

1. 准确、权威是科技新闻的根基

随着科学技术的不断发展,科技领域相关的内容受到越来越多的关注,许多热点新闻也需要运用科技元素进行解读。内容生产是媒体差异化竞争的关键,精心雕琢内容生产对提升新闻传播力至关重要。确保报道的准确性和权威性是科技新闻报道最基础,也是最困难的部分,这就要求媒体工作人员树立认真严谨的工作作风,实事求是的科学精神,深入行业领域、了解专业知识,来提升科学素养、专业素养,逐步形成较为完整的知识结构体系。

2. 深度调研报道与科学普及报道相结合

深度调研报告是科技新闻报道的形式之一。媒体应根据中央精神或有关政策,围绕深入推进科技创新和科技体制改革的方针,选择适当题材,组织人员深入地方院校或科技部门进行充分调研,并撰写内参和公开报道稿件。

与此同时,科技新闻也包含最新科技成果的展示、科技奖项的获取等具有很强的科普性质的题材。科普类报道策划的关键点,就是将专业的科技术语及行业信息,通过通俗易懂的语言表达,向人民群众普及。

首先,科技新闻报道要做到语言科学、形象科学、宣传科学,媒体要做好科技新闻的"翻译"工作。科学技术日新月异,专业术语纷繁复杂,科技新闻工作人员要当好科技新闻的"翻译官",了解语言、学术问题和技术问题的复杂性,用通俗易懂的方式将科技新闻讲给用户听。在科技新闻文本的写作过程中,为了使文本更加贴近生活、贴近用户,应该将专业用语与通俗语言有机结合,进行拟人化、形象化的表达,同时运用灵活生动的语言表达增强科技新闻的可读性。

其次,智能技术赋能下,科技新闻的叙述模式需要改变。新闻工作者可以尝试通过讲故事的方式提高科技新闻文本的可读性,通过多种媒介展现科技发展与社会、人的关系。在科技新闻报道中,新闻工作者可以运用描述性语言,展现科技给社会带来变革的趋势,将科技发展与群众生活密切联系起来,体现科技与人的关系。

【案例5-15】

顶级实验室 | 在地下700米捕捉宇宙中的"幽灵粒子"

作品类型:科技专题。

制作机构:中央广播电视总台。

作品内容:

《顶级实验室 | 在地下700米捕捉宇宙中的"幽灵粒子"》(见图5-12)节目组走进国家重大科技基础设施江门中微子实验装置,首次全景式揭秘地下700米江门中微子实验装置,聚焦"大科学装置为什么要建在地下700米?""捕捉中微子到底有多难?"等网友感兴趣的话题,用实验和体验的方式进行解答,用直观活泼的手法来阐释晦涩难懂的科学知识。

图5-12 《顶级实验室 | 在地下700米捕捉宇宙中的"幽灵粒子"》

由于中微子实验装置在建成后就无法进入内部进行拍摄,节目组通过 AR 虚拟、特种设备拍摄等技术手段,全景模拟未来探测器形态,让网友提前"看到"这一科学装置的工作原理,呈现观众从未见过的特殊视角。节目注重科普互动设计,推出横屏竖屏双播模式,在竖屏平台推出《科学有新知》互动问答,用户可以边看直播,边通过互动增长知识,有效增强了用户兴趣和黏性。(资料来源于央视新闻)

3. 巧用智能技术增强趣味性

新闻工作者进行科技新闻策划时,首先,要结合动图、VR 新闻、直播、H5、短视频等多媒体报道形式,发挥微信、微博等社交媒体的传播优势,使科技新闻报道易于理解和分享。其次,要适应智能媒体和多媒体平台的特点,创新语言表达方式,树立互联网思维,增强科技新闻的质感,提高内容生产效率。再次,要带入普通人的视角,运用通俗易懂的语言,用极具欣赏性、趣味性的方式,让科技新闻变得生动、有趣。

【案例 5-16】

《袁隆平 Q 版形象科普》动画片

作品类型:科普动画。

制作机构:新华网。

作品内容:

2021 年 2 月 26 日,新华网官方微博发布《袁隆平 Q 版形象科普》动画片(见图 5-13)。袁隆平离世后,这部短片再度走红。在评论中,不少网友表达了对袁隆平的怀念和对这部短片的喜爱,"真好,看到 Q 版的袁爷爷蹦蹦跳跳的""袁爷爷看了应该会很开心吧"。

图 5-13 《袁隆平 Q 版形象科普》动画片

在这部短片中,袁隆平的 Q 版形象让人倍感亲切。循着袁隆平的足迹,观众可以见到孙九林、刘守仁、李玉、刘少军、吴明珠、邹学校、程顺和、盖钧镒等中国"农学团队"的成员。在这些科学家的努力下,中国人民过上了富足的生活。(资料来源于新华网官方微博)

实 训 项 目

一、实训内容

（1）依据实训材料,以学习小组为单位进行智能视听新闻策划实战演练。

（2）学习小组提前确定报道目标,搜集新闻线索,并分工进行选题调研。

（3）召开小组选题策划会,设计策划方案。

（4）根据策划方案实施报道并收集反馈信息,对策划全过程与用户反馈进行全面总结反思。

二、实训要求

（1）新闻选题策划必须遵循智能视听新闻策划原则,注重时效性,符合智能视听新闻的特点。

（2）鼓励创意表达,创新智能视听新闻策划的呈现内容与方式。

（3）鼓励充分利用各种智能媒体技术,在方案中明确技术形态,尝试技术赋能的新形态策划方式。

（4）分组进行,全员参与,小组合作完成新闻策划的全流程工作内容。

三、实训设备

（1）电脑、手机等可查阅资料的设备与信息记录设备。

（2）摄像机或单反相机、手机等。

四、实训考核

（1）提交完成的作品:以小组为单位,完成一条智能视听新闻策划方案,每组提交一份智能视听新闻报道方案以及反馈总结。

（2）提交个人总结:个人提交实训总结一份,结合自己实训的经历提出问题。可以包括以下内容：策划案可行性？新闻策划需要遵循哪些基本原则？依据该策划案生产的新闻报道有没有新闻价值？用户反馈如何？自己在本次实训中的主要职责是什么？是否合格完成了自己的分工任务？在策划案撰写过程中遇到了哪些问题？是如何解决的？

（3）小组提交一份实训总结PPT，总结小组智能视听新闻策划的思路、流程和经验，用于课堂作品汇报交流，最后进行小组互评与教师点评。

五、实训材料

2024年，国际航天科技领域最激动人心的成就莫过于中国成功实施嫦娥六号任务。作为中国月球探测工程的重要一步，嫦娥六号实现了人类月球探测史上一项空前的壮举：完成月球背面着陆区的现场调查和分析并携带月球背面的月球样品返回地球。6月4日，嫦娥六号上升器携带月球样品自月球背面起飞，踏上归途。6月25日，嫦娥六号返回器准确着陆于内蒙古四子王旗预定区域。6月28日，嫦娥六号任务月球样品交接仪式在北京中国航天科技集团五院举行，随后月球样品由地面应用系统转运队送至位于中国国家天文台的月球样品实验室，地面应用系统的科研人员按计划开展月球样品的存储和处理并启动科研工作。

请以"九天探月"为选题，策划一期关于嫦娥六号月球背面采样任务的智能视听新闻节目，要求拟出选题意义、策划要点、形式创意及现场采访提纲，节目时长为15分钟。

本章知识脉络

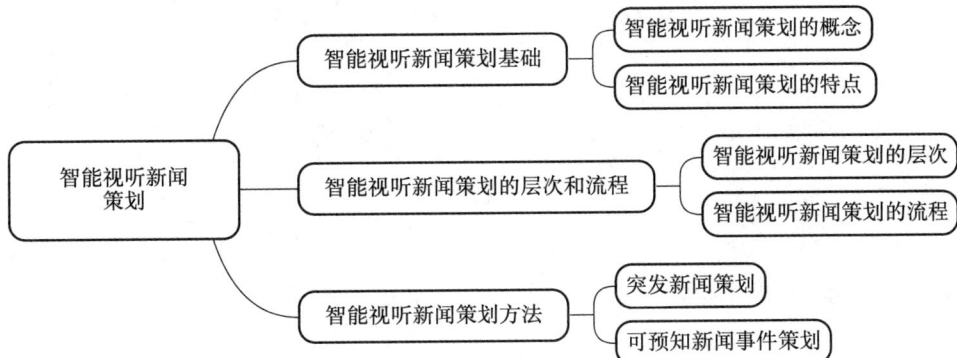

```
                              ┌──────────────────┬──── 智能视听新闻策划的概念
                    智能视听新闻策划基础 ────┤
                              └──────────────────┴──── 智能视听新闻策划的特点

                              ┌──────────────────┬──── 智能视听新闻策划的层次
智能视听新闻   ──── 智能视听新闻策划的层次和流程 ────┤
策划                           └──────────────────┴──── 智能视听新闻策划的流程

                              ┌──────────────────┬──── 突发新闻策划
                    智能视听新闻策划方法 ────┤
                              └──────────────────┴──── 可预知新闻事件策划
```

思考题

1.在智能媒体时代,媒体发展呈现智能化的趋势,新闻策划也有了很大的变化。请思考智能媒体环境下的新闻策划与传统新闻策划相比,有何不同?

2.新闻策划,即在新闻报道之前对内容进行设计,保证报道方案的科学性、合理性、预见性。请思考智能视听新闻策划面临哪些挑战?

第六章

智能视听新闻采集

◆ **本章导读**

本章介绍了智能视听新闻采集的定义、特点与优势,分别详细介绍了记者现场采访和智能视听新闻信息采集的方法,结合具体案例和图示介绍了智能视听新闻采集的流程。

◆ **学习目标**

· **知识目标**

1.掌握智能视听新闻信息采集的概念、内涵、特点与价值。

2.掌握智能时代新闻记者采访的方法与流程。

3.了解人工智能与新闻采集融合的应用。

· **能力目标**

1.具备新闻敏感性和采访能力,能够进行现场采访。

2.能够运用智能技术进行新闻信息采集。

· **素养目标**

1.具备新闻记者基本媒介素养及关心社会的责任意识。

2.遵守新闻信息采集和使用的职业规范,遵守新闻伦理准则。

第一节　智能视听新闻信息采集的内涵

当前,新闻采集作为新闻生产的基础性关键部分,也在智能技术的融入过程中发生了巨大的变革。

传统新闻生产格局下,新闻信息的采集主要依靠记者前往实地考察具体细节,在时间维度和空间维度上具有明显的局限性。智能技术的引入带来了新闻信息采集方式的嬗变,记者现场采访与拍摄工作的方式、方法与手段也随之发生变化。大数据分析、无人机和人机交互等技术拓宽信息采集的途径与范围,在降低采集成本的同时提升采集速度,从而帮助记者创作意义更深刻的新闻报道。

同时,智能视听新闻资源的采集给新闻记者提出了新要求,促使传统广播电视记者向智能视听记者转型。智能视听时代,记者需要灵活操控智能设备、使用人工智能平台,在智能技术的协助下发现新闻线索、获取数据信息,从而更高效率地获取新闻素材。在改造传统新闻采访流程的过程中,新闻记者需要运用互联网思维,利用人工智能技术手段,促进传统采集模式向新型采集模式转换,以推动智能视听新闻生产的不断完善。

一、定义

(一)新闻信息资源

新闻信息资源是新闻媒体从事新闻传播活动所需的社会资源,包含了新闻提供者、新闻合作者、新闻线索、新闻稿件和新闻资料等。新闻信息资源采集是由新闻媒介主体自主设计和运行的系统工程,也是新闻传播活动和新闻业发展的核心内容。

根据信息的存在状态以及被发现的难易程度,新闻信息大致可被分为显性新闻信息和隐性新闻信息两种类型。显性的新闻信息指可利用价值较明显、易被发现的新闻资源,例如具有显著报道价值的新闻线索。隐性的新闻信息则是可利用价值尚未明显表露、不易被发现的新闻资源,例如媒介潜在的受众群体、被芜杂内容掩盖的重要新闻信息、复杂隐蔽却非常有价值的社会关系等。

新闻信息资源能否得到开发及其被开发的广度和深度,很大程度上取决于媒介主体对新闻资源的鉴定和认识能力。在媒介主体对新闻资源拥有充分认识的基础上,借助各种信息工具和媒介技术进行采集、转换和整合,才能实现信息资源效益的最大化。

(二)智能视听新闻采集

智能视听新闻采集指在互联网、人工智能、大数据、5G、虚拟现实等智能技术的辅助下,新闻工作者使用智能设备、智能平台等智能技术手段,以人机高度协同的形式对新闻素材进行采集。

传统新闻采集的素材通常较为单一,采编过程是将文字、图片和视频等作为基本资料,由记者、编辑进行收集整理,最终以文字稿件、摄影作品、音视频作品的形式进行呈现。在这样的新闻信息资源采集过程中,新闻的价值判断主要依赖记者的主观敏感度和经验水平,存在采集效率较低、新闻来源渠道少和客观性较差等显要问题。报纸记者采集图文素材,广播记者采集音频素材,电视记者采集视频素材,传统的新闻采集主要用于满足特定媒体的需要,并不会考虑其他类别的媒体。

随着智能技术手段的发展,新闻信息资源的开发不再局限于记者采访,而是要进行智能化的新闻信息采集。智能视听新闻生产的采集主要基于人机高度协作,运用智能模型实时监测互联网信息,并通过社交媒体、搜索引擎等多种渠道进行数据采集和自动分析。新闻生产者要对数据进行复检,同时担任"守望者"角色,从数量庞杂的信息中选取有重要价值、符合受众信息需求的话题。

基于全新智能技术的数据信息采集手段,智能数据信息采集与传统媒体新闻采访相比具有全新特征,需要新闻工作者做好准备,在实践中不断探索。智能视听新闻采集强调人机交互,在线索收集阶段,记者除了要借助传统的通讯员资源外,还可以通过平台监测和线索定制提示来发现新闻。当然,智能视听新闻信息资源采集不能完全依赖数字智能技术,还需要专业新闻工作者的深度参与,人工智能系统需要在符合新闻价值伦理和行业标准规范的前提下妥善使用与操作。

智能视听新闻采集主要有两种方式,一是记者采访,二是对广泛存在于网络和现实中的新闻信息资源进行智能信息数据采集、挖掘和分析。

新闻创作依靠记者前往实地收集新闻素材、把握具体细节从而获得信息。新闻记者出于大众传播目的,通过现场观察对关键情节、关键人物和关键细节的抓取,努力还原当时场景,同时通过现场观察、人物访谈等方法把握关键信息,从而获取具有实际新闻价值的信息。媒体机构创建新闻数据库并非要削减记者的采访工作,而是要运用智能工具辅助记者更高效地开展采访工作,节省人力物力成本,保证线索的质量。不管智能采集技术如何发展,采访仍然是新闻工作者的基本功,其重要性不会因为智能采集技术的发展而降低。新闻人的专业理想、正义感、好奇心、调查研究能力、对人性与社会的洞察力和判断力仍然是新闻工作最为宝贵的财富。目前,新闻业的发展虽然面临挑战,但新闻人不应该唱衰新闻业,而应重拾信心,看到人工智能技术为新闻业发展带来的机遇,苦练基本功,有效利用智能技术走向下一个成功。智能媒体时代,记者要学习利用智能技术手段,并结合传统手段收集优良的新闻素材,才能为视听新闻的故事讲述提供新鲜生动的原材料。

智能信息数据采集主要通过大数据、物联网等技术,媒体可以通过建立新闻数据库资源,安装传感器,使用无人设备等方式,从各种新闻源中完成数据的自动化收集、整理和分析,并最终形成新闻的原材料。智能视听新闻采集工具包括使用智能技术收集、整理、分析、处理和展示新闻资讯的软硬件系统,如大数据分析、传感器数据采集、无人设备拍摄、智能数据挖掘、自然语言处理、社交媒体源采集、数据平台建设、移动采编系统和虚拟现实等多种智能技术手段。

数据库是数据采集的主要来源,这些数据库通常包含大量的新闻信息,如文字、图片、音视频等。新闻工作者可以通过智能数据获取、关键信息收集,以及数据挖掘和分析技术,发现新闻热点和发展趋势,为新闻报道提供有力的支持。除了从新闻数据库获得信息,新闻采集者还能够从互联网上的新闻网站、社交媒体等渠道获取新闻数据。通过机器学习与训练,利用爬虫技术对网络数据进行爬取,能够进行系统化的数据标记工作,并最终生成数据集。

标记工作结束后,为了确认数据的准确性,相关质检人员或记者需要进行审核与复检。此外,互联网信息通常是用户网络行为的数据轨迹,是全体网民的网络生活的相关数据,能够反映网民的网络行为。通过对网站新闻数据的实时监测和分析,还可以了解公众对某个事件或话题的态度和看法,并进行实时的舆论监测与调整。

新闻工作者可以利用智能平台技术抓取热点、分析舆情,进行内容分析归类和新闻选题价值判断,并从庞大的数据中遴选出符合受众信息需求、具有实际新闻价值的数据,从而为进一步的新闻内容生产做好准备。

二维码6-1
智能视听新闻采集
的特点

二、新闻价值要素

新闻传播不能"有闻必录",记者在面对具体的客观事实时往往需要进行一番认真思考:这一事实是否可以进行报道,哪些信息值得被采用,是否符合本机构的定位特点,等等。其中,最重要的一点是客观事实是否具有一定的新闻价值。新闻价值指的是构成新闻的各种要素在客观现实中的存在状态,是判断事实是否能够成为可以传播的新闻的标准。新闻价值是一套决定新闻被选择还是被排除的标准,记者在日常新闻生产中运用这套标准进行新闻的判断、选择、生产和呈现。[1]一般而言,一条新闻引发社会效应的强烈程度与其新闻价值的大小成正比。

传统媒体时代,新闻价值判断标准普遍被认为是"时新性、重要性、显著性、接近性和趣味性"[2],这些标准是对新闻实践与业务操作中关键因素的综合考量,用以评判新闻价值的依据;在智能传播时代,受到数字智能新兴媒体的影响,传统新闻价值要素的内涵发生了延展与变化。具体表现为以下几点。

(一)时新性发展

时新性指的是时间上的接近性。传统媒体时代,报纸的新闻周期是24小时,广播电视虽然也可实现直播,但就新闻播报的总体情况来看,直播只占广电媒体常规节目体量的一部分。而在智能传播时代,时新性的内涵正向着实时性、即时性方向转变。借助智能随身设备和移动互联网技术,新闻报道的播报周期大幅缩短,使即时传播轻而易举。无人机等智能设备的发展使得信息的采集更加便捷,它可以突破客观条件限制快速到达新闻现场,并通过新闻采编系统及时采集新闻信息,从而大大减少新闻采编消耗的时间。智能系统的数据标记工作和大数据分析技术能够对整体素材信息进行集中分类,按照特定的编程算法快速搜寻到有价值的素材信息,大大提高了信息检索和数据采集的效率。智能传播时代的技术变革带来了采集效率的极大提升,时新性的价值得到了进一步提高。时新性越强,新闻的价值就越高,越有可能在激烈的媒体竞争中脱颖而出。

---

① 　Perry Parks. Textbook News Values:Stable Concepts, Changing Choices[EB/OL]. Journalism & Mass Communi-cation Quarterly,2019(3):784-810.

② 　李良荣.新闻学概论[M].3版.上海:复旦大学出版社,2009.

（二）重要性横向拓展

重要性是指新闻信息及事实具有重大影响或意义。传统新闻学对重要性的理解侧重于事实在最大范围内的影响力,事实信息内容越重要,新闻价值越大。判定某一事实信息内容重要与否的标准,是其政治或社会意义的大小及其对社会与公众产生的影响程度。对越多的人产生越大的影响、政治或社会意义越大,新闻价值也就越大。[①]互联网传播环境下,对重要性内涵的理解变得丰富,其概念内涵得到延展。"何时""何地""何人""何事"是新闻的显性信息,也是新闻价值最直接的判断依据。而"为何""如何"等信息可以对新闻价值进行深化,但这些信息往往隐藏在事实表象之下。互联网海量的存储空间与智能平台强大的数据收集能力打破了新闻报道在时间、空间上的限制,过去因被遮蔽而不被重视的资料、旧闻,如今可以被赋予充分的挖掘价值。智能系统也能辅助新闻生产者在文档中找到人工不易发现的细节和报道线索、挖掘肉眼看不到的故事、修复模糊难辨的音视频资料、填补人工新闻采访中存在的不足,为记者提供前所未有的新视野。此外,互联网提高了个人和普通人提供新闻线索的重要性和细分程度。这就要求媒体在进行智能视听新闻信息采集时,更加注重对用户微观层面的观察。

（三）趣味性地位提高

传统媒体虽然注意到趣味性因素的价值,但总体上将其置于了比较次要的地位。在智能传播时代,用户心理成了影响新闻价值的重要因素,用户的愉悦体验是其关键因素之一,新闻价值的趣味性地位得到了显著提升。这种变化的根本原因是用户需求的变化,严肃新闻的趣味表达和娱乐休闲需求成为人们对智能视听新闻价值的重要判断标准,因此,媒体要根据用户需求的变化做出准确的把控和及时的调整,提升趣味性价值的地位。

受众具有能动性,其媒介使用行为是由目标驱动的,受众可以利用广播电视和其他大众传媒来满足个体需求。用户对趣味性的需求是没有止境的,用户本身也在创造趣味价值。因此,记者应当充分认识趣味性因素的意义,不断调整新闻选题的表达方式和技巧,提升报道的生动性。

智能视听新闻的趣味性主要体现在三个方面:故事的冲突性、视听觉的冲击力和强烈的沉浸交互体验。冲突是故事产生吸引力的重要因素,冲突往往来自主体与事件、其他人物、环境以及背景的相互对立关系,新闻故事需要围绕冲突展开。视听语言的生动性可以让新闻拥有感染力,通过建立受众与新闻信息的情感关联可以产生深层而持久的力量,从而拉近与受众的心理距离,达到更好的传播效果。新闻媒体可以选取拥有具体情节的智能视听新闻报道对象,抓住受众的兴趣点,设置新闻悬念,从而引导受众对"新闻价值"的直观感知,激发其心理感知上的兴趣。新闻工作者可以开发和利用人工智能采编工具,挖掘和收集智能数据,采用VR/AR/MR技术,借助可穿戴设备、新闻游戏、漫画等营造强烈的新闻现场

---

① 郑保卫.新闻理论新编[M].北京:中国人民大学出版社,2007.

感和沉浸式、交互式新闻体验,增强智能视听新闻趣味性价值,从而提高选题的可读性和关注度。

第二节　智能传播时代的记者采访

一、智能传播时代的记者转型

智能技术的发展使得新闻生产流程与采集方式发生了极大变化,形成了以实现信息的采集、管理、加工和发布为目的,人机协同式的集约化新闻生产流程,传统广播电视记者正向智能视听记者转型。在传统媒体时代,记者是特定媒体机构新闻信息的收集者和传播者,被分为报纸记者、广播记者或电视记者。随着技术发展与媒体融合的不断深入,"记者"与"记者"之间的界限变得越来越模糊,记者的角色定位也发生了变化。为了实现智能视听新闻资源的采集,记者需要综合掌握、灵活运用全媒体技术,具备策、写、拍、播的复合能力,还需具备操作智能设备、使用人工智能软硬件的能力,以完成信息的深度采集、多种加工,实现新闻信息发布的多样化和灵活化,满足受众个性化需求,提升媒介影响力。同时,在智能传播环境中,记者的采集和传播权被其他主体不断分化,原有角色定位发生了变化。

(一)由信息获取者转为新闻真实性的考察者

随着智能视听媒体技术的快速发展,互联网平台成了大众了解新闻事件的重要渠道。大众在了解新闻事实的基础上可以参与讨论,表达自己的想法与观点,更有效地参与新闻信息的传播。

根据第55次《中国互联网络发展状况统计报告》,截至2024年12月,我国网民规模达11.08亿人,互联网普及率达78.6%,较2023年12月增长742万人。新兴媒体的发展使得信息的采集和编辑变更加便捷,未经深思熟虑的文章、对社会事件的个人看法、普通民众想要表达的意见都可以即时、迅速地在网络平台上传播。由此一来,网络信息质量难免良莠不齐、真假难辨,人工智能模型中基于海量网络信息进行标记与训练的数据也因此存在真实性的问题。在此情形下,新闻记者的角色就从新闻信息的获取者转变为新闻真实性的考察者。公众对记者的期待不仅仅是收集和发布新闻信息,更需要其要承担起事实核查的重要工作,帮助公众分辨信息真伪,确保新闻真实性。

(二)由信息传播者转为意见引导者

实事求是是新闻传播的根本原则。无论是传统媒体、融合媒体,还是智能媒体,其新闻信息都要贴近群众、贴近实际、贴近生活,以公众的实际生活为源泉,传达公众的心声。传统的大众传播时代,信息传播的途径较为单一,传播话语权往往只掌握在媒体机构手中,公众依赖记者采集制作的新闻报道来获取信息,因此,记者扮演着重要的信息传播者的角色。随着互联网和智能技术的发展,新闻信息传播渠道和载体更加多元化,每个个体都能成为新闻的传播者,每个人都能对新闻事件发表观点或者传递信息。众声喧哗中,新闻记者不能再满足于扮演信息传播者的角色,而应转型为意见引导者,在确保新闻信息真实性的基础上,为公众进一步阐释信息盲点,使公众对新闻事件有更全面、深入和客观的了解,避免算法造成的信息茧房,以及深度伪造、虚假信息带来的公众恐慌甚至群体极化。

（三）由信息结合者转向信息整合者

传统的大众媒体记者的职能是收集信息和提炼新闻内容,侧重于处理单一信息,不重视信息的横向比较与深度挖掘。随着智能媒体技术的发展,新闻记者的职能不仅包括收集信息,也包括合理筛选数据、有效梳理和整合网络信息、不断挖掘新闻信息的内容价值,从而提升新闻质量。在智能传播时代,新闻记者应不断提升专业素养,提高信息挖掘和整合能力,对新闻信息进行合理的分类,逐步实现新闻记者角色的转型。

二维码6-2
记者采访的重要性

人工智能技术发展下,新闻素材可以进行系统采集、深度开发和多次利用,新闻信息也得到了多角度、多层次、全方位的传播,人们可以选择媒体定制化信息。因此,媒体工作者在进行信息整合时,也应针对不同用户的喜好、需求和信息接收习惯,按照不同类型媒体的传播特性来进行信息产品的二次生产与传播。智能化新闻产品概念强调,新闻生产者需要以市场营销的思维打造新闻产品,以用户为中心,对新闻的生产、加工、传播进行运筹和谋划,最大可能地挖掘与拓展新闻的内涵和外延,把新闻传播的时效性和报道的广度、深度结合起来,为用户提供更为全面的新闻信息产品,精准适配用户的信息需求。

新闻记者的具体采访环节如图6-1所示。

二、采访准备

（一）确定选题

专业媒体的新闻生产必须保持常态化的发布节奏,在激烈的新闻竞争中,经常错失有价值的新闻选题的媒体机构是很难立足的。新闻选题是实现媒体社会功能的最重要的环节,

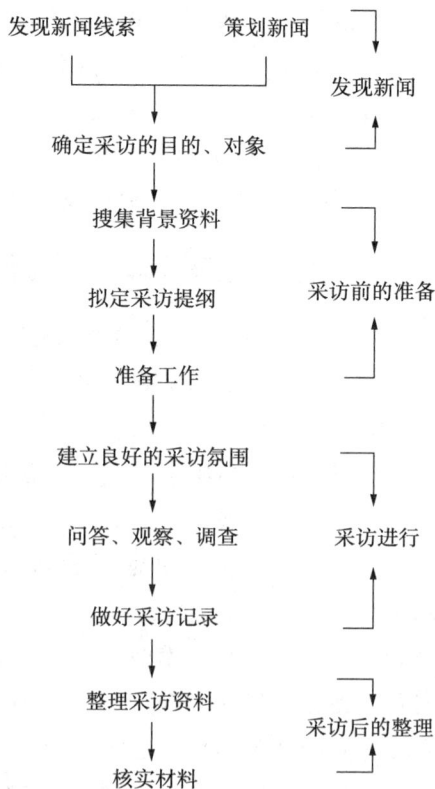

图6-1　新闻记者采访流程

新闻媒体选题的质量可以影响一个媒体在公众中的影响力和可信度。新闻选题的来源主要包括以下几个方面:突发事件;记者固定的报道领域;记者的观察;例行的新闻发布渠道;公众发布或反馈;其他媒体已报道的信息;网络信息。一个选题能否成为新闻,既取决于其自身的新闻价值,又受制于报道实现的可能性。因此,在确定选题并开始采访之前,要综合考虑选题的价值、报道内容、形式要求和报道可操作性等因素,对报道的预期效果做出考量。

(二)搜集背景信息

任何新闻事件的都有其发生的背景,它与周围环境有着千丝万缕的联系。收集事件的背景信息,可以让记者对事件发生原因、发展阶段、结果影响有一个基本的认识,也可以使记者对事件未来的发展趋势做出大致的判断。

掌握充足的背景知识对于发掘事件的新闻价值、寻找报道角度也具有重要作用。无论是进行人物专访还是对事件现场相关人员进行采访,在接触采访对象之前都要尽可能地了解采访对象的一些情况。这样既能体现记者对采访对象的重视和尊重,又可以为记者赢得采访对象的配合和信任,营造和谐融洽的采访氛围。

(三)拟定采访方案

拟定采访方案是采访策划的重要环节。在采访前,记者需要就采访的过程拟定一个尽可能详细的采访方案。包括报道主题、报道目标、报道时长、报道体裁、采访对象、采访问题清单、人员安排、设备和其他成本预算等。详细的采访方案可以让记者提前思考和规划报道的整体情况和细节,把握采访总体节奏,做到心中有数,不至于出现在新闻现场"眉毛胡子一把抓"或被采访对象"牵着鼻子走"的情况。当采访话题开始偏离预设主题时,记者还可以及时给予适当调节,保证采访活动顺利进行。此外,一个详尽的采访方案还能够帮助记者沉着应对各种突发状况,根据现场情况及时调整采访进度。

(四)预约采访

传统的预约采访大致有四个步骤:表明记者身份—阐明采访目的—提出采访要求——约定时间和地点。尽管在信息技术高度发达的当下,新闻采访和信息采集变得更加便捷,采访的形式多样,通过现场面对面或音视频实时在线等方式都可以完成采访活动,但与采访对象预约并进行前期沟通仍然是采访前的必经流程。采访对象并没有义务接受采访,因此,记者要通过简单的对话令采访对象意识到接受采访的必要性,或者使其对采访内容产生足够的兴趣。总之,仅凭记者的观察和主观臆断是不可能完成采访任务的,说服采访对象接受采访是预约采访环节的关键,也是保证新闻信息充足、真实的基本条件。

(五)事务性准备

事务性准备是采访前期准备的最后一个环节,也是极为关键的一个环节。采访的事务性准备包括挑选得体的服饰、调试采访设备、报备采访方案等。如有需要,必须提前联系好采访车辆、检查所有电子设备、确认好所有需要的物品以及时间安排,避免采访受到这些外在事务的干扰。

三、采访实施

(一)记者的现场采访

记者是通过到新闻现场采访获取第一手资料的。记者采访受到新闻现场空间和新闻事件发生时间的限制,因此记者需要具备较强的现场观察和随机应变能力。记者的现场采访包括现场观察、人物提问、出镜报道、现场拍摄等。

1. 现场观察

现场是事件发生、发展的逻辑原点,而观察是记者现场采访的重要手段。新闻观察是通过对事件发展进程、事件所处环境的观察,获得新闻第一手资料的方式。记者通过现场观察能够对关键情节、关键人物和关键细节进行抓取,努力还原当时场景,从而获取具有实际新闻价值的信息。现场观察分为整体观察、局部观察和细节聚焦三个步骤。记者到达新闻现场后,第一步应该对新闻现场的整体环境进行全景式观察,包括新闻主体所处位置、新闻中心与周围的人事物、新闻现场与周围环境的关系等;第二步是对新闻中心位置进行局部观察,包括主要新闻当事人、物、景;第三步是在局部观察的基础上,对核心细节、标志性区域进一步细致聚焦,捕捉典型场景和画面。

2. 人物提问

采访的目的是获得报道所需信息,对新闻当事者进行提问则是采访的主要手段。提问的第一步是找准新闻当事人。新闻事件的相关方往往不止一个,有的是直接当事人,对他们进行采访对获取新闻事实有重要作用;有的则是间接当事人或者目击者、旁观者,对他们进行采访对了解新闻事实能起到补充作用。在进行提问时,首先,应选择核心当事人。其次,采访问题要有针对性,只有对新闻事件不同相关方进行有针对性的提问才能获得有效信息。因此记者在采访前做足准备就十分必要,在重大新闻事件的采访过程中,记者还需要与后方编辑密切配合,了解事件进展,及时补充采访提问信息。另外,记者的提问要具体详细,具体的问题才能让受访者准确地理解,防止对方对问题迷惑不解,也可以防止对方泛泛而谈。

3. 出镜报道

出镜报道是记者在新闻现场边采访、边解说、边录制的一种形式。出镜报道有直播连线和录制播出两种。直播连线是智能视听新闻的一大优势,对记者边看边说、边听边录的能力有较高要求。智能视听新闻中,记者的采访本身就是新闻节目的组成部分,需要记者进行精炼和准确的表达,以增强现场的真实感与报道的吸引力。现场报道要求记者拥有出色的语言组织能力和表达能力,能够迅速反映、准确判断。记者依托新闻现场、经过观察和思考后的准确表达,加上现场画面和音响的运用,能够充分展现智能视听新闻的优势,增强智能视听新闻的现场感和时效性。

4. 现场拍摄

智能视听新闻除了要进行新闻信息的获取,还需要对声画内容进行有效呈现。现场的声画内容不仅可以增强节目的可信度,也能增强观众的在场感,使观众产生更为强烈的认知、情感和行为反应。智能视听新闻报道的现场拍摄重点在于以下几个方面:记者的现场采访,展现事件关键情节的画面,展现事件本质特征的细节画面,以及展现事件全貌、空间特点的环境画面。

在智能视听传播时代,智能设备的应用极大地方便了对关键情节进程画面、细节画面,以及展现空间特点的环境画面的拍摄。例如,无人机设备可用于大场面效果的拍摄,呈现从空间到地面的立体化视角,也可深入到各种人类无法到达的地带,或者需要隐蔽拍摄的新闻场景,展开现场情况的获取和新闻线索的采集。

（二）智能技术在采访中的具体应用

互联网信息交流平台的便捷性以及智能媒体技术在采访中的应用,使智能视听新闻记者的采访手段进一步丰富。传统记者在采访中大多处于被动地位,往往需要通过群众反馈获得新闻线索,进行具体跟踪调查后再到新闻现场进行采访。随着5G和人工智能技术的演进,记者的现场采访手段多样化,人机协同丰富了现场的报道形式。例如,由新华社首创的"全球5G沉浸式多跨屏访谈",运用5G网络传输和全息成像技术使被采访嘉宾和记者实现跨越时空的互动。此外,AR、VR技术的应用能够将细节展示给观众,生动还原了受访者的工作或生活环境,使观众更有在场感,真正走进故事中。

四、采访手段

（一）心理手段

轻松和谐的采访氛围是采访成功的关键要素,因此,记者要善于剖析采访对象的心理。采访对象接受记者采访并进行相应的回答,在本质上是接受外来刺激并产生的一系列心理活动的过程。要提高采访的效率,记者就必须对受访者的内心活动进行积极引导,并实时调整采访的方式和问题。

从表现形式上看,受访者在接受采访时的心理可分为以下几种。

1. 积极配合型

这种类型的受访者会按照记者的要求积极提供素材,他们接受采访一般都有较明确的目的,可能是对新闻事业和记者工作的支持,可能是本单位工作的需要,也可能是希望实现自我价值。采访此类对象,记者一定要掌握采访的主动权,牢牢控制采访进程和方向,切忌被采访对象"牵着鼻子走"。

2. 一般协作型

这类采访对象一般会公事公办,采访活动平静无高潮。在这种访问中,问答双方能够相互尊重,记者有礼貌,采访对象也会采取合作的态度。但问答双方在心理上存在一定的距离,通常是记者问,采访对象回答,主动交流比较少。双方气氛略显冷淡,偶尔会有一两个谈话热点。是一种礼节上的、"公事公办"的谈话。

3. 蓄意应付型

这类采访对象不愿意接待记者,态度冷漠生硬,甚至挖苦讽刺记者。其原因可能是担心记者披露自己的错误或劣迹,可能是对采访活动本身有偏见或抵触,也可能是身份或性格使然。采访此类对象,记者要表现极大的耐心和热情,令采访对象理解记者客观报道的初衷,记者要体现高度的专业性,以争取采访对象的信任和尊重。

(二)提问手段

提问手段是通过谈话对受访者心理进行研究的一种方法,是新闻采访的主要实施形式和核心环节。提问水平的高低,是衡量记者采访能力的标准之一,是采访成败的关键。为了提高提问效率,保证采访活动顺利进行,记者必须熟练地掌握提问的技能及注意事项,遵循提问的基本原则,做到有针对性、具体、简洁。在具体操作技巧和方法层面,提问手段包括以下三种形式。

1. 正面提

正面提问就是要开门见山,一般适用于三种对象,一是对记者采访十分欢迎和配合的采访对象,他们通常对采访提问的态度十分积极,记者可以直接提问。二是记者熟悉的受访者,过于客套反而显得见外。三是政要人物、学者、外宾等,这类采访对象有较为丰富的社会经验,容易领会记者的意图,他们一般事务繁忙,记者过于寒暄反而显得多余,甚至会导致对方的反感,适合采用正面提的方式。

2. 侧面提

侧面提即迂回提问,是指记者不便从正面提问时从侧面入手,提些表面上与访问内容无关的问题,从而引导受访者说出真实情况;或运用启发引导的技巧,循循善诱地引导采访对象对新闻材料进行回忆和阐述。在采访过程中,并不是所有的采访对象都愿意接受记者的采访,当正面提问进行得不顺利时,从侧面入手,通过迂回策略再回到正题上,不失为一种好方法。此外,有些情况下,记者采写的是非事件新闻,需要受访者对已发生的新闻材料进行回忆阐述,而受访者难免会有遗忘,这时,记者通过侧面提问来引导采访对象,可以打开对方记忆的阀门,挖掘更多细节内容。

3. 反面激

反面激问,即记者通过一定强度的刺激设问,促使采访对象由"要我谈"变化为"我要谈"。这种形式通常适用于由于谦虚不想谈、有顾虑不愿谈或者自恃身份高而不屑谈的受访者。采访时可以采取反面刺激提问,采访对象常会因考虑到反面的影响对自己不利,而予以澄清。这样一来,记者便可以与之交流,一步步地让采访对象由不配合转为配合采访,以达到预期的效果。具体来说,可以从两个方面入手:一是激问,记者在其问题中投入一定的刺激信息,迫使对方态度朝反方向转化,以乘胜追击;二是错问,故意从事实的反面问问题,使对方觉得记者所知的不是正确的信息,从而急于纠正,进而被引导着说出采访需要获取的信息内容。

(三)技术手段

1. 传统的媒体采访技术

传统的媒体采访技术是指在智能媒体发展之前,传统的大众媒体如报纸、广播、电视等所运用的采访技术,主要包括录音笔、话筒、摄录设备、音视频剪辑软件、直播(转播)车等。

2. 智能媒体背景下的采访技术

智能视听新闻采集技术包括使用智能技术收集、整理、分析、处理和展示新闻资讯的软硬件系统或服务,如大数据分析、传感器数据采集、无人设备拍摄、智能数据挖掘、自然语言处理、社交媒体源采集、数据平台建设、移动采编系统和虚拟现实等多种智能技术手段。例如,媒体可以通过大数据、云计算来采集受众信息,以便制定更加精准、有效的推送策略;可以使用无人机、无人车采集人类难以抵达地区的数据,为媒介报道提供更加丰富的背景素材;可以通过对用户、自然环境、社会环境等传感数据的采集以及大数据分析,来监测事件发展,从而形成预测性报道等。智能媒体技术的发展弥补了传统媒体采访技术的缺陷,拓展了新闻信息的来源,也提高了新闻信息采集的效率和质量。

【案例6-1】

听·见小康

作品类型:H5产品。

制作机构:新华报业传媒集团。

作品内容:

《听·见小康》(见图6-2)是第三十一届中国新闻奖一等奖作品。该作品以江苏全面小康建设和对口帮扶工作的大型全媒体采访行动成果为依托,创新展现了江苏13个设区的市和江苏对口帮扶的五个省区的60多个百姓真实可感的小康生活。作品注重听觉和视觉体验的紧密结合,通过H5的形式,采用技术手段,融合了100余个视频、音频、图文,凸显"听"和"见"的特色,界面设计简洁清晰,特色鲜明。

《听·见小康》作品的新闻采集基于一场大型融媒体行动,新华报业全媒体记者开着"小康幸福车",带着"小康照相馆"和"小康签名长卷",与城乡居民面对面交流,行程数万公里,为融媒产品的创制积累了丰富的素材。该作品不拘泥于传统新闻报道思路,以"听"和"见"为重要着力点,实现多种媒介资源的高效整合,为读者带来全新的视听体验,同时落实"记录小康工程"要求,紧扣"听""见""融",集纳线上栏目和线下活动成果。(资料来源于中国记协网)

图6-2　《听·见小康》大型融媒新闻作品

第三节　智能视听新闻线索采集

　　智能视听新闻线索采集是在智能媒体环境下,除记者采访之外的重要新闻线索采集方式。智能技术使新闻生产系统得以重构,新闻生产从传统的线性生产过程转变为智能同步动态的一体化过程,新闻线索采集主体、对象、过程、方式都发生了巨大变化。

一、智能视听新闻线索的特点

(一)时效性

　　新闻的特征决定了新闻线索必须具有一定的时效性,在智能技术深度介入新闻生产过程的当下,随时随地获取信息成为可能,新闻线索时效的重要性日益突出。大数据、人工智能技术能够实现对新闻线索的实时追踪,能够及时发掘和定位最新的新闻线索,并通过定制化推送的方式提醒采编人员,大大提高了新闻线索的时效性。

(二)多元性

　　智能采集手段的多样性决定了新闻线索的多元性特征。传统媒体记者获取线索一般通过线人报料、任务指派和主动发现三个渠道,新闻线索相对固定。借助智能手段,新闻线索既可以通过智能数据挖掘、传感器数据传输来获取,也可以来自网站、社交媒体的信息聚合,以及智能设备的现场采集,还可以来自人机交互的主动获取,新闻线索覆盖的时空范围扩大,新闻线索来源多样化。记者可以在合理运用这些新闻线索信息的基础上,将更多精力放在对采访思路的整理和采访过程的策划上,节省时间,提高报道效率。

(三)分散性

智能传播时代,新闻线索数据巨大,存在分散性的特点,需要记者具备一定的分析整理能力。有时记者获取的新闻线索十分简略,其他相关线索可能零碎分散在不同渠道中。而目前的智能媒体技术没有实现集成化,如果新闻要素不齐全,就算发现了线索,记者仍需使用不同技术手段在不同平台或数据库中寻找完整的新闻事实,以确定新闻价值和报道的可行性。同时,确定了信源的线索也可能会不定时更新,因此需要记者不断跟进与刷新数据。

二、智能视听新闻线索的采集

(一)从方针、政策里采集选题

政策是"风向标",重大方针政策出台后,在一段时期内会对各地区、部门、行业、领域的工作起到引领作用。因此,这些方针政策会成为各大媒体重点报道的对象,也可以为媒体策划重大主题报道提供有效指导。这种类型的选题大致分为两个方向。一种是常规的政策解读、会议介绍等,这类涉及方针、政策的主体内容,主要从官方文件、会议记录、官方发布等文件中采集,要注重权威性和专业性。另一种选题内容相比较而言没有那么正式,常以会议花絮、背后故事等形式作为补充内容出现。这类选题与受众的日常生活、兴趣点等息息相关,因此,采集此类选题时要结合受众关注点,角度新颖,侧重趣味性。

【案例6-2】

第一观察 | 读懂习总书记八年两会关切

作品类型:新闻。

制作机构:新华社。

作品内容:

全国两会开幕之际,《第一观察 | 读懂习总书记八年两会关切》(见图6-3)通过一组由关键词组成的"词云",解读总书记八年来在两会上关切的内容,呈现重要议题。

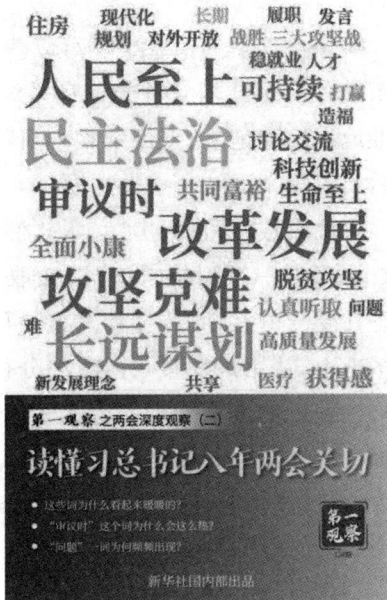

图6-3 第一观察 | 读懂习总书记八年两会关切

(二)从社会热点中采集选题

社会日常中人们的关注热点一直都是新闻选题的重要来源。社会热点通常具有时效性强、关注度高、影响面广等特点,在媒介高度发达的当下,社会热点还具有圈层化、多样化和快速转换等特点。智能技术辅助下,媒体不仅可关注当下的热门事件,还可以监测到潜在的、具有发展潜力的话题。如,一些新兴的社会现象、尚未引起广泛关注的小众领域等。智能视听新闻信息采集还能够从公众讨论、网络新闻热议区等公共探讨区域中发现社会热点,供采编人员参考。从社会热点中来的选题,能够得到受众广泛认可和讨论。借助智能技术,新闻采集人员可以灵活选取新闻线索,采纳对公众具有重要性、贴近度的新闻素材,满足不同受众的需求,丰富选题内容的层次和广度,提供更有价值的新闻产品。

(三)从用户发布的内容里采集选题

利用Web站点为平台构建的新闻发布系统能够对新闻信息进行集中管理,还能根据信息的属性对其进行分类,将其系统化、标准化地发布到网站上。同时,智能移动终端的发展使公众完成了由信息接收者向信息制造者、加工者、传播者等身份的转变。从用户发布的内容里获取选题一般包括以下几个方面,首先,在各种渠道上将网民发布的信息进行整合、筛选、编辑,并整理成为具有新闻价值的信息;其次,对于部分具有影响力的网民,采编人员可与其建立合作关系,融合网民获取信息的优势,进一步完善新闻信息采集、编辑工作。一方面,采编人员可以通过专门的网络平台吸引具有影响力的网民发表言论。另一方面,也可采取提供福利的形式,促使更多的网民参与到信息提供工作中,进一步提升新闻受众面、吸引力。

从用户反馈的信息中还可以获取进一步报道的方向和下一步报道的选题。智能视听新闻系统是一个结构完整的信息系统,在系统复杂的信息传递过程中产生的反馈信息可以被精准地追踪和记录,帮助采编人员根据每一步报道的反馈及时调整报道方向,或者在报道完成后及时规划下一步报道选题。

人民日报"中央厨房"基于软件平台的内容分发、舆情监测和传播效果评估、稿件追踪和用户画像等一系列技术工具,抓取用户意见与评论,为采编人员及时提供稿件的评估与反馈。在受众的互动、选择和发布过程中,新闻内容消费不断被系统追踪与分析。系统在反馈的基础上,从用户发布的内容中分析用户的阅读习惯和行为特征,并据此采集更加符合受众需求和偏好的新闻素材。除了自有的APP外,智能视听新闻平台还能够通过微博、微信、头条等社交媒体和新闻平台与目标对象连接和互动,并获得更加丰富的反馈数据,进而优化传播内容,提高内容生产的效率和效果,实时调整新闻推荐的内容和形式,提升用户阅读体验。

第四节   人工智能与新闻采集的融合创新

习近平总书记指出,"要探索将人工智能运用在新闻采集、生产、分发、接收、反馈中,全面提高舆论引导能力"。在视听媒体向智能媒介转型的过程中,我们需要准确把握人工智能的特点与趋势,加快人工智能与视听传播的融合创新。

现阶段新闻采编工作中的人工智能技术应用仍处于初级阶段,存在一些问题,受到诸多因素的制约,需要根据新闻采集工作的特点进一步完善和发展,不断创新人工智能与新闻采集的融合模式,将信息采集与专业新闻标准结合,生产质量高、内涵丰富、形式创新的新闻产品。

一、对接受众需求,加强新闻产品针对性

受生活环境、文化教育水平以及关注点的差异影响,公众对新闻报道有不同需求。传统新闻采编模式可以创作具有一定情感价值的稿件,但很难做到针对性地推送。而智能技术为有针对性的新闻采集和推送提供了支持,新闻从业者可以科学运用人工智能和大数据技术,通过分析受众兴趣,实现精准投放和智能推送。新闻采编人员可以运用人工智能技术,充分发挥移动智能终端设备的作用,扩大新闻信息采集的范围和层次。同时,新闻采编人员也可以应用大数据技术,实现新闻信息高效整合。

二、运用人工智能设备采集新闻信息

新闻采编包括选题确定、信息采集、数据整合、分类加工制作和后期编辑等环节,最终创作出能够传递给广大受众的准确、全面、有价值的新闻信息。通过与人工智能技术的融合,新闻采编系统可以提高识别能力,将采编制作和信息加工融为一体,从而进一步提高采编效率。

1. 运用智能传感技术

传感技术是人工智能技术的核心,可以促进新闻信息资源的优化,使新闻信息采集趋于便捷化和高效化。新闻工作者可以利用预先布置的传感器设备和移动设备(如手机提供的GPS定位)获取所需信息,进而分析数据、挖掘线索、选择报道主题、制作新闻内容。

在物联网时代,互联网等信息技术将传感器、控制器、机器、人员等通过智能方式连接在一起,形成人与物、物与物的高度互联,搭建信息化、智能化的网络。在新闻传播领域,传感器可以作为智能化的新闻信息采集者和传播者,为人们提供更为精准和细致的信息内容。目前的传感数据主要掌握在政府、企业等专业机构手中,包括环境数据、地理数据、人口结构数据、物流数据、自然界数据等。利用大数据技术对这些传感数据进行精准分析,能够为专业媒体的报道提供更加丰富可靠的背景信息。通过传感数据还能对自然环境、社会环境等进行实时监测,从而洞察事件发展的动向,开展预测性报道等。

(1)用户的传感数据采集。

用户传感数据主要来源于智能手机等终端所采集的关于生活习惯、运动情况、健康情况、地理位置、环境温湿度、交通情况等方面的数据,新闻采编人员通过对数据的清洗和分析,可以精确评估传播效果,为个性化信息定制提供依据。由于用户传感数据可能涉及隐私

信息等,因此在使用用户传感数据时,新闻报道时仍然要以人为主体,既发挥传感器的优势作用,又不失人文关怀,实现技术与人文的有机结合。

2015年,新华网·融媒体未来研究院推出生物传感智能机器人Star。Star能够利用自身开放式的生物传感分析操作系统,采集用户体验信号,包括用户的生理特征、感官体验及情绪感受等信息。Star将采集到的信号转换为数据后,通过算法完成数据处理与分析、采写报道、用户交互等工作,并生产符合用户个性化需求的新闻产品。

2019年10月1日,新华网前方记者团队和数十位观众在现场观看在天安门广场举行的庆祝新中国成立70周年活动时,手上均佩戴着一块装有Star生物传感器的"手表"(见图6-4)。这块智能传感器记录下了被测者的情绪生理数值,并将数据传输至后台的计算机进行测算,随后将记者与观众的情绪变化以曲线图的形式进行呈现。算法提取了多个记者与观众情绪峰值时刻的数值,包括升旗仪式国歌响起的瞬间、空中护旗梯队出现时、"东风"导弹亮相时、老兵方队敬礼时等重要节点性的数值。新华网据此制作并推出传感新闻报道《是什么让他们心潮澎湃?》,通过可视化作品直观地展示了记者与观众的情绪起伏,以独特的视角向用户传达观礼者的真情实感。这组收集用户传感数据形成的新闻报道以融媒体形态呈现,符号多样、内容丰富,多层次、多角度地展现了全民欢庆的喜悦之情,成为新中国成立70周年报道中独树一帜的作品。

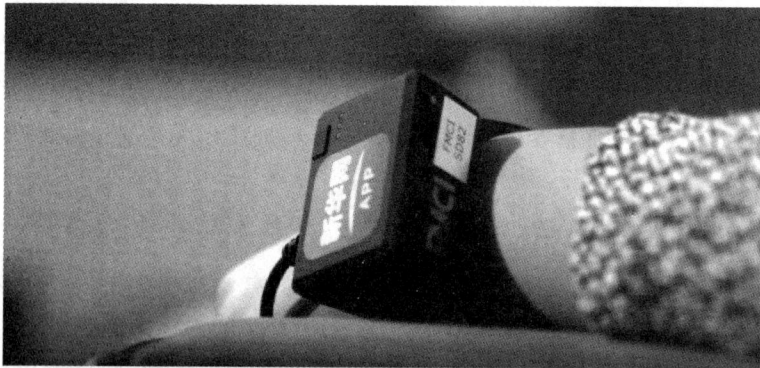

图6-4　新华社生物传感器智能设备Star

(2)无人机等传感数据的采集。

随着图像传感、障碍物避让、续航能力技术的进步,无人机等远程图像捕获工具具备了提供大量传感数据的能力。在突发事件及特殊环境的报道中,无人机因其低廉的成本及实用性等特点得到了广泛应用,它能帮助媒体机构拓宽报道领域,丰富报道内容。

2. 运用智能交互技术

人机智能交互技术(HCII)建立在传统的人机交互技术(HCI)基础上,整合了诸如自然语言处理(NLP)、机器学习(ML)等先进技术,旨在研究人类与计算机之间的智能交互方式,是一种新兴的交叉学科。通过语音识别、语义理解、自然语言处理等技术,人与计算机之间实现了智能化、自然化交互。智能交互技术可以描绘事件发展趋势,呈现被监测对象发展动态,拓宽了信息采集渠道,大幅提升了信息共享的效率。多模态和情绪识别技术是人机智能交互领域的一个活跃研究方向。未来的人机智能交互系统将更加注重开发多样化的数据库,能实现更高的准确性和更好的用户体验,目标是使人类与计算机之间的对话和合作更加自然,更接近"人对人"的互动。这些数据库能够捕捉人类交流的复杂细节,包括语言、声音、面部表情、手势和生理反应。结合这些不同的数据源,人机智能交互系统将能够更准确地理解和响应用户的情绪状态,从而提供更加个性化和自然的交互体验。未来的人机智能交互技术不仅能在新闻信息采集上大有作为,还将推动整个传媒业深度转型升级,为用户提供个性化、细腻丰富的视听体验和情感体验。

【案例 6-3】

数字人主播"度晓晓"

作品类型:数字人主播。

制作机构:工人日报社。

作品内容:

2022 年全国两会期间,工人日报社融媒体中心数字人主播度晓晓正式"上岗"(见图 6-5)。节目中,"度晓晓"依托百度人工智能创作内容的能力,化身智能主播,解读政府工作报告,传递最新两会快讯。比如对"代表通道""委员通道"上关于劳动话题、工匠精神的解读,以及新就业形态劳动者权益维护话题的分析,实现了技术赋能内容的良性循环。

对智能主播来说,如何识别文本严谨的内容风格并加以演绎,是考验其技术的关键,工人日报社联合相关方面运用 AIGC(指运用人工智能技术自动生产内容)技术,通过 AI 生成创意(如主题、构思等)、素材(如文字、配图、配音等),以自动编排合成的方式最终生产出对应内容,实现了正能量的广泛传播,让严肃话题更活泼、更生动。

数字人"度晓晓",还可在聊天交互等场景中进行自主学习,快速补充海量新词、热词等,为观众提供更具科技感、沉浸感的体验。

图 6-5 虚拟数字人"度晓晓"

3. 运用智能机器人

智能机器人的运用是新闻产业智能化趋势的显著特征之一,新闻采集机器人应用越来越普遍,智能化程度越来越高,一场智能化革命在新闻产业中悄然兴起。机器人融入新闻行业已有十多年,写稿机器人的主要应用领域是体育新闻、财经新闻和民生新闻。

智能机器人可以 24 小时不间断地工作,迅速处理大量的数据和信息,生成新闻稿件,特别是在应对突发新闻时,机器人的快速响应能力尤为突出,能够大大提升新闻生产的效率。

同时,智能机器人能够基于大数据和自然语言处理技术对海量信息进行筛选和分析,从而生成更有深度的新闻内容。这有助于推动新闻内容的创新,满足受众对高质量新闻的需求。智能机器人写作的客观性也为新闻行业的公正性和公信力提供了有力保障。随着技术的不断进步和行业需求的驱动,智能机器人在新闻行业的应用将会越来越广泛。

【案例6-4】

人民日报"智能创作机器人"

2022年,人民日报"智能创作机器人"亮相两会,它是人民日报智慧媒体研究院研发的集5G智能采访、AI辅助创作和新闻追踪等本领于一身的"智能创作机器人"(见图6-6)。这个机器人虽然没有实体的形象,却能为"策、采、编、发"提供了智能支持,让参与两会报道的记者和编辑"如虎添翼"。

5G智能采访让新闻采访更便利。智能眼镜能够解放采访者的双手,记者一人就可完成访谈、拍摄、记录等工作,同时实现前后方采访内容的实时同步,以及新闻素材的智能分析,不错过每一个拥有新闻价值的亮点瞬间。

AI辅助创作能够自动整理现场采集得到的文字、语音和视频素材,并对有效部分进行提取,一键检索全网相关资讯,自动梳理并汇总背景信息;自动编写总结各地区和各行业的热点新闻;提升采写编辑效率,让新闻的时效性更强。两会期间,"智能创作机器人"自动追踪热点和全网舆情,添加关键词,就可一站式接收网站、APP、微信、微博的实时新闻推送。

图6-6 人民日报"智能创作机器人"功能介绍

实 训 项 目

一、实训内容

（1）分学习小组开展现场采访实训练习。

（2）学习小组提前自主学习，收集新闻线索，召开选题策划会，确定选题。

（3）制定采访计划，确定采拍流程，提前踩点并做好相关人员的前期沟通。

（4）到达新闻现场，根据采访计划执行采访任务，并制作完成一条现场报道类的智能视听新闻。

二、实训要求

（1）新闻选题必须符合真实性原则，时效性强，传播正能量。

（2）着装符合记者仪容规范，与报道题材相契合。

（3）充分利用各种智能采集设备和技术手段，发挥技术赋能优势，创新采访报道。

（4）分组进行，全员参与。

三、实训设备

（1）电脑、手机等可查阅资料的设备。

（2）摄像机或单反相机、手机等，鼓励使用无人机等设备。

（3）配备收声话筒。

（4）三脚架、手机稳定器等。

（5）录音设备。

四、实训考核

（1）提交完成的作品：以小组为单位，完成一条智能视听新闻现场报道，每组提交一份智能视听新闻。

（2）要求有包含出镜记者的现场口播、现场采访、现场叙述等视听新闻元素。

（3）个人提交实训总结一份，结合自己实训的经历提出问题和思考。可以包括以下内容：采访的初衷是什么？是否具备智能视听新闻的特点？有没有新闻价值？自己在本次实训中的主要职责是什么？是否合格完成了自己的分工任务？在采访拍摄中遇到了哪些问题？是如何解决的？

（4）每个小组提交实训总结PPT一份，总结小组智能视听新闻采访的思路与流程，总结经验，用于课堂作品汇报交流。最后进行小组互评和教师点评。

五、实训材料

智能视听新闻采访仍然强调记者的"脚力、眼力、脑力、笔力"，新闻还是"跑"出来的。到现场去，是记者采访的基础。到达现场后，记者要想获得高质量的新闻素材，必须提出能够引起采访对象兴趣、又接近新闻核心内容的高质量问题。同时，现场采访手段也朝着移动化、视频化、智能化等方向发展，新闻产品呈现的个性化、场景化、互动性成为新的特征和发展趋势。如何使视听作品更好看、更耐看，是每位媒体人必须直面的挑战。

以湖北广播电视台的脱贫攻坚系列报道《大山的回答》为例，其《"中华熊猫猪"拱出致富路》节目中，记者采用体验式采访方式深入现场。记者与养猪负责人、小猪的第一次见面的场景既真实，又富有喜感。这种体验式报道拉近了媒体与公众的距离，给了记者更大的发挥空间，使报道更生动性，更接地气，很容易唤起观众对新闻报道的情感共鸣。

假如你是一名记者，请从生活中观察找到一个具有新闻价值的问题，围绕这个问题进行现场采访，完成一条智能视听新闻现场报道，并采用智能硬件或软件制作一段智能视听新闻。

本章知识脉络

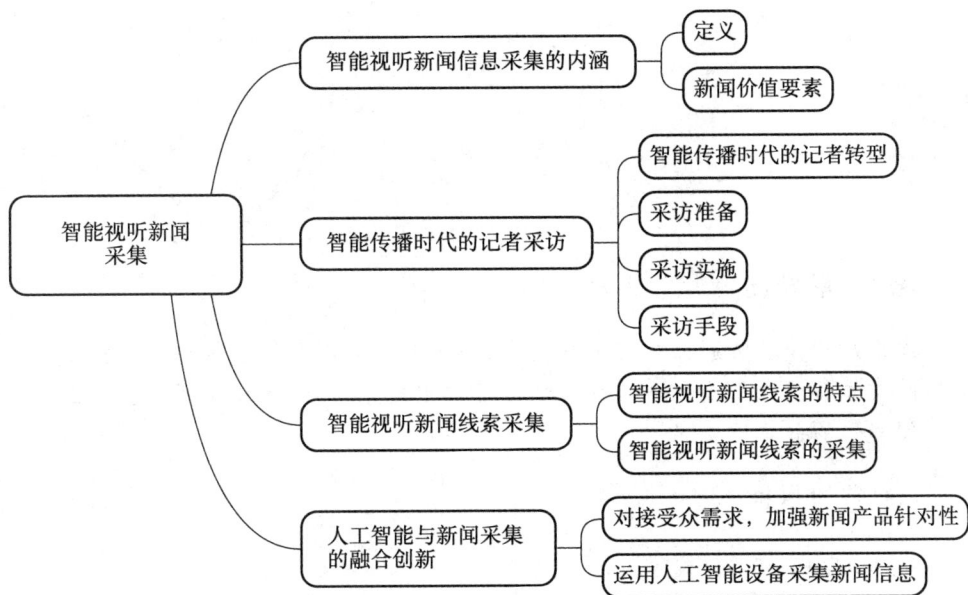

```
                                                ┌─ 定义
                    ┌─ 智能视听新闻信息采集的内涵 ─┤
                    │                           └─ 新闻价值要素
                    │
                    │                           ┌─ 智能传播时代的记者转型
                    │                           │
                    │   智能传播时代的记者采访 ───┤─ 采访准备
                    │                           │
  智能视听新闻 ──────┤                           ├─ 采访实施
  采集              │                           │
                    │                           └─ 采访手段
                    │
                    │                           ┌─ 智能视听新闻线索的特点
                    │   智能视听新闻线索采集 ─────┤
                    │                           └─ 智能视听新闻线索的采集
                    │
                    │   人工智能与新闻采集 ───────┌─ 对接受众需求，加强新闻产品针对性
                    └─  的融合创新               └─ 运用人工智能设备采集新闻信息
```

思考题

1. 请思考智能视听新闻记者应具备哪些素质。
2. 试论述人工智能对视听新闻采集的影响。

第七章

智能视听新闻写作

◆ **本章导读**

本章从智能视听新闻报道文本出发,结合具体案例介绍了智能视听新闻写作的文本符号及智能技术在视听新闻写作中的应用,本章还介绍了智能视听新闻写作的叙事逻辑。

◆ **学习目标**

· **知识目标**

1.学习新闻报道文本,对比分析智能视听新闻报道文本与传统新闻报道文本的共性与特点。

2.了解智能视听新闻文本符号意涵及其作用。

3.学习智能视听新闻案例文本,掌握智能视听新闻写作的叙事逻辑。

· **能力目标**

1.能够掌握智能视听新闻写作的逻辑和具体方法。

2.能够完成智能视听新闻报道的文本写作。

· **素养目标**

1.树立马克思主义新闻观,坚持实事求是原则,合理运用智能媒体技术进行新闻生产。

2.提高运用智能技术分析、评估、生成新闻信息的能力。

第一节　智能视听新闻报道文本

新闻是对现实世界的呈现,正如盖伊·塔奇曼所说,新闻不仅报道现实、呈现现实,还建构现实①。如何呈现新闻、建构新闻是新闻生产的核心问题之一。在媒体深度转型的时代,5G、大数据、云计算、物联网、人工智能等技术嵌入媒体内部,推动了新闻行

---

① 盖伊·塔奇曼.做新闻[M].麻争旗,等译.北京:华夏出版社,2008:175

业的全面变革。2012年起,美国、德国、法国、英国的一批技术公司开始进行自动化写作的软件开发,这些软件的应用范围包括体育、金融、天气、政治等领域。如今,基于人工智能的视听新闻写作软件将推动新闻内容生产和整个新闻业的颠覆式变革。

一、基本概念

文本是新闻报道的存在形式。狭义的文本是指由语言文字构成的文学实体,是一个独立、自足的系统。广义的文本是指"任何由书写所固定下来的话语"。新闻文本是新闻信息的载体,是对事件的一种信息符号编织,强调信息的真实性、客观性与准确性。文本构建的目的,是提升接收主体的易受性,即提升传播的有效性。"文变染乎世情,兴废系乎时序",新闻写作话语建构的变化既是新闻写作体裁、语言结构、文体演变等内在因素的结果,也是时代变迁的反映与要求。以移动互联网、人工智能等技术为核心的智能媒体传播在推动新闻写作工具多样化的同时,也带来了信息传播的全息化、便捷化和参与化,深刻影响着新闻写作话语建构的风格和模式。通过将传统视听媒体特性与新兴智能技术结合,智能视听新闻在文本内容方面呈现出多模态、交互式等特点,也为受众提供了更加丰富的信息。

【案例7-1】

飞"阅"安徽,请打开遮光板

作品类型:融媒体新闻。

制作机构:安徽日报山水经工作室。

作品内容:

《飞"阅"安徽,请打开遮光板》(见图7-1)是为了推广"绿色"新发展理念创作的融媒体作品。该作品融合了文字、航拍短视频、海报、H5、混剪视频等多种文本形式。作品创意性地设计了"请打开遮光板"的标题和标题图片,以激发受众的阅读兴趣。作品运用了安徽省地图和直升机的元素,用户点击全省16个地市,即可打开每个地市的航拍秀丽风光,还可手动生成壁纸和为自己喜欢的美景点赞,

图7-1 《飞"阅"安徽,请打开遮光板》

体现了作品的强交互性。混剪视频将安徽16个地市的航拍美景视频剪辑在一起,运用悠扬大气的背景音乐和精心加工的浪漫诗词,集中展现了江淮大地上水清、岸绿、景美的生态画卷。(资料来源于青安网)

在智能视听新闻报道中,创作主题多元化、呈现形式多样化的文本很难用具体的某个文体进行界定。厘清智能视听新闻报道文本的概念,需要摒弃传统以媒介物质载体如报纸、广

播、电视进行划分的方式,运用新闻表达的符号元素和表意特征加以理解和分析。智能视听新闻融合了文本、图像、声音、视频等多模态媒体形式,运用人工智能技术制作的新闻文本,生动、直观、互动性地呈现了新闻内容,体现了智能视听新闻文本的独特魅力。

二、特点

相比传统新闻报道,智能视听新闻的数字化程度、技术依赖程度更高,智能视听新闻文本在遵循新闻写作基本特征和原则的同时,还表现出生产主体多元化、信息采集渠道多样化、报道文本多模态化、新闻体验交互化、信息分发个性化等新特征,给新闻写作带来新的变化。

(一)话语建构形式趋于多模态

模态,是指"可对比和对立的符号系统"。多模态话语是指通过两种或两种以上的符号编码实现意义建构的复合话语,它是人类感知通道在信息传播和社会交际中综合运用的结果。多模态话语是运用多种感官,采用图像、声音、语言、动作、表情等多种手段和符号进行交际的话语,是一种通过对两个或多个符号进行编码来实现意义建构的复合文本。

事实上,多模态话语早已存在于人们的日常话语之中。但借助智能技术手段,多模态话语的传播得以在新闻本文中以融合形式迎来新契机。新闻信息的编码符号不再仅限于文字、声音或影像的单一形态,而是文字、图像、声音、视频、漫画、表格等多个符号的融合。可以说,在智能视听传播时代,新闻文本的话语建构已经完成了从传统意义上仅使用"单一"符号构建的话语体系向多模态话语体系的演变。智能视听新闻写作实际上是一种将文本、图像、视频、声音等形式相结合的"融合表达",通过多元形式的融合呈现,调动受众的多种感官系统,增强互动性和感染力,构建"多模态话语"体系。数字化智能化媒体融合不仅改变了公众获取新闻信息的方式,也改变了新闻信息的呈现方式,新闻写作的话语结构正朝着多模态方向发展。

【案例7-2】

跃然纸上看报告

作品类型:多模态新闻。

制作机构:新华网。

作品内容:

新华社的创意新闻作品《跃然纸上看报告》(见图7-2),通过短视频直观解读政府工作报告,是多模态新闻文本的典型案例。该作品采用"三维立体书"的创意,生动形象地解读政府工作报告,以3D立体画和折纸动画的三维形式让高楼、公路和铁路、城市和村庄震撼而逼真地出现在纸上,呈现了报告中提到的过去五年的成就,生动展示了大量与民生相关的数据。

图 7-2 多模态新闻《跃然纸上看报告》

这部作品情感细腻,内容紧跟民生热点,贴近观众生活。作品的音频部分采用了现场同声传译的方式,以简洁明亮的图像内容、新颖醒目的数据呈现和全面清晰的声音收获了在线观众的广泛赞誉和认可。(资料来源于新华网)

(二)话语建构风格注重对话性

话语建构风格的对话性的核心在于注重多元主体的主动参与,注重信息传递过程中的平等性、互动性和共时性[①]。随着新媒体、自媒体和融合媒体的快速发展以及公众个人意识的觉醒,"平等机会和平等参与自由对话"成为公众在信息获取过程中的共同愿望。在智能媒体时代的新闻传播领域,公众可以通过平等的身份与媒体机构进行对话和交流,以满足自身的个性化需求。例如,在报道热点事件时,媒体可以通过在线调查、讨论等方式,在微博、论坛、短视频 APP 等多媒体平台及时与观众沟通,了解他们的意见,为他们提供一个有利有效的对话平台。通过大数据分析与筛选,以及对受众态度的智能分析,媒体可以掌握舆论趋势、引导评论、获得反馈,从而更精准地满足用户的信息需求与互动需求。

公众参与新闻写作话语建构和新闻传播最基本的方式是交流、沟通和互动。因此,智能视听新闻要想吸引用户,就要准确评估新闻价值,与用户进行对话和交流,根据用户的关注点和需求整合信息,将新闻以公众喜闻乐见的方式呈现出来。多媒体、多技术、多样化的新闻写作,能够在满足用户需求的情况下,以互动的方式呈现新闻内容。这种话语建构方式越来越注重对话,以及分众、精准定位、互动反馈。

(三)话语建构模式倾向智能化

进入 21 世纪的第三个十年,大数据、云计算、人工智能技术已经能够模拟记者的写作思维和认知模式,分析和捕捉用户的情绪状态。这种模拟以"算法"和"模型"为基础,通过对数

据及其关联、趋势和规律的收集和分析,对数据库中的各种主题和信息进行组合和结构化处理,并根据编程模型自动生成新闻稿。算法和模型使新闻写作从网络化、数字化转向"智能化",为新闻写作提供了新思路、新方法。

【案例7-3】

AIGC绘中国

作品类型:AIGC视频。

制作机构:新华社。

2024全国两会期间,新华社推出"AIGC绘中国"系列全媒体报道(见图7-3),使用AI、3D、文生视频技术,讲述代表委员履职故事。《AIGC绘中国 | 跟着全国人大代表探索远古生命密码》借助文生视频技术实现了"时空跨越",全国人大代表、澄江化石地世界自然遗产博物馆副馆长郭进走进寒武纪世界,与奇虾、云南虫等古老生物相遇,感受被时间封存的神奇时代。《实景三维瞰代表委员履职 | 数字新基建构筑美丽中国新"底座"》使用AI、3D、文生视频技术让古建风貌在三维数据中"复刻",让百姓生活圈借三维数据不断优化,让乡村振兴借三维数据探路。作品还创新讲述了全国政协委员、中国测绘科学研究院院长燕琴近两年来基于实景三维技术赋能美丽中国建设成效的提案内容。

图7-3 "AIGC绘中国"系列全媒体报道

第二节 智能视听新闻文本的符号元素

智能视听新闻的文本符号呈现多模态与深互动的特征,重构了新闻写作的理念和方式。智能视听新闻写作的核心是借助数据和智能工具对多元媒介符号、媒介元素进行收集、整合与运用。

一、文字

文字符号是智能视听新闻的基础。无论智能视听新闻采取什么样的报道形式,文字符号都是不可或缺的。

（一）文字在智能视听新闻中的主要作用

1. 串起视听新闻文本的叙事主线,连接多媒体元素

在智能视听新闻报道中,文字依然起到连接多媒体元素、引领全文叙事脉络的重要功能。是在调查性报道、突发性报道、数据新闻报道中,文字能够更好地组织信息,使用户获得更好的阅读体验。

2. 提高新闻的展现力和吸引力

文字是新闻文本内容层面的重要构成,通过生动形象的叙事方法,文字能够突破传统新闻报道的限制,增强新闻的感染力,吸引用户的注意力。尤其是标题日益重要的社交媒体平台,使用散文的技巧对标题进行美化与加工,可以提高标题的文学性和美感,吸引更多用户。

3. 增强新闻的深度和导向作用

在新闻报道中,文字可以展现记者调查访问的逻辑思考,增强报道的深度,对舆论起到导向作用。逻辑严密的文字表达能够满足新闻报道的需要,确保信息的准确传达和公众的正确理解。

4. 帮助新闻被精准识别与分发

在智能传播时代,算法早已成为新闻分发的重要因素。为了使新闻在算法平台上被准确识别,记者和编辑在撰写新闻稿件时会加入与新闻主题密切相关的关键词。这些关键词不仅有助于算法更精准地定位文章类型,提高传播效率,还能在多次转发中保持文章信息的完整性与准确性。

（二）智能技术在新闻写作中的应用

1. 机器人新闻写作

机器人新闻写作是指在智能算法的加持下,根据目标数据,对输入或收集的数据进行自动加工和处理,从而生成完整新闻报道。换言之,新闻的生产角色从人变为人工智能机器人,这是人工智能学科在新闻传媒领域的一项重要应用。常见的写稿机器人主要应用在财经报道、气象报道、体育报道、地震灾害报道等相对模式化的报道中,通过自动收集各种相关信息,并在其数据库中进行高效的数据抓取、分析和处理,完成新闻报道。机器人新闻写作最突出的一个特点,就是高效。

地震报道是机器人新闻写作应用的一个主要阵地。中国地震台网的写稿机器人根据实时监测到的地震相关数据在几秒或几十秒内自动生成稿件,再由人工审核后在各类平台上发布。

【案例7-4】

青海海西州唐古拉地区发生3.4级地震

作品类型:机器人写作新闻。

制作机构:中国地震台网。

作品内容:

2022年3月18日12时54分,青海海西州唐古拉地区发生了3.4级地震,震源深度11千米,震中位于北纬34.35度、东经90.27度。

以上信息由地震信息播报机器人于2022年3月18日13时12分38秒自动产出,用时38秒,并在其官方微信上发布了名为《青海海西州唐古拉地区发生3.4级地震》的消息。

今日头条写稿机器人张小明在体育比赛等新闻领域撰写稿件的技术已经相当成熟,可以为每场赛事配发相应的文字,省去了记者的大量重复性工作。以下是"小明"在中国足球超级联赛第15轮的两场比赛中创作的报道文字内容。

北京时间2019年6月30日19时35分,中超第15轮,天津天海迎战江苏苏宁。最终,天津天海2∶2战平江苏苏宁,雷纳迪尼奥、阿兰进球,特谢拉、张凌峰也为本队建功。

此役天津天海使用了4-4-2的阵形。

裁判吹响开始的哨声。第1分钟,天津天海做出人员调整,张诚替换登场。第2分钟,通过精彩的摆脱,天津天海的阿兰率先取得进球,1∶0!几分钟后,郑达伦恶意犯规被黄牌警告。第32分钟,张晓彬被黄牌警告。江苏苏宁在后场的防守异常密集。第45分钟,帕莱塔恶意犯规被黄牌警告。第45分钟,裁判吹响了半场结束的哨声。

第46分钟,雷纳迪尼奥替换下孙可。第49分钟,江苏苏宁获得点球,特谢拉点射入网!1∶1!几分钟后,主裁对频频犯规的廖力生出示黄牌!第62分钟,吴伟频繁的犯规招致一张黄牌。第66分钟,雷纳迪尼奥把握良机,为天津天海再下一城。第76分钟,江苏苏宁试图重新调整节奏,阿不都海米提替换周云上场。第84分钟,李成林替补出战。吴曦频繁地犯规,连裁判都看不过去了,主裁出示黄牌予以警告。又进球啦!第89分钟,张凌峰撕开对手防线,帮助江苏苏宁扳平比分,2∶2!很快,裁判吹响了比赛结束的哨声。

本场比赛天津天海全场贡献6脚射门。另一边,江苏苏宁全场贡献12脚射门。任意球方面,天津天海有17个任意球,而江苏苏宁则有19个。比赛中,顾超完成了2次扑救。全场战罢,天津天海2∶2战平江苏苏宁,收获1分。

北京时间2019年6月29日19时35分,中超第15轮,广州富力迎战河南建业。最终,广州富力2∶0战胜河南建业,萨巴为本队建功。

本场比赛广州富力摆出了4-2-3-1的阵形。

比赛开始后,河南建业在后场的防守异常密集。第14分钟,张功频繁的犯规招致一张黄牌,广州富力球员在中场不停地倒球。第20分钟,叶楚贵动作太大,被黄牌警告;河南建业球员尝试一脚射门,可惜打偏了。第44分钟,广州富力获得进球:河南建业禁区内的犯规,给了萨巴机会,轻松点射入网! 1:0! 广州富力球员在不停地传导,试图攻破这个铁甲阵。上半场很快结束了。

第58分钟,外力获得了一张黄牌。第65分钟,广州富力默契配合,萨巴扩大比分。2:0! 第70分钟,钟晋宝替补出战。此后,广州富力做出人员调整,李提香顶替丁海峰上场。第90分钟,黎宇扬替补登场。很快,裁判吹响了比赛结束的哨声。

本场比赛广州富力以64%的控球率全场压制。广州富力全场有4脚射门命中门框范围。另一边,河南建业全场5脚射门,其中2脚射门命中门框范围。程月磊完成了2次扑救,吴龑也做出了2次扑救。最终,全场战罢,广州富力2:0战胜河南建业,全取3分。

从以上两篇赛事报道中不难看出,"小明"的创作有规律可循,使用了大量含义相近的词语,所运用的句型结构也类似。其中,第一段先说明了时间、人物、地点、事件等基本要素,第二段介绍阵型,主体部分是对赛况的具体描述,最后说明比赛规则、比赛结果、比分结果等。文章内容全面完整,但模板化复制痕迹很明显,甚至每一次换人都有详细说明,缺乏亮点和重点。目前,新闻稿件话语结构的智能化还只是人与机器人合作创作的初级产物,写稿机器人能帮助记者搜集信息、发现选题、寻找关联、分析数据、评估效果。但是,随着人工智能技术、编程技术和数据处理技术的不断发展,以及写作方式的不断深化、丰富和完善,写稿机器人能够发挥作用的领域越来越多,写稿机器人将可以写出各种风格的,具有人性化的新闻报道。同时,新闻编辑也将实现新的突破,新闻话语的构建方式将更加智能化、人性化。

2. AI辅助写作

对于非模式化的报道,AI虽然不能直接作为写作主体,但可以辅助记者写稿,大大减轻记者的任务压力。

2021年全国两会现场,一款以眼镜形式出现的"智能报道创作机器人"跟着人民日报记者正式上岗,它集5G智能采访、AI辅助创作、新闻追踪多重本领于一身。在全国两会报道现场,当一线记者戴着智能眼镜进行采访时,眼镜能同步拍下眼前画面,并与后方控制台实时同步。它利用人工智能技术,将语音直接转换成文字,并能识别被采访者的头像,方便记者进一步编辑和剪辑。智能眼镜具有5G智能采访、人工智能辅助生产、新闻监测、全媒体智能工具包、智能视频生成等多种功能,可为新闻"策、选、编、发"等核心流程提供智能支持。

二、图片

图片是新闻重要的构成要素,智能视听新闻里的图片,不仅包括为新闻报道制作或创作的图像,还包括图、表、地图、漫画和其他具有互动性质的图像。

图片在智能视听新闻中的作用主要体现在以下几个方面。

第一,提高可读性和直观性。图片能够直观地传达信息,弥补文字的抽象性缺陷,使得新闻报道更加生动和富有画面感。用户在阅读大量信息时,通常会第一时间注意到图片,图片中的内容也能生动地反映新闻报道的核心内容。

第二,提升现场感和生动性。新闻图片通过捕捉事件的瞬间,能够增强新闻的现场感,让用户仿佛身临其境。这种直观的表现方式不仅能引发用户的情感共鸣,还能减少文字描述的主观性,提高新闻的说服力和可信度。

第三,辅助理解复杂信息。对于一些复杂的新闻事件或科学现象,图片能够提供直观的、视觉上的阐释,帮助用户更好地理解新闻内容。例如数据新闻图片非常直观地呈现了复杂现象或数据间的相关性。

第四,提升媒体曝光率和用户互动频率。高质量的图片能够吸引更多的用户关注,从而提高媒体的曝光率和用户互动率。"一图能抵千文",图片的视觉冲击力使得新闻更容易被记住和传播。

在智能视听新闻时代,图片的真实性面临挑战。虽然图片可以增强新闻的可信度,但人工智能深度伪造的虚假图片极大影响了公众对新闻真实性的认可。媒体和用户都需要更加审慎地核实图片的真实性,避免传播虚假信息。

【案例7-5】

100图,见证贵州100年

作品类型:微信推文。

制作机构:贵州日报。

作品内容:

照片是影像凝固的历史,是历史瞬间的定格,《100图,见证贵州100年》(见图7-4)用图片将故事娓娓道来,重现历史、展示变化。

图7-4　微信推文《100图,见证贵州100年》

贵州是中国革命的圣地和福地。党的十八大以来,贵州实现了从发展滞后到后发赶超、跨越发展的伟大转变,习近平总书记称赞这是"党的十八大以来党和国家事业的一个缩影"。

该作品以庆祝中国共产党成立100周年为主题,精选100幅图片,通过图片展现了贵州百年来的发展变化和奇迹瞬间。作品于2021年6月30日推出,引起广泛关注,"天眼新闻"

客户端当日点击量超过70万次,被省内外多家媒体、微博、自媒体转载。(资料来源于贵州改革微信公众号)

(一)数据可视化+图片

数据新闻是基于数据的抓取、挖掘、统计、分析和可视化呈现的一种新型新闻报道形式。其中,数据可视化是传统科学可视化和信息可视化的统称,包括图表、条形图、交互式地图和气泡图等图表类型。数据新闻允许用户提供数据并参与内容创建,以此来提高新闻报道的可信度和透明度。除此之外,数据可视化还可以以艺术化的方式呈现复杂海量的数据。

(二)VR全景图片

VR虚拟现实技术的基本实现方式是以计算机技术为主,利用并综合三维图形技术、多媒体技术、仿真技术、显示技术、伺服技术等多种高科技的最新发展成果,借助计算机等设备创造一个具有视觉、触觉、嗅觉等多种感官体验的逼真的三维虚拟世界。VR全景图片本质上是一段全景视频,摄影者运用全景摄影机记录同一空间不同维度的影像,然后将其合并起来,实现场景再现。新闻报道可以运用VR技术,以360°全景视角全面立体地对新闻内容进行有效扫描,准确呈现新闻场景。相比传统的新闻图片,全景图片在新闻报道中的运用能够增强用户的互动性,让用户可以自主选择观看内容,同时,它也能够提供更为丰富的信息和角度,让用户全方位了解新闻事件。

图7-5 《飞阅冬奥》互动H5
(http://vr.ce.cn/beijing2022/News/homepage/#/)

【案例7-6】

飞阅冬奥

作品类型:融媒体产品。

制作机构:经济日报社。

作品内容:

经济日报社融媒体产品系列报道"飞临冬奥",利用全景融媒体技术,创新"全景＋新闻"报道形式,对冬奥会场馆进行了492天的跟踪拍摄,采用立体直播与全景导览相结合的方式,提升了新闻从"读"到"入"的体验。"飞临冬奥"互动H5(见图7-5),以360°视角记录了冬奥会场馆并通过人声朗读场馆概况,配以图文详细介绍场馆特点,形成全景＋图文＋声音的独特体验;还设计了"飞阅冬奥"原创系列海报《从北京到北京》《飞阅冬奥,每一张都是壁纸》等,以视觉化表达方式详细介绍场馆设计及应用比赛情况;运用SVG动效、视频、图文等多媒体结合的方式呈现冬奥场馆"全家福"。一组组独家素材呈现在一幅幅冰雪组成的"画卷"中,营造了博物馆全景如临其境的效果;一段段飞临冬奥会探秘系列短视频,更是备受网友欢迎。

(三) H5+图片

H5"超文本标记语言",通俗理解,"超文本"即页面中超出文本范围之外的图片、链接、音乐、程序等非文字元素。H5+图片新闻作品指利用H5语言和图片等制作而成的数字新闻产品。H5+图片形式的创新不仅体现在新闻内容上,更体现在新闻创意上,通过运用大量具有互动性的图片、音乐、动画等元素,给用户带来具有冲击性的、全新的阅读体验。H5+图片新闻具有较强的视听感染力,能够在内容上吸引用户,在情感上与用户产生共鸣,从而使传播更加有效。

【案例7-7】

长风万里燕归来

作品类型:H5。

制作机构:中国江苏网。

作品内容:

中国江苏网制作的《长风万里燕归来》H5作品(见图7-6)以南方归来的燕子为视角,展现一幅幅优美图景,展现江苏坚定不移走生态优先、绿色发展之路的具体实践。作品照片全部选自中国江苏网拍客作品,由这些作品拼成的长图全景式展示了江湖河海生态保护、高质量发展和乡村振兴等多方面内容,实现了专业生产与用户生产的结合。

图7-6　《长风万里燕归来》H5作品

(四) 动图GIF

GIF指"图像互换格式",是以超文本标志语言(hypertext markup language)显示的索引彩色图像。GIF最大特点是体积小,且播放不受格式限制,可以在电脑浏览器、手机等几乎任何载体上自由运行。此外,GIF所呈现的跳帧动画极具感染性,虽然没有声音,形似默片却比默片的传播效果更好。与传统图片相比,GIF图片更直观、更好理解。同时,GIF通过两三秒的信息提炼,更能让用户抓住信息核心,帮助用户节省信息处理时间,适合智能传播时代快节奏、碎片化的传播。

【案例7-8】

奇迹！绝杀！中国女足是冠军！

作品类型:微信推文。

制作机构:新华社。

作品内容:

新华社报道2022年中国女足夺得亚洲杯冠军的文章《奇迹！绝杀！中国女足是冠军!》(见图7-7)中,一连运用三张动图,完美呈现了中国女足上演的倒挂金钩的绝杀奇迹,展示了女足姑娘们勇敢拼搏的风采,也传达了女足夺冠的喜悦。(资料来源于中国网微信公众号)

图7-7　微信推文《奇迹！绝杀！中国女足是冠军!》
(https://mp.weixin.qq.com/s/apKkWe6psIQTx3JwVafLtQ)

三、音频

智能视听新闻里的音频元素有两种展现方式:一种是直接作为新闻进行播报,如用AI合成的主播播报、用智能化新闻播报等;另一种则是作为辅助元素与图片、动画、图表等可视化内容一起出现,以增强报道立体感和丰富性。

【案例7-9】

文物音乐会,国宝唱嗨了

作品类型:动画MV。

制作机构:人民日报新媒体。

作品内容：

古风三维动画MV《文物音乐会，国宝唱嗨了》(见图7-8)是人民日报新媒体于2022年推出的新闻作品。作品以6件珍贵文物为原型制作的三维动画形象为主角，运用智能技术，将击鼓说唱人物、铜舞马、铜面具、长兴宫灯、唐人等文物拟人化，让它们动起来，共同表演了一首改编版的网络流行歌曲，唱出了中国的发展和社会的期待。MV以和谐温馨的画面、欢快活泼的歌声引起广泛关注，并在人民日报新媒体平台播出，仅在人民日报新媒体平台上的播放量就超过1000万次。

图7-8　动画MV《文物音乐会，国宝唱嗨了》

音频在智能视听新闻中的作用主要体现在以下几个方面。

一是提高新闻传播效率，丰富新闻呈现形式，音频新闻可以与文字新闻相结合，通过播客等形式生动地呈现新闻内容，吸引更多受众。如《新闻早知道》播客节目通过音频方式播报当天的重要新闻，用户通过手机、智能音箱、车载音频等设备，可以随时随地获取最新的新闻信息，提高了新闻的传播效率。

二是音频可以适配广泛应用场景，随着移动音频技术的智能化演进，音频媒介正在向场景化方向发展。智能内容匹配功能使得音频信息可以根据不同的场景（如车载、家庭等）提供多元服务，具有较强的场景适应性和内嵌力。

三是音频可以增强互动性和趣味性，提升用户体验。智能音箱、虚拟主播等技术使得音频新闻能够全天候提供信息服务，用户可以通过语音指令获取新闻，极大地提高了用户体验。例如，融媒体互动产品"乡音博物馆"采用AI技术识别和标注乡音，增强了产品的互动感和趣味性；"云听AI主播"能够在数秒内响应和根据文本合成音频。

（一）智能主播

智能主播（AI主播）是一种拟人化的虚拟主播。它利用人工智能技术，集成算法、视觉、语言系统等技术，生成形象和声音。智能主播在提高媒体服务效率、质量以及个性化方面展现了巨大的潜力。但目前，受制于技术发展，智能主播尚缺乏更灵活、更深入的新闻报道和分析推理能力，使用智能主播时也存在版权、新闻主体责任等伦理问题。未来，业界应进一步解决技术和伦理规范等问题,正确处理人工智能与人类新闻行动者的关系,使两者相辅相成,共同承担新闻传播的社会责任。

【案例7-10】

"冠"察两会

作品类型:AI主播节目。

制作机构:中央广播电视总台。

作品内容:

"AI王冠"是中央广播电视总台视听新媒体中心以财经评论员王冠为原型,基于"央视频"平台推出的总台首个拥有超自然语音、超自然表情的超仿真主播。2022年3月6日,在《"冠"察两会》节目(见图7-9)中,"AI王冠"作为主持人与财经评论员王冠同框,对新一年国家计划减税降费、帮助企业焕发生机等系列政策进行解读。AI虚拟主播被应用到新媒体日常新闻播报、两会重点项目,以及商业化项目等场合,填补了内容生产的空白,加速了新闻制作过程,在节省资源的同时,确保了内容的质量稳定。"AI王冠"在央视频的账号有近6000粉丝和超780万总播放量。

图7-9 AI主播参与《"冠"察两会节目》

将AI运用到语音播报中,一方面能够快速形成播报内容,辅助主持人播报,提升媒体生产效率,减少主播的工作量和出错率;另一方面还可以让媒体播报内容更加丰富,更具科技感和互动性,从而吸引更多用户。

(二)语音交互

语音交互是一种运用语音输入和输出实现人机交互的技术。语音交互技术可以帮助人们通过口头命令来完成控制设备、搜索信息、发送信息、设置提醒事项等任务。语音交互技术涉及语音识别、自然语言理解、对话管理、自然语言生成、语音合成等技术的综合运用。其中自然语言理解、对话管理、自然语言生成的综合运用流程又被称为智能对话系统,是整个智能语音交互过程的核心技术难点。语音交互技术与人工智能的进步创造了媒体与用户接触的更多场景。目前,包括语音识别(语音唤醒、语音转文字)及语音合成(文字转语音)等技术模块的运用已十分成熟。对媒体而言,内容生产、经营、运营等全链条均可借助智能语音交互技术来进行优化。

【案例7-11】

AI手语主播"聆语"

"聆语"是央视新闻联合百度智能云打造的总台首个AI手语主播(见图7-10),也是央视频和腾讯团队共同打造的3D手语翻译官。在北京冬奥会期间,AI手语主播的应用,让听障人士能有更多机会了解冬奥赛事的精彩内容。

图7-10 主播朱广权与央视新闻AI手语主播对话

四、视频

新闻报道最本质的作用,就是将新闻事件直观、简洁、准确地呈现在用户面前。从广播电视到短视频,视频符号在视听新闻文本中一直占据重要地位。智能辅助视频剪辑技术使得视频符号的应用越来越便捷,视频作为信息含量最多、表达最立体的元素,在智能视听新闻报道领域得到了越来越广泛的应用。

视频在智能视听新闻中的作用主要体现在以下几个方面。

一是形象的创造,即通过专业的摄像技术捕捉新闻事件的个性化形象,在新闻报道中将画面真实、生动地传达给观众。好的画面效果带来的视觉冲击使新闻事件充满活力。正确地使用摄像手段和完整的画面设计能够带给观众更好的视觉体验,从而获取广泛关注。

二是意象的表达,新闻节目的视频能够直观再现新闻事件中人、事、物、景的形象和形态。视频通过将每个事物的单一画面进行组合,清晰刻画连贯而又具体的叙述情景,起到暗示、隐喻的作用,引发用户对事件的思想性和象征性思考,增强节目效果和用户的代入感,给人留下深刻的印象。

三是事件的叙述,每一段新闻视频都是独立的叙事单位,能够展现所报道的事件的过程性和真实性。摄像拍下的画面能够让用户跟着记者的视角去了解整个事件的始末,这比单纯的文字故事更具观察性和代入感。

【案例 7-12】

武汉,重出江湖

作品类型:短视频。

制作机构:新华社。

作品内容:

2021年4月12日,外交部通过一部视频短片向全球特别推介了英雄湖北。这部由新华社拍摄制作的短视频叫《武汉,重出江湖》(见图7-11)。当世界再次聚焦,看到的是涅槃重生的武汉。短视频生动展现了在党和政府的正确领导下,在全国人民的关心支持下,疫情后,武汉经济社会展现出的全面复苏、欣欣向荣的景象。

图 7-11　短视频《武汉,重出江湖》

(一)海报视频

海报视频是一种以"图片＋视频"的形式呈现的内容产品。常见于游戏、影视、公益活动的宣传作品中,近几年也在新闻报道领域广泛应用。海报视频常以一张图片作为底层海报,在图片中间镶嵌入视频。为了方便用户进行二次传播,海报视频以短视频为主。海报视频作品不但现场感强,且时效性强,能够为观众带来独特的互动感。与传统的图文报道和视频报道相比,海报短视频新闻更容易以拟态化、互动性的话语空间增强用户沉浸感,促使其参与到情境的共同构建之中,通过用户的自动转发,在网络上生成传播关系网,强化情境化传播链条。

【案例 7-13】

案例名称:《海报:数"说"我们的2024》

作品类型:海报视频。

制作机构:新华社新华全媒＋。

作品内容：

2024年岁末，新华社发布海报视频作品《"数"说我们的2024》(见图7-12)。作品用海报视频的形式，从2024年我国冰雪产业规模、汽车置换更新数量、城镇老旧小区改造、综合科技创新水平、跨区域人员流动、能源安全保障能力和绿色低碳发展水平、远程医疗服务网络覆盖范围等多方面盘点2024年我国经济社会发展情况，展现了人民切实可感的民生福祉。

图7-12　海报视频作品《海报："数"说我们的2024》

（二）移动短视频

相比传统视频，短视频在时长方面有明确的要求，一般需要控制在5分钟以内。移动短视频主要是应用在手机等便携载体上的短视频。短视频作为一种组合媒介，融合了图像、声音、图文动画、文字等多种信息表达要素，用户可以在5分钟以内的时长中，更快速、更直接、更立体地获取信息，极大地满足了用户在移动化、快节奏生活中对信息量化的需求。此外，5G技术的普及拉低了视频传播的速度门槛和资费门槛，移动短视频作为一种简单直接的传播方式能够得到更广泛的传播。

事实上，移动短视频应该是视频类报道里最常见的形式。移动短视频大致可以分为两类：一类时效性比较强，主要以新闻事件报道为主。另一类短视频时效性较弱，主要以人物报道、故事讲述为主。短视频涉及内容范围广泛、信息量巨大，因此在媒体实践中常以"UGC(用户生成内容)+PGC(专业生成内容)"的形式呈现。

梨视频采用了PUGC制作方式，将用户生产和专业生产结合起来。遍布中国城乡的用户，为梨视频提供了最全面的第一手信息资料。此外，封面新闻也曾面向全球征集超过1000位"青蕉拍客"。以开放的心态吸纳全球拍客，并通过系列程序化培训，提升其专业能力，让拍客们成为行业KOL。KOL的拍客主页会被封面新闻重点推荐、持续曝光。封面新闻还简化了发布系统，让UGC用户的上传发布更便捷、更智能化。此外，封面新闻还建立了统一的用户管理系统，打通了各类用户数据，实现年轻态社交，重塑用户间沟通纽带。通过"青蕉拍客"上传的短片，用户可以在封面新闻APP上"看遍全球"。

【案例7-14】

求索：美国共产党员的中国行

作品类型：短视频。

制作机构：中国日报。

作品内容：

在中国共产党成立100周年之际，中国日报网在海内外社交媒体账号矩阵特别推出建党百年主题系列中英文双语视频《求索：美国共产党员的中国行》(见图7-13)。在这5集系列短视频中，美国记者探访了中共一大会址、嘉兴南湖等红色遗址，与学者、专家、国际友人、党员等各界人士对话，与学者、专家、国际友人、党员等各界人士座谈，研究中国共产党百年辉煌成就的密码，让国际社会对"中国共产党为什么能""马克思主义为什么管用"有了一个认识和理解。系列视频在中国日报全媒体平台刊发后，引发海内外广泛关注，全球传播总量超过4300万，被海外主流媒体转引转载200多次。(资料来源于中国日报网)

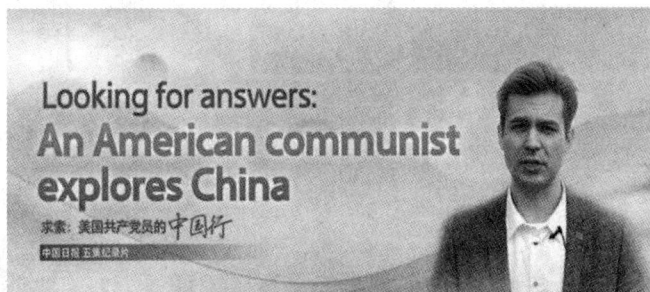

图7-13 短视频《求索：美国共产党员的中国行》

（三）快闪视频

快闪视频是一种时长较短、节奏快速、以图像和音频为主要表达方式的短视频。从本质上说，快闪视频是有背景音乐，且能跟随节奏自动"踩点"切换页面的动态幻灯片。这种视频形式通常是由一系列快速切换的图像或短片组成，这些图像或短片在短时间内连续播放，以传达特定的信息或表达某种情感。快闪短视频的特点在于快速、简洁和引人入胜，它利用快速切换的画面和动感的音乐，在短时间内吸引用户的注意力，以简洁、生动的形式传递信息或表达创意。

快闪视频的创作方式灵活多样，可以是文字、动画、照片、电影片段等元素的组合。制作者可以根据自己的创意和目的，选择适合的素材进行剪辑和编辑，以制作出独具特色的快闪视频。快闪视频具有简短、有趣的特点，非常适合在社交媒体上分享和传播。

【案例7-15】

当皮影遇到冬奥会

作品类型：快闪视频。

制作机构：河北日报报业集团。

作品内容：

《当皮影遇上冬奥会》(见图7-14)作品制作团队精心挑选了14幅唐山皮影摄影素材,将二维影像与我国皮影戏艺术相结合,运用多种艺术表现手法,生动地展现了北京冬奥会的15个分项赛事,给观众带来视觉震撼。视频片头选取了长城、雪河、张家口大境门等元素,通过高速剪辑技术,运用Flash绘画风格,使各个元素交相辉映,将古老的文化艺术与奥运精神融为一体,用伟大的中华传统文化充分诠释了奥林匹克运动精神,也体现了中国人民迎接冬奥会的喜悦之情。

图7-14 快闪视频《当皮影遇到冬奥会》

图7-15 《主播说联播》竖视频界面

(四)竖视频

竖视频,顾名思义,就是竖屏格式的视频,是当前更为流行、更符合用户观看行为习惯的视频形式。竖视频更加强调特定对象的呈现,参考用户观看习惯,以轻量化的信息输出模式和更加便捷直观的方式呈现信息,特别适合拍摄具有垂直属性的景色或物体以及简单直观的场景。竖视频通过增加细节和画面中心占比更大的构图来唤起用户的情感,从而引人入胜。竖视频新闻还能从形式上改变传统电视媒体横屏播放的严肃感,拉近与用户的距离。例如,中央广播电视总台《新闻联播》栏目在微信、微博等社交平台以及抖音、快手等短视频平台推出的短视频节目《主播说联播》(见图7-15)就是以竖屏的方式呈现的。竖屏画面感突出,也更容易聚焦在主体身上。

（五）Vlog

Vlog 是视频博客 video log 或 vlogging 的缩写,是博客的一种。Vlog 本质上是一种记录视频或者视频日志,作者以影像代替文字或相片,记录个人见闻,并上传至平台与网友分享。因此,Vlog 的最大特点是专注于捕捉日常生活的点滴,展现了个性化、个人化视角。

【案例 7-16】

"张余"冬奥记

作品类型:Vlog。

制作机构:华龙网。

作品内容:

《"张余"冬奥记》(见图 7-16)是华龙网策划的系列 Vlog 短视频,它将视角拓展到比赛之外,深入张家口地区,用镜头拍摄了火炬点燃区和开幕式庆祝活动前线的情况。同时,策划团队深入当地企业、公园、冰场、雪场等,捕捉大事件下普通人的一举一动,展示了冬奥会接待场景等精彩内容。作品将宏观叙事与微观叙事相结合,呈现了冬奥会带来的变化,内容既聚焦冬奥会、冰雪运动,又紧扣社会热点,营造了浓厚的冬奥氛围。(资料来源于中国记协网)

图 7-16 Vlog 短视频《"张余"冬奥记》

五、数据

在传统新闻写作中,数据只是新闻文本的极小部分素材,起到支撑、验证、补充说明等作用,可以增强新闻可信度和严谨性。在智能视听新闻时代,数据的作用得到凸显。运用大数据技术对数据进行采集、分析和直观展示,是智能视听新闻写作和数据新闻的重要信息来源。数据新闻,即数据驱动新闻,是指基于数据的抓取、挖掘、统计、分析并通过可视化形式进行呈现的新型新闻报道方式,它是数据时代的一种新型报道形态,是数据技术对新闻业全面渗透的必然结果。

以数据为主体的报道可以追溯到1821年5月5日,《卫报》以数据可视化方式呈现了关于英国曼彻斯特未成年人的教育系统的情况。数据新闻的广泛实践,始于2007年英国《卫报》、美国《纽约时报》等对互动新闻队伍的建设。数据新闻随着大数据的兴起而繁荣,在大数据时代,思维转变、数据处理与可视化技术的进步以及丰富的数据资源,给数据新闻的发展提供了良好条件。它被人们视为未来新闻报道的趋势,并由此诞生了一个新的学科方向"数据新闻学"。

"数据新闻"这一术语传入中国并引起业界、学界的关注是在2013年,数据新闻研究的集大成之作《数据新闻手册》的中文版于2013年在网上面向读者开放,推动了"数据新闻"这一概念在中国的普及。5G技术带来的数据新闻变革,不仅使数据新闻成为媒体融合的重要形式,也促进了包容性媒体生态系统的发展。

（一）以数据为核心驱动内容生产

数据新闻的基础是开放的海量数据,这些数据为新闻报道提供了多种信息来源和素材,因此,数据新闻被称为"数据驱动的报道"。数据新闻通过结构化、智能化的数据处理,探索有意义的数据关系,改变了传统的主要以文字讲故事的新闻内容创作方式。同时,数据新闻将"孤立的新闻事件"扩展为"有脚本的情景新闻",用数据来讲述故事,丰富了新闻内容,增强了新闻信息的说服力。

【案例7-17】

140万条铁路数据,见证中国黄金周出行变迁

作品类型:数据新闻。

制作机构:澎湃新闻。

作品内容:

2002到2024,22年间,中国居民的黄金周出行经历了哪些变化,又折射出怎样的时代变迁。澎湃新闻通过梳理铁路12306上的班次信息,梳理出了32个主要城市的5小时高铁"朋友圈",并结合2002年10月的《全国铁路旅客列车时刻表》(见图7-17),来对比观察今昔出行方式的不同,制作了这期数据新闻《140万条铁路数据,见证中国黄金周出行变迁》。以5小时能到达的区域为衡量标准,作品梳理了4个直辖市、27个省会和香港特别行政区铁路数据,其中郑州以5小时铁路旅程可直达123个城市,成为全国"高铁朋友圈"最大的城市。从以往坐5小时绿皮火车只能到达零星几个城市,再到如今覆盖上百个城市,铁路出行成为很多人出行的首选。国庆黄金周铁路每日发送的乘客数,也从2002年的300多万人次,增长到了2023年的1764万人次。(资料来源于澎湃新闻)

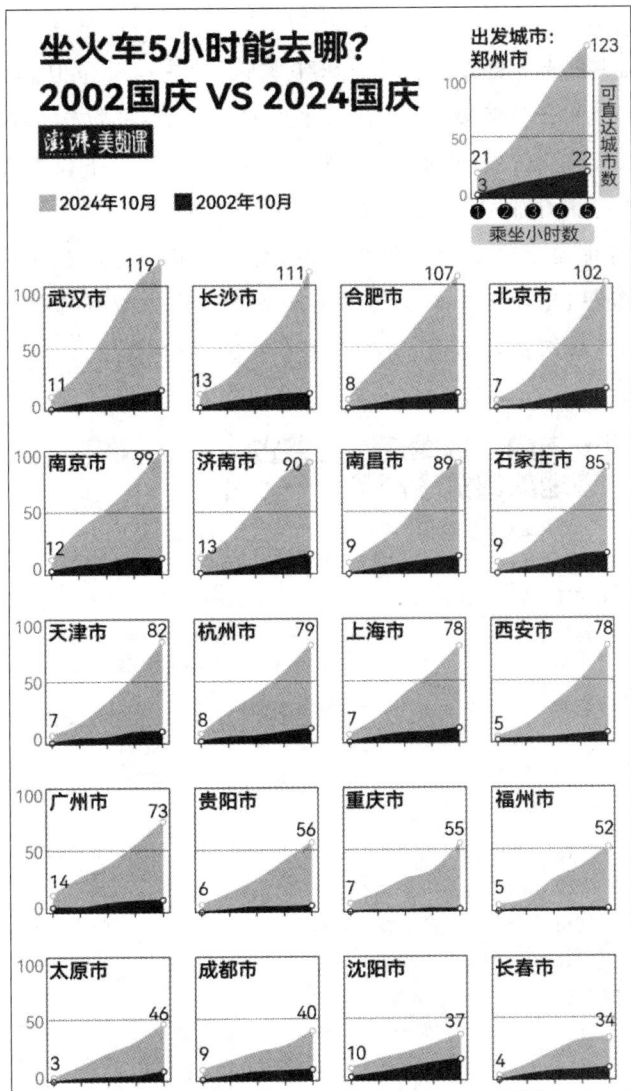

图 7-17　数据新闻《140 万条铁路数据，见证中国黄金周出行变迁》

（二）以可视化呈现创新报道形式

数据新闻的来源是海量数据，而数据新闻呈现的创新之处则在于精巧的可视化表达形式。数据可视化有助于将复杂的数据信息和复杂的关系链以图形化、生动化和简单化的方式表现出来，优化了专业新闻的"解释"效果，为用户提供了互动式阅读体验。

【案例 7-18】

农民丰收节丨十年间，中国人的餐桌发生了什么变化？

作品类型：数据新闻。

制作机构：澎湃新闻。

作品内容：

9月22日是农民丰收节，是亿万农民庆祝丰收、享受丰收的节日，这也是第一个在国家层面专门为农民设立的节日。随着粮食、肉类等物产的日益丰富，中国人的餐桌在十余年间发生了什么变化？《农民丰收节｜十年间，中国人的餐桌发生了什么变化？》（见图7-18）这条新闻的数据内容涵盖范围非常广，既有中国居民十年来粮食、肉类、水产等食品消耗量变化的纵向对比数据，又有中国居民饮食结构与美国、澳大利亚等畜牧业发达国家的横向对比数据，还有国内省份的数据，这些复杂的数据信息和关系链通过数据可视化的方式清晰直观地在作品中得以呈现。（资料来源于澎湃新闻）

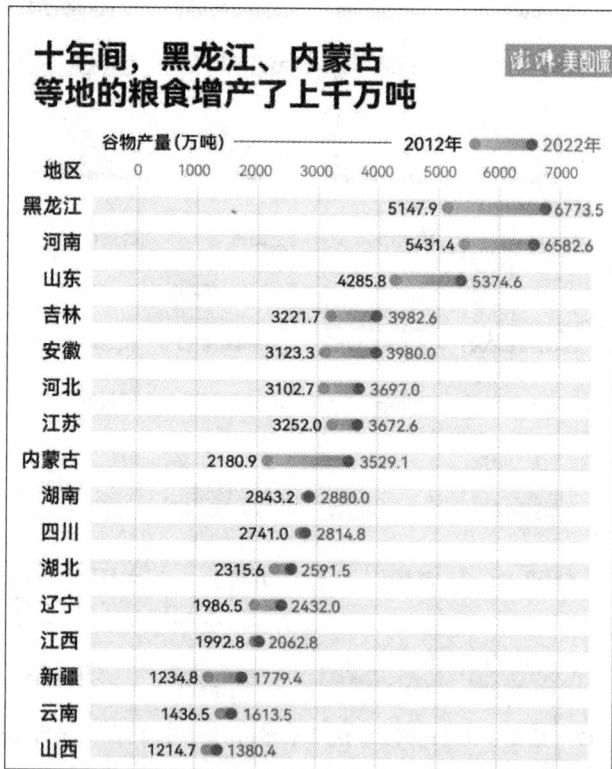

图7-18　数据新闻《农民丰收节｜十年间，中国人的餐桌发生了什么变化？》

（三）以多渠道传播拓宽传播途径

随着智能手机的普及和移动互联网技术发展，以移动端为主的多渠道开发数据新闻是当下的主流。以澎湃新闻为例，其数据新闻产品均基于电脑PC端和手机端两种渠道进行开发，横屏适合传统电脑端，竖屏则适应移动端传播。

网易新媒体实验室则专注移动端适配的数据新闻产品探索，注重用户交互式体验，《旅行者一号》《赢台夜话》等移动端产品，以活泼的设计和独特的策划风格使网易数据新闻产品深入人心，避免徒增用户的阅读成本。在"走近尼泊尔震区"专题策划中，网易利用H5将实时地震信息、用户评论、图片、音频、视频等整合在一个页面上，不仅实现了新闻阅读方式的轻松聚合,还打造了用户追踪、捐赠等功能,通过移动病毒式传播提高了新闻传播速度。

(四)以客观视角引导舆论走向

真实客观的数据是数据新闻作品的基石。有力的数据支持、高效的信息传递和独特的报道视角,使数据新闻成为媒体快速引导社会舆论走向以及获得用户反馈的重要途径。数据新闻的运用有助于提高新闻报道的真实性、客观性和深度,推动新闻专业水准的提升。

第三节　智能视听新闻写作的叙事逻辑

新闻叙事是运用一定的语言系统叙述、重构新近发生的新闻事实,对事件和事件场景进行复述并对历史或事实进行还原的过程。新闻故事有广义和狭义之分:广义的新闻故事指一切有新闻价值的话题或事件,而狭义的新闻故事主要是反映既定新闻话题,尤其是人物命运的日常微型故事。故事与话语被视为经典叙事学的两大核心命题:前者关注叙事的内容或素材,后者则关注内容和素材的表现方式[①]。

讲故事是一种新闻文本内容的制作过程,是一种将新闻事实以故事形式呈现的写作方式,它采用对话、描写和场景设置等方式,细致入微地展现事件中的情节和细节,凸显事件中隐含的故事情节,实现宏观主题与微观视角的结合。作为表达主题话语的一种常见修辞实践,讲故事是世界公认的"通用语言",为不同种族、阶层、性别群体之间的沟通、理解与对话搭建了平台。党的十八大以来,"讲好中国故事"也成为我国国际传播的重要实践内容。

智能视听新闻的叙事区别于经典叙事逻辑而更接近数字叙事逻辑。首先,在"时间"这个叙事学的基础命题中,区别于传统叙事,数字叙事因为超链接技术和可视化技术的深度嵌入,具备一种全新的时间线形态,即叙事结构不再局限于历时性的时间图式,而是存在多种可能的"生成之线"[②]。智能视听新闻以一种具象的、视觉的方式展示时间线,是一种可视化的修辞实践,其叙事结构可表现为一种可以运用可视化语言来感知和把握的图像结构。同时,借助超链接的组织结构,智能视听新闻将"共时性"带入时间线,这使得叙事不再局限于单一的线性逻辑,而是呈现复杂的嵌套结构,并由此建构了一种全新的时间结构。

其次,在叙事的基础构件中,数据与传统的图文、画面处于同样重要的位置。智能视听新闻叙事建立在海量数据收集和分析之上,需要通过智能技术获取新闻事件的各方面的数据信息,如事件的时间、地点、人物、事件经过、结果等。智能系统会对这些数据进行处理和分析,以挖掘新闻事件的内在联系和规律。随后,智能系统会根据分析结果,构建一个清晰、连贯的叙事结构。这个结构包括事件的起因、发展、结果以及影响等方面,并且会尽可能地

---

① 西摩·查特曼.故事与话语:小说和电影的叙事结构[M].徐强,译.北京:中国人民大学出版社,2013.
② 刘涛,薛雅心."序列"结构及其超越:融合新闻的时间叙事形式及语言[J].新闻记者,2023(12):3-21.

保证信息的准确性和完整性。最后,智能系统还能通过自然语言生成技术,辅助专业记者将这个叙事结构化为一篇完整的新闻报道。总之,智能视听新闻写作的叙事逻辑基于数据分析和处理,通过挖掘新闻事件的内在联系和规律,构建清晰、连贯的叙事结构,并最终形成一篇客观、公正的新闻报道。

最后,在叙事的表现方式方面,即在具体材料化媒介中的呈现上,智能视听新闻由H5、VR/AR、动漫、图表等多模态文本构成,它将文字、声音、图形、图像、动画等多种媒体元素融为一体,将基于数据和算法的信息和多种媒体元素汇聚在一个文本结构中,超越了单元素构成的传统。

一、新闻叙事和叙事结构

叙事学作为一个专注于研究叙事结构和功能的学科领域,揭示了不同文本形态之间共享的基础性文本表征和改写机制。经典叙事学是在结构主义理论的基础上发展而来的,包括"结构主义的图式模式、结构主义的各种形式追求、结构主义从语言学借来的工具箱"[①]。20世纪60年代以来,叙事学一直介于理论阐释与文本描述、文学批评与语篇分析、结构分析与功能批评之间。然而,这也为叙事学成为一个开放的跨学科知识领域埋下伏笔。作为结构主义的一个分支议题,叙事学产生的直接原因是"想把文学研究提升到结构主义语言学似乎已经达到的那种科学经验和技术精确的高度"[②]。传统叙事学以语言文本为主要形态,而随着影视、广告、游戏等多媒体文本的兴起,及基于数据和算法的智能技术的发展,多模态、智能化的叙事新形态受到了普遍关注。

叙事结构是叙事学研究的中心问题之一,米克·巴尔将其界定为"一个事件与另一个事件的相互关系"[③]。结构问题从根本上讲是指向叙事学"形式"的命题,具体体现为叙事元素之间的组合关系和法则。

根据叙事学的基本假设,所有叙事行为的表达都是对叙事主题或叙事结构的回应。叙事主题统摄文本的意义、主题、内涵,而叙事结构则关注文本中各要素的组合及其产生的关系。事实上,任何文本的表达都必须处理好文本要素之间的关系问题,因此,结构是文本生成的主要条件,也是文本生成的元命题,而总结和规定这种关系与叙事学命题相对应的规律,就是结构问题。俄国形式主义学派代表人物弗拉基米尔·普罗普提出了"故事的形态学"命题,旨在探讨不同故事所共享的形式规律。普罗普坚定地认为,叙事研究的中心命题是行动或功能问题,即角色被指派了什么任务,又是如何完成任务的。之所以将行动或功能问题推向叙事学的核心位置,是因为"功能本身"是一个相对稳定的因素,而"功能的实现方法"则是一个可变的因素,即叙事学更关注的是人物做了什么。

在传统新闻叙事中,消息类新闻多以文字记述为主,叙事结构和方式具有单一化的特

---

① 戴卫·赫尔曼.新叙事学[M].马海良,译.北京:北京大学出版社,2002.

② 戴卫·赫尔曼.新叙事学[M].马海良,译.北京:北京大学出版社,2002.

③ 米克·巴尔.叙述学:叙事理论导论[M].谭君强,译.北京:中国社会科学出版社,1995.

征,通讯、深度报道的叙事方式则是灵活多样的,其叙事结构也更为多元和复杂。一般来说,通讯、深度报道可以从不同维度体现新闻的叙事结构,也可以用不同的分类方式对其进行划分。其中,叙述路径是一种比较常见的认识视角。叙述路径是对新闻元素的一种重组方式,不同的新闻叙事结构可以构成对事件的不同解读。目前常见的新闻叙述路径包括事件发展路径、记者调查路径、"华体"(华尔街体)叙述路径、"章回"叙述路径、多重线索路径、逆向推演路径等①。简言之,事件发展路径强调按照事件发展的线性逻辑和时空顺序来呈现故事;记者调查路径主要指从记者的视角出发,根据事件调查的先后顺序来叙述故事;"华体"借助"小命运、大主题"的认识理念来讲述故事,其叙述路径是美国《华尔街日报》早期探索的一种故事叙述方式;"章回"叙述路径借鉴"章回体小说"的叙事方式,将几个故事串联成一个整体;多重线索路径强调依据新闻故事的多条线索或时空脉络进行交叉叙事(如现实时空与历史时空的交替叙述),以呈现一个立体完整的新闻世界;逆向推演路径强调借助一定的悬念设置情节和布局,采用"回溯式"的推理方式反向讲述新闻事件。

二、数字叙事

书写文本是传统叙事学研究的重点,新媒体时代,叙事学经历了深刻的"数字化转型",具体表现为数字叙事学的兴起,即计算机"界面"的叙事学的出现。与传统叙事学的"书写逻辑"相比,数字叙事学的主要特点是将文本、图形、图像、声音和其他媒介元素融入叙事之中。

叙事学者玛丽·劳勒·莱恩较早探索了数字时代的文本叙事,她尝试从计算机语言中寻找方法来重构计算机文本世界的叙事学。莱恩在隐喻思维方式的基础上,大胆地借用计算机语言的工作方式,并将其加以概念化提炼,提出了数字文本的四种叙事理念——"虚拟""递归""窗口""变形"②。接下来,我们基于这四个维度,概括智能视听新闻叙事的基本理念。

第一,"虚拟"强调创造一个想象的世界,用户通过对虚拟世界的认知与情感投射,完成对现实世界的理性认知。智能媒体的虚拟叙事是指利用人工智能技术构建虚拟现实、增强现实等场景,将新闻内容以更加生动、形象的方式呈现给受众。这种叙事方式可以将新闻事件的发生场景、人物形象、情感色彩等元素高度还原,让用户身临其境地感受新闻事件的全貌。在智能媒体的虚拟叙事中,人工智能技术可以通过对大量数据的分析和处理,生成虚拟场景和角色形象。这些虚拟场景和角色形象可以与现实世界中的新闻事件相互映射,为用户提供更加真实、生动的新闻体验。智能媒体的虚拟叙事还可以通过交互式设计,让用户参与到新闻事件中,增强用户的参与感。例如,数据新闻通过对数据的可视化或可听化处理,同时结合地图、图表等实现对现实议题进行视觉模拟甚至再造,然后基于数据分析了解现实问题,通过数据关系把握现实逻辑,借助数据结构反映现实关系。再如,VR新闻通过虚拟现实技术"重现"了一个逼真的新闻时空,通过"复活"现实,赋予用户一种沉浸式的认知体验。

第二,"递归"强调故事与故事之间的嵌套或过渡。智能视听新闻的递归叙事是指通过

① 刘涛.电视调查性报道的七种叙述路径辨析[J].电视研究,2007(4):16-19.
② 戴卫·赫尔曼.新叙事学[M].马海良,译.北京:北京大学出版社,2002.

反复呈现新闻事件的不同方面和细节,逐步引导用户深入了解事件的全貌。这种叙事方式将不同叙事时空进行关联与整合,运用嵌入、链接、交互等技术手段,突破传统新闻叙事的线性结构与容量限制,且它更加注重用户的参与和互动,以新的信息和视角为引导,激发用户的兴趣和好奇心。人工智能技术通过对大量数据的分析和处理,生成不同的叙事线索和故事情节。这些线索和情节相互交织、相互呼应,形成了一个完整的故事结构,新闻编辑还可以根据用户的反馈和行为,不断调整叙事方式和内容,以更好地满足用户的需求。例如,新闻游戏通常预设了不同的互动叙事路径,用户可以通过扮演不同的角色参与游戏叙事。不同的路径选择,意味着不同的叙事场景,这极大地拓展并丰富了融合新闻的叙事线索和结构脉络。

第三,"窗口"借用了计算机操作系统的概念,将现实世界或叙事材料作为一个巨大的平行机器,创造了一种全新的叙事方法。"窗口"不仅为每条叙事线索提供了一个相对独立的表演"界面"或"端口",还揭示了每个叙事主体的走向和路径,以及众多叙事元素的时空结构和相互关系。智能媒体的窗口叙事是指通过提供多个窗口或入口,让用户选择自己感兴趣的新闻内容进行深入了解。这种叙事方式注重用户的个性化需求和兴趣,通过提供更加灵活、多样的新闻呈现方式,提高用户的参与感和互动性。在智能媒体的窗口叙事中,人工智能技术可以根据用户的历史数据和行为,推荐符合其兴趣的新闻内容和窗口。这些窗口可以是不同的主题、领域或话题,用户可以根据自己的兴趣进行选择。同时,智能媒体还可以通过实时更新和推送相关内容,激发用户的兴趣。

第四,"变形"强调新闻叙事中的转换问题,包括叙述主题、呈现风格、表现技巧、叙述视角的转换,通过转换与过渡创造全新的期待视野,丰富故事世界的表现方式。智能媒体的变形叙事是利用人工智能技术,将新闻内容以更加生动、形象的方式呈现给用户。运用这种叙事方式可以将新闻事件的发生场景、人物形象、情感色彩等元素进行高度还原,让用户更深入地了解新闻事件的全貌。同时,运用这种叙事方式可以对新闻事件进行深度挖掘,将其中的关键信息以更加直观、易懂的方式呈现出来,加深用户对新闻内容的理解。例如,利用数据可视化技术,将新闻数据以图表、动画等形式进行呈现,可以让用户更加直观地了解新闻事件的发展趋势和内在逻辑。

【案例7-19】

她的故事,"触"处动人

作品类型:互动微纪录片。

制作机构:新华社。

作品内容:

新华社制作推出的新闻互动微纪录片《她的故事,"触"处动人》(见图7-19),不像常规H5一样完全按照单一的顺序来进行编辑,而是为用户创造了主动沉浸式的新闻体验。该纪录片运用互动视频技术,以游戏互动形式表现全国人大代表李金莲的履职经历,在关键时间节点设置多个"剧情"选项,解锁人物普法宣传、修路助农等不同人生侧面。纪录片提供多个"剧情"选项,由用户来决定剧情走向,改变了"千人一面"的叙事方式,为用户打造了更加立体化的交互体验。(资料来源于新华网)

她将带着云南"藏区"儿女的美好心愿前往北京参会

图7-19　互动微纪录片《她的故事,"触"处动人》

三、互动叙事

互动叙事是一个正在发展的领域,有学者认为,互动叙事是数字叙事的下位概念,包含于数字叙事;也有学者指出,互动叙事和数字叙事其实是既有联系又有区别的两个术语[1],互动小说、超文本、网络叙事、互动戏剧和电子游戏是数字叙事发展过程中的重要实现形式或阶段。寇安尼兹等人在《互动数字叙事:历史、理论与实践》中也对互动叙事的发展历程进行了梳理,并整理了三条主要线索:基于文本的互动叙事(互动小说、超文本小说)、加入音频-视频的互动叙事、具有叙事性的视频游戏和实验设计[2]。数字叙事具有明显的实践和应用导向特征,而互动叙事则更加关注对理论的探讨,并注重以理论成果指导实践。

关于"互动叙事"的说法,常见于国内外游戏领域中。游戏所特有的对故事情节及互动性的需求,让互动叙事在其领域有了充分发育的土壤。在虚拟游戏世界,互动叙事是一种基于自由开放的非线性叙事而非按部就班的传统线性叙事,玩家甚至可以作为游戏世界的掌控者充分融入游戏,与游戏中的NPC(非玩家角色)、景观等进行各种交流、互动与合作。

在技术的推动下,智能视听新闻在"话语"表现层面实现了产品与用户交互性。互动叙事不仅能提升人们对新闻的感知和认知体验,还有助于新闻价值的实现。智能媒体中的交互性是一种依赖不同终端界面和软件的叙事形式。这些界面提供了动态显示视频、音频和

---

① 徐丽芳,曾李.数字叙事与互动数字叙事[J].出版科学,2016(3):96-101.

② Koenitz H,Ferri G,Haahr M,et al. Interactive Digital Narrative:History,Theory and Practice[M]. New York:Routledge,2015:56-99.

动画的交互平台,用户可以通过这些界面和软件实现访问、选择、反馈、创作和整合等多种操作。

智能视听新闻的交互方式包括以下几种。

一是语音交互,即利用语音识别技术和自然语言处理技术,实现人类语音与计算机语言的相互转换,以及人类语言和计算机语言的交流和沟通。用户可以通过语音完成输入命令、查询信息、控制智能设备等操作,运用语音合成技术将文本、数字等信息以语音的形式输出,为用户提供更加自然、直观的人机交互体验。

二是视觉交互,即利用计算机视觉技术,实现对人类视觉信息的识别、分析和理解,从而实现人机交互。这种交互方式主要依赖图像处理技术和计算机视觉算法,来识别用户的面部表情、手势动作等信息,从而实现人机交互。例如,通过手势识别技术,用户可以在智能设备的显示屏前做手势来操作智能设备。

三是虚拟现实交互,即利用虚拟现实技术,构建一个虚拟的环境,用户可以通过各种传感设备与虚拟环境中的对象进行互动,从而获得身临其境的体验感。这种交互方式可应用于游戏、教育、医疗等领域,为用户提供更加真实、沉浸式的人机交互体验。

四是多模态交互,即利用多种模态的信息,如语音、手势、姿态、表情等,进行人机交互。这种交互方式可以综合利用多种信息源,提高人机交互的准确性和可靠性,为用户提供更加自然、灵活的人机交互体验。

根据用户参与互动的程度和深度,智能视听新闻的互动叙事可以分为三种类型:一是界面响应,二是路径选择,三是角色扮演。界面响应主要指用户按照页面提示完成特定操作,在既定的叙事路径中获取新闻信息;路径选择指新闻生产者预先设定多种叙事路径,用户选择并触发不同的路径时,往往会有不同的故事结局;角色扮演多用于新闻游戏这一特定的融合新闻形态,用户在新闻游戏中享有较大的自由空间,能够自主定义内容框架,自主选择叙事路径,并通过具体的游戏体验获得相关的新闻认知。

(一)界面响应

智能视听新闻中最常见的交互方式是界面响应。当用户进行选择、点击、长按、滑动等操作时,界面中的声音和动画就会被触发,从而促使新闻内容在预定的叙事结构中呈现。在用户界面的交互式叙事响应模式中,用户无法选择获取信息的路径,这限制了他们参与新闻叙事。虽然用户界面的响应会触发并打开相关的新闻故事,但用户仍然是新闻的被动挖掘者和新闻故事的被动推动者。

在界面响应模式中,用户可以通过触发相应的界面标识进入既定的叙事页面,实现次级内容的显现、认知场景的转换、叙事节奏的掌控。界面响应式交互功能的嵌入使用户在新闻叙事过程中不再充当"旁观者",而是作为置身其中的"参与者"与实际意义上故事"推动者"。

【案例 7-20】

6397 公里的守护

作品类型：H5。

制作机构：交汇点新闻客户端。

作品内容：

近年来，在习近平总书记"绿水青山就是金山银山"的科学论断指导下，长江流域生态保护成果显著。《6397公里的守护》H5(见图 7-20)以长江的长度 6397 公里为标题关键词，将长江流域的文化与生态保护相结合。作品结合儿童朗诵的古诗词和长江生态系统的自然声音，巧妙地展现了具有代表性和标志性的景观、植物和动物，生动地描绘了一幅长江流域生态文明保护的全景画卷。

在内容设计方面，该作品以地图的形式呈现长江沿线各省市的生态图景，用户可以拖动和点击地图元素进入新的页面，互动性很强。此外，值得一提的是，该作品采用的模拟定位滑动方式可以让用户的体验更加流畅舒适。作品整合了音频、视频和图形，充分调动了用户的感官系统，为用户提供了整体的沉浸式体验。(资料来源于中国记协网)

图 7-20 《6397 公里的守护》H5

交互不仅是触发多媒体元素的机制，而且还能够作为一种积极的叙事元素参与"情节"的创造和发展。此外，智能视听信息的交互性还表现在，可以通过某些界面相应操作为用户提供有针对性的信息，从而丰富用户的信息获取体验。

(二)路径选择

创设路径选择的目标是通过用户自主选择叙事路径实现叙事时空的自由转换，这也可以提高用户在交互式叙事中的参与程度。同时，路径选择可以让用户根据信息文本中的线索主动连接不同的叙事单元，形成个性化的叙事轨迹，使用户在交互中获得个性化的独特叙事体验和认知路径。信息文本系统利用人机交互技术为用户创建各种可识别的文本，用户可以通过点击、移动、滑动、打字等相关操作"直接介入"信息的叙事路径。基于路径选择的交互式叙事可以创造一种比用户界面反应更具吸引力和感染力的文本体验。

图 7-21 《与春天的约会》H5

【案例 7-21】

与春天的约会

作品类型：H5。

制作机构：多彩贵州网。

作品内容：

《与春天的约会》（见图 7-21）是一款在全国两会期间推出的 H5 新闻作品。H5 整体界面为春日，通过代表春天的元素如风铃、蝴蝶、绿树、小鸟等展现春天鸟语花香、生机勃勃之景，在时间上与主题上呼应了两会的召开。该 H5 致力于通过互动调动观众丰富的感官体验，其互动触发机制别出心裁，比如用双指放大缩小窗口，可以拥抱改革、解锁改革、迎接新时代；摇动手机可以传播两会声音，同时轻轻点击即可摇动风铃来接收"新时代、新时代、新征程、新作为、新动力"的文字信息与"琴棋书画绣"信件，展现"新时代、新气象、新征程、新作为、新动力"。作品的互动设计新颖而富有诗意。（资料来源于多彩贵州网）

（三）角色扮演

在互动叙事理论中，新闻游戏是互动性最强的新闻叙事形式。"讲故事"是媒体和游戏功能的最大交叉点，原本分属两个维度的新闻和游戏产生碰撞，融合成新闻游戏。新闻游戏通过角色扮演等切入事件叙事，不仅能够容纳较大的信息量，创建全新的新闻表达理念，还有助于调动用户沉浸式参与的积极性，使用户能够以角色扮演等方式重回现场或体会当事人的感受，真正实现"零距离"体验新闻事实，建构社会认知的"有机知识"。

除了开发游戏需要的技术，新闻游戏的生产与传统新闻报道异曲同工，都需要选取特定议题，通过采访获取翔实充分的事实材料。虽然游戏常常与娱乐相关，但新闻游戏仍是传递公共议题的载体，丰富着新闻报道的叙事空间。当新闻遇上游戏，新闻价值便得以在不断推进的故事情境和角色体验中体现，我们可以将这一过程理解为从新闻到游戏的"跨媒介叙事"。当前的新闻游戏大多聚焦于严肃题材，其目的就是"通过游戏的方式"实现严肃题材的"软着陆"。相对于其他的新闻形态，新闻游戏叙事的基本策划思路就是创设逼真的现实语境，还原真实的生活场景，帮助用户感受不同于日常生活的"模拟人生"。

【案例 7-22】

为纪念反法西斯战争胜利 70 周年，网易新闻与橙光合作出品了《逃跑人的日常》（见

图7-22）。这款游戏讲述了二战中一个英军小兵逃离战俘营的故事，其中的逃亡情节均基于历史上真实逃亡者经历改编，每一个历史信息均有出处，有真实的历史事件可循。用户在尝试从不同路线逃生时，也能够体验二战的那段沉重历史，反思战争给人类带来的苦难。

图7-22　角色扮演类新闻游戏《逃跑人的日常》

实 训 项 目

一、实训内容

（1）以个人为单位进行智能视听新闻写作实战演练。

（2）提前确定报道主题，收集新闻线索，进行策划方案设计。

（3）开展新闻报道写作，综合运用智能技术，广泛运用智能视听新闻写作的符号元素，进行多样化写作训练。

（4）收集反馈，并对新闻报道反馈进行全面总结。

二、实训要求

（1）新闻写作必须遵循真实性原则，时效性强，符合智能视听新闻的特点。

（2）鼓励在新闻写作过程中充分利用各种智能媒体技术，尝试技术赋能的融合智能视听新闻写作。

（3）明确作品表达形态，体会智能技术为新闻写作带来的变化，理解人机协作的关系。

（4）鼓励在智能视听新闻写作中运用文字、音频、视频等多种形式，丰富新闻样态。

三、实训设备

（1）电脑、手机等可查阅资料的设备与信息记录设备。

（2）摄像机或单反相机、手机等。

（3）三脚架、手机稳定器等。

四、实训考核

（1）提交完成的作品：以个人为单位，完成一条智能视听新闻的写作，提交一份智能视听新闻报道文稿原件或原作品链接。

（2）提交个人总结：个人提交实训总结一份，结合自己实训的经历提出问题并给出自己的思考。个人总结可以包括以下内容：报道是否具备智能视听新闻的特点？有没有新闻价值？报道中运用了哪些智能视听新闻写作元素？在新闻写作中遇到了哪些问题，是如何解决的？

（3）提交实训总结PPT一份，总结智能视听新闻写作的思路与流程，总结经验。PPT可用于课堂作品汇报交流，如学生互评、教师点评。

五、实训材料

在智能媒体时代，大数据赋予了新闻新的生命力，多模态、多渠道的传播特点让新闻在发展过程中与新技术结合，进而促进了新闻生产的转型升级。在此背景下，认识智能视听新闻写作，强化对传统电视新闻创作思维模式向智能视听新闻创作思维模式转变的认识，深入了解其叙事逻辑、写作元素，理解人机协作关系有利于利用智能媒体时代的新的思维模式，打开智能视听新闻创作思路，激发创作热情，树立新闻专业精神。

2024年巴黎奥运会上，中国代表团取得了境外参赛的最好成绩，404名参赛运动员，共参加了30个大项，42个分项，232个小项的比赛，并在11个大项14个分项上获得40金、27银、24铜，共91枚奖牌，与美国并列金牌榜第一位。这一成绩是中国境外参赛的历史最好成绩，充分展示了中国体育的实力和进步。

其中，中国体育代表团在以下多个项目中取得了突破性成绩。

游泳项目：潘展乐在男子100米自由泳项目中打破世界纪录并夺得金牌，这是中国游泳队在该项目上的历史性突破。

跳水项目：中国跳水队首次在单届奥运会上包揽全部金牌，展现了"梦之队"的实力。

其他项目：花样游泳、艺术体操、女子拳击等项目也实现了金牌"零"的突破。此外，郑钦文在网球项目中获得中国奥运史上首枚网球单打金牌，国乒老将马龙成为获得奥运金牌最多的中国选手。

请以上述材料为背景，从文字、图片、音频、视频或数据等角度出发，运用智能媒体技术，完成一篇新闻报道，注意报道形式的多样性以及报道的真实准确性。

◔ 本章知识脉络

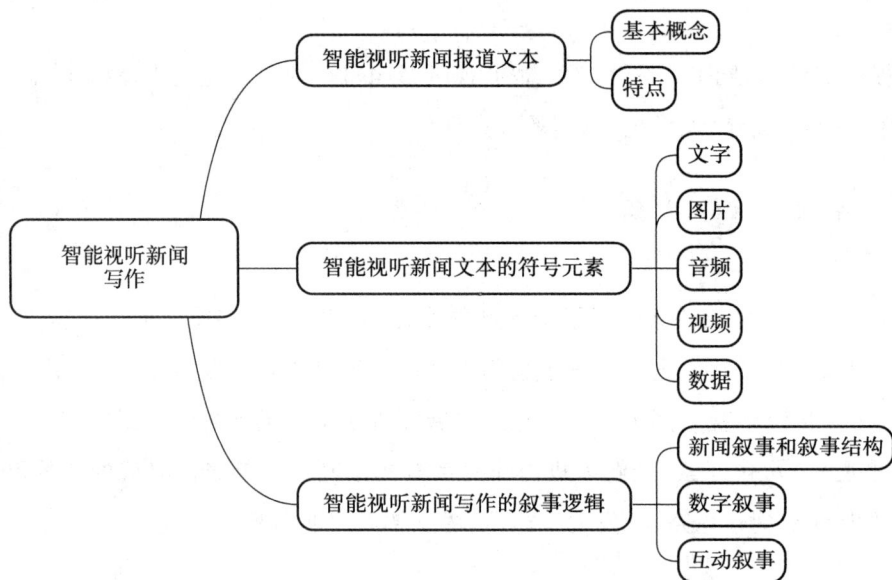

```
                              ┌─────────────────┐        ┌──────────┐
                         ┌────│ 智能视听新闻报道文本 │────┬───│ 基本概念 │
                         │    └─────────────────┘    │   └──────────┘
                         │                           │   ┌──────────┐
                         │                           └───│ 特点     │
                         │                                └──────────┘
                         │                                ┌──────────┐
                         │                            ┌───│ 文字     │
                         │                            │   └──────────┘
                         │                            │   ┌──────────┐
                         │                            ├───│ 图片     │
  ┌──────────────┐       │    ┌──────────────────┐    │   └──────────┘
  │ 智能视听新闻   │──────┼────│ 智能视听新闻文本的符号元素 │────┼───│ 音频     │
  │ 写作         │       │    └──────────────────┘    │   └──────────┘
  └──────────────┘       │                            │   ┌──────────┐
                         │                            ├───│ 视频     │
                         │                            │   └──────────┘
                         │                            │   ┌──────────┐
                         │                            └───│ 数据     │
                         │                                └──────────┘
                         │                                ┌──────────────┐
                         │                            ┌───│ 新闻叙事和叙事结构 │
                         │    ┌──────────────────┐    │   └──────────────┘
                         └────│ 智能视听新闻写作的叙事逻辑 │────┼───│ 数字叙事   │
                              └──────────────────┘    │   └──────────┘
                                                      │   ┌──────────┐
                                                      └───│ 互动叙事   │
                                                          └──────────┘
```

◔ 思考题

1.请比较智能视听新闻报道与传统新闻报道在写作上的异同,智能媒体技术对新闻写作的赋能体现在哪些方面?

2.智能视听新闻文本的符号元素及特点。

3.智能视听新闻的叙事类型和交互叙事方式。

第八章

智能视听媒体编辑部

◆ **本章导读**

本章将介绍智能视听媒体编辑部的概念、特点和演变过程,厘清智能视听编辑部的内涵。从新闻实践出发,介绍智能视听媒体编辑部的组织架构和工作流程,最后提出智能视听新闻时代编辑应该具备的能力与素养。

◆ **学习目标**

· **知识目标**

1. 掌握智能视听媒体编辑部的概念及其特点。

2. 了解媒体编辑部的演变过程。

3. 掌握智能视听媒体编辑部的优势和组织架构。

· **能力目标**

1. 了解智能视听媒体编辑部的工作流程。

2. 具备智能视听编辑的基本素养与技能。

· **素养目标**

1. 有全局观,能合理调配内外部新闻资源。

2. 具有正确的数据思维,以及人机协同的工作理念。

3. 提高社会价值引导能力和良好的信息素养,善于甄别信息,传播符合新闻伦理价值规范的新闻作品。

第一节　智能视听媒体编辑部的内涵

随着大数据、物联网等信息技术的发展,人类社会进入了一个以"智能"为驱动的数字化信息时代。人工智能技术给新闻制作带来了新的推动力,媒体编辑部在生产流程、经营策略和管理结构上都经历深刻变革。在媒体融合方面,无论是中央媒体还是地方媒体,都展现了进行自我革新的决心,并将融合发展置于战略位置。众多传统媒体正在不断地进行采编业务流程的重塑、技术平台的系统性升级,通过加强融媒体产品的生产能力,实现向"智能编辑部"的跃升。

传统媒体进行媒体融合改革是为了更好地应对新媒体发展带来的各种挑战,并提升主流媒体在新闻生成、整合和传播方面的能力。随着信息技术和互联网平台的发展,传统报纸行业开始向数字时代迈进,"智能编辑部"应运而生。"智能编辑部"采用的先进技术在很大程度上提升了新闻生产者在信息收集、数据分析、文本编辑、内容创作以及版权监控等多个方面的工作效能。

一、概念

2019年1月,习近平总书记就全媒体时代和媒体融合发展发表重要讲话,明确提出要探索"将人工智能运用在新闻采集、生产、分发、接收、反馈中,全面提高舆论引导能力"。这为媒体在新时代的智能转型与发展指明了方向。随着信息技术的迅猛发展和互联网思维的不断深化,以移动终端为代表的新型媒介形态不断涌现并得到普及应用,人类社会生活发生了巨大变化,传统媒体机构的运作方式面临着深刻变革。作为传统媒体新闻制作的核心和主导力量,"编辑部"也在流程重构和再造过程中展现了智能化、融媒化、平台化和移动化的发展趋势。随着人工智能技术在传媒界的广泛应用,媒体编辑部的智能化步伐将进一步加快,传统的编辑方式已经不能满足当下的要求,因此,编辑部要顺应新时代需要在理论与实践上进行根本变革。

编辑部改革是智能媒体转型实践的核心环节,未来媒体竞争的激烈程度将取决于编辑部如何运用人工智能技术满足媒体的生存和发展需求。智能媒体编辑部是指利用人工智能技术来优化新闻生产和传播的编辑部门。智能媒体编辑部通过集成大数据、机器学习等人工智能技术,实现自动化和智能化的内容创作、编辑、分发和反馈,从而提高新闻生产效率和传播效果。智能媒体编辑部以人机协同为特点,对新闻制作流程进行全方位的系统重塑,其主要目标是显著提升媒介产品生产传播和媒体运行效率。这是智能技术背景下,新闻编辑部在融合基础上的又一次转型升级,通过对信息、渠道、分发、运营、平台的精心布局,构建一个全新的媒体生产体系。

在内容生产层面,智能媒体编辑部的主要职能包括以下几个方面。其一,自动化内容创作。智能媒体编辑部可以利用自然语言处理(NLP)和图像识别技术,自动生成新闻稿件、摘要和视频字幕等,极大地提高了内容创作的速度和效率。其二,精准内容分发。通过用户画像和数据分析,智能媒体编辑部能够更准确地理解用户需求,实现个性化内容推荐,提高用户黏性和满意度。其三,实时监控和反馈。智能媒体编辑部可以实时监测社交媒体和新闻网站的反馈,快速调整内容策略,提升新闻的时效性和相关性。其四,跨平台协同工作。智能媒体编辑部支持多平台协同工作,记者在前线采集素材,后方的编辑部可以实时进行在线编辑和播发,提高新闻报道的全时性和即时性。

二、特点

（一）智能化：面向未来建构智媒新生态

媒体编辑部转型最显著特点是人工智能的深度融入，人工智能技术在新闻信息的采集、整合、展示和分发等各个环节中得到了越来越广泛的应用，它彻底改变了传统媒体编辑部在内容制作流程、生产方法和职位构成等方面的传统模式。传统编辑部转变成为一个以信息整合、算法编写、数据解析、认知学习、互动决策和独立决策为核心的信息管理系统。在这个过程中，人工智能以其强大的数据处理能力和智能认知功能为媒体行业注入新活力。媒体编辑则面临着提高智能采编业务能力的挑战。个性化和精准化的生产方式已经替代了传统的线性传播方式，全产业链的运营模式也取代了传统的内容编辑方式。

智能媒体编辑部的创建是一个在实践中不断发展的全新领域。2019年开始，我国三大央媒纷纷布局智能编辑部，打造了引领主流媒体"智慧＋"变革的新引擎，全面引领以先进技术为支撑、内容建设为根本、互联共享为本质的智媒时代。2019年9月，人民日报人工智能媒体实验室投入使用，该实验室主要基于人民日报新媒体的业务发展需求，研究一系列关键性、前沿性和实用性的媒体技术服务。

2019年8月，伴随着"媒体大脑"和"AI合成主播"等媒体平台的持续更新和迭代，新华社的智能化编辑部开始运营。新华社人工智能研发团队在融合技术与产品创新上取得了一系列突破。"媒体大脑"1.0具备自动新闻采集、智能视听新闻分发、语音转写识别、版权监控、人脸识别、用户肖像绘制、智能对话以及语音合成等多项功能。人工智能在其中起到了重要作用。2018年6月推出的"媒体大脑"2.0版本已经转型为"MAGIC"智能制造平台。在新时代，人工智能技术与媒体深度融合，推动了全新的人机互动传播生态体系的构建，即人工智能＋媒体＋人的格局。文本、图片和音视频的数据化（机器根据实际需求对数据进行处理，并自动产生内容）将是未来媒体生产的一种常规模式。

2019年12月，新华社智能化编辑部正式建成并投入使用，新华社在前序技术开发的基础上，持续提升其系统性。在采集环节，智能化编辑部升级前期的既有产品"媒体大脑""现场云"等，提升了采集效率；在生产环节，利用智能化工具和平台，智能化编辑部实现了全程人机协作，人工审签；在分发环节，智能化编辑部面向终端受众，基于用户画像技术，实现对象化精准推送；在反馈环节，智能化编辑部依托智能版权评价系统和区块链技术，精准评估传播效果。

同样在2019年12月，中央广播电视总台央视网发布了"人工智能编辑部"系列创新产品，打造了系统平台，致力于将人工智能大规模应用于新闻实践，打造了独具"智造"特色的产品创新基地、面向行业输出AI工具库技术服务的赋能平台，通过开放合作构建一个"媒体＋AI"生态共同体。

利用人工智能技术来重塑信息的采集、内容的构建和分发流程，不仅为媒体注入了人工智能的元素，还彻底改变了媒体编辑部的定义和范畴，包括编辑记者的角色转变、新闻报道流程优化以及报道方式创新等。《华盛顿邮报》的编辑部已经将语音机器人技术提升到了一个新的高度，目前该报社已经拥有超过100种不同的语音机器人，在其刊发的报纸上也能看到由语音机器人制作的新闻标题。该报社编辑部中已经存在分工明确、职责鲜明的机器人，包括感觉机器人、场景转接机器人、写稿机器人以及工具助手机器人，等等。在新闻生产过程中，记者要负责将编辑好的稿件变成可传播的内容，人工智能产品为记者们带来了全新的编辑体验。

由《纽约时报》开发的机器人Blossom Blot能够在大量的信息中进行检索、分析和筛选，以生成具有个性化和社交特质的文章，并进一步完成标题的创建、摘要的编写以及图片的添加等多项任务。

在不远的将来，人工智能技术将对现有的媒体信息生成和分发方式进行进一步的创新。"万物皆媒"作为智能媒体信息生产的基础，将引导媒体创建一个全新的智能生态系统。"智能编辑部"作为内容生产的基础架构，通过提供贯穿全产业生产链条的智能化产品和服务，推动了传统内容生产流程的变革，以及生产、运营模式的创新，助力媒体机构提供更加及时、更有价值、更有个性化、更有对象感和差异性的内容产品和信息服务。

（二）融媒化：建立产品矩阵，打造新型核心竞争力

2007年10月，BBC率先启动了编辑部的重组工作，将电台、电视台和网络这三个主要部门合并为两个"超级编辑部"，分别是多媒体新闻编辑部和多媒体节目部。新成立的两个"超级编辑部"都是由独立运营的新闻节目制作中心组建而成，并拥有自己独特的采编流程。

在"超级编辑部"中，新闻资源得到了高效的循环使用，同时也解决了传统电视媒体面临的一些难题。在此之前，BBC的各个频道和媒体平台经常各自为战，导致大量的内部资源消耗和重复制作。在这种情况下，如果不能对新闻进行高效的管理和调度，就会导致生产效率低下甚至停滞不前。在编辑部进行重组后，这一问题得到了显著的改善。编辑部整合后的最大优势在于可以实现新闻资源整合。例如，原BBC1台旗下的几个顶级新闻节目，如《一点新闻》《六点新闻》和《十点新闻》，与24小时新闻频道共享一个制作团队。这样，新闻素材可以在当天被循环使用，这不仅降低了生产成本，还提高了制作效率。

融媒化的核心是将原本分散的媒体资源按照智能化传播的逻辑，通过平台重组，构建一个"你中有我，我中有你"的生产传播体系。

编辑部在创新思维和理念方面实现全方位突破，从过去的"单一媒体、单一手段、单一符号"转变为"多媒体、多维手段、多模态符号"。编辑部通过重组资源建立起核心的竞争优势。传统媒体转型的基本方式表现为：全面评估报纸、期刊、广播、电视、网站、移动应用、微博、微信等多种媒体及其产品的特性后，整合编辑和采集的资源，选择最适合的传播策略，合理地配置内容，并进行有效的宣传和推广，形成全面、持续、高效的传播模式。

（三）平台化：开放、协同生产模式的再造

平台化是指在一个基础架构上，通过模块化和标准化设计，实现多个产品或服务的共享和复用。智能媒体的平台化是一种综合性的过程，遵循互联网传播的特性和规律，对传统媒

体的技术设施、组织结构、制度体系等进行重构,其核心目的是通过共享基础架构和模块化设计,减少成本、提升效能,实现用户和新闻产品的快速链接、共享和多样化拓展。在过去十多年的中国媒体融合进程中,编辑部已经成功实现了平台化转型,从技术功能上进化为联结广泛社会资源的"平台"。

目前,各种平台因其出色的社交服务和信息整合能力,逐步演变成了信息收集、分发和传递的关键节点,它们是社会资源和数据的汇聚之地,也推动了传媒行业的进步。新技术革命催生的大数据分析技术使人们获得了海量数据,这不仅是一种全新的认知方式和思维模式,更是一场重大变革。报纸、杂志、广播和电视等传统的信息传播渠道正逐渐被边缘化,而微博和微信等社交平台正日益成为人们喜爱的信息发布渠道。互联网时代的到来使得媒体之间的竞争日趋激烈,媒体融合已是大势所趋。

平台化的发展趋势对媒体编辑部和新闻编辑产生了深远的影响,媒体编辑部因平台化而具备出色的社会服务和信息整合能力,编辑部从传统新闻生产的后台变成了信息收集、分发和传递的关键节点,它们是社会资源和数据的汇聚之地。新闻编辑从持有自上而下、单向支配权力的信息"把关者"转变为新闻资源的"策展者"。通过平台构建,媒体编辑部转变为开放和合作的资源汇聚池,编辑理念和方法发生全面变革。那些在内容制作和传播方面具有显著影响力的主流媒体,通过打造平台,重新塑造了编辑部的生产、传播和运营模式,恢复了过去的辉煌。

我国的媒体平台中,生态级媒体平台和内容类平台最具代表性。生态级媒体平台是一个多功能的平台,通常是由中央或省级媒体集团主导,地方媒体参与构建,其主要功能包括信息发布、互动交流、数据采集和数据分析等。例如,浙江日报报业集团打造的"互联网枢纽型媒体平台"利用新闻传媒、数字娱乐和智慧服务所生产的产品,构建了内容数据库和用户数据库,同时,浙江日报报业集团在此基础上构建了以新闻信息采集发布系统、互动交流系统和社交化系统为主线的媒体服务平台,为用户提供了丰富多样的服务。内容类的平台致力于整合和分发新闻资讯以及娱乐相关的内容。还有以"大数据"技术为基础构建的内容类平台,如南方报业传媒集团的"南方+""中央新闻移动网"等新闻资讯平台,以及"芒果TV"娱乐平台等。

随着传统的线性和组织化的编辑部生产方式逐渐被淘汰,构建一个开放、合作、分散和社会化的生产和运营平台将成为媒体编辑部未来发展的关键。媒体编辑部作为新闻信息传播的重要渠道和载体,其作用与地位愈发凸显。尽管这一过程充满挑战,但其深远的意义不可忽视。

(四)移动化:瞄准移动终端重构用户链接

移动终端成为智能传播时代信息获取的主要工具,为"浅阅读、轻阅读"内容的传播创造了条件。移动媒体以其独有的优势吸引着越来越多的用户。随着移动设备和移动应用的普及,"移动优先"已经成为当前媒体信息传播的关键策略。智能媒体编辑部的移动化并不是简单地将原本固定平台的功能和内容进行迁移,或是将定时定点静态传播变为随时随地动态传播,而是要进行系统各要素的全新整合。

　　过去,报纸、广播、电视等传统的传播媒介是基于特定形态、特定时间的固定传播媒介,在媒体融合过程中,移动优先催生了移动传播平台。在移动智能设备的普及下,媒体编辑部打造了基于移动智能设备的媒体产品。

　　在传统媒体时代,广播电视的核心优势在于对现场的再现能力,编辑的主要作用是通过对机位的排列、对画面的剪辑,使新闻现场变成经过精心组织编排的影像作品,编辑的过程是对现场元素和信息的挑选和再构造过程。观众与现场的关系只是对二维画面的"观看"。而智能编辑部的移动化,旨在让用户"进入"新闻事件现场,通过各类移动智能终端设备让用户有一种"在场感",让用户从自己的主观视角来观察现场。因此,智能编辑部作为新闻生产的主导者,必须运用最新的智能技术以应对移动客户端的发展趋势,并重新建立与用户的连接。移动化平台能够收集和整合传统媒体的大量信息,进行精确地推送,用户接收信息的方式和途径得以改变。

　　我国媒体在"编辑部前移"的基础上进一步推进了编辑部移动化建构。例如,《法制晚报》在休刊后转型打造"北京头条"融媒体客户端,《新京报》除新闻客户端建设外,形成了包括微信、微博、短视频平台在内的传播矩阵。山东广播电视台的"闪电新闻"客户端把节目中的部分内容加工成适合移动端碎片化传播的短视频,并与电视节目联动,形成了移动传播矩阵,提升了节目群的影响力。央广推出的聊天交互式新闻阅读APP"下文"颠覆了传统资讯客户端的样态,它基于用户移动化、交互式需求,向用户推送精编的定制新闻。"央视新闻＋"是一个以移动直播为主的智能客户端,由央视新闻中心一个主要的编辑部门——新媒体新闻部来运作,由移动直播、记者视频回传、用户上传等多个系统构成。记者现场的采访、拍摄、编辑、传输等都可以通过这个APP完成,是一个典型的集移动编辑部和移动客户端于一体的聚合平台。

　　我国的编辑部移动化建设仍处于探索阶段。移动化具有信息获取快捷、便利等优势。随着人工智能技术不断进步,移动化在新闻内容的编辑、新闻产品的制作以及用户连接的重构方面将扮演更为重要的角色。

二维码 8-1
智能媒体编辑部面
临的优势和挑战

三、编辑部的演变

　　从传统广播电视到视听媒介,再到智能化媒体,新闻生产机制和产业格局正不断发生着变化,媒体编辑部的定位、作用、功能也随之改变。在广播电视垄断视听新闻生产的时代,编辑部的主要工作是辅助、配合新闻采访部门。随着互联网媒体的崛起,大数据、人工智能等新技术为视听新闻生产注入了新的生机,编辑部从边缘走向中心,成为资源聚合和分发的核心部门。

(一)传统广播电视新闻的生产机制:从编辑部到大编辑部

　　在广播电视媒体内,新闻生产机制演进的焦点就是编辑部地位的变化。如前所述,编辑系统既是广播电视新闻生产前后期环节的重要部分,也承担着对整个新闻生产资源的配置和产品整合、播出乃至效果评估等工作。因此,编辑系统地位的提升是新闻生产机制成熟的重要标志。

广播电视新闻业发展到今天,经历了从节目时代到栏目时代再到频道时代的过程。早期的电视节目每天仅有几个小时的播出时间,其余大段的时间是未被开发的空白时段。这与技术限制、理念落后、人力不足、设备稀缺等问题密切相关,整个行业资源匮乏,生产能力低下。"早期的电视就像一条干涸的河床,节目不能保证源源不断,大部分时间处于断流状态,那时的电视是不可能实现频道化和栏目化的"①。对于电视台来说,所有的资源和生产力只足够服务特定几个节目,电视播出也只能围绕某个节目进行排列管理,节目的内容、时长并不稳定,且播出的时间也并不固定。在产能不足的情况下,编辑系统除了处理简单的事务性工作,还要负责将记者采访获得的内容进行简单改编后组织播出,缺少开展创造性工作的机会和空间,因而在与前期采访系统的关系中处于弱势。

20世纪末,广播新闻媒体栏目化和频道化潮流的出现是新闻生产能力提升的必然结果。"电视的发展史,其实是一个时段的开拓史。"②广播电视行业创造价值,就是遵循"以时间为纽带的价值生成模式"③。广播电视作为依时间序列线性播出的媒介形态,节目时间固定,内容稍纵即逝,其中,"时段"作为嵌入频道逻辑的传播承载中介,以约会式观看凝聚了观众的注意力,而这些注意力资源是广播电视进行二次售卖的关键"商品"。基于这一逻辑,对时段的开发是广播电视行业将内容价值转化为商业价值的必由之路。④这一逻辑的直接体现就是栏目化和频道化运营。在资源丰富的情况下,与专注微观节目、以个体化生产为主的采访系统相比,处在资源汇聚焦点、具有宏观视野的编辑系统的地位显著提高。

1.编辑部模式

随着节目资源和播出时段资源的日益丰富,编辑部在新闻生产系统中获得与采访部门同等规模的部门设置。

在20世纪90年代,中央电视台的节目《东方时空》的播出标志着中国电视新闻行业开始了一次深刻的改革。这场改革不仅使电视节目形态发生改变,而且还催生了一批全新的电视媒体——电视频道和栏目。随着电视新闻在社会上的影响力不断增强,电视台的新闻节目每日播放数量呈倍数增长,众多的新闻节目也随之涌现。

随着媒体竞争日趋激烈,"内容为王"成为新时期电视节目发展的主流趋势。电视新闻的制作已经从"节目"的时代进化到了"栏目"的时代。从这个意义上讲,栏目已经成为电视新闻生产不可或缺的组成部分。得益于特定的栏目,编辑在电视新闻制作过程中的地位显著提高。从某种意义上讲,电视媒体的生存和发展也离不开编辑工作的参与。编辑一方面期望能够挑选出与本节目的风格和定位相匹配的内容,并根据他们的期望进行相应的调整;

①　孙玉胜.十年:从改变电视的语态开始[M].北京:人民文学出版社,2012.

②　陈立强.电视频道的本体阐释与传播研究[M].北京:新华出版社,2007.

③　周勇,何天平,刘柏煊.由"时间"向"空间"的转向:技术视野下中国电视传播逻辑的嬗变[J].国际新闻界,2016(11):145.

④　周勇,倪乐融.拐点与抉择:中国电视业发展的历史逻辑与现实进路[J].现代传播(中国传媒大学学报),2019(9):7.

另一方面,又要求自己能够将各种不同类型的节目素材进行有机组合,从而实现电视新闻节目的整体优化和创新。

有了栏目这一平台,编辑就能够更好地掌控电视新闻的制作与播出。随着电视新闻行业的进步,节目版面逐渐成为稀缺资源,对于记者来说,无论哪个节目都能顺利播出的时代已经成为过去。在这种状态下,编辑要能够根据节目的具体需求,引导记者量身打造符合受众期望的内容,并确保这些内容能够在合适的时间播出,这能够减轻记者自行采集新闻的选题压力。记者与编辑要进行合理分工,记者是新闻事件发生时最直接的参与者,编辑则负责将新闻事实传达给受众(见图8-1)。在这个过程中,编辑与记者之间的关系逐渐从"主从"的模式转变为"合作"的模式,这使他们在工作中保持了相对的"平行地位"。

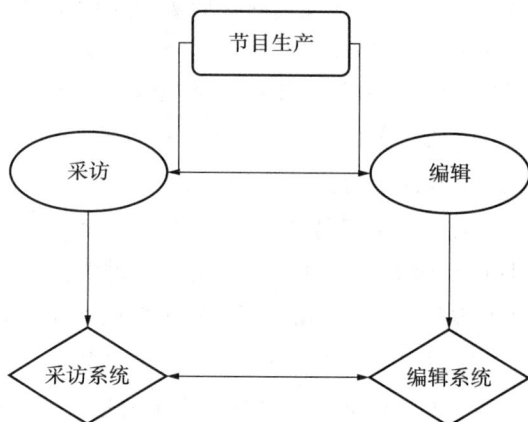

图8-1　编辑部模式:编辑系统与采访系统相互协作

编辑的地位的改变后,编辑工作的内容也相应发生了变化,主要表现在以下几方面。

(1)简单改编—深度改造。

在节目的处理方面,编辑的职责不仅限于对文字进行简单的修改,同时也需要根据栏目定位进行针对性的改造。

(2)被动接收—主动策划。

在稿源的组织方面,编辑不再像过去一样被动接收采访系统提供的信息,开始根据自己的编辑意图主动策划并调动采访系统资源制作节目。

(3)串联播出—编排播出。

在节目播出方面,编辑不再是对素材进行简单的串联,而是要进行编排,将分散的节目整合为内在紧密关联、重点突出、富有节奏的栏目。

在这些转变过程中,"编辑思维"这个概念得到强化。在广播电视媒体竞争激烈的时代,电视节目策划已成为电视台发展战略的核心环节之一。编辑的传播意图贯穿于单个节目的改编、组织以及整体栏目的编排之中。从这个意义上讲,"编辑思想"是编辑的栏目策划能力和制作水平的一种综合体现。相较于记者只专注于单个节目的制作,编辑部需要通过编排与设计,将多个节目有机融合,使节目作品显得更有传播力。这也是编辑部模式的精髓。

2. 大编辑部模式

编辑部模式使编辑系统获得了与采访系统平等对话和合作的机会,然而,这种基于平等的合作方式并未从根本上解决广播电视新闻制作在组织架构上存在的前后流程割裂的问题。在传统的模式中,广播电视新闻的制作流程主要被划分为前期的采访和后期的编辑这两个核心环节。在整个新闻生产流程中,前期采访是最重要的一环,而后期编辑又是连接前期采访与后期播出的关键节点。尽管这两个环节在某种程度上是相互连接的,但由于它们之间的位置相对独立,它们之间的沟通存在一定的障碍。

在这种情况下,记者与编辑双方都会因为各自对新闻事件的认识不同而产生一定程度上的认知偏差。在新闻生产的前后阶段出现的断裂可能会导致原本应当顺畅的新闻制作流程受到阻碍。因此,为了使整个新闻生产活动有序运行,必须对这一问题进行深入思考与探索。编辑不愿意采纳记者制作的内容,记者觉得有价值的信息编辑没有得到重视等,这些矛盾导致了新闻制作的混乱和资源的巨大浪费。

随着广播电视新闻步入频道时代,解决相关问题的需要愈发紧迫。频道体制旨在从更高层面整合并调配资源,以促进整个新闻体系的协同作业。广播电视频道的构成基础是具体的栏目与节目,在缺乏更高层次协调机制的背景下,除了采访与编辑系统面临的挑战外,新的问题也随之浮现:在编辑系统内部,栏目间界限分明、各自为政的现象时有发生。与采访系统并列的编辑部,显然难以独自应对上述双重难题。

在当前的情况下,建立一个基于整体新闻生产体系、能够超越过去和现在的协调机制变得尤为重要。为此,一种新的"协同机制"——"媒介联盟机制"逐步诞生。在此机制之下,作为"供应商"的前置系统、作为"采购者"的后置系统以及作为"分销商"的各个部分,都将在一个统一的平台上进行合作,确保各方的意愿在此得到完整的体现。这就是"协调"机制所体现的价值取向。当然,要使这个机制真正实现其"协调"功能,必须让它在某种程度上拥有"决策权"。那么,这种协调机制的创设需要注意哪些问题呢?

首先,新闻生产系统必须进行内部生成,只有这样,它才能真正理解新闻生产的规律,并将自己的决策与新闻生产过程紧密结合,避免出现"乱点鸳鸯谱"的情况。

其次,该机制必须拥有全面的视角和掌握整体情况的能力。只有具备这样一种素质,新闻报道才会有较高的质量。在新闻生产系统的两大核心组件——采访系统和编辑系统中,编辑系统显然在这一方面更有优越性。可以说,编辑是新闻生产最重要的组织者,其地位举足轻重。编辑的工作方式与记者有所不同。他们长时间处于团队合作和协同作战的模式下,所有的工作都是基于栏目这一平台来进行的。栏目本质上是多个节目资源的集合。编辑在整合和播出栏目的过程中,每天都需要调用各种系统资源来完成任务。这种工作方式也进一步凸显了编辑在宏观视角和协调能力上的优越性。

综合以上两方面的因素,从传统的编辑系统中衍生出的协调机制是一种现实可行的方案,也就是大编辑部模式。所谓大编辑部,就是在传统编辑系统基础上建立的一种中控系统,编辑以这个系统为中枢展开新闻节目生产。在这样的组织结构中,编辑的职能呈现不同的方向:其中一部分是传统的节目改编、编排和播放等,这可以被视为"事务性"的编辑功能;

另外一个环节是对新闻生产流程进行全面的规划和调度,这可以被视为一种"调度性"的编辑能力。在实际操作过程中,负责"事务性"任务的编辑主要以栏目为工作平台,而负责"调度性"任务的编辑则是在整个新闻系统的基础上进行工作(见图8-2)。

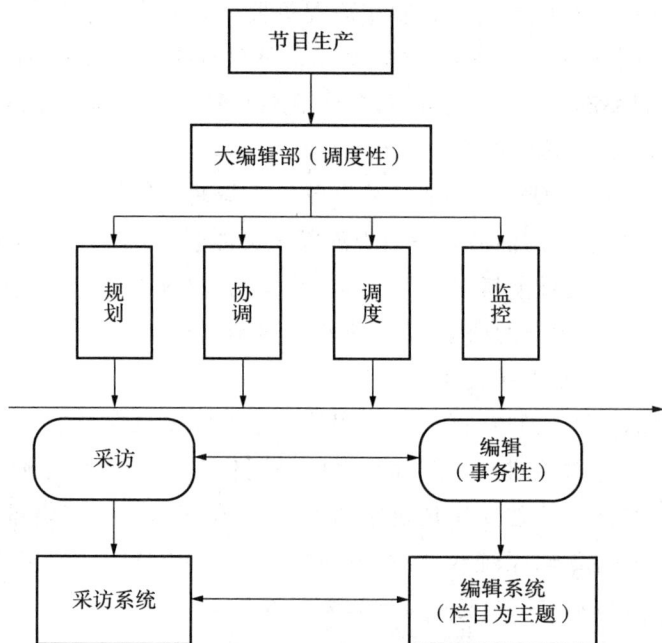

图8-2　大编辑部模式:新闻生产系统的资源整合与调度

"调度性"编辑的作用主要体现在以下四个方面。

(1)规划。

对新闻制作进行全面的策划,不仅包括对当日新闻的短期策划,还有对未来报道焦点和发展方向的中长期规划。

(2)协调。

在新闻生产的协调过程中,可能会遇到各种矛盾。这些矛盾可能是由不同的系统产生的,也可能源于一个系统。例如,新闻现场出现了多个本台的台标,这很可能是因为选题没有得到协调,导致本台的多路采访系统重叠,而造成资源的浪费。

(3)调度。

在面临重大的新闻事件时,编辑应以新闻生产系统为基础,动员各种资源进行全面报道。

(4)监控。

编辑要对新闻的生产流程和传播效果进行持续监控,并及时提供相关系统的调整和优化的建议。例如,当类似汶川地震、新冠疫情这样的重大题材出现时,媒体之间的竞争变得尤为激烈。因此,需要有一个协调系统来持续监控本媒体和其他竞争媒体的报道趋势,并及时为本媒体的相关系统提供改进建议。

大编辑部以全新的思维方式构建了一个完整的运作体系,成功摆脱了传统作坊式生产模式中的碎片化和混乱现象,它根据现代新闻生产的模式来明确其中控系统的功能定位,从而实现资源的高效分配和系统的有序连接。大编辑部是一个复杂的系统工程,具有宏观性、全局性、整体性、预见性等特点,它就像一个"大脑",能够准确把握新闻系统的未来发展方向,并在战略层面进行全面的规划。在确定战略方向的同时,大编辑部在战术层面也承担着统筹和调度的重要职责。例如,在涉及重大新闻事件或超出系统常规操作的特殊报道中,大编辑部起到了协调全局的重要作用。它不仅仅是一个"枢纽",更是确保新闻系统顺畅运行的关键协调机构,既在新闻系统中充当重要的子系统,又与其他子系统存在着密切的关联。

(二)视听新闻生产机制的变革:基于新媒体技术的智能化编辑部

随着编辑部地位的提高和功能的丰富,在传统的广播电视新闻系统内部,采、编系统逐步融合。从编辑部到大编辑部的机制演进体现了一以贯之的逻辑:通过机构分工与调整,实现新闻系统内部资源的合理配置,实现最佳运行效果。然而,随着互联网新媒体的发展,媒体的生产机制已不单是媒体内部的问题,也不单存在于采访与编辑之间,还受到诸多其他因素的影响。面对视听新闻生产的新技术、新模式、新竞争环境,这种旨在解决新闻系统内部问题的机制呈现越来越多的局限,主要体现在以下方面。

1. 内容供给不足

自生产的模式无法满足互联网传播需要的海量内容供给。

2. 用户需求难以精确定位

传统的广谱式的生产模式无法满足互联网时代用户的个性化需求,无法提供多元接收渠道。

3. 传播效果无法及时反馈

传统的收视率调查、用户座谈、来信来电来访等互动手段难以快速精准地评估传播效果,也无法及时调整改进后的新闻生产。

以上问题,在以人力为主的传统新闻编辑部内部无法做到全面有效地解决。在视听新闻业竞争尚不激烈、用户选择有限的时代,这些问题并不突出。但在新媒体技术的冲击和新型业态竞争、用户主体意识空前强烈的情况下,传统视听新闻生产机制逐步暴露出一些局限,一些基于互联网新媒体技术和逻辑的新型生产机制开始出现。"AI编辑部"是近年来主流媒体在编辑部智能化转型中摸索出的重要模式。人民日报、新华社、中央广播电视总台等中央媒体,以及封面新闻等地方媒体都建设了智能媒体编辑部,将技术创新有机融入媒体编辑部组织架构中,从内容生产、资源调配、媒体经营等不同层面为媒体发展增添了强劲引擎。

人民日报AI编辑部的迭代转型就反映了智能编辑部不断演化的过程。人民日报社先后对其AI编辑部进行了多个版本的迭代,并根据人民网采编一线的运用情况不断进行调整。

2020年两会期间,人民日报AI编辑部首次亮相。此时,人民日报AI编辑部的技术融合了人工智能的"看""听""悟""审""查"等方面的能力,不仅在第一时间为一线记者提供相关资料,也在审查稿件错误、新闻采集和生产等环节发挥了重要作用。

2021年两会期间,人民日报AI编辑部迭代更新,形成了"2.0版本",增加了云上精编、智能审核、智能海报、多模搜索、一键特写五个创新功能,充分运用5G技术和边缘计算技术,保证了音像、影像等大容量数据的传送,进一步强化了AI编辑部在人民日报全媒体生产上的应用。

2022年两会期间,紧扣移动化、视频化、智能化的媒体技术发展趋势,AI编辑部升级到"3.0版本",新增编辑移动端、5G全媒体生产、事实核查辅助、视频加密暗水印、智能会议纪要、一键生成视频、Cloud ME等辅助性技术,并运用5G技术连接采访前后方,用AI技术直抵新闻报道一线。

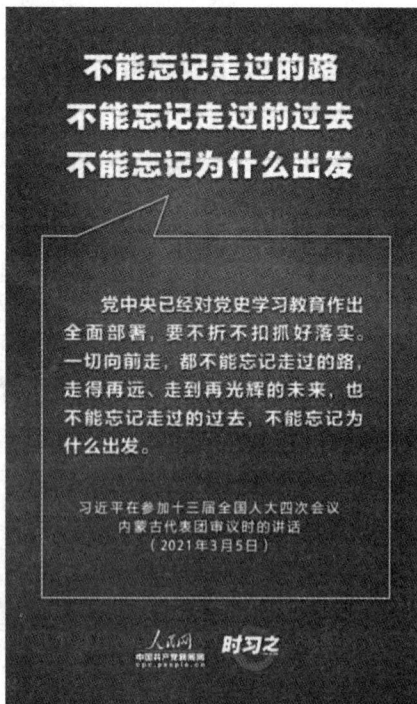

图8-3　人民网"时习之"专栏

【案例8-1】

"时习之"栏目

产品类型:AI编辑产品。

制作机构:人民日报社。

案例内容:

在"AI编辑部"的推动下,人民日报社推出不少衍生技术和产品。比如,人民网将"AI编辑部"与传统数据库技术融合,形成了新的产品,"时习之"专栏(见图8-3)就是其中的典型。该专栏从"习近平系列重要讲话数据库"思路出发,收录了习近平总书记系列讲话重要内容,并将其接入互联网。该专栏运用"AI编辑部"的深度学习语义分析技术,将"数据库"升级为"大脑",在可感知、可运用的前提下为受众提供学习平台。同时,人民网又充分运用既有的媒体融合成果,将"时习之"内容延伸到"学习大国"微信公众号,大幅缩短了与受众之间的距离,实现了更"进一步"的传播。作为"时习之"的延伸触角和内容二次传播阵地,"学习大国"推出了大量成体系、多层次的学习资料包,如领导人讲话原文、重点书目导读、权威专家解读等,借助移动化、社交化传播模式实现了与受众的深入交流,强化了生产者与受众的传播连接。

第二节 打造智能视听媒体编辑部

当前,我国媒体正进行新一轮智能化变革,在这场变革中,传统广电媒体面临着前所未有的机遇与挑战。面对挑战,传统广播电视媒体必须做到"内容更为丰富,形式更为便利",并积极推动组织结构优化和资源整合,才能在竞争激烈的环境中找到生存的空间。当前,传统媒体要想突破重围,需要实现从"信息提供者"向"信息策展者"的转变。从当前情况来看,传统媒体平台与智能媒体之间还存在差距。如果只是简单地对传统的媒体平台进行技术叠加,而不能进行思维模式的转变和体制机制的深度融合,就难以适应智能媒体发展趋势。

一、组织架构

(一)"中央厨房"式全媒体报道平台

"中央厨房"最初指一些连锁餐饮企业集中采购、集约化生产半成品或成品的生产场所。随着互联网技术发展,"中央厨房"理念被迁移到媒体融合领域,成为一种媒体资源组织和调度模式。新闻传媒行业的"中央厨房"的运作模式大致是这样的:首先,记者收集的信息被整合到全媒体数据库中,然后媒体内的各平台根据实际需求对这些信息进行二次处理,从而创造各种不同形态的新闻内容;其次,编辑人员将稿件按主题分类,形成不同形式和风格的新闻报道作品,并在一定范围内流通发行;最后,编辑根据传播介质的特性、传播的速率和需求,将新闻报道作品分给各种不同媒介进行发布和传播。"中央厨房"不仅能够为用户提供多样化、个性化的服务,还能在一定程度上降低新闻生产成本。通过集中化的内容制作,"中央厨房"可以实现新闻信息的多层次开发,从而提升传播效果,降低传播成本。

"中央厨房"模式是传统媒体进行深度媒体融合和资源整合的一种新机制,它对新闻产品的形态,采编发的生产流程和生产方式,媒体的组织结构、管理考核和盈利模式等方面进行了全面的重构和重塑。"中央厨房"的核心思想可以概括为:一体化的策划、一次性的数据采集、多样化的内容生成、多样化的信息传播、全天候的信息滚动以及全球范围的覆盖。

人民日报"中央厨房"是国内新型编辑部的建设模板。人民日报"中央厨房"是运用云计算技术,把人民日报社全媒体新闻平台项目(中央厨房)打造成资源互联互通、业务转型升级的重要载体。中央厨房通过一个大厅(全媒体新闻大厅)和三大系统(全媒体生产管理系统、媒体超市、媒体融合云平台),为人民日报社的融合发展提供全面的技术支撑和业务承载,成为人民日报社新闻生产的"大脑"和指挥中枢,有效破解了"两张皮"问题。

"中央厨房"模式的主要功能在于以下几个方面。

(1)激活媒体内部的生产能力,允许传统媒体与新媒体的记者、编辑、主持人和制作人等进行角色的自由转换,从而培养融媒体时代的"全能型记者"。这不仅为传统媒体和新兴媒体的工作者提供了一个共同工作的平台,还为他们之间的交流和协同工作创造了便利条件。同时通过建立"信息平台+互动平台"的融合式组织架构,"中央厨房"将全行业的资源进行整合和优化配置,提升了整个传媒系统运作效率。

（2）采用智能化采编流程的目的是提升采编工作的效率,并智能地分析目标受众的行为以及特定的舆论环境（社交媒体）,实现从传统采编到全媒体采编再到智慧化采编的推进。

（3）在业务方面,将各个部门的"分灶吃饭"模式转变为"中央厨房"模式。传统采编人员被重新定义为指挥官、信息员、采集员和加工员等角色,目标是形成并运用新闻产品生产的"一体化策划、一次性采集、多样化生成、多元传播、全天候滚动和全球覆盖"的高效运作模式。

【案例8-2】

人民日报"中央厨房"

人民日报"中央厨房"（见图8-4）根据时政、军事和国际等多种题材,设计了各种融媒体产品,旨在满足和适应读者的阅读喜好和习惯。

在组织架构上,人民日报"中央厨房"打破了过去媒体的板块分割的运作模式,专门设立了总编调度中心和采编联动平台,统筹采访、编辑和技术力量,发挥集中指挥、高效协调、采编调度、信息沟通等基本功能。在技术上,"中央厨房"由6个功能模块组成,包括:内部用户管理系统、互联网用户管理系统、传播效果评估系统、可视化产品制作工具、新媒体内容发布管理系统、报纸版面智能化设计系统。

为提升内容质量和产品的多样性,最大限度地激发媒体人的创意,创造更大的内容价值,人民日报社建立了融媒体工作室,鼓励报、网、端、微采编人员按兴趣组合,进行项目制加工、资源嫁接、跨界生产,充分释放全媒体内容生产能力,这也是"中央厨房"从重大事件报道迈入常态化运行的全新尝试。

图8-4　人民日报"中央厨房"

（二）核心支撑技术

打造智能视听媒体编辑部的重要驱动力是技术。智能视听媒体编辑部必须依赖技术的力量,让技术发挥引擎作用,打造具有核心竞争力的技术支撑。

从目前来看,智能视听媒体编辑部的核心支持技术首先是大数据技术。大数据技术通常被用于分析和处理海量数据,帮助媒体更好地理解用户需求和行为模式。通过大数据分析,智能视听媒体编辑部可以优化内容推荐和分发策略,提升用户体验感和满意度。例如,智能视听媒体编辑部可以利用大数据技术构建用户画像,实现个性化内容推荐,从而提高新闻报道的全时性和即时性。因此,媒体要建立数据驱动发展战略,以用户为中心,以增长为导向,用数据驱动AI开发、产品迭代、用户运营、安全保护、收入增长、组织变革等工作,建立数据驱动文化,最终以数据驱动收入增长。

其次要开发和利用人工智能技术。人工智能技术已经成为推动新一代科技变革和产业转型的关键动力。谁能在智能技术领域取得领先地位,谁就有可能掌握媒体变革的主导权。人工智能技术在智能视听媒体编辑部中扮演着核心角色。运用AI技术,智能视听媒体编辑部可以实现新闻内容的自动采集、写作、编辑、分发、反馈,还可以实现智能采集、用户分析、图像识别和语音合成等。此外,AI技术还应用于写作助手、AI绘画、对话式新闻生产等领域,进一步推动了智能传播时代的发展。

再次是云计算技术,云计算技术为智能视听媒体编辑部提供了强大的计算和存储能力,支持大规模数据处理和实时分析。通过云计算,智能视听媒体编辑部可以快速响应市场需求,实现资源的灵活调度和优化配置。

编辑部智能化的过程是技术驱动的动态过程,随着技术突破,智能视听媒体编辑部还将推动新闻生产流程全方位的变革。

（三）创新形态

"人机协作、以人为主"的理念贯穿于智能视听媒体编辑部的生产全流程,编辑部在"智能采集-智能加工-智能审核-智能分发-智能反馈"的全环节、全链条中充分运用人工智能技术,全方位提升了新闻生产和信息传播的效率。

新华社"媒体大脑"是一个以编辑部为核心的智能化媒体平台。2017年12月,新华社发布了名为"媒体大脑"的国内首个智能化的媒体制作平台,并成功制作了第一条机器生产的视频新闻。2018年12月,"媒体大脑"推出了新版本——"MAGIC短视频智能生产平台"(magic.shuwen.com)。MAGIC是由MGC(机器生产内容)和AI(人工智能)两部分组成的。这个平台融合了自然语言处理、计算机视觉和音频语义理解等多种人工智能技术,并将这些技术应用于新闻生产的全链条中。作为国内首个基于区块链技术创造的智能媒资平台,它通过构建一套完整的媒体融合框架体系,实现媒资从采编到分发整个过程中的全面数字化转型升级。MAGIC平台通过深度理解媒体场景,并运用大数据处理、人脸识别、语音识别等智能技术,对非结构化的文本、图片、视频等媒资数据进行处理,建立了一个高度智能化、标签化的媒资平台。同时新华社通过多模态融合的信息交互体系的构建,实现融媒体报道中多种模式的互动传播与协作,提升了用户体验及产品转化率。

2019年11月,《媒体大脑3.0融媒中心智能化解决方案》正式对外公布,"媒体大脑"推出"AI洞见"系列方案,用算法计算新闻数据。"AI洞见"实践的初衷是利用人工智能技术解读体育赛事内容,实时捕捉球场上的精彩瞬间,为用户提供由人工智能增强现实技术辅助的实时回放体验。在世界杯期间,"AI洞见"可以实时进行全自动识别并提取射门镜头,通过可视化效果剖析球场态势,大幅提高球场高光时刻视频的制作效率和质量。

二、编辑——报道流程的核心

从根本上说,智能视听媒体编辑部的成功运作的关键在于新闻工作者对内部和外部资源的开发和利用。新闻编辑作为新闻活动的关键参与者,肩负着资源开发、生产创新和理念升级的重任。编辑是整个智能视听新闻报道流程的核心,上到高屋建瓴的总体规划,下到每个环节的调度、落实与审核,编辑都起到重要的作用。

(一)内容策划的总指挥

策划是编辑的重要创造性活动,在智能媒体时代尤为如此。编辑在策划工作中占据核心地位,是新闻内容策划的总指挥,编辑要在广泛掌握社会需求、用户心理、行业动向等信息的基础上策划优秀选题,确定策划的核心内容和重点方向,这决定了策划的整体效果和成败。编辑可以通过对文案等内容的编辑和整合,提高策划内容的质量和效果,使新闻产品更具吸引力和影响力。编辑还需要具备良好的文字功底和审美能力,能够优化策划内容,确保新闻产品能够准确传达策划的核心理念和价值观。

编辑的策划力是编辑的生命线,编辑要在广泛占有信息的基础上,发挥创意和创新能力,发掘有价值的选题,组织新闻内容生产,确定后续的分发推广计划。

(二)内容资源的总调度

编辑通过大数据技术对用户需求、认知态度以及行为特征等进行分析研判,依据点击率、转发量、停留时长、关键词等数据,在明确目标用户画像后进行精细化的内容生产与再生产。

智能视听媒体平台的信息筛选与信源、稿源推荐系统,能够确保稿源素材被合理地接入、管理、选用,实现对音频、视频、图像、文字等多种类型的信息综合处理;编辑可以同时使用智能化的语义分析、场景识别等人工智能技术,实现个性化的智能稿源推荐、主动式栏目素材推送。编辑还可以基于智能化的信源、稿源推荐系统,选择、加工、调度信息内容,从而进行内容的生产与再生产。

例如,中央广播电视总台的"人工智能编辑部"每天的数据采集量超过20亿条。面对海量数据,编辑可以借助大数据分析和算法处理优势,实现信息资源的有效分析、调度和加工,从而有效提升媒体的传播力与影响力。此外,编辑通过大数据分析,将各类数据进行有机整合,形成一套完整的新闻生产体系,使整个采编流程更加集约高效。

最为关键的是,得益于 AI 技术的支持,"人工智能编辑部"具备了进行媒体感知计算的能力,这为新闻生产力最大化以及新闻信息的精确调配和推送提供了坚实的基础。同时,通过大数据分析,编辑还能将各种新闻线索和报道内容进行关联分析,从而进一步提升用户对于新闻事件的认知程度。

（三）新闻素材的审核

智能视听新闻生产的供给侧非常丰富,机器完成了大量新闻素材的挖掘和采集工作,编辑对新闻素材进行审核的职责显得更重要。首先,编辑需要研判信息素材的来源,加工、重组信息内容。在信息流量有剩余的智能媒体时代,信息分类选择和分析研判工作量不断增加,其次,智能化审校系统可以助力编辑审核把关内容。基于机器学习、大数据、知识系统和专家系统的智能审校系统,能够在审核环节助力编辑把关信息内容,完成技术上和形式上的审核,节省时间成本、提高审校质量。例如,2019年,新华社将自主研发的内容智能检校机器人"较真"嵌入新华社的内容采、编、发系统,编辑点击"拼音检查"进入"智能检校",即可对稿件内容进行校对审核。该系统不仅具备传统的易混淆字识别、内容规范表述等功能,还可以实现人名自动识别、语言语法使用、语义搭配理解、知识辨别、逻辑搭配、日期规范等功能,辅助平台编辑对内容进行把关。

（四）智能视听新闻策展的把关

智能媒体的发展和编辑角色的转变,使编辑成为智能媒体新闻策展的把关者。"策展"一词来源于艺术领域,意指在艺术展览中通过对展品的收藏管理、组织维护、编排架构,实现展品的艺术价值。新闻策展人运用多种内容整合技术,依据时间成果、因果逻辑等碎片化信息形成新闻"故事包"。智能编辑部以"（数据）导引＋（算法）集成＋（平台）分发＋新闻专业主义审核"完成对选题企划、素材提炼、组织加工、分享发布及后续反馈等五个阶段的新闻策展。从功能角度来看,智能媒介与传播"策展"通常被理解为一种对各种围绕中心主题的"人工制品"的评价、挑选与呈现。新闻生产从封闭式筛选走向开放式呈现,编辑视角在不断转换,"新闻策展"也成为职业新闻从业者的角色转型方向。

（五）智能化新闻体验需求的响应

在智能媒体时代,新闻生产正在经历一次重大的变革,新闻体验向智能化方向发展。随着互联网技术的发展以及移动终端普及程度的不断提高,用户获取信息的方式越来越多样化。从传统媒体到新媒体,再到智能视听新媒体,用户接收和阅读信息的习惯已经发生了显著变化,沉浸式的体验逐渐替代过去的逻辑性思维,这使得用户对信息可感知性的需求变得愈发强烈。智能视听媒体编辑部是用户体验需求的直接响应者,在策划、生产、发布、反馈等各环节,智能视听媒体编辑部通过智能技术获取用户需求,并以此指导新闻生产全过程。在信息的生成和传播过程中,编辑需要高度重视用户的感官和认知体验,并通过对智能技术的运用,为用户提供智能化体验。

二维码8-2
智能媒体编辑的素养与能力

【案例8-3】

AI帮你找

产品类型：人工智能编辑部产品。

制作机构：中央广播电视总台。

案例内容：

"AI帮你找"是央视网联合百度智能云打造的智能编辑产品。在视频运营中，如何挖掘视频价值点，创新内容表达，是编辑们最关注的问题。编辑运营视频内容的传统方式，一般是手动为长视频内容分段，给视频打标签、起标题，再推送给C端用户。百度智能云联合央视网打造的"AI帮你找"，采用视频多场景个性化应用的方式，将人脸识别、文字识别、自然语言处理、知识图谱等人工智能技术进行结合，再根据不同类型视频的规律和特点，自动解析视频中的人物标签、诗词标签等。编辑只需要微调就可以给用户提供更多有价值的内容，解放编辑人员的大脑。

实　训　项　目

一、实训内容

（1）利用课上或课后时间，拓展学习智能视听媒体编辑部案例，小组内互动讨论，从选题、分工、结构以及栏目编辑构成等具体细节展开分析，直观地了解一期智能视听新闻报道节目的编辑过程及注意事项，为接下来的实训任务做好准备。

（2）分组实践：自主分组构建模拟编辑部，以编辑部为单位寻找合适的主题开展智能视听新闻专栏节目的编辑制作，尝试运用智能媒体技术。

二、实训要求

（1）提前熟悉指定的实训教学资料，了解相关的新闻背景，并以此展开选题策划和编辑制作。

（2）收集报道主题相关的采访对象信息或新闻素材，并确保信源的多样化，以增强报道的客观性。

（3）内容编排要符合当下智能视听新闻的特征，尝试运用智能媒体技术，兼顾视听新闻节目的时效性和互动感。

（4）全员参与，以编辑部（小组）为单位提交作品。

三、实训设备

（1）电脑、手机等可查阅资料的设备。

（2）摄像机或单反相机、手机等拍摄设备。

四、实训考核

（1）提交完成的作品：以编辑部为单位提交一份智能视听新闻节目或专栏编排方案。

（2）提交个人总结：在完成小组作业后，撰写个人总结。教师通读并签写评阅，指出其中存在的问题,提出改进意见。

个人总结须包含如下内容:节目的编辑理念是什么?作品编辑(编排)遵循什么逻辑,编辑发挥了什么作用?与编辑个人相比,智能视听媒体编辑部有何优势?智能技术的运用如何体现?编辑部内是否合理分工以及有何改进意见?在本次节目编辑(编排)中,自己承担的主要职责是什么?为完成职责,自己做了哪些工作?对自己的评价。

(3)作品汇报交流,小组互评+教师点评。

五、实训材料

武汉马拉松(见图8-5)是经世界田径(WA)认证,中国田径协会备案的世界田径银标赛事,由中国田径协会、湖北省体育局、武汉市人民政府主办,武汉市体育局、武汉体育发展投资有限公司承办,武汉汉马体育管理有限公司运营。

图8-5 武汉马拉松

2017年,武汉马拉松获准加入"中国马拉松大满贯";2019年,武汉马拉松被评为国际田联铜牌赛事;2020年,武汉马拉松升级为世界田径银标赛事。武汉马拉松设有全程马拉松、半程马拉松、健康跑项目。全程马拉松冠军奖金最高可达45000美元。

武汉马拉松以其独特的魅力和卓越的组织水平,赢得了广泛的赞誉和高度评价。

武汉马拉松在赛事组织和服务质量方面表现出色。赛事组委会提供了细致入微的服务,从报名、参赛到赛后,每一个环节都体现了对跑者的关怀与尊重。例如,赛事提供了多元化的报名方式、全方位的医疗保障、补给站和饮水点等设施齐全,确保参赛者的安全与健康。此外,志愿者们的热情服务也为参赛者提供了极大的便利与鼓舞。

武汉马拉松的赛道设计巧妙地将城市的历史与现代文化交融在一起,展现了武汉独特的城市魅力和文化氛围。赛道穿越武汉的核心城区,途经江汉桥、武汉长江大桥等历史建筑和东湖绿道等现代城市景观,让参赛者在奔跑中感受武汉的悠久历史和现代化气息。此外,武汉市民的热情参与和全力支持也为赛事增添了浓厚的氛围,参赛者们在比赛中能够感受到武汉人民的热情与好客。

　　参赛者对武汉马拉松的评价普遍较高,他们有很好的参赛体验。许多跑者认为,武汉马拉松不仅是一场竞技比赛,更是一次领略武汉城市风光的机会。赛道沿途经过众多著名旅游景点,如江汉路、汉口江滩、黄鹤楼、东湖风景区等,参赛者在比赛中能够欣赏到美丽的城市风景。此外,赛事的保障措施完善,参赛者们在比赛中能够感受到安全和舒适。

　　马拉松赛事不仅是一场体育竞技,更是一次展示武汉城市魅力的好机会。参赛者在比赛中可以欣赏到武汉的美丽风景和独特文化,成千上万的媒体观众,可以从武汉马拉松赛事报道中了解武汉这座城市的发展。马拉松是一个大平台,可以搭载和连接很多领域,可以跳出体育做体育,与旅游、商贸、文化等多领域形成叠加效应。以赛营城,以赛兴业,马拉松已不仅是一项单纯的体育竞技活动,更是体育产业特有的融合效应和带动效应的引擎,为城市经济发展注入新的活力。

　　假如你是省级广播电视台移动端媒体的一名编辑,请结合本章学习的相关知识,运用智能视听编辑技术,编辑一期武汉马拉松新闻节目或编排一档武汉马拉松专栏。

◕ 本章知识脉络

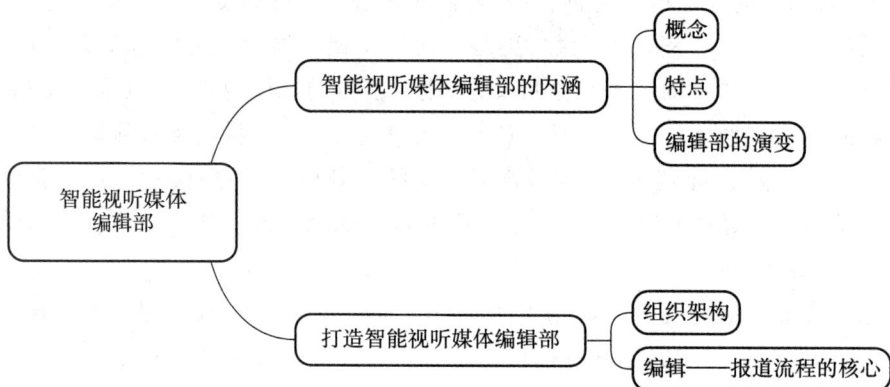

```
                                                    ┌─ 概念
                              ┌─ 智能视听媒体编辑部的内涵 ──┼─ 特点
                              │                         └─ 编辑部的演变
        智能视听媒体           │
          编辑部              │
                              │                         ┌─ 组织架构
                              └─ 打造智能视听媒体编辑部 ───┤
                                                        └─ 编辑——报道流程的核心
```

◕ 思考题

1. 简述智能视听媒体编辑部的定义和特点。

2. 比较智能视听媒体编辑部与传统媒体编辑部功能的异同。

3. 简述智能视听媒体编辑的素养和能力结构。

第九章

智能视听新闻制作与分发

◆ **本章导读**

　　网络视听平台是人工智能新技术应用的核心场景,推动着智能视听新闻步入深度变革新阶段。本章将从媒介发展历史出发介绍媒体制作与分发技术的演变,通过具体案例分析了智能视听新闻制作技术、智能视听新闻分发技术,并为读者学习理解本章内容提供了实训项目。

◆ **学习目标**

· **知识目标**

1. 理解新闻制作与分发技术演变史。

2. 学习智能视听新闻制作与分发的技术形式,掌握其基本特征。

· **能力目标**

1. 能够从媒介史的角度理解新闻制作与分发技术。

2. 基本掌握智视听新闻能制作与分发技术,能制作不同形态的媒介产品并发布。

· **素养目标**

1. 提高智能媒介素养。

2. 具备社会责任感。

3. 建立新闻理想,遵守专业规范。

第一节　新闻制作与分发技术的演变

　　新闻制作与分发技术可以被笼统地称为媒介技术,是指新闻工作者在进行新闻的制作、分发过程中所运用的技术。媒介技术,也被称为传播技术,是用于控制信息传播、不断提升信息生成和传播效率的各种工具、方法、知识和操作技巧的统称。

媒介技术革新推动了新闻制作与分发形式的变革。媒介发展史与人类历史相伴而行，从口语媒介到文字媒介，从印刷媒介到电子媒介，从数字媒介到智能媒介，每一种新媒介的出现及发展都代表着人类信息生产能力的提升和生产密度的提高，也代表着人类在信息采集、加工、传播与交流方面迈上新的台阶。在这个过程中，媒介技术经历了漫长的发展演变过程，并对推动媒体内容生产、制作和分发的发展起到了不可或缺的作用。从19世纪的中后期开始，受西方科技和传媒行业的影响，中国的媒介产业结构逐步形成，经历了以技术创新为核心的几次重大变革。

一、半机械化的近代媒介技术阶段（1882—1949年）

1815年，英国的马礼逊·米怜创办《察世俗每月统记传》。此后，西方的传教士引入了铅印技术和中文活字制作方法，为中国近代的媒体技术革新打下了坚实的基石。鸦片战争后，随着外国资本主义列强的入侵，以书坊、书肆为主的传统出版行业受到了很大冲击，新兴的报纸、杂志等媒介也随之兴起，并逐渐与传统印刷业分庭抗礼。1882年，上海同文书局正式成立，民营的新闻出版企业逐渐成为媒介技术创新的核心力量。在国家宣传需要与市场需求的双重驱动下，西方的先进出版技术陆续被引入我国，其中主要涵盖了：蒸汽、电力等动力设备和技术；石印、轮转、铅印等印刷技术；珂罗版、石版、金属版等制版技术；铸字设备和技术；其他辅助设备和技术，如排字架、纸箱以及纤维纸、油墨制造技术等。

随着这些创新技术的广泛采纳，铅字印刷逐渐占据了市场的主导地位，与此同时，传统的雕版印刷技术也逐步被市场淘汰。铅字印刷术和雕版印刷术都是由西方传入中国的，并对我国近代出版业产生过重要影响。受到这些新兴技术的影响，中国的出版行业，包括新闻行业，也经历了现代化的转型过程。新闻的制作与分发方面的具体变革表现在以下几个方面。

第一，随着机械化的媒介出版技术的发展，媒介的生产效率得到了显著的提升，因此报纸、杂志、教科书以及各种类型的读物开始大规模涌现，媒介形式日渐丰富。

第二，出版物在设计、印刷技术和内容上都有了显著的进步，媒体产品不再仅仅是上层社会的"奢侈物品"，平民读者群体也在迅速壮大。

第三，随着时间的推移，媒介从业人员的职责和角色都经历了一次变革，其中编辑、记者、撰稿者和出版者等核心角色的作用日益明显；媒介从业人员趋于专业化、职业化。

第四，成功地实现了编辑和著作的分离，以及校对和印刷的独立，构建了一套科学、全面和高效的现代编辑技术框架。

总的来说，这一时间段的新闻业仍旧采用半机械化的生产、分发模式。早在19世纪末，西方国家就完成了产业机械化和电气化的改进。但彼时，旧中国的工业基础薄弱，20世纪30年代之前，大型的高速生产设备还没有得到广泛应用，中国的媒介产业主要依赖人力、畜力和半机械，因此，媒介技术的应用和革新都受到了一定程度的限制。

二、机械化、电气化的现代媒介技术阶段(1950—1984年)

1956年,为了更好地支持社会主义的改革和政治思想的宣传,新闻出版行业进行了一次系统性的整合,同时,生产力也得到了重新配置,全面进入了半机械化的发展阶段。在这个过程中,中国新闻业也经历了由简单到复杂、由弱到强的转变。随着媒介技术体系的不断完善,新闻出版工作不仅在速度和质量上有所提升,在组稿、编辑、排版、印刷和发行等环节也实现了全面的系统升级,各类先进的媒介技术得以广泛应用。具体表现在以下几个方面。

第一,印刷技术逐渐朝着自动化、高速和多色化的方向发展,成功研发了一系列的中小型轮转印刷机和多色胶印机等设备。

第二,在完善传统铸字、排版技术基础方面,逐步引入照相排字、电子分色等新技术。

第三,研制了如自动订书机、精装自动生产线和锁线折页机等印后设备,并成功解决了自动控制和联机联动等技术问题,实现了从半机械化和单机生产向机械化和联动生产线的全面升级。

与此同时,现代编辑技术也得到进一步发展,趋向复杂化、系统化。具体表现为:技术流程的设计更加科学和合理,编辑任务已经拓展到10个不同的环节,并且各个环节之间的连接也变得越来越紧密。为了更好地引导公众舆论,国家加强了编辑的技术流程管理,并引入了如信息分析、"三审制"和"三校一读"等新的技术标准和规定,以确保编辑工作的高质量。

【资料9-1】

什么是三审三校制?

三审三校制度不仅是新闻出版机构的审稿方法,更是一项新闻出版规范制度。三审三校制通过对文本内容的多次审核和校对,实现对文本内容的客观、公正评价,避免由于编辑人员知识不足和工作疏忽造成的失误,确保作品质量。这一制度对于新闻出版的成败至关重要,关系到作品的命运、媒体的声誉以及采编人员的职业发展。

一、三审制

三审制是文本内容的审核流程。在新闻媒体第一级审核由值班编辑、采访记者、被采访对象负责,主要审核事实是否准确、新闻要素是否齐全、文字(人名、地名、时间、称谓等)是否有差错。

第二级审核由值班主任、值班制片人完成,在符合新闻事实、语文无差错的基础上,把握导向问题,并对新闻作品提出修改意见,不断完善新闻作品。

第三级审核由部门主任、值班编委(总编辑)完成,在总体确认资讯类、普通社会新闻等非敏感内容的政治导向、新闻事实、语文差错、技术指标等无误之后就可以签发。

内容涉及重大主题报道、时政稿件、敏感领域、敏感议题、敏感舆情时,还需进行五审、六审,由部门领导、媒体领导,甚至上级主管部门把关,斟酌导向是否正确、口径是否一致、部分表述是否准确、内容是否会引发重大舆情。

二、三校一读制

三校一读制是传统的校对工作制度,具体包括初校、二校、三校和通读检查四个环节。这一制度要求一般出版物的校样必须经过这四个步骤的处理后才能付印。对于重点书籍、报刊、工具书等,则应相应增加校次。

具体步骤和要求如下。

初校:由责任校对人员进行第一次校对,主要检查文字、标点等基本错误。

二校:由另一位校对人员进行第二次校对,进一步检查初校中遗漏的问题。

三校:由第三位校对人员进行第三次校对,确保前两次校对中未发现的问题得到解决。

通读检查:在三次校对后,进行一次全面的通读检查,确保整体内容的准确性和一致性。

1997年,新闻出版署发布的《图书质量保障体系》中明确指出新闻出版工作必须遵循"责任校对制度和'三校一读'制度"。这两套制度构成了校对的核心机制。如今,随着智能化校对软件的广泛应用,传统的人工三校一读方式已经演变为与计算机深度融合的三校一读模式。以下是详细的校对步骤。

1.纸质稿件的人机结合校对流程

人工初校+技术整理—誊样—退厂改样—核红—计算机二校—人工三校—人工通读—退厂改样—清样核红—付印

2.电子文稿的人机结合校对流程

计算机一校(主要校文字性差错)—人工二校(主要校是非)+技术整理—退厂(或退责任编辑)改样—核红—计算机三校(主要校改动后的差错)—人工通读—退厂(或退责任编辑)改样—清样核红—付印

总的来说,自新中国成立以来,我国媒介技术发展的显著特点主要表现为机械化和电气化,生产技术的更新步伐起初相对较慢,发展也呈现不均衡性的特点。我国传统出版印刷业早年长期处于手工作坊阶段,没有形成完整的现代化生产流程。尽管已经基本达到了机械化和电气化的生产水平,但在自动化排版技术上明显落后于西方,这已经成为制约该行业进一步发展的关键障碍。

三、跨媒体生产的数字媒介技术阶段(1985—2012年)

20世纪80年代中后期,全球的媒介技术呈现出"数字化、网络化、一体化"的发展趋势。随着互联网和多媒体技术的兴起及应用,数字技术被广泛应用于社会生活各领域,成为推动传媒行业变革的重要力量之一。依托信息技术,传媒行业与计算机、通信、影视、创意和广告等多行业实现了融合,在形式上实现了创新。传媒产业也由原来单一功能向多种职能转变,从单一地向受众传播信息向传播信息与提供娱乐休闲服务相结合的转变。从另一个角度来看,这也满足了受众对于即时、互动和高质量信息产品的个性化需求。多媒体技术从内容、形态和操作方式等方面彻底改变了传统媒体行业,推动传媒发展步入了跨媒体生产的新阶段。具体表现为以下几个方面。

第一，在编辑、排版、页面描述语言以及规范方面，计算机系统能够精确地描述多种类型的信息，这为编辑技术的革新提供了坚实的基础和保障。

第二，"二进制"系统软件具备迅速处理各种复杂的文字、图像和图形信息的能力，这有助于推动编辑技术向"数字化、自动化和一体化"的方向发展。

第三，"一体化采编工作流程"推动了编辑工作从单向模式转向双向、多向互动模式，从静态模式转向动态模式。

第四，网络传输、多媒体、卫星通信、安全加密等技术日益成熟，运用此类技术可以迅速且集中地处理大量的信息，进而促进媒体发布和广告业务的数字化。

第五，随着网络技术和电子商务系统的日益完善，媒介产品的营销方式发生改变，使得营销的成本大幅下降，同时效率也得到了显著的提高。

第六，原先互不相关的业务板块得到了系统化的整合，在数字化信息处理平台的支持下，搭建了采编、排版、复制和营销等子系统，构建了一个完整、结构合理、以客户需求为核心，并具有协同作用的媒体产业链，形成了完整的跨媒体经营体系。

第七，随着激光照排、卫星和网络传版、直接制版等技术的持续进步，一个较为全面的"数字化工作流程"得以建立，该流程将印刷前、印刷中和印刷后三个关键环节融合为一个统一的数据格式生产系统。

【资料9-2】

激光照排

激光照排，是电子排版系统的简称，是通过计算机将文字分解为点阵，接着用激光在感光底片上扫描，然后运用曝光点的点阵组成文字和图像。我国广泛应用的汉字排版就采用了激光照排，它比铅字排版工效至少高5倍。

【资料9-3】

直接制版

直接制版（direct-to-plate）是主计算机可以直接将已经排版好的数字页面文件输出到激光制版机，从而省去了底片的制作，这种方法也被称为CTP（computer-to-plate）。这种制版方式是一种全新的印刷技术。这套系统避免了制作软片和晒版等烦琐的中间步骤，直接将印前处理系统中编辑和排列好的版面信息传输到计算机的RIP中。随后，RIP将电子文件传送至制版机，在光敏或热敏版材上进行成像，经过冲洗处理后便可获得印版。

第八，随着大中型的高速和自动化印刷设备日益普及，数字印刷技术也逐步进入市场，这标志着个性化印刷时代的到来。

总的来说，计算机、通信和网络技术的融合带来了现代媒体技术的巨大转变，传媒行业已经超越了传统的产业模式，转型为一个效率更高、成本更低的现代化信息产业。传媒是一个信息资源密集型行业。依托于信息技术,传媒业已广泛渗透到各个行业中,为社会的生产和再生产贡献了"符号价值"、行为准则以及文化附加值。

四、融合发展的智能媒介技术阶段(2012年至今)

2012年左右,媒体发展步入数字化、融合化、智能化发展时期。2014年被称为"中国媒体融合发展元年"。这一年,中央全面深化改革领导小组第四次会议审议通过了《关于推动传统媒体和新兴媒体融合发展的指导意见》,强调要推动传统媒体和新兴媒体融合发展,要遵循新闻传播规律和新兴媒体发展规律,强化互联网思维,坚持传统媒体和新兴媒体优势互补、一体发展,坚持以先进技术为支撑、内容建设为根本,推动传统媒体和新兴媒体在内容、渠道、平台、经营、管理等方面的深度融合,促使媒体融合发展正式成为国家战略。如果跨媒体生产只是不同媒介浅层次的简单融合,那么融媒体生产则是深入内部肌理的深度融合,是包括媒介功能、传播手段、所有权、组织结构等在内的一切与媒介有关的要素的融合。

十余年来,媒体融合从行业探索上升为国家部署,从"相加"走向"相融",再挺进"深融"。媒体融合建设以建成破时空之维的"全程媒体"、破物理之维的"全息媒体"、破主体之维的"全员媒体"、破效能之维的"全效媒体"为目标,基本实现了新闻事件的全流程跟踪与全链条播报,使实时性传输、共时性在场、裂变性扩散、历时性存续的传播成为现实。

在云计算、大数据和人工智能技术的支撑下,人们有了对某一新闻报道或信息内容进行历史回溯、未来展望的机会,多元主体参与使媒体在功能维度实现了前所未有的迭代与丰富,并逐步发展成为人类社会的重要节点。

融合化、智能化媒介制作,分发技术发展主要表现为以下几个方面。

第一,万物互联,形成超级智能网络。这一网络不仅能覆盖自然存在的实体以及各种物理维度的人造设备,而且还能在时空维度中连接过去和未来。超级智能网络更多地呈现为一个充满生命力的生态环境,其中,节点间以及节点与整个网络之间建立了一种相互依赖、共同进化和快速迭代的共生关系。

第二,内容生产程序化、一体化。从"计算机辅助报道"到以"机器人新闻"和以"算法新闻"为核心的数据驱动新闻的转变,实质上体现了计算机程序在内容创作过程中参与度的不断提升。在人工智能时代,新闻编辑通过将人工技术与机器算法的有机结合,实现对信息和知识的智能加工处理,从而形成符合人类思维逻辑和认知习惯的新闻报道作品。在实际操作中,我们已经从最初预设计算机程序来编写新闻内容的"机器人写稿"方式,发展到利用计算机程序和传感器自动收集数据,进而生成报道内容的"媒体大脑"模式。

第三,内容分发智能化、个性化。社会信息总量剧增的背景下,用户个人主体性增强,成为信息传播的主导者,和随时随地生产数据的传播者。日益丰富的用户行为数据促使大众传播模式向以个人化为特征的精准传播模式演进。算法推送等智能推送技术应运而生,能够将海量信息和个人需求之间的关系数字化,并建立数学模型来预测用户行动轨迹,从而完成精准推送。

第二节　智能视听新闻制作与分发常用技术

随着大数据、人工智能、5G、VR/AR、云计算、区块链等技术的发展,媒介形态从传统大众媒体、社会化媒体发展为智能媒体。智能化已成为当前媒体传播形态的显性特征,数智技术如何赋能智能新闻生产是当前新闻媒体实践和理论关注的焦点,视听新闻生产智能化转型已成为近年来媒体建设的重点。

【案例9-1】

Sora

2024年2月16日,OpenAI发布了"文本转视频"(text-to-video)的大模型工具——Sora(使用自然语言描述来生成视频),如图9-1所示。产品一问世,就引发全世界轰动,这意味着AI视频取得了跨越式的发展。在此之前,如Runway、Pika等AI视频工具已经可以实现在短时间内生成几秒钟的短视频,而Sora则能直接生成一镜到底的60秒长视频。

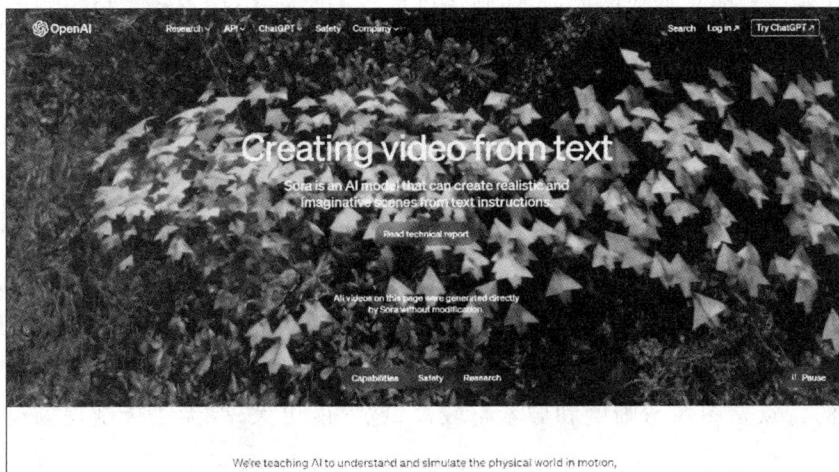

图9-1　Sora首页界面

Sora是专注于视频制作的多模态大模型的一种,它可以通过输入文字或图像制作视频内容,包括视频的生成、链接和扩展。Sora的出现再一次提高了以AI技术为支撑的AIGC内容创作的质量。在此之前,以ChatGPT为代表的大语言模型已经可以为内容创作提供辅助,包括生成文字和图片,以及使用虚拟角色来制作短视频。Sora模型在GPT等语言模型的基础之上进一步扩展和深化。

与传统视频制作方式相比,Sora的优势在于,它可将简短的文本描述转化成长达1分钟的高清视频,可以准确地响应用户输入的文本,并生成包含各种场景和人物的高质量视频。

同时,由于其可接受多样化的输入提示,用户可以根据需要对现有视频信息进行补充,以引导大数据分析,生成更符合用户需求的视频。

不过,Sora在模拟复杂场景的物理现象、理解特定因果关系、处理空间细节以及准确描述随时间变化的事件方面仍然存在一定的问题。

在智能视听新闻体系中,新闻制作、分发的传统逻辑被打破。根据平台特征,不同的新闻产品被调整呈现方式,以多样化形态分发到不同的内容平台。分发的逻辑也不再是以报纸、广播、电视为代表的渠道中心制,而是在互联网、智能设备等媒体网络中扩散,呈现明显的去中心化逻辑。

一、智能平台整合制作

广义的新闻制作流程指新闻策划、素材采集/采访、编辑、合成、发布等全过程,狭义的新闻制作指根据新闻文稿进行的文字、音频、视频等素材剪辑、加工、合成,并最终形成新闻作品的过程,属于新闻生产的后端流程。本章内容主要涉及狭义的新闻后端制作流程。传统视听新闻制作通常由记者、编辑基于新闻文稿选取合适的声音、画面等素材进行剪辑、编排、合成,通常是在单机上使用专业的剪辑制作软件完成。在智能媒体时代,新闻制作基于智能平台展开,在人工智能技术辅助下,新闻制作过程趋于便捷化、高效化、协作化。

(一)视听媒体制作技术的发展

在历史发展进程中,视听媒体制作技术经历了胶片制作、模拟制作、数字化制作、智能化制作四个阶段。

1. 胶片制作

20世纪30年代至70年代初,电视录像技术出现以前,电视制作及电视节目制作大多采用电影胶片制作的方式,拍摄后直接播出,或按电影制作方法冲印胶片再播出。最初的摄制完全采用35mm电影胶片制作,而后被轻便灵活、成本低的16mm电影胶片制作所取代。16mm胶片的特点是图像清晰度和像素都较高,宽容度更大,但无法录制现场声音,导致现场感不佳。

2. 模拟制作

1956年,第一台商用磁带录像机VR-1000诞生于安培公司,并于当年11月30日在美国进行了广播试验。从此以后,电视制作进入磁带制作阶段。磁带不仅减少了人力、财力、物力等方面的消耗,而且其反复使用的特性也降低了制作的成本,提高了节目的时效性。之后,模拟制作因为易产生噪声、图像清晰度在远距离传输中容易受损、稳定性较差等缺点,渐渐淡出电视节目制作领域。

3. 数字化制作

数字化制作是指节目从采集到接收的全过程都采用数字技术。数字信号传输与普通模拟电视信号传输相比具有较强的抗干扰性,图像的清晰度显著提高。数字信号接收图像的宽高比为16∶9,配合多声道数字伴音,可达到35mm宽银幕电影的放映效果。随着数字技术与网络技术的迅猛发展,广播电视呈现数字化、网络化和信息化的发展趋势。数字技术的广泛应用为传统的电视节目制作技术带来巨大变革,改变了电视节目的制作方式,提供了更加广阔的空间和可能性。高清晰度电视,尤其是数字高清晰度电视带来的不仅仅是图像质量的提高,还包括现有频率资源的大幅度增值,使电视业务、经营方式、制作方式发生巨大变化。数字高清晰度电视的发展在很大程度上取决于节目的水平和可看性。数字高清晰度电视节目制作采用1920×1080i/50Hz的高清晰图像格式的视频信号,与标清节目相比,画质更加精细,色彩还原度也更好。在标清节目制作技术环节的基础上,高清节目还需要经过调色处理,这样才能使节目的表现力更加接近电影画面。

4. 智能化制作

2014年,人工智能开始与新闻业结合,自动化稿件生产、智能辅助剪辑、智能拆条、智能合成、算法分发等技术普遍应用到新闻生产制作领域。2022年底以来,以ChatGPT、Sora、DeepSeek为代表的大语言模型在交互式内容生成、文/图生视频等领域带来智能制作的全新变革。

智能平台整合制作的实现,依赖于我国全媒体体系建设,换言之,智能化、平台化整合制作体现在全媒体建设过程中。

(二)移动优先建设全程媒体

全程媒体中的"全程"不单指对新闻事件的"完整过程"的描述,它还代表了时间的"连续记录"。从这个意义上讲,"全媒体"就是一种以互联网为载体、融内容和渠道于一体的新传播形态。

澎湃新闻的直播节目《上直播》展现了对"全程性"的追求。作品采用24小时的采编发模式,这种全天候的新闻制作方式,使新闻报道和接收能全时段、全方位地进行。记者编辑对正在发生的新闻事件即采即审即发、接近零时差的"行进式"报道让受众"在场"成为可能。

【案例9-2】

中国"奋斗者"号载人潜水器万米级海试

作品类型:电视新闻现场直播。

制作机构:中央广播电视总台。

作品内容:

2020年11月,中国"奋斗者"号载人潜水器在全球海洋最深处"马里亚纳海沟"成功创造10909米下潜新纪录(见图9-2)。中央广播电视总台全球独家直播了这一盛况。这是人类首次实现万米深海视频直播。11月13日,总台深海视频着陆器"沧海"号首次与"奋斗者"号联合作业。"沧海"号首次通过电视直播镜头报道"奋斗者"号探底万米洋底的历史性时刻,并实

图9-2　中国"奋斗者"号载人潜水器万米级海试

现总台北京演播室主持人与洋底潜航员视频直播连线。直播在新闻频道、CGTN、央视新闻客户端、《中国之声》《环球资讯》等平台同步推出,被人民日报、新华社、凤凰网、抖音等媒体和平台全网置顶或推送。相关微博、抖音话题阅读量达16亿,报道屡次登上全网热搜。习近平总书记在"奋斗者"成功返航之际,向包括总台报道团队在内的全体120名海试队员发来贺信,充分肯定了万米深潜海试在科技创新中来之不易的成绩。CNN、BBC、NBC、ABC、Twitter、Facebook、YouTube等媒体和平台多次大量转载报道。

直播过程中,中国潜水器探底马沟的瞬间、潜航员探出观察窗口的面部特写、潜航员第一次成功与北京演播室实现视频对话连线等经典画面和场景,都被真实地呈现给了亿万观众。总台取得了电视直播领域多项全球性的重大创新突破。一是总台参与国家"十三五"规划深海专项,牵头其中的"全海深视频采集、传输、处理技术研发及系统集成和示范应用"项目,历时五年成功研制万米深海4K高清视频直播系统;二是实现全球首次万米洋底电视直播+蓝绿激光舱内无线视频通话,创造全球电视直播历史;三是成功直播报道中国载人潜水器突破10909米下潜纪录;四是首创总台重大报道合作新模式——以"参研参试单位+媒体"的双重身份掌握报道主动权。面对重量级的科技前沿新闻题材,众多海内外媒体大量转载编发来自中央广播电视总台的视频画面,引用中国记者来自现场的采访和出镜报道。中国立场、中国声音得以广泛传播。(资料来源于央视网)

(三)智能技术引领建设全息媒体

在智能媒体时代,科技成为推动媒体深度融合发展的关键动力,不断革新的智能传播技术使得全息媒体的构建变得可行。作为传统媒体与新媒体结合的产物,融媒体时代的新闻传播方式更加丰富多样,信息传递渠道更为多元、高效,新闻生产效率更高。智能技术为新闻传播带来了翻天覆地的变化,使得新闻的展示方式变得更加多样、立体和形象化,让观众仿佛置身其中。

新时代,新闻可视化呈现受到各大传统媒体的重视。作为新兴媒体代表的澎湃新闻,对这种趋势进行了积极回应,并作出了有益尝试。澎湃新闻严格遵循全媒体传播的原则,在页面设计方面借鉴了手机屏幕的展示方式,率先采用了大图模式,形成了独立的新闻排列和有序的配图,"瀑布式"地展示了智能手机的视觉化图片,使观众在观看重大新闻事件时也能有身临其境的体验。同时,澎湃新闻通过将移动互联与纸媒有机结合,对传统报纸版面结构进行创新,实现了新闻内容生产、编辑发布和用户阅读三者间无缝链接。在视觉展示方面,澎湃新闻综合运用了图文、音视频、360全景现场、Flash、VR、H5等全媒体新型传播手段,打造了"全景现场"这一栏目。

【案例9-3】

革命诗词书写地,军队扶贫谱新篇

作品类型:融合新闻

制作机构:解放军报客户端

作品内容:

《革命诗词书写地,军队扶贫谱新篇》(见图9-3)获得了第31届中国新闻奖融合创新三等奖。为充分展现军队精准扶贫成果,2020年,解放军新闻传播中心网络部融媒体团队深入走访遵义市周边数个脱贫摘帽村落,通过航拍、VR等新技术,以遵义会议会址、战斗遗址等为引,展现军队援建助学、定点帮扶、思想教育等成果,充分展现了贫困村的新颜,以及军队帮扶所产生的实际成效。

图9-3　融合新闻《革命诗词书写地,军队扶贫谱新篇》

产品基于H5端进行架构,更易于解放军报APP端、微信生态、PC、专业VR头显等渠道的传播和互动。产品在传播渠道、形式创新、内容建设、交互体验等方面充分挖掘适用场景,取得了较好的传播效果和社会影响。其中，部分场景图被某军史馆收录，用于线下展示，红色数字革命圣地场景部分被某APP收录，用于线上展示。该融媒体产品突破了传统单一形式报道的局限，将多种新媒体表现形式融合统一，为推动数字智媒融合发展起到了积极的示范作用。（资料来源于中国军网）

（四）搭建平台建设全员媒体

在人人都拥有"麦克风"的全媒体时代，每个人都是信息的传递者和创造者，广大的受众不再满足于观看媒体制作的新闻内容，他们渴望能够亲身参与新闻的制作过程。在此背景下，媒体也需要顺应这种趋势进行创新发展。这意味着媒体需要改变其思维方式，从专注"内容制作"转向致力于"平台建设"，为广大观众提供一个能够发声的优质平台，通过积极的引导和推广，调动广大观众的创作热情，从而激活媒体传播的活力。

【案例9-4】

问吧

澎湃新闻在其成立之初就明确了要创建中国首个新闻问答产品的目标。在这一方针的引领下，澎湃新闻积极地开发了高质量的互动渠道，并为观众提供了一个互动式的专业问答社区。该社区还特别推出了"问吧"这一特色栏目（见图9-4），通过"提问—回答"的形式来展示受众关心的各种话题。在这个平台上，受众可以自由地讨论和表达自己的观点，从而极大地提高了他们的参与度。同时，作为一个新媒体平台，澎湃新闻还尝试着将传统媒体与互联网结合起来，推出"问答版"，利用用户关系实现流量变现。

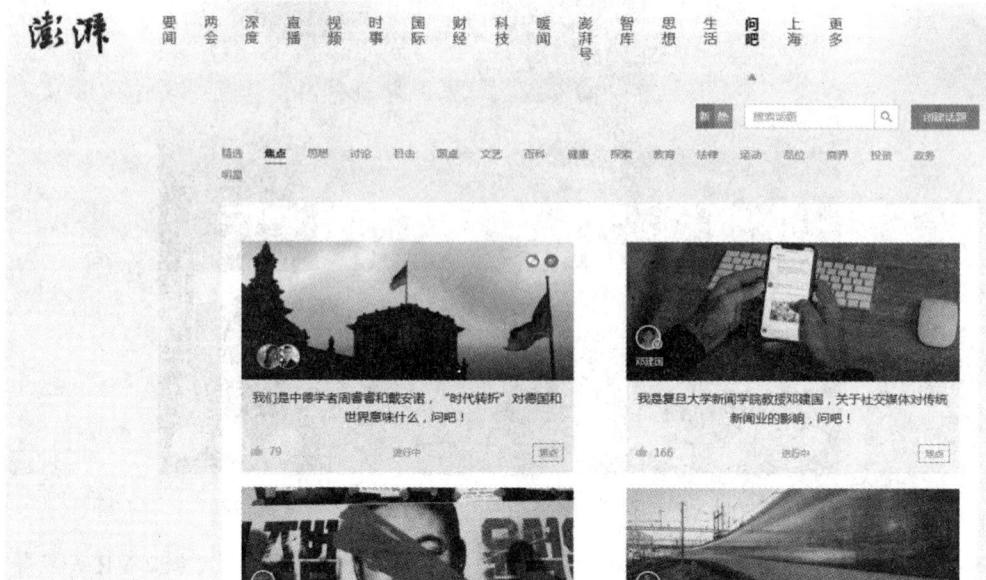

图9-4　《问吧》特色栏目

"问吧"栏目邀请了新闻当事人、学术领域的专家以及其他领域的专业人士加入,这样,观众可以在此平台上对来自不同行业的人士提出各种问题;观众也有权表明自己的身份,创建话题,并邀请其他观众向自己提出问题,同时提供答案。

同年8月,"问吧"被升级为独立的频道,成为与时事、财经、思想和生活四个新闻频道并列的第五个频道,标志着澎湃新闻开始推进在互动社区领域的探索。"问吧"的话题包括新闻知情人、新闻当事人、相关领域专家学者等,更吸引了很多达人UGC用户来申请自建话题。目前,"问吧"频道承担了澎湃新闻超80%的互动量,每周话题总点击量近1000万。为了满足受众深层了解不同领域的知识需求,"问吧"提供了多样化延伸阅读。受众和新闻生产者可以通过"问吧"栏目共同设置议题,问答式的新闻从提问到解答都是受众自主参与,不设界限,保证了内容渠道的多元化,提高了澎湃新闻的互动性与受众黏度,形成了互融共通的舆论平台,满足了受众对新闻言论自由的需求。

(五)智能数据建设全效媒体

用户可以通过大数据、云计算等先进的智能技术来存储、分析、挖掘和反馈他们浏览的相关数据信息,包括特定的网页、浏览的时长、访问的频次和内容选择等。这些数据功能对媒体的传播活动产生了深远的影响,媒体可以通过分析数据为用户提供精确的画像,从而构建一个以"用户为核心"的正向循环模式。随着互联网时代的到来,传统媒体也迎来了新的机遇与挑战。新闻媒体正在积极地寻求向智能化和数字化方向的转变,开发智能算法,对收集到的数据进行了智能化的分析和计算,并根据受众对新闻资讯的偏好进行"精准推送",以最大程度地满足受众对信息的选择和需求,从而提高新闻传播的效率。

【案例9-5】

澎湃号

"澎湃号"(见图9-5)采用了"邀请＋严格筛选"的方式来向个人、团队和自媒体传达信息,并相继推出了政务号、媒体号以及"湃客"。"澎湃号-政务"是其官方微博发布信息后的一个重要组成部分,也是其最受欢迎的节目类型之一。"澎湃号"通过与多家新媒体机构和出版社的合作,共同研究如何更高效地利用数据来传播其原创内容,并逐步构建了一个"原创＋自媒体＋社交"的综合媒体生态系统。编辑是媒体生产中最重要的一环,其在信息发布方面发挥着主导作用。编辑采用数据分析方法,对读者的阅读兴趣和他们订阅的专栏进行了多维度的细致划分,并对话题进行了细致的分类,以确保能够准确地为观众推送他们感兴趣的新闻内容,进而达到更精确和更高效的新闻产品分发效果。

图 9-5　澎湃新闻"澎湃号"浏览界面

二、智能信息分发

随着移动互联技术发展,传统的新闻生产流程受到挑战,新的业务链条正在形成并逐步走向成熟。人与人、人与物、物与物之间,价值匹配与功能整合的高度智能化的实现,在宏观层面上塑造了整个传媒行业的业态面貌,在微观层面上也重构了传媒产业的业务链。新技术逻辑下,新闻媒体的生态正在经历深刻的变革,传统媒体渠道失灵的困境下,新闻"重生产""轻分发"的格局悄然改变。行业内出现的"内容为王"与"渠道为王"的辩论更进一步揭示了新闻分发的重要作用,新闻分发已经成为与新闻内容制作同等重要的独立环节。新闻生产与传播环节经历了一体化的重塑,新闻分发方式也呈现出智能化趋势。

传统的广播电视媒体和新兴的视听智能媒体因受众群体不同,在分发策略上也有所不同。传统的分发模式是基于广播、电视等传统媒体的垂直化运营,以产品或服务为中心,通过提供信息、资讯或者娱乐来满足受众需求。这种分发模式中,用户参与程度较低,内容的制作由专业的传媒机构完成,而用户只是内容的消费者。随着人工智能技术的发展与普及,新闻分发领域正在发生深刻变化。不同媒体平台根据自身特点以及受众的特定需求,进一步对作为分发目标的广大受众进行细致的分类。分发的主体不再局限于某一特定的专业传播机构渠道,而是基于开放性平台,将来自不同传播机构的内容分发给不同的用户群体。

智能媒体的分发模式分为社交分发和机器/算法分发两种。前者主要通过社交平台进行信息分享,后者则是依靠大数据技术来挖掘信息并将其推送给受众。算法在新闻分发过程中的运用涉及新闻信息的深度挖掘、分类整合、信息匹配以及推荐功能等诸多领域。新闻发布平台通过采集互联网上的新闻线索,并对其进行整合处理,形成一个新闻信息的数据库,再根据这些数据将信息推送到客户端。新闻聚合平台并不生产新闻,而是从网络中抓取新闻资讯,然后推荐给平台的用户。

在计算机科学领域,新闻信息的抓取通常采用字符串查找算法。目前,常见的字符串查找算法包括 KMP 算法、BM 算法和 Sunday 算法。分类聚合则采用以 K-means 为核心的算法,不同的算法适用于不同的场景。算法分发的匹配与推荐主要针对互联网上的海量数据,涉及算法的逻辑结构。以《纽约时报》的个性化推荐算法为例,《纽约时报》最初采用的是基于内容的推荐算法,后来也曾采用过基于协同过滤的推荐算法。

在新闻发布的过程中,算法能够通过数据的输入、执行和输出等多个计算步骤,以远超人工编辑的速率,迅速完成新闻内容与用户需求的匹配,并将新闻信息有效传递到可能对该新闻感兴趣的用户的个人新闻界面。在互联网时代,算法被视为一种新媒体生产力,并被应用到社会生活的各个领域,改变了人们获取信息的方式和习惯。

与算法新闻制作相比,算法分发新闻的方式吸引了行业和学术界的更多关注。算法分发新闻模式以其精准化传播优势受到越来越多人的青睐。通过算法推荐方式进行的新闻分发已经成为用户获取网络新闻的最主要途径。

(一)"千人千面":信息内容的智能分发

"千人千面"的分发逻辑是运用人工智能技术,将文字、图片、影像,以及直播、问答等多种形式的内容,通过推荐系统根据用户的特定需求进行精确匹配和推荐,从而真正实现以用户需求主导的智能分发。

在传统媒体时代,信息内容的生成和传播主要由媒体机构完成,这些机构通过人工编辑对原始素材进行加工和处理,然后通过媒体自身的发行或播放渠道来完成分发工作。智能媒体时代,用户成为传播活动中的主体,信息不再单向地从生产者传递到受众,而是通过多种方式在不同平台上被广泛传播,推动了内容生产与分发模式的变革。传统的内容分发方式更多地关注内容的本质,而新媒体时代的内容分发方式更多地关注用户的个性化需求。

受众细分理论主张将受众按照不同的特征进行分类,以便更有针对性地传递信息。在智能媒体时代,个性化推送正是基于受众细分理论,通过算法实现信息的精准投放,以满足不同受众的多元化信息需求。由于内容的海量、选择的多样性和时间的碎片化,用户在短时间内如果不能找到他们感兴趣的内容,就会迅速转移注意力。因此,为了满足用户的个性化需求,媒体平台需要在短时间内迅速抓住用户注意力,精准推送用户感兴趣的内容。

智能媒体时代,新闻媒体的分发逻辑建立在算法主导的智能匹配与个性化推送的基础上,借助强大的数据和算力分析技术,实现信息的精准、定向匹配与高效分发。其中,用户画像、文章画像和分发渠道是实现智能分发的三个关键因素。

1. 用户画像的精度

用户画像是对数据进行整理、解读和模型构建后得到的用户行为模式,它涵盖了用户的基础、独特和有价值的信息。用户画像被广泛应用于互联网领域中的推荐系统、搜索引擎等方面。简而言之,用户画像为我们提供了一个了解用户属性和特定需求的基础途径,而用户画像的准确度则为个性化内容的精确匹配提供了关键的支持。

用户画像的构建主要依据以下几个方面：个人的生活环境、手机的具体使用环境、用户的基本个人信息以及他们的阅读习惯。个人的生活环境包含了人的生理属性和社会属性两方面，其中，生理属性决定着个体的生存状态，而社会属性则影响着个人对外界事物的感知。手机的具体使用环境涵盖了地理位置和时间背景，这两者都是信息匹配的核心考量要素。用户的基本个人信息包含了社交关系以及用户个人喜好等方面，这些会对用户画像产生重要影响，从而形成一个完整的用户画像体系。

用户的阅读习惯主要描述的是手机型号和手机内装机APP的使用情况。不同手机型号的用户之间的微小阅读习惯差异会在数据中得到体现，这进一步揭示了用户各自的阅读偏好。手机内的应用功能则为用户提供了更多便利。手机内置装机APP的使用频率也能间接地反映用户的偏好。手机中包含大量用户信息，包括个人信息、社交关系、兴趣偏好，等等，这些信息能够有效帮助机器挖掘更多有用的用户特征。了解用户的性别、年龄、教育背景、社会身份以及兴趣爱好等详细信息，可以帮助我们更精确地辨认用户的形象。

在APP冷启动阶段，个人的生活环境、手机的具体使用环境、用户的基本个人信息以及他们的阅读习惯是决定信息内容应该提供给哪些用户的关键因素。冷启动是指用户在下载某个APP后首次打开它的过程。用户首次打开了某个APP后，其在APP上的操作都会被详细记录下来，并作为机器算法深度判断的基础。APP读取的用户数据包括下拉、点击、分享、评论、停留，甚至是在没有任何操作的情况下的直接关闭或离开等。在这个过程中，机器需要完成细致的数据观察与分析，并从中总结规律，然后精确地为每个个体制定用户画像，为后续信息个性化分发提供支撑。

2. 文章画像的准确度与分发渠道的优化

随着大数据分析技术的发展，互联网分发平台的运作模式逐步从"信息收集—数据处理"转向"分析处理—数据挖掘"。一旦互联网分发平台获得了大量的用户数据，它便能够进行用户画像的绘制、用户群体的划分、模型的构建，并与过滤内容的平台合作，实现资源间的无缝连接。接下来，互联网分发平台会对大量的内容进行精确地分发和匹配，这样可以提升用户的黏性，进一步确保用户数据的完整性，并实现数据的有效利用、增值和变现。在此基础上，再以算法为中心，结合大数据分析技术，对内容进行深度分析，然后进行信息推送。对用户开放的信息进行分析和推荐，可以进一步提高上述环节的准确性和智能化，从而刺激新一波的新闻消费活动。

在传统媒体时代，编辑通常会对新闻、特稿、典型报道、综合报道、述评性报道、批评性报道等文章进行画像。而在智能媒体时代，对文章的描述变得越来越复杂，不仅包括文章的类型或主题，还包括文章的核心内容；不仅涉及文本本身的形式问题，还涉及对文章整体结构和主题的分析以及对文章内容逻辑关系的解读。我们需要清晰地了解文章的体裁、作者身份以及描述的领域等信息，同时也需要关注文章内容的质量。因此，智能媒体时代文章的画像较为复杂烦琐。如今，人工智能技术的发展为机器自动审核创造了可能，机器算法也能够帮助人们准确分析与评价作品，快速完成作品画像。

传统的人工编辑，通常是从选题、采访和写作等多个角度评估内容质量的。而机器算法的评估主要依赖数据，如点击、分享、收藏和用户的停留时间等。人工智能时代，人的认知与判断发生革命性变化，这就需要我们重新认识并把握人机协同制作新闻的规律，提升机器在识别高质量内容方面的能力，从简单的"会存会算"转变为"会认会说"，并尝试模仿人类的主观认知和判断能力，推进人工智能未来技术发展的新一轮革命。

人工智能的主要任务是通过各种技术和方法模拟、延伸和扩展人的智能能力，并借助计算模型将这些能力付诸实践，从而创造新的产品或服务。新闻媒体运用人工智能技术对数据资源进行深度挖掘，构建与之相对应的知识体系，通过用户画像与文章画像的比对，匹配合适的分发渠道，能够快速准确地将新闻信息推送给目标受众，确保用户在最短的时间里收到他们最感兴趣的新闻报道。在人工智能技术的推动下，智能分发方式彻底改变了传统媒体的内容分发路径，极大地提高了内容分发效率，并赢得了大量的用户支持。

目前，在国内，新闻资讯应用的分发主要有两大类：一类是以微信的"看一看"功能为代表的基于社交网络的智能分发方式；另一类则是以"今日头条"和"一点资讯"为代表，采用机器算法的智能化分发方式。

基于社交网络进行的智能分发主要表现为：从社交平台用户行为的分析和传播机制出发，向用户提供与其社交活动紧密相关的信息内容，并利用强大的社交网络来增加用户数量；基于机器算法的智能化分发，是根据目标受众的具体需求和兴趣来推送个性化的内容，即通过对用户信息进行深度挖掘和分析，从海量数据中挖掘出有价值的内容，根据不同的人群特点制定相应的营销策略，获得更多的注意力资源。

智能时代新闻分发尚待优化。目前的互联网内容分发平台多样，包括利用搜索技术创建的自动化内容分发平台、基于社交网络创建的UGC内容分发平台和基于服务提供的个性化内容分发平台等。这些平台的主要目标是确保新闻内容与消费者之间的连接更为精确和高效。其中不能忽视的一点是，新闻的分发实际上是由审核者来决定的，包括新闻信息应该传递给何种类型的用户，以及在何种情境下应该传递给用户。在这个过程当中，把关者扮演着什么角色？在传统媒体的时代背景下，负责把关的通常是专业的新闻编辑。然而，在智能分发过程中，把关者逐渐变成了一台机器或被称为一整套智能程序，从而引发了关于"信息茧房""算法偏见"和"新闻伦理"等多个方面的激烈讨论。

（二）重塑中的内容分发系统

不论是智能分发还是人工分发，仅仅依赖一种分发方式都可能会产生问题。因此，目前，新闻分发呈现两种方式结合的趋势。数据显示，智能分发在效率上明显超越了人工分发，智能分发通过算法满足用户个性化需求，为用户提供精准的个性化服务，在某些方面具有明显的优势。但这并不代表我们可以忽视人工编辑的重要性，人工编辑在诸如判断热点事件、综合考量当地社会风俗、文化接纳度、价值判断引导等方面具有不可替代的优势。智能分发系统主要依据用户点击率和平台热门词汇等数据进行判断，而数据收集通常需要花费相当长的时间。相比之下，在对热点事件的判断方面，人工编辑花费时间更短。此外，由于用户对热点事件关注度较高,智能分发系统往往需要持续推送大量信息来吸引关注者,这无疑加大了系统运行的复杂度,增加了运营成本。当我们从准确性、速度、质量和广度这四个维度来评估分发效果时,智能分发在高质量内容的评估和信息涉及的广度上仍有明显的不足。

重塑内容分发需要深刻把握和理解数据在智能时代的重要性。智能分发技术的核心是利用海量数据来洞察用户的行为模式,从而实现内容的有效分发。数据的积累会改变传播方式,并最终影响受众群体的行为。在传统媒体时代,我们并没有真正体会到数据所带来的巨大影响。而随着互联网、智能技术的发展,信息无处不在,数据成为确保工作效率的关键,大数据成为未来最有价值的资产之一。因此,对数据的深入理解至关重要。新闻工作者需要掌握如何从大量的数据中识别每个用户的独特性和特点,探索其发展趋势和相关性,从而达到高度匹配和精确匹配的分发效果。

依托人工智能的内容分发系统在发展过程中也暴露出一些问题。算法推荐是一种在人工智能时代应运而生的新型信息传播方式,它能够根据用户自身偏好及习惯提供个性化服务。当前,基于算法的新闻推荐主要是由机器利用大数据分析用户的日常行为,并据此作出相应的决策。在这个过程中,用户自身的兴趣被自动提取并作为一种先验知识和一种重要的资源。当用户的所有行为都是基于他们的兴趣和爱好时,算法推荐就会具有用户的主导性和个体的主观性。用户如果长时间进行这种个人日报式的信息选择活动,就失去了接触不同信息的机会,甚至变得不愿意去了解与自己原有认知不同的观点,形成了"信息茧房"效应,引发了业内的担忧和议论。

智能技术不仅继续推动了新闻分发模式的革新,还将向更具人格化的方向发展。新闻分发模式从传统的以人工为主转变为人工智能时代人—机协同的工作模式,人类智慧与人工智能有机融合,才是新闻制作与分发的正确路径。不管技术如何进步,用户对新闻内容的需求和使用始终是新闻传播的焦点。智能技术将以家庭、个人、车载等用户的使用场景为中心进行发展,不断构建新的、符合用户需求的新闻分发模式。未来,智能传播环境下,所有事物都将具备媒介功能,新的传播入口将出现,每个终端都将具备网络化、无线化、数据化和智能化的特性,这将使新闻分发模式变得更加精确和智能化。

三、智能制作技术应用:虚拟现实

虚拟现实技术是一种可以创造和体验虚拟世界的计算机仿真技术,具体而言,就是用电脑合成或实景拍摄的手法形成一个接近现实的三维虚拟环境,视频内容从传统的二维平面升级到三维立体,使人产生身临其境的观感[①]。这种三维虚拟环境是以计算机图形学为基础构建的,能够动态地给用户提供各种反馈信息,并在信息融合的过程中给用户带来进一步沉浸式的体验,虚拟现实技术作用机理流程如图9-6所示。

① 韩婕.虚拟现实技术在新闻业中的实践、发展与挑战[J].新闻传播,2017(1):3.

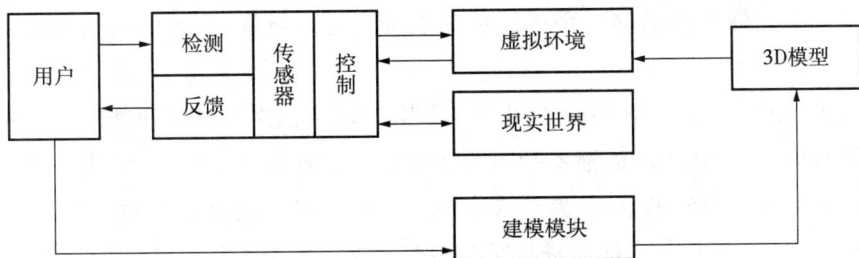

图 9-6 虚拟现实技术作用机理流程图

虚拟现实技术的主要组成部分包括近眼显示、渲染处理、感知交互、网络传输、内容生产、压缩编码及安全可信等。其中,近眼显示技术主要体现在微显示技术、光场显示及相关器件等方面,且正在向高分辨率、大视场角、轻薄小型化方向发展。渲染处理技术的混合渲染、注视点渲染、人工智能渲染等方面的研发正在持续深化,正向软硬耦合、质量效率兼顾方向演变。感知交互技术在由内向外追踪定位领域的技术研究持续深化,手势追踪、表情追踪、全身动捕、三维重建等技术发展迅速,感知交互技术的自然化、情景化、智慧化特点逐渐凸显。

网络传输方面,5G、千兆宽带与虚拟现实技术的适配能力持续增强,头显终端与计算机、手机等设备的迅速普及,超宽带传输技术发展迅速。内容生产领域,高拟真度三维建模、8K分辨率及以上全景拍摄、虚拟现实视频与平面视频混合制作等技术发展迅速。8K及以上超高清分辨率虚拟现实视频编解码技术进一步发展,虚拟现实编解码逐渐向网络智能协同方向演变。安全性方面,各种安全可信的虚拟现实产品的应用场景不断拓展。

2022年11月,工业和信息化部联合多部门发布《虚拟现实与行业应用融合发展行动计划(2022—2026年)》。虚拟现实技术作为新一代信息技术的重要代表之一,在工业生产、文化旅游、融合媒体、智慧城市等领域的融合应用持续深化。虚拟现实技术在新闻报道领域的应用,推动了新闻行业的业态更新。

虚拟现实技术在新闻制作领域最典型的应用是虚拟演播室。虚拟演播室,是近年发展起来的一种电视节目制作技术,1994年,在IBC展览会上,虚拟演播室技术首次亮相,并在各种电视节目制作中得以应用。虚拟演播室技术实质是将计算机制作的虚拟三维场景与电视摄像机现场拍摄的人物活动图像进行数字化的实时合成,使人物与虚拟背景能够同步变化,从而实现两者的融合,以获得完美的合成画面。①

虚拟演播室主要采用了"绿幕抠像"这一先进技术,这项技术最初是为了制作科幻电影而设计的。随着蓝幕(1933年)和黄幕(1950年)技术的不断发展,从20世纪90年代起,数字绿幕技术开始全方位崭露头角。绿幕会让画面变得更加清晰明亮,同时可以使光线更为柔和。在那个时代,数字摄影技术已经逐渐替代了传统的胶片摄影,并且众多的数字感光设备对绿色显示出更高的敏感性,因此在绿色背景下进行拍摄更有利于制作活动遮罩。"绿幕抠像"技术也称为"绿幕光处理技术",简称为"绿幕抠像"。其原理就是通过一种特殊装置对影

---

① 周占武.谈话的力量:中国新闻类电视谈话节目研究[M].北京:中国广播影视出版社,2017.

像进行实时调整。绿幕技术的运用可以精确地区分前景与背景,从而极大地减少特效制作所需的时间。

虚拟演播室的出现让电视节目不再仅仅局限于现场拍摄。虚拟演播室可以根据节目特色创造所需情景,展现真实的演播室拍摄难以实现的预期效果。在美国,有一些电视台为了吸引观众的注意力使用各种手段,制造许多"虚幻"的节目来满足观众的需要。比如,在演播室内建立摩天楼,演员们在月球上进行了"实况"转播,演播室内还刮起了龙卷风等。然而,由于表演者身处绿幕之中,缺乏真实的体验,因此场景中的互动大多依赖后期制作或演员的表演技巧。

早期的虚拟演播室是虚拟布景和人像抠图的机械叠加,视觉上没有立体感。随着摄像机跟踪技术的发展,如今,在拍摄过程中可以依据真实摄像机的镜头参数呈现三维背景,背景和演员的三维透视关系完全一致,更有立体感。[①]

在电视节目制作中,虚拟和现实相辅相成,虚拟和现实的结合成为未来演播室的发展趋势。XR技术是指通过计算机技术和可穿戴设备创造的一个真实与虚拟相结合、可人机交互的环境,是AR、VR、MR等多种形式的统称。随着XR技术的不断进步和完善,虚拟与现实的结合为演播室注入了神奇的力量,这就是我们所说的XR演播室。广义上讲,演播室里应用了XR技术就是XR演播室。

XR技术的一种实现方式是在实景中引入AR特效,如图9-7所示,传统的实景电视节目演播室对已有设施进行升级,即可呈现AR特效,性价比高。

图9-7　咪咕冬奥直播在实景演播室里应用AR技术

还有一种是采用三面LED显示屏作为背景的沉浸式XR演播室,这种演播室不仅特效更为炫目,沉浸感也更为突出,能够实现舞蹈、音乐灯光、动作和特效的高度精准互动。目前,国内大部分演播室都使用了传统灯光系统来搭建三维立体投影效果。然而,尽管这种演

---

① 罗志平,毕蕾.面向元宇宙的XR技术——咪咕冬奥前沿应用解密[J].视听界,2022(3):5.

播室的表现能力很强,但由于空间的局限性,它并不适合进行大规模的现场表演。

XR虚拟演播室可有多种搭建形式,可由LED立面屏、LED地面屏构成,或者由LED天幕、LED立面屏及地面实景构成等,再配合摄像机,跟踪系统、合成及渲染服务器、虚拟制作系统软件,以及音频系统,灯光系统等,搭建完整的虚拟拍摄系统。XR虚拟演播室能实现虚拟场景的快速切换,同时可以实时修改、调整场景内容,大大提高了换景、改景的效率,降低了拍摄成本,提高了拍摄效率。随着XR的成熟应用,以及数字资产库的逐渐完善,虚拟场景的搭建将更加简单快捷,将带来视听媒体制作的新变革。

【案例9-6】

河南广播电视台XR+4K虚拟演播室

2022年以来,河南广播电视台通过《虎虎生风中国潮·河南春晚》《七夕奇妙游》等沉浸式传统文化节目出圈,吸引了大量年轻观众,这背后是XR虚拟影棚的助力。河南广播电视台在原有600平方米演播室场地和灯光、视音频系统基本硬件基础上,对原有的显示屏、地面舞台进行改造,充分利用前沿科技手段,建设了一套应用最新虚拟显示技术的XR显示系统,采用XR沉浸式演播室技术、XR虚拟扩展技术、空间定位技术、AR虚拟植入技术、MR混合现实异地访谈技术,融合4K超高清、5G通信和IT等创新科技手段,使用CAVE圆弧大屏和地屏,实现XR沉浸式演播室虚拟空间扩展、虚实结合的效果。建设完成后,舞美设计可满足多形态节目的制作需求,以及不同应用场景下的虚拟仿真和播放显示应用。

2022年的《虎虎生风中国潮·河南春晚》《"十大战略"云课堂》《七夕奇妙游》,2023年的《元宵奇妙游》《端午奇妙游》等节目的录制和制作均在XR虚拟演播室完成,呈现更加绚丽震撼的舞台效果和沉浸式观众体验。

当前,虚拟演播室系统由三维实时渲染引擎、摄像机跟踪技术、制作和播出控制系统等组成。该系统利用计算机图形技术,将现实世界与虚拟元素融合,创造出逼真的虚拟场景,如新闻演播厅、城市风景等。在新闻制作中,虚拟演播室系统使得节目制作更具创意和灵活性,可随时切换不同背景,减少实际场地需求。记者和主持人可以在虚拟环境中与虚拟物体互动,实现"以假乱真"的效果。

VR新闻依托虚拟现实技术的图像处理、传感器系统等,使受众能够以第一人称和第一视角沉浸到新闻事件中,从听觉、视觉等多方面带给受众沉浸式与临场体验感。VR新闻的前期实景拍摄,需要将多台摄像机固定在特制的摄影架上,按规律排列,对新闻实景进行360度的拍摄,后期通过电脑合成,呈现接近现实的三维虚拟环境,其环绕式音频使得效果能够更贴近新闻现场[①]。

---

① 韩婕.虚拟现实技术在新闻业中的实践、发展与挑战[J].新闻传播,2017(1):3.

【案例9-7】

央视网"VR浸新闻"

作品类型:VR新闻。

制作机构:中央广播电视总台。

案例内容:

2019年2月,央视新闻官网正式推出了"VR浸新闻"栏目,设置VR任意门、VR暖故事、VR大事件及VR大突发四大版块,几年来,随着技术运用的不断升级,"VR浸新闻"栏目新闻内容范围不断扩大,涉及重大时政新闻、突发事件报道、民生新闻、人物故事、文化报道等。

在赏樱新"花"样报道中(见图9-8),央视网采用了"5G+4K+VR"的报道方式。通过全景的摄像头报道,用户可以360度全方位地观赏玉渊潭公园里的樱花美景。这篇报道最大的亮点就是"声音画面不同步",用户可以随时转动自己的VR设备,在任意画面收听记者的报道,尤其是当专家向记者介绍樱花的特点时,用户可以及时调整眼前的镜头画面,找到最合适的角度进行观察,通过介绍加深印象,而不是像平常新闻一样干巴巴地听讲解。这种只需在声音、文字方面进行大方向的把控,镜头切换由受众自行发挥的报道方式,减少了画面的制约,每个人看到的新闻不尽相同,获取的新闻信息也多种多样。

图9-8 央视网"VR浸新闻"赏樱新"花"样界面

还有一类虚拟现实新闻是通过对新闻现场进行模拟再现来制作的,其中的人物和场景通过技术手段呈现,其性质更接近以动画形式来模拟新闻事件。

动新闻采用三维视频(动画)的形式来展示突发新闻和焦点新闻,是一种创新的内容产品。它以真实的新闻事件或人物为基础,结合故事化的叙述和动画,通过声音和画面的结合来解决文字报道的单调问题。动新闻融合了现场照片、动画、旁白、音效等多媒体元素,以模拟和再现整个新闻事件的全过程或关键点。

【案例9-8】

说唱两会 逐梦晨昏

作品类型:动画短视频新闻产品。

制作机构:福建省广播影视集团。

作品内容:

《说唱两会 逐梦晨昏》(见图9-9)是福建省广播影视集团的融媒体资讯中心在全国两会期间制作推出的动画短视频新闻产品。这部作品主要以当前广受欢迎的说唱为核心内容,以动画为表现形式,节奏明快而清新,画风富有趣味性。作品还巧妙地设置了90后记者与领导之间的对话环节,逐层深化主题的表达,将福建的亮眼"成绩单"和政府工作报告的美好前景、温暖人心的内容呈现给观众。

图9-9 动画短视频《说唱两会 逐梦晨昏》

虚拟现实技术改变了传统新闻制作思路,其真实的体验感与互动性是其他形式的报道所无法比拟的。虚拟现实报道让观众在获取和感知信息的过程中,拥有更高的自由度和满足感。与传统的文字和画面信息传递方式相比,它更注重为观众提供一种身临其境的体验:直接与新闻故事中的角色互动,聆听他们的叙述,并根据他们的行为轨迹去了解新闻事件发生的背景和过程。用户不再被动接收,他们通过调整设备的位置和方向,更加主动地获取信息,或根据自己的兴趣和需要,自由地进行选择。在此过程当中,用户不只是在接收信息,他们也在积极地挑选信息。

【案例9-9】

巅峰见证——2020珠峰高程登顶测量

作品类型:VR直播。

制作机构:新华社。

作品内容:

《巅峰见证——2020珠峰高程登顶测量》(见图9-10)是新华社在珠峰峰顶完成5G+

4K＋VR的直播。新华社的特约记者在多个关键节点,如"中国梯"、最后40米的冲顶、成功冲顶和立觇标等,都进行了实时的现场报道。此外,新华社西藏分社还在珠峰前进营地设置了超长焦的摄影位置,用于捕捉队员冲顶的全景,与新华社特约记者在现场拍摄的画面相互补充。

图9-10 VR直播回放2020珠峰高程登顶

　　队员登顶后,特约记者通过直播镜头传达了队员们祝福祖国、祝福世界的声音,响彻珠峰峰顶。在珠穆朗玛峰峰顶通过5G传输实现4K＋VR视频直播,这是全球首次。

　　在报道形式方面,新华社创造性地加入了VR元素,分别在珠峰大本营、5800米营地、6500米营地和珠峰峰顶进行了VR直播,为观看直播的观众带来了沉浸式的体验。(资料来源于中国记协网)

四、智能分发技术应用:直播

　　直播就是通过实时视频流传输技术,将新闻事件、活动等内容直接呈现给观众,具有即时性和互动性的特点,因此被视为新闻分发的一种方式,手机直播在智能媒体中运用得十分广泛。智能媒体时代,新闻直播的主体由专业机构转向草根,借助移动通信技术,直播不再需要复杂的专业设备、直播车,一部手机、一张电话卡就能实现,直播平台也不再由机构垄断,公众通过手机直播平台就可以实现直播内容的分享。直播的语态更贴近普通人,叙事角度从宏观转向微观,用真实的切入角度拉近和用户的距离,强调和用户的多元化互动①。

我们可以按照新闻分发渠道,大致将直播技术分为电视直播技术和手机移动直播技术。4G技术引进前,各电视台进行户外电视节目直播时,无论是日常新闻还是大型活动,使用的大多是卫星转播车或地面微波车。最常用的直播连线方式是电话直播。导播会提前拨通记者电话,并保持通话,等电话切进演播室后,记者再根据在现场掌握的情况回答主播的提问。在观众一方,电视屏幕上一般会以双视窗的形式呈现,一边是演播室的主播,一边是提前准备好的记者照片和姓名,有时会加上事件地点和标题等,来营造一种"我"在现场的感觉。而在4G技术特别是5G技术广泛应用后,现场画面能够同步传回演播厅,直播的技术门槛大大降低,还能呈现精彩瞬间。手机直播系统如图9-11所示。

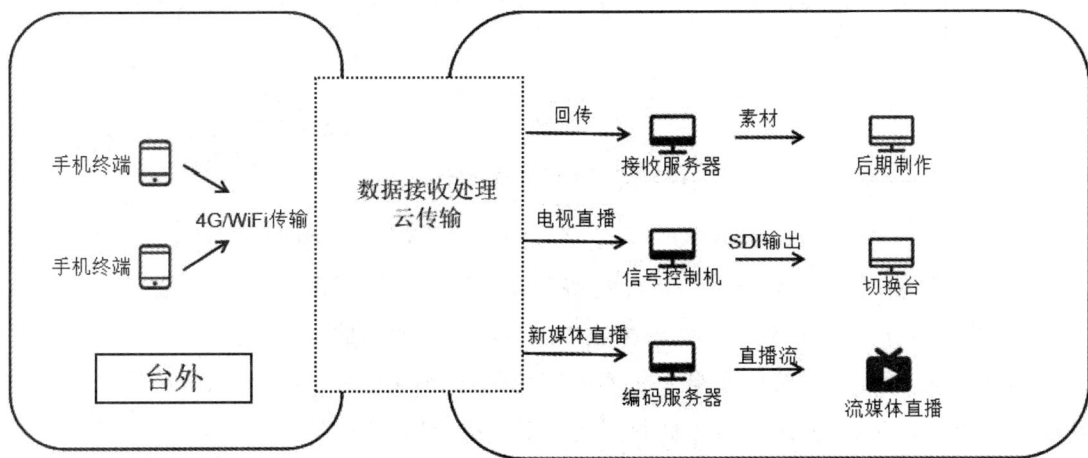

图9-11 手机直播系统拓扑图

自2016年"网络直播"元年开始,随着移动手机的高度智能化,直播也由电视台垄断转变为全民直播,"随走、随播、随看"的web3.0移动视频直播时代正式开启。手机作为新闻直播的终端,不仅操作简单、方便快捷,而且成本低、实时性强,可以实现随时随地进行新闻直播的目的。

得益于移动通信技术的创新,新闻制作分发对大型专业设备的需求减少,有时只需记者本人携带手机、电脑等便携式设备即可完成,从而确保了新闻的时效性。手机直播突破了传统新闻现场直播的技术和设备限制,为新闻报道,特别是在突发新闻事件现场报道提供了便利,提高了现场感和即时性。越来越多媒体通过移动网络传播新闻资讯,信息能够及时发送到用户的智能手机中。这种方式极大地节省了时间与人力成本,也为人们获取最新最真实的新闻资讯提供了方便。

手机直播系统的操作原理并不复杂:以4G、5G、WiFi为主要接入网络,随时随地上传包括文档、图片、音频、视频在内的信息,通过信号控制管理完成台内外互动的手机直播业务。为新媒体直播提供直播流服务的同时,无缝对接融合新闻生产系统实现回传视频。具体流

① 郭书畅.浅析媒体融合环境下新闻现场直播的变革与发展[J].传播力研究,2020(7):2.

程(见图9-12)包括以下几个部分。

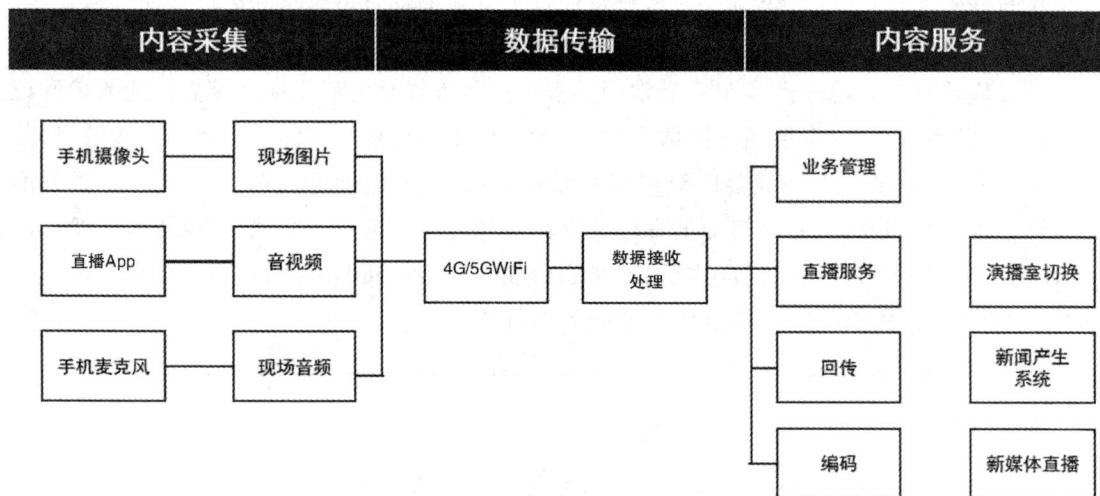

图9-12　手机直播流程图

（1）用手机终端APP调用摄像头、麦克风采集视频、音频，并编码压缩。

（2）运用移动网络和WiFi网络将经过编码和压缩的音视频数据、手机捕捉的实时照片以及录制的音频资料，传送到后端的数据收发服务器进行数据的预处理。

（3）数据收发服务器接收来自手机实时回传的音视频数据，将其复用成标准的传输流（transport stream，TS），并进一步扩展数据用于下一级应用或改写。

（4）数据收发服务器会接收手机发送的实时照片和音频资料，然后将这些资料提交给后端进行预处理，从而为新媒体提供直播流。

（5）手机终端的APP还可以提供视频回传功能，将素材归整到融合新闻生产系统中储存，以便日后二次编辑使用。

"融合＋"直播是集文字、图片、视频、VR、H5等多种呈现形式于一体的新型直播方式。"融合＋"直播，汇集了当前最常用、最流行、最先进的移动互联技术，打破了传统媒体彼此隔绝的传播形态，在一个平台上实现了多种传播形式的系统整合，既方便用户根据个人喜好选择接收方式，又能全景展现新闻事件，真正让新闻和观点透过屏幕触手可及①。

【案例9-10】

天宫之境

作品类型：慢直播。

制作机构：中央广播电视总台。

---

① 王雪芹.让新闻和观点透过屏幕触手可及——从融合直播发展看传播流程再造驶向"深水区"[J].全媒体探索，2021(1):42-43.

案例内容:

从约400千米高的轨道上俯瞰地球,是啥体验? 2023年4月24日第八个中国航天日来临之际,恰逢中国空间站全面建成后的首个航天日,央视新闻联合中国载人航天工程办公室推出《天宫之镜》中国空间站独家直播(见图9-13)。直播节目带领观众跟随空间站机械臂的宇宙级运镜,沉浸式"巡游"中国空间站;通过多路舱内舱外高清相机,直播解锁从太空看地球新视角,记录"太空出差三人组"的工作日常,沉浸式体验宇宙探索之旅。(资料来源于央视新闻)

图9-13　《天宫之境》中国空间站直播

基于移动互联技术和智能技术的新闻直播是一个全新的领域,它以独特的优势赢得观众青睐。新闻现场直播作为一种新闻分发方式已经呈现出多样化、智能化的特征。

实训项目

一、实训内容

（1）收集资料和观看案例：观看学习虚拟现实视听新闻的制作案例，通过典型案例、互动讨论，对选题、调查、结构以及视听语言构成等具体细节进行分析，了解虚拟现实视听新闻的构成要素及制作流程。

（2）拟定虚拟现实新闻作品制作方案：根据教师提供的教学资料，或自由选择恰当主题，寻找好的新闻报道角度，从内容和技术实施两个角度撰写虚拟现实新闻制作详细方案。

（3）分组实践：以小组为单位开展虚拟现实视听新闻制作。

二、实训要求

（1）提前熟悉虚拟现实视听新闻制作方法，熟读实训教学资料，了解新闻背景，充分讨论，展开选题策划和制作。

（2）全员参与，小组内合理分工、协同配合，共同完成一份优质虚拟现实视听新闻作品。

三、实训设备

（1）虚拟现实演播室等教学场地。

（2）摄像机、单反相机、全景相机等拍摄设备。

（3）电脑、手机等可供查阅资料的设备。

四、实训考核

（1）提交完成的作品：每组提交一份虚拟现实视听新闻作品制作策划方案。

（2）提交个人总结：在完成小组作品后，撰写个人总结。教师通读并签写评阅，指出其中存在的问题，提出改进意见。

（3）组织作品汇报交流活动，进行小组互评和教师点评。

五、实训材料

第十五届中国国际航空航天博览会,是由广东省人民政府和中国人民解放军空军联合主办、珠海市人民政府承办的航空航天展会,于2024年11月12日至17日在中国珠海举办。

第十五届中国国际航空航天博览会实现了"展示空间裂变倍增""空天海陆硬核呈现""国际交流更加开放""无人系统闪亮登场""轨道交通直达展馆"等创新突破。此届航展共启用13个展馆,室内展览面积达12万平方米,较上届的10万平方米增长了20%;室外展览面积约23万平方米。首次开辟斗门区莲洲镇"无人系统演示区",含"无人船演示区"和"无人机演示区"。设立了低空经济馆及民航产业展区、商用飞机产业展区、商业航天展区、新材料及应用展区、成果转化展区等主题区,展品覆盖"陆、海、空、天、电、网"全领域。

展品包括固定翼飞机、直升机、无人机、运载火箭、发动机制造/维修/零部件、机载通讯/航电/导航系统、机身结构件、飞机维修检测设备及工装夹具、空管系统及设备、机场/地面辅助设备、导弹/武器、卫星/航天应用、金属/非金属原材料、飞行模拟/培训、飞机内饰/涂装、行业协会/展览组织等。本届航展吸引了47个国家和地区的1022家企业参展。

以下是具体展品介绍。

1. 歼-35A

歼-35A隐形战斗机(见图9-14)是新一代隐身多用途歼击机,是中国空军实现隐身与反隐身作战体系规模化的重要组成力量。歼-35A首次公开亮相,意味着中国空军同时拥有了两款隐形战斗机——歼-20和歼-35A。

图9-14 在珠海航展亮相的歼-35A隐形战斗机

2. 歼-15T

海军重型舰载战斗机歼-15T是航母编队的核心武器装备,是中国海军航空兵的重要力量,这也是人民海军战机首次出现在中国航展。

3. "九天"无人机

首次亮相航展的"九天"无人机是一款灵活配置重型无人机,它既能当运输机,还能挂导弹,甚至挂无人机,通过换装不同模块化任务载荷满足空运空投、信息支援与对抗、火力打击与支援等任务需求。

请结合以上内容并自行查找详细资料,完成关于珠海航展的智能视听新闻作品制作。

◤ **本章知识脉络**

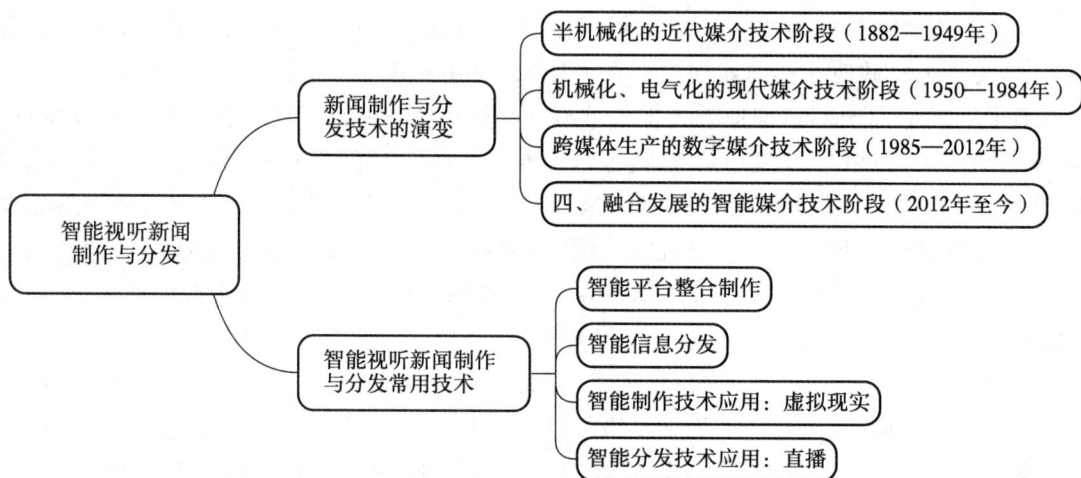

```
智能视听新闻
制作与分发
├── 新闻制作与分
│   发技术的演变
│   ├── 半机械化的近代媒介技术阶段（1882—1949年）
│   ├── 机械化、电气化的现代媒介技术阶段（1950—1984年）
│   ├── 跨媒体生产的数字媒介技术阶段（1985—2012年）
│   └── 四、融合发展的智能媒介技术阶段（2012年至今）
└── 智能视听新闻制作
    与分发常用技术
    ├── 智能平台整合制作
    ├── 智能信息分发
    ├── 智能制作技术应用：虚拟现实
    └── 智能分发技术应用：直播
```

◤ **思考题**

1. 请简述新闻制作与分发技术演变四个阶段的特点。

2. 谈一谈基于社交媒体的分发和基于算法的分发分别有何特点。

3. 思考智能视听新闻制作技术与传统视听新闻制作规范如何融合。

第十章

智能视听新闻评论

◆ **本章导读**

新闻评论被视为媒体的核心和灵魂。在信息繁杂和观点复杂的舆论环境中,评论观点能够以理性话语调节情绪化表达,起到"画龙点睛"的效果,从而引导舆论、回应民众诉求。

在智能媒体时代,评论显得尤为重要。本章首先对智能视听新闻评论的概念进行界定,介绍新闻评论的定义、演变历程,智能视听新闻评论的特点、价值、优势和面临的问题。从新闻评论的文本结构等方面介绍智能视听新闻制作技巧,最后介绍交互式智能视听新闻评论的具体形态。

◆ **学习目标**

· **知识目标**

1. 了解新闻评论的概念。

2. 了解智能视听新闻评论优势和挑战。

3. 学习智能媒体评论制作规律,掌握新闻评论的结构和叙事特点。

4. 了解互动评论形态。

· **能力目标**

1. 能够辨析智能视听新闻评论作品。

2. 能够运用智能技术,制作新闻评论作品。

· **素养目标**

1. 树立马克思主义新闻观。

2. 具备社会责任感和新闻敏感性。

3. 提高透过现象看本质的专业素养。

第一节　智能视听新闻评论的界定

新闻报道和评论创作都是新闻舆论工作不可或缺的一部分。新闻重事实,评论重观点。新闻评论,展现的是新闻从业者基于新闻事件或背后的社会现象生成的价值判断和深层次的思考。

随着互联网、移动终端等新兴媒体技术的飞速发展和快速普及,传统媒体的话语权受到了前所未有的挑战。"每个人都有麦克风""每个人都是评论家"。评论成为媒体抢占话语权的一种方式,成为信息爆炸时代记者"换道出圈"的一种选择。新闻评论的生产、传播及形式更为多元,也对新闻评论的作者提出了更高的要求。因此,在智能媒体时代,主流媒体从业人员要了解评论的特点、熟悉关键要素、掌握写作技巧,从而成为既能开展新闻报道,又善于进行评论创作的"多面手"。

一、定义

新闻评论是围绕新近发生的事实或关注的议题发表的观点意见。评论能够表达基于新闻事实,又不局限于新闻事实的理性思考,通过对新闻现象的分析做出判断,升华主旨、营造氛围、凝聚力量、鼓舞士气。评论从本质上还是属于新闻,它的价值在于能够发掘新闻中蕴含的对受众有启发、重要或新鲜的思想观点。对于主流媒体来说,无论是重要评论、社论,还是本台(报)评论员文章、一般性评论,都普遍具有观点鲜明、逻辑周密、注重思辨、优化表达等特点。

评论是对新闻事实的判断思考,基于客观事实、新闻事件而产生,可以概括为"摆事实""讲道理"。所谓"摆事实"就是从一件事(新闻由头)引申开去,亮出观点;"讲道理"则是基于事实,遵循一定的逻辑,实现表达的意图。逻辑严密是评论的一大特点。缺乏逻辑,评论就是一些堆砌的资料;逻辑不严密,评论就是难以自圆其说的文稿。

评论的思维方式要遵循逻辑,论点的合理性要经过逻辑判定。逻辑活动通常在亮明观点之后,体现在论证过程中,所有的案例、表述都围绕观点(标题)展开,从各个角度、各个层面对主题进行阐释和表达,为观点服务。

评论创作的来源是丰富的社会实践活动。每个偶发事件背后都有其发生的条件和基础。不同的人视角不同、意图不同、看问题的深度不同,每个人都可以对单个事件和其他相似事件产生不同的认识和解读,对新闻事件、热点事件进行不同的评论,这个时候,对舆论进行引导显得尤为重要。在对热点话题进行评论创作时,作者要跳出"小我"的角色,以社会受众"大我"的视角展开评论,依据客观事实的来龙去脉、是非曲直"发声",透过现象看本质、立足当下看长远、围绕特殊看普遍,持中立态度,不拉偏架,不火上浇油,才能引导舆论、平息焦虑、凝聚共识,评论文章才能达到意料之外、情理之中的效果。

　　大众传播时代,新闻评论是整个新闻生产流程的最后一环。在这个环节里,媒体借助各种信息传播平台针对某个事实、话题、人物、事件、影视作品、现象等进行评价,通过评论对报道里未阐释清楚的部分进行解释说明,也可以对重点突出部分进行强调,进而表明媒体的立场。传统媒体的评论一般都是单向的——媒体通过自家平台刊载社评或播读评论,受众通过读者来信或读者电话来反馈看法,评论互动缓慢且艰难。

　　智能视听新闻评论是指视听媒体借助智能手段,围绕新近发生的事实或关注的议题发表的观点意见。智能媒体时代,移动通信技术的发展消除了评论互动的技术壁垒,用户可以随时随地在新闻报道进程中发表自己对新闻事件的看法,媒体也可以随时随地进行回复。评论壁垒被打破,评论互动变得方便且快捷。用户可以更加快捷、方便地发表评论,媒体也能够借助智能机器人发现评论、回复评论、分析评论等,如封面新闻的舆情监测系统、“小冰”机器人等。媒体评论的互动性越来越强,呈现交互式的特征。

二、新闻评论的演变

　　鸦片战争前,以中文出版的第一种近代报刊《察世俗每月统记传》虽以“言论”“论说”形式出现,但其时效性和新闻性不足,只是评论的启蒙阶段。鸦片战争以后的中国近代社会,由于受到西方国家的思想渗透和影响,再加上统治者的管控相对宽松化,掀起了办报热潮。19世纪末20世纪初,中国的传媒行业异常活跃,近代报人以前所未有的独立姿态和自由精神冲破封建的限制,对政局发表言论,开启了中国的报刊政论时期。随着互联网、智能技术的发展,信息传播方式发生巨变,新的媒介形态不断出现,新闻评论样式也发生了变化。

（一）纸媒的新闻评论

　　纸媒是在平面纸质媒介上,借助书面语言这一形式书写和传递信息的媒体方式。书面语言的主要特点是讲究体裁章法,人们是以从前向后的顺序阅读书面语言的,在这一过程中,思想和观点的表达遵循的这一阅读顺序被不断地系统化和规范化,久而久之就形成了意见表达的固定体裁章法。体裁章法中的标题、导语、论证,就是对话交流中提出问题、分析问题、解决问题的形式,这些都是在书面语言的基础上形成的。

　　纸媒时代的新闻评论主要是报刊评论。报刊评论作为中国早期的新闻评论形态,直至现在仍然占据着重要的地位。早期的报刊评论是基于古典文学文体的基本形态,在发展的过程中,报刊评论遵循自身的特点和需求不断变革,形成了各类新闻评论体裁。西方新闻界对新闻评论进行了划分,狭义的新闻评论指社论和专栏评论,广义的新闻评论则包含政治漫画、读者来信和民意调查。中国新闻界则一般按照评论家范荣康的划分方式,将新闻评论分成社论、专栏评论、短评、本报评论员文章、编后、编者按六种[①],其后又出现了杂文、述评、论坛评论、小言论等多种形式。

---

① 李法宝.新闻评论发现与表现[M].广州:中山大学出版社,2013.

可以看出,范荣康的划分方式,一是根据内容的重要程度进行划分,社论具有引领思想、表达报刊立场的重要作用;评论员文章次之,本报评论员的身份已然带有报刊标签,其言论可以代表报刊立场;而短评、编后、编者按、专栏评论则具有一定的亲近性,这四种形式的评论可以拉近与读者的距离。这一划分标准,带有体制级差的色彩,具有一定的社会文化意味。二是根据文体格式意义进行划分,即根据评论对象的范围、话题范围、表达的基本体式、行文的基本章法等要素进行划分,充分发挥不同形态的文体在报刊言论表达中的不同作用。

例如,经济漫谈,一般就社会生活的经济问题展开讨论,是以话题范围划分的。而讲究一事一议、一语破的,短小精悍的小言论,是以篇幅体式结构划分的;具有明显文学性、批判性的杂文评论,是以表达方式和行文章法划分的;注重在思想层面深入说理的论坛评论、围绕时事展开批评的时评……这些都是依据格式意义,即体裁章法被划分出来的形态样式。可见,在纸媒占主导地位的新闻评论体裁划分中,社会文化因素发挥着主导作用,体裁章法发挥着基础作用。

(二)广播、电视新闻评论的样态:评论节目

随着无线电和卫星通信技术的发展,广播电视时期,意见表达的方式变得更加多样化,可以通过广播、电视媒介传播。纸媒时代,人们要通过文字阅读实现言论观点的交流传播。而随着广播电视的发展,意见表达的方式更加多元,在视觉元素的基础上又加入了听觉元素,信息交流过程中,人们可以进一步调动多种感官功能,人们的思考更为细节、多元。在公共空间中,视听结合的方式,削弱了口语交流和纸媒时代以生物性为关联的公共信息传播。因此,新闻信息传播中的感性因素减少,逐步产生讲究秩序与规则的公共意识。为建构公共空间、建立公共秩序、引导公共意志、进行公共宣传,新闻评论所承担的公共功能变得更为重要。而此时得益于技术的发展,新闻可被编辑、剪辑、截取、组合,因此新闻逐步被类型化,意见信息可以以更为成熟、流畅的形式传达给受众。节目的形态成为这一时期新闻评论类别的划分依据。

广播电视时期,新闻评论根据题材样式主要被划分为本台评论、广播述评、广播谈话、评论员评论、音响评论、主持人评论、电视谈话体评论和电视述评等多种形态类别。其中,本台评论、本台短评、本台评论员文章、编前编后等都是借鉴报刊评论的划分形式,属于社会文化意义上的划分标准。而其他形式则是基于广播电视独特的媒介特征划分的,属于媒介意义上的划分标准。如音响评论被分为现场谈话、环境音响、资料音响、后期解说;电视谈话评论又被分为访谈式、讨论式、现场参与式、座谈式、论坛式等多种类型,都是基于音响、电视的声音配置能力、画面展示能力、媒介编辑功能进行划分的。新闻评论的形态样式随着广播电视媒介技术的发展不断丰富起来,声画结合使得现场情境、对话方式的呈现更为多元、亲切,信息的表达和传播更容易吸引、说服受众。

广播电视的产生使得新闻评论能够以声画传达、口语表达的形式呈现。与书面表达不同,广播电视新闻评论的口语表达通俗、浅显、具有故事性,能使受众在一般感知层面上轻易地把握,其中,表情、声音、体态的呈现发挥了重要作用。例如主持人评论可以通过主持人的声音、表情、动作进行引导、渲染。广播评论中音调的高低、语气的变化也有重要作用。声画

结合的形式可以激发观众的想象,视听结合的形式可以激发观众的情感共鸣。书面语言要求表达准确、逻辑清晰,因此评论员需要具备较高的理性逻辑、线性思维,而广播电视新闻评论内容与形态是动态的,能唤起人们更多的共鸣,转变为更丰富的感受。声画传播中增加了很多元素,现场的任何声音、画面都可构成一个意见元素,组合元素的作用超越了单一文字语言的作用。

我国广播电视评论节目在20世纪80、90年代呈现节目数量多、质量高、影响范围广的特点。评论节目中,通过音响和屏幕的连接,不同的人可以在同一个空间内同时进行表达、驳斥、交流和对话。广播电视评论涉及场景、声音的移动变换,现场感的呈现,对话的即时反馈等形式。尽管广播电视评论保留了很多报纸评论的痕迹,但现场音、后期解说等对新闻评论进行的二次解读仍然属于对话的范畴。因而,对话内部的场景结构变化就成为决定性因素,这是讲求逻辑、线性思维的书面表达做不到的。因此,广播电视媒介能够形成节目形态,而纸媒无法形成节目形态,这显然是媒介划分的结果。广播电视的媒介特征决定了节目的形态,而节目形态内部的差异是节目内部的对话方式决定的。例如主持人评论是个体化的,而电视述评需要一个大型组合的内部场景,需要后期剪辑、组合、调动大量资料,制作性强,不仅是现场录制。

广播电视的发展,使得新闻评论出现在三维空间内,评论样态变得立体、生动、形象。然而,广播电视评论虽有所突破,但仍然是在有限的时空内展开的。在这一有限的时空中,节目形态成为新闻评论形态类别划分的基本依据、基本单元,体现了时空的有限性,也受制于时空的有限性。

(三)智能媒体的新闻评论:话语场

随着互联网、智能技术的发展,通过纸张和屏幕反映意见已经无法满足人的需求。媒介平台不断革新,不同平台有着不同的意见表达形式。

在时间上,人们需要即时的交流,追求交流的效率和信息传递的速度、宽度。在空间上,人们渴望近距离地交流与表达,需要输出感知和情感,需要参与到对话之中并及时获得回馈,而不是等待媒体对言论意见的反应。同时,人们对传统媒体的"一言堂"格局产生了质疑,发起了挑战,希望能够掌握更多的话语权。因此,在智能媒体条件下,体裁形态与节目形态已经无法承载新的内容,也无法作为标准去划分智能视听媒体新闻评论的类别。

智能媒体技术为言论表达提供了更大的空间,人们不仅可以在二维的平面空间和三维的立体空间中进行交流,还可以突破时空界限,随时随地表达意见。智能媒体条件下的言论空间的最大特征是传播主体的结构改变。智能媒体撕破了传受双方的界限,打破了媒体对传播权的垄断,使其成为人人都可拥有的相对平等的权利。信息的流动从自上而下的有序传播,逐渐转变为多方向、多维度的自由流动。同时,互联网加强了世界性的关联,人与人之间的关联形式发生变化。以往以媒介传达的公共信息所串联起的统一整体,逐渐转变为以情怀、志趣联系起来的诸多群体。人人都可以通过媒介平台随时随地发表言论、展开交流,信息被大量生产,并在不同媒介平台间自由流动,意见自由市场逐渐形成。言论观点的表达权不再被媒介垄断,个体不断创造、表达和吸取各种观点,社交互动成为一种基本个性。基于此,作为智能媒体时期传播主体间的交互样式,话语场成为划分这一阶段新闻评论样态的依据。

"话语场"这一概念来自皮埃尔·布迪厄提出的场域理论,他认为,"场域是一种表现各种位置间的客观关系的网络"[①],且每个场域分别具备一套受惯习、资本影响的运行规则。惯习代表主体行为的倾向性,而资本则决定了主体地位的高低。譬如一个媒介所拥有的文化资本,在某种程度上决定了其话语权的多少,而媒介组织营造了"新闻场",即后来被广泛探讨的"话语场"。以"话语场"来划分新闻评论形态的变化,与以往传受双方的二元视角不同,话语场概念更能反映智能媒体建构的高维、多维空间中的主体关系及其变化过程。

在媒介发展的不同阶段,划分新闻评论样态的依据是不同的。其共同点在于新依据会不断打破旧依据划分的边界。例如,节目形态打破了体裁形态,话语场形态又打破了节目形态,信息形式和结构被不断重组。但新依据、新形态的出现并不意味着旧依据的消失,而是相互融合,高维度包容低维度。例如,纸媒时代的新闻评论样式在广播电视时期仍被使用,其样式的改变并不明显,甚至到智能媒体时代依然存在,并成为更加成熟多元的文体样式。在智能媒体条件下,体裁、节目、话语场是同时存在的,在受到智能媒体影响的同时,它们依然带有自身的特点和差异性。纸质媒体属于二维平面媒体,它通过文字和图画这些一维线条的组合,构建了各种体裁的形态。广播电视则扩展到了三维领域,融合了文章、声音和画面等多种媒介元素,塑造出节目的形态。而智能媒体,则在多维空间意义上实现了信息的汇聚,它借助自由的人际对话组合,承载了文体、节目等多种形式,构建了话语场类型。

三、特点

随着智能技术在媒体中的广泛应用,新闻评论的样态和内容不断创新,呈现出以下特点。

(一)人机协作式

人机(智能)协作是智能视听新闻评论最显著的特点。人工智能不能代替人类的理性思考和情感表达,但在信息采集和数据处理等方面则显然技高一筹。在进行机械性工作时,人工智能的准确度远高于人类,妥善运用人工智能可以提高新闻行业的工作效率。用机器抓取有效信息、对视频的内容进行标注和采集、帮助记者将录音转换成文字,可以解放一部分劳动力,使其从事更有创造性的工作。

比如,在新闻素材收集和生产环节,媒体通过计算机技术对海量信息内容进行智能化筛选,挑选出符合基本价值的选题,再由人工进行二次编辑,实现了编辑和信息内容生产者的一次隐形互动。在新闻产品的发行环节,大数据智能推送就是通过分析用户的行动轨迹,进行信息化处理,通过识别和预测不同用户的兴趣和偏好,有针对性地、及时地向用户推送所需的信息,将人们想看的新闻、视频、段子、商品等置于显眼位置,以满足不同用户的个性化

---

① 皮埃尔·布迪厄,华康德.实践与反思——反思社会学导引[M].李猛,李康,译.北京:中央编译出版社,1998.

需求。从这个角度来说,算法推送同样也让新闻产品生产者与用户通过计算机智能技术进行了一次隐形互动。在新闻产品的反馈环节,智能评论审核、智能舆情监测、关键词搜索等,更是简化了烦琐的人工工作。

BuzzFeed是一个美国的新闻聚合网站(见图10-1),它致力于通过人工智能技术收集并分析网络上各种数据,搜寻一些受众反应不错但并不知名的内容,并将结果反馈给BuzzFeed的编辑小组。编辑小组能够迅速反应并制作相近的内容发布到各大媒体平台上。而这些本身极具潜力的内容在重新包装和分发后,通常都会在各大社交媒体上走红,形成病毒式传播①。

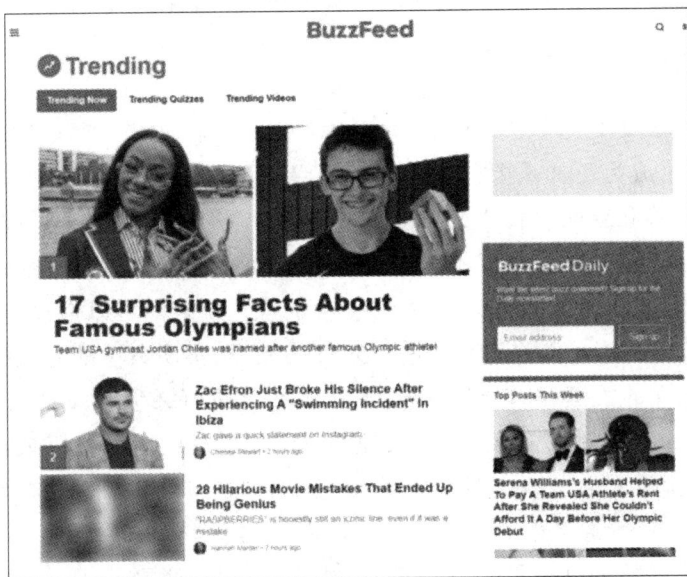

图 10-1　BuzzFeed 界面

熟练运用"智能＋人工"的组合模式,通过人机协作进行智能视听新闻评论生产,可以提高采集、分析、分发等环节的效率,这也是智能视听新闻评论的独特魅力。

(二) 即时对话性

对话往往被视为社会公意的实现路径。公共性的实现不是单纯传递评论者个人化的认知观点,而是通过关照更多的公共话语,在"对话"的基础上传达更具普遍和深刻意义的公共价值②。对话是流淌于人们之间的溪流,在群体中实现意义共享,达成理解与共识③。

虽然控制论很早被引入了反馈的概念,但反馈在新闻评论实践中的存在感直到社交媒体时代才得以凸显,基于智能技术的新闻评论反馈环节无疑更加即时便捷。反馈的存在使得智能视听新闻评论有了真正意义上的对话性。

①　刘雪梅,杨晨熙.人工智能在新媒体传播中的应用趋势[J].当代传播,2017(5):4.
②　卡尔·曼海姆.意识形态与乌托邦[M].黎鸣,李书崇,译.北京:商务印书馆,2000.
③　戴维·伯姆.论对话[M].王松涛,译.北京:教育科学出版社,2004.

在传统媒体时代,受众可以通过书信、短信平台、电话热线、电子邮件等方式与媒体进行联系和反馈,但显而易见,其效率是十分低下的,反馈内容真正作用于新闻评论的更少。到了社交媒体时代,用户可以通过在媒体社交平台账号下留言或私信,及时传递自己的反馈。社交媒体平台的反馈传递十分迅捷,但反馈的接收却不一定。反馈信息浩如烟海,单纯的人工审核、回复并不能保证每条反馈都传给了接收方,更别说将用户反馈融入新闻生产中。因此从表面上看,社交媒体时代,反馈信息看似能够及时传达,但实际上仍缺乏即时对话性。智能视听新闻评论从选题到内容生产都以用户的需求和观点表达为基础,这使得议题具有公共性,话语具有对话性,用户的意见可以得到最快速的回复和确认。在智能媒体时代,智能技术让新闻评论反馈的覆盖面更广,反馈的质量和效果都有了很大的提升。

(三)精准引导舆情

新闻评论是新闻媒体表明立场和态度,表达观点的一种文体。互联网时代,网络舆论场众声喧哗,新闻评论成为更加重要的舆论引导力量。传统新闻评论的创作生产往往基于新闻工作者的职业敏感和新闻事件本身的影响力,新闻评论针对舆情全过程的精准识别和引导是难以实现的。广播电视传播模式下,受众对新闻产品进行反馈后,媒体接收反馈并给出回复,但这只是点对点的传播过程。而智能视听新闻的评论则可以借助智能平台的舆情预警、舆情追踪、舆情研判等功能进行更加有针对性的操作,实现舆情的有效引导、精准发声。

利用在线自定义的关键词、智能化的过滤技术和自动预警功能,以及手持的可视化显示屏,人们可以随时追踪并提供最新的舆情数据信息,在最短的时间里完成信息的收集、整合和分析,进而提供新闻评论产品。例如,封面舆情是一款专门为政府机构及企事业单位发布权威政策、事件、观点而设计开发的网络舆情监测工具,具有可扩展性、可维护性和易操作性。封面舆情基于大数据分析技术,以"云"为载体,利用互联网技术,将海量数据存储于云端服务器中。舆情信息来源于新闻网站、微博和微信平台等,能够通过高频词技术对上万条信息进行分析,并能在几分钟内公布收集到的数据。封面舆情的一个显著特点是它能为用户提供实时的个性化舆情分析服务。用户只需打开手机,输入关键词,就能在10秒内找到他们关心的舆情信息。用户还能根据自己的需要选择不同的功能组合,比如有针对性地对突发事件进行事件分类、主题推荐、话题追踪,等等。

(四)平民化表达

在智能技术推动下,公众不再是被动的信息接收者,也可以作为具有一定话语权的新闻评论者,参与社会舆论的构建。智媒视听新闻评论的表达具有平民化的特征,更加注重与用户的共创,反映普通人的真实想法和感受,更容易被共情。

新闻评论的平民化包括选题、立意、说理论证过程及理性信息表述的平民化。平民化表达不是仅对复杂和深奥的专业术语进行解释,也不是一味迎合公众、博眼球式地发表惊天高论,而是在考验"定理理论的译制力"。智能视听新闻评论写作平民化并不是一个将抽象概念转化为具体生活中现象的过程,而是掌握专业知识的写作主体将抽象问题转化为具体的内容,深入浅出,使其符合受众阅读习惯的一个写作过程。

1. 选题亲民，关注民生

当前，新闻评论呈现出鲜明的平民化写作特征，既强调真实、通俗的语言和深切的人文关怀，又具亲和力和深度。这样的写作风格不仅符合大众的阅读习惯，而且能展现对社会和事件的深入思考。新闻评论的平民化写作既为传统媒体带来了新的机遇和挑战，也为受众提供了更加直观、生动、有趣的新闻阅读体验。以大众化的语言表述复杂的问题，不仅让新闻评论更容易被理解和接受，也为我们开拓了更大的讨论空间。

智能媒体时代，新闻评论不仅关注宏观社会层面和重大政策，还将焦点放在公众需求，以及他们最为关心的民生话题上，力求接近广大受众，贴近他们的真实生活。当下，人们更关心与自己生活息息相关的社会现象，更关注自己感兴趣的话题。智能视听时代，新闻评论往往以短视频、动漫或H5形式呈现，选题内容更加贴近民生生活，旨在满足受众的信息需求。以人民网评为例，2023年，人民网评发布评论文章总计346篇，其中取材于民生社会的报道共129篇，关于社会现象、探讨争鸣、历史事件的报道占比达12.9%。

2. 体裁亲民，用户共创

根据中国互联网络信息中心（CNNIC）公布的第55次《中国互联网络发展状况统计报告》，网民规模从1997年的62万人增长至2024年的11.08亿人，互联网普及率升至78.6%。群众在哪里，舆论引导的阵地就在哪里。各级媒体纷纷建设智能媒体平台，入驻微博、抖音、快手等新媒体机构，开设了如《主播说联播》《央视网评》《人民网评》等符合当下受众阅读习惯的评论栏目，在新闻评论体裁样态上积极创新，更符合当下智能化、移动化传播的特点，受到了用户的欢迎。

智能视听新闻评论用户还探索了人机共创、用户共创形式，受众可以通过人机对话、用户交互式评论等方式，参与新闻评论生产。这种共创丰富了新闻评论内容和形式，使受众能够深度参与新闻评论内容创作。

新闻评论写作的亲民化已经成为智能媒体时代的一种趋势，对传统新闻产生了深远的影响。随着大众评论者的涌现，智能技术的应用不仅扩大了新闻评论的参与范围，推动了民意的表达和反馈，也带来了新的挑战和机遇。

四、作用

（一）促成深度内容定制

新闻评论是对新闻事实、新闻现象背后本质问题的阐释，属于深度内容产品。在传统媒体用户流失严重，用户忠诚度降低的当下，新闻评论可以作为深度定制内容对用户群进行精准推送，从而提高用户黏性，提高传播效果。

所谓的深度内容定制，是指利用人工智能在信息收集、整合和分析方面的强大能力，根据用户需求来抓取和分析信息内容，创作符合用户思维和阅读习惯的信息。这是一种对目标受众进行细致划分和精确传播的高效策略，通过这种方式，新闻评论能够实现从"产品"到

"服务"的升级,从而使媒体获得更多的收益。

传统的媒体机构历来缺乏对用户的正确认知,并且很少进行用户数据的收集。在大数据时代,用户的数据被视为媒体机构的宝贵资产,它是产生传播效果、影响和经济回报的关键因素。因此,传统媒体有责任整合、清理、认证、管理和记录通过高质量的内容资源、线下活动和经营行为所积累的高质量用户数据,并基于对用户行为和市场需求的深入分析,将新闻评论作为深度内容,以及定制的优质资源用于优化用户运营。

(二)回应公众关切

新闻评论是关于热点新闻事件、现象、政策等的观点式报道,是对公众关切的直接回应。随着社会的发展和民主法制的不断完善,个体在社会事务中的参与范围不断扩大,参与程度不断加深,公众越来越重视个人意愿表达,公众能够并希望通过公开的媒体渠道表达自己的观点和意见。

新闻评论成为公众表达个人愿望的直接方式,通过新闻评论,公众的意见得到更加快速的回应,公众得以通过媒体更加积极参与国家及社会事务。新闻评论也是媒体与受众之间沟通联系的桥梁,它能使受众获得对事物最直观、最有价值的信息,从而引导社会舆论。作为一种特殊形式的舆论工具,新闻评论的作用不仅在于提供信息,还能够起到监督和导向的作用。与新闻报道相比,新闻评论对正在发生、最近发生或新发现的事实、问题、现象等进行事实陈述和理性分析,迅速、及时、直接、广泛地反映党和人民群众的意愿和愿望,回应公众关切,引导社会舆论,凝聚社会共识。

加强新闻评论,强化对舆论的引导作用,对于提高传媒的社会影响力具有非常重大的意义。新闻评论的深度和质量无疑是提升媒体影响力的关键要素。

(三)凝聚理性认识

人们对客观世界的反映主要有两种方式:一是描述,二是评论。新闻评论来源于新闻事实,以新闻事实为基础,并对新近发生的新闻事件进行分析、总结和评价。新闻评论不仅是对新闻事实所包含的观点和理解的简单重述,也是作者对其进行进一步处理后的理性成果。新闻评论来源于新闻报道,又高于新闻报道,新闻评论中涉及的新闻事件、新闻人物等事实,需要具有新闻价值。评论的过程具有强烈的主观色彩,是一种由对新闻事件进行分析研究进而提出见解主张的思维活动。在新闻评论的创作和制作过程中,评论不只要与新闻内容相结合,还要螺旋式地从感性认知逐渐升华到理性认知。

二维码 10-1
智能视听新闻评论
面临的问题与挑战

新时代,媒体通过高效的新闻评论手段,详细阐释了党的方针和政策,帮助人们将零散的、个人的观点转化为系统性、集中性和科学性的见解,为社会实践提供科学的理论指导。要使新闻媒体的宣传效果达到预期目标,就必须加深新闻评论的理论深度,媒体人也要不断提升自身素养,努力提升政策理论水平,通过新闻评论真正调动和团结大众,扫除妨碍前行的思想障碍,营造积极奋进的社会氛围。

第二节　智能视听新闻评论制作

党的二十大报告强调,要"巩固壮大奋进新时代的主流思想舆论""加强全媒体传播体系建设,塑造主流舆论新格局"。作为媒体的旗帜和灵魂,新闻评论在表达观点、阐明立场、引导舆论等方面发挥着重要作用,也在塑造主流舆论新格局中担当着重要角色。

智能媒体时代,舆论场众声喧哗。新闻评论存在内容同质化、语言程式化、形式单一化等问题,面临发展空间受限、内容竞争乏力等挑战。因此,唯有积极进行内容创作、传播手段等方面的探索创新,新闻评论才能打通"两个舆论场",担负起舆论引导的重任,在塑造主流舆论新格局中有所作为。

目前,国内新闻媒体在产品升级迭代、加强舆论引导能力建设等方面也进行了诸多的有益探索。未来,主流媒体也会在语言范式、写作方式、体裁形式、组织模式等方面进行持续探索,不断提升新闻评论的舆论引导能力,积极塑造主流舆论新格局。

一、文本风格

新闻评论作为一种有思想、有理论、有说服力的意愿表达方式,其作用越来越重要。新媒体鲜活生动的语言范式对传统评论的语言文本风格构成冲击,用户阅读旨趣发生巨大变化,新闻评论迫切需要在文字风格、语言范式上进行创新。善于用讲故事的方式表达观点、进行论证,优化阅读体验、提升用户黏性,从而达到潜移默化的说服效果。新闻评论也逐步利用数字化、智能化技术,将传统新闻评论变成融图片、声音、视频、数据可视化等为一体的"多模态新闻评论",以一种全新的互文方式展现新闻评论中的诸多要素,无论是在符号使用方面还是表现手段方面都呈现出多元化的特点。

智能视听新闻评论的文本风格具体表现在以下几个方面。

(一)文风清新化、轻量化

"轻量化"是对小屏传播中轻松的、戏谑的、口语的表达方式的概括,也就是用户通常所说的"小清新文风"。"轻量化"表达给新闻评论打上了轻松、活泼的标签,主流媒体的"轻量化"表达改变了评论自上而下严肃的教育形象,创设了可感知、可触摸、可亲近的人物形象。

【案例10-1】

评新而论

《评新而论》栏目(见图10-2)是由江苏省广播电视总台融媒体新闻中心打造的一档日播新闻评论脱口秀节目,荣获第三十届中国新闻奖一等奖"新闻名专栏"。

图 10-2 《评新而论》节目海报

《评新而论》每天 20 分钟，采用短评＋网络热评＋头条深评的构成模式。栏目聚焦社会热点，突出幽默、犀利的节目风格，坚持内容输出，深度评论。同时，改变模式化、枯燥无趣的制作方式，通过整合媒体新资源，在节目中大量引入微信、微博、语音、短视频等新媒体元素，极大地丰富了新闻评论节目的内容含量，摆脱了纯粹说教式的节目样态，让节目更具时尚气质，吸引了大批年轻的观众，为媒体融合作出了有益的尝试。

（二）善用比喻，表现力强

善用比喻等修辞方法，有鲜明的表现力是智能视听新闻评论的重要特征。将重大的意义、深刻的道理和核心的原则通过通俗易懂、生动形象、深入浅出的方式进行表达，不仅能让大众更容易接受自己的观点，而且更有可能引发公众的共鸣和思考。善用比喻实际上是对复杂信息的形象化再现，注重个性且更贴合大众的思维方式。

【案例 10-2】

睡前聊一会儿

"人民日报评论"微信公众号《睡前聊一会儿》栏目，以"文本＋语音"的方式推送，聚焦舆论热点、社会心态、文化现象等"软话题"，以轻松的语态、形象的表达、理性的思考、辩证的观点、全面的视角，为用户提供认识纷繁复杂的事件与现象的方法。在突破"共鸣边界"的同时，逐步扩大"共识范围"，更好地"强信心、聚民心、暖人心、筑同心"。

（三）适度类比，说理性强

用类比、对比等表达方式增强作品的解释力，以理服人也是智能视听新闻评论的一大特点。使用类比、对比等表达方式的优势在于，它能够将复杂的信息简化，帮助作者以一种更为直观和易于理解的方式来传递事实、数据和其他信息。同时,它还能够使这些内容更有感染力,更加具体、生动,使受众能够更容易地理解和接受这些信息,从而理解作者表达的情感。无论是专业的评论员,还是普通的网民,都可以使用这种表达方式提高评论写作的效果和影响力。

(四)引经据典,贴近性强

引用历史故事是如今不少评论者非常乐意运用的手法,从历史的角度出发不仅能够很好地剖析当前事件,而且有助于深化评论的思想内涵。这种风格不仅能增强新闻评论的可读性,还能使更多的人理解新闻评论的内容,提高新闻评论的接受度。这种手法避免了虚假夸张的成分,通过真实地描绘人物、事件和历史故事,来传递真实的信息和观点,从而使受众能够更深入地理解新闻评论的内容。使新闻评论更具有真实感,也更具有说服力。

智能视听新闻评论的风格更贴近大众,更贴近生活,它通过使用大众都能理解和接受的语言传递信息和观点,从而提高感染力和影响力。传统媒体评论员的优势在于知识储备丰富、对政策相对熟悉,而劣势则在于无法像线口记者那样频繁接触一线人员、掌握一手资料,易出现闭门造车、不接地气、套话空话多、缺乏针对性等问题。多深入基层采访、多掌握一手信息、扬长补短、采写互促,是新闻评论创新突围的必然选择。

二、评论内容

内容是构成事物的一切内在要素的总和,它是评论存在的基础。若想要观点出彩、真正抓住受众,还需着眼打造内容本身。

与其他新闻体裁不同,新闻评论重在说理,智能技术带来的创新主要体现在其外在表现形式,而内容构成逻辑仍是新闻评论是否好看的关键。从内容看,新闻评论仍由引言、主体、结论三部分构成。引言是新闻评论的开头,主要起到引入话题、引起用户兴趣和明确评论观点的作用。引言部分通常包括对新闻事件或现象的简要概述,以及评论者对事件的初步看法或立场。主体部分是新闻评论的核心部分,主要对新闻事件或现象进行深入分析和评论。主体部分通常由论点、论据、论证三要素构成。结论部分主要是对全文进行总结,重申评论者的观点,并提出相应的建议或展望。

(一)晓之以"理"

新闻评论是对新闻事件进行评说论理,它既要讲究思想的高度和理论的深度,又要讲究评论的角度,通过高度、深度和角度来展示一种理趣[①]。新闻评论工作者是思考会引起社会舆论广泛关注的事件的,新闻评论工作不能陷于琐碎的事实中不能自拔、仅满足于就事论事或对这些事实发一些琐碎的议论,必须高屋建瓴地上升到理论高度来认识。

新闻评论虽然基于具体的新闻事实,但它是以研究带有普遍性的社会问题为己任,新闻

---

① 赵振祥.新闻评论学[M].北京:九州出版社,2012.

评论者要把理论研究和追求新闻评论的理论性作为自己永恒的追求。摆事实、讲道理,这是新闻评论在长期的实践中逐步形成的写作方法。道理要讲得通,不是歪理,不是强词夺理,而且要选取有说服力的事实,选取以一当十的事实。好的新闻评论会让受众茅塞顿开、眼前一亮,会给人一种曲径通幽、豁然开朗的愉悦。

如果说理论色彩属于一种"高度",那么对事物的认识有独到之处则属于一种"角度"。新闻评论要写得通俗易懂,要大众化,并不是要求新闻评论者认识事物的能力和思想水平也"大众化",恰恰相反,他的识别力、预见力、分析推理能力都应当比大众高出一筹。透辟的批评来自透辟独到的见解,而透辟独到的见解又来自博学多识和对问题的深入研究,新闻评论工作者必须有意识地培养自己的这种素质和能力。

(二)激之以"气"

新闻评论工作者首先要不忘初心,涵养正气,树立正义感和社会责任感,用自己的笔为社会鼓与呼,其文章才会文气激荡,富有感染力和说服力。"文如其人",一个人的人格修养与他的文章风格是有密切关系的。身正则气壮,理屈必然词穷。"出处无愧,气乃不挠",这是为文的至理。"出处无愧"指的就是身怀正气,不挟私心,这样写出来的文章自然也会鼓荡着一股浩然正气。

关注时局,与时俱进,深入社会,紧紧把握时代的潮流变化,文章就必然会深深烙上时代的印记,感染上时代的气息,一个远离时代的新闻工作者是不可能写出文气充沛的新闻评论文章的。一个人如果爱憎分明,他就会给人一种很有性格的感觉,而如果一篇文章的观点爱憎分明,那么这篇文章也同样会给人一种很有"性格"的感觉,并会产生一种读其文如见其人之感。爱憎之意分明,文章就会"笔锋常带感情",这也是"文气"的一种内涵,不要做"冷漠的看客"。发于不可不发,止于不可不止。

文气既非天生,养成亦非一日。它是由人的社会阅历、学识功底、性格特征、写作实践等因素综合而成的。新闻评论工作者应当有意识地培养自己的"文气",而一旦形成了自己的评论风格,那便是其评论写作走向成熟的标志。

(三)动之以"情"

智能媒体时代,新闻评论创作往往会陷于"技术依赖",形式创新的外壳遮蔽了新闻评论的"真情"。没有感情的言辞,味同嚼蜡。有感而发,带着情感写文章,才能写成好文章。新闻评论的立场比如"反对什么"或"赞扬什么",很多情况下也就是"讨厌什么"或"喜欢什么",这里边会同时包含着人的思想倾向性和感情倾向性,二者有着内在的一致性。新闻评论要旗帜鲜明,观点要爱憎分明,要有感情投入,评论是板着面孔说理,要寓理于情,"通情"才能"达理"。

碎片化、快餐化的新闻消费习惯下,新闻评论往往追求速成,跟风热点,作者如果缺乏真情、激情,对待所评论的人物事件无动于衷,写出来的评论自然也就是无病呻吟,"为赋新词强说愁"。评论不温不火,四平八稳,或者套话连篇,既不敢批评也不敢主张,读来就没有切肤之感。一些UGC的评论文章则陷于自己的一己私情私见里不能自拔,而忽略公众的感情,文章视野不广,立意不高,没有震撼力。

新闻评论一个很重要的特点是通过议论、说理来表达感情,也就是说,这种情感要隐在"议""理"之中,以议传情,以理达情,而很少像诗歌散文那样,由作者直接站出来抒情。作者直接抒情,容易导致情感的私人化,这显然是新闻评论所忌讳的,新闻评论是代社会立言的,它不是自娱自乐,而是面向社会、面向公众的,是一种"公论"。所以,评论内容要动之以情,而不是一味煽情,必须注意把握好度。

(四)适度玩梗,切莫过量

当前,内容娱乐化充斥着新闻业,评论内容玩梗之风正是其中的典型表现。从网友跟帖评论来看,相较于直抒胸臆式表达意见,跟帖评论更倾向于使用流行"梗词"来表达意见。虽然这样的表达充满趣味性,表达的观点也更容易获得共鸣,但随着"梗词"的不断涌现,一些低俗不雅甚至侮辱性的词汇被创造出来。新闻评论内容为了更加生动贴近,适度使用网络热词、"梗词"有时会成为神来之笔,而如果不分场合、不适度地使用网络梗词,则会引起用户反感,起到反效果。新闻评论的写作内容要紧跟时代热点,可以引用网友喜闻乐见的梗词,但应当适度,切不可过度使用,带来消极效果。

三、体裁形式

智能媒体时代,新闻评论体裁形式极大丰富,短视频新闻评论因声画结合、分发渠道多元、互动性强等优势,成为新闻舆论引导工作的新形式。近些年,主流媒体通过入驻或自建短视频平台进行媒体深度融合,积极进行视频化探索,促进了观点传播、强化了舆论引导。相对于"短视频+新闻报道"这种已经较成熟的传播习惯,"短视频+新闻评论"还处于探索实践阶段。

文字新闻评论具有重视逻辑、思维严密、语言雕琢、表述精准等特点,要求受众具备一定的思辨性阅读能力。传统电视评论声画兼备、视听结合、观看门槛低,但存在拍摄制作成本较高、时效性差等问题。短视频新闻评论结合了以上两种评论方式的优点,具备可视化叙事和互动化传播的特点,一方面迎合了受众碎片化的信息接收习惯,另一方面也搭建起对新闻事实发表见解和意见的平台,成为极具竞争力的新闻评论形式。

2023年全国两会期间,《人民日报》评论部、"思聊"融媒体工作室、"蓝星议事厅"融媒体工作室、人民网及人民视频联合推出评论类系列短视频节目《评论君聊两会》(见图10-3),由评论员出镜,评论内容涉及经济、文化、科技、民生等各领域,将人民"置顶",续写"言"值担当。系列产品覆盖用户人数超8000万,视频播放量和相关话题阅读量突破1500万。

新华社也在视频新闻评论上进行了积极探索创新,如2024年推出的《新华视评》栏目(见图10-4),是以竖视频的方式为适配移动端传播打造的。新华社评论员以出镜的方式阐述观点,兼具权威性、专业性和指导性。时而穿插视频资料,时而进行角色扮演,时而展开观点陈述,将短视频简洁、生动、直观的传播优势发挥得淋漓尽致。

图10-3　短视频新闻评论节目《评论君聊两会》

图10-4　竖视频新闻评论节目《新华视评》

　　凭借形象化、通俗化、移动化等优势,视频评论更能适应智能媒体时代的传播生态,有良好的传播效果。个人视频评论是智能媒体时代最常见的新闻评论形式,一些传统媒体评论员转型后,创建了个人新闻评论的视频,持续探索评论形式的创新。如《河南日报》评论员赵志疆在微信视频号上开设的"疆场"、浙江日报报业集团评论员刘雪松在抖音上开设的"评论员刘雪松"、《新华日报》评论员胡波在微信视频号上开设的"江东观潮"等,均是媒体评论员进行个人视频新闻评论创作的积极尝试和探索。

第三节　交互评论产品解析

　　智能传播生态格局使新闻舆论传播呈现双向传受、交互对等、共生共长的明显特征。新闻评论不再是单向说理,社会各方面的参与度越来越高,彼此之间的关联度也越来越强。新闻评论产品突破了传统新闻评论形态,强调交互,致力于打造高质量新闻评论产品,交互式评论成为智能媒体时代特有的新闻评论产品。

一、知识图谱产品

　　基于知识图谱的人机交互新闻评论,是指通过数据挖掘、信息处理、知识计量和图形化展示来揭示复杂的知识领域,呈现新闻事实背后的演化模式和逻辑关系。

　　知识图谱,实际是由节点和它们之间的关系构建的图谱。知识图谱为我们提供了一个直观的方式来模拟真实世界中的各种情境,用可视化技术描述知识资源及其载体,挖掘、分析、构建、绘制和显示知识之间的相互联系,以"高度真实"的形式展现了这个五彩斑斓的世界中的各种相互关系。

封面新闻与阿里云共同推出了一项新闻垂直类知识图谱服务,其核心目的就是将知识图谱这一技术应用于新闻行业。简而言之,它能够通过数据挖掘、信息处理、知识计量和图形化展示来揭示复杂的知识,它具体被运用在两个方面。一是人物知识图谱。通过建立以关键人物为中心的知识体系,以结构化、可视化的方式展示数据间相互关系,能够直观地将人物和事件的信息可视化,帮助人们更好理解、梳理及挖掘人物及相关事件关系。二是新闻事件知识图谱。把真实世界中存在的各种事件实体抽象、泛化,通过彼此间的关联关系组成一个知识网络,并对事件之间的顺承、因果关系演化逻辑进行梳理,能够揭示事件间的逻辑演化规律与模式,直接刻画人类行为活动。

通过知识图谱,用户能够在检索过程中更方便地获取相关信息,进而进行更全面和深入的总结。知识图谱可以帮助用户从海量数据中理出脉络和线索,进而对其进行深入思考。这就为用户提供了更多的选择,他们可以更方便地搜索自己感兴趣的内容或者找到想要的答案,从而提高用户的使用体验感和参与度。例如,用户在搜寻一部电影时,可能会发现一本与之同名的书籍,或者还存在一个与之同名的城市。如果将该网站中所有与某一特定领域相关的词条按一定方式组织起来就形成了知识网络。同时,知识图谱中包含着丰富的语义关联,为人们提供了更加广阔的思维空间,有助于用户对事件进行更深层次的理解。此外,用户可以通过这些跳转链接,沿着知识网络深入挖掘信息,这不仅极大地扩展了信息的深度和广度,还能激发用户的联想和思考。

二、智能聊天交互

新闻聊天机器人(news chatbots),也被称为新闻对话机器人,是一个人工智能程序系统。它通过与用户的双向交互,以对话的方式展示新闻信息及其背后的规律。聊天交互是智能视听新闻中人机交互新闻评论产生的重要场景。如微博官方机器人"评论罗伯特"就以其及时有趣的互动评论出圈。评论一直是微博社区互动的重要组成部分。它不仅是用户参与讨论、表达观点的重要渠道,也是衡量微博平台互动性和社区活跃度的关键因素。"评论罗伯特"除运用知微大模型外,还外挂了微博的知识库来提升模型的性能和准确性。

聊天机器人从广义上讲,包括了所有智能媒体中使用人工智能实现人机交互功能的机器。聊天机器人的智能化发展经历了四个时期。

第一个时期是20世纪60至80年代,主要采用"词典＋规则"的自然语言处理范式,早期聊天机器人较为成功地实现了对人类提问中的部分关键词做出特定回应,但在人机交流过程中,其话语机械化、程式化特征明显。此后十几年内所诞生的诸如瑞克特(Racter)、专家系统(Expert System)、尤内克斯顾问(UNIX Consultant)等一系列聊天机器人,基本延续了早期设计思路与技术原理。在这一时期,原始的编程语言、简短的程序代码、存储在计算机内存中容量有限的数据库以及基于关键词匹配人工编写回复的技术原理,极大地制约着人机交流效果。

第二个时期是20世纪90年代至21世纪初,聊天机器人智能化进程全面提速,诞生了基于"统计模型"自然语言处理范式的阿尔伯特一号(Albert One)、爱丽丝(ALICE)及埃尔伯特（ELBOT）等典型代表。其中，爱丽丝被视为当时智能化程度最高的聊天机器人，然而，尽管爱丽丝通过集成大量从输入模式匹配到输出模式的简单规则来弥补其形态、句法和语义处理模块的不足，提升对话功能，但基于AIML（人工智能标记语言）构建的闲聊系统无法与人维持长时间对话，它最终未能通过图灵测试。

第三个时期是21世纪最初的20年，以苹果Siri、微软Cortana、谷歌Google Assistant以及亚马逊Alexa等服务于私人用户的数字助理为代表。这一时期的智能聊天机器人基于"深度学习模型"（deep learning models）的自然语言处理范式，采用语音识别与信息检索技术，能够为用户提供个性化和便捷性的服务。相较于前两个时期，此时的智能聊天机器人已经能够初步实现人机双向交流，既能被动接收由人类通过热词触发的对话，也能主动把握人机交流机会，如适时提供临近事项提醒、根据上下语境推荐产品和服务等。然而必须指出的是，虽然此时的智能聊天机器人对话应用场景更加泛化、深化，但依旧与人类对话交流能力存在较大差距。例如，对于不能直接回答的请求，智能聊天机器人往往会爬取网页上的相关信息，以链接的方式推出，让用户自行寻找。

第四个时期是2022年至今，以采用"预训练＋微调"自然语言处理范式的生成式人工智能ChatGPT为代表。ChatGPT所使用的语言模型——LLM（large language model），包含了超千亿规模的模型参数、超强大的算力运行效能以及人类反馈的强化学习技术（reinforcement learning with human feedback，RLHF），这使其能在不断自主学习之中强化语言生成能力，在不同情境之下正确理解语义并实现高质量文本生成，实现输出文本与用户需求和认知的一致性，从而实现与用户持续稳定的对话。ChatGPT升级版ChatGPT4在大型语言模型上进一步创新，实现了多模态，支持文本和图片的双形态输入，能在读懂文本的同时理解图片内涵，进一步拓展了人机交流的维度。

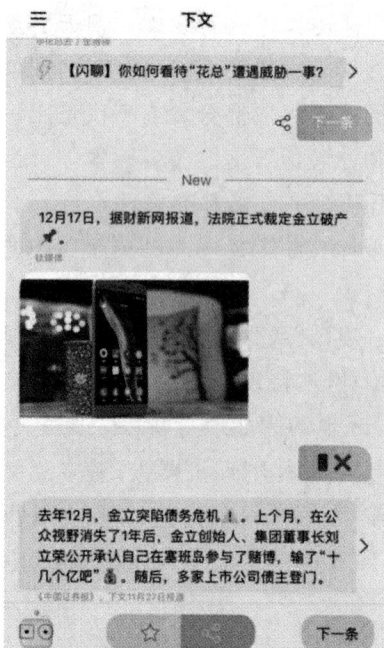

图10-5　下文客户端会话界面

纵观媒介沿革史，人类与媒介的触达方式和情感体验方式已经从文本演进至视觉、从游离转向沉浸、从现实拓展至虚实。因此，不难想象，在人工智能技术的发展过程中，视觉化的多元互动、沉浸式的深度体验、融合性的虚实环境都将成为人机交流场景下必不可少的要素，人机交互在新闻生产中的应用也将呈现爆炸式增长。

【案例10-3】

下文客户端

中央人民广播电台中国之声与央广传媒发展总公司共同推出了国内首个"聊天新闻"应用程序——下文客户端（见图10-5），其核心功能是新闻聊天机器人。该系统采用了全新设计理念，即把传统的新闻与聊天结合在一起。在会话的主界面上，每天的7点开始，系统会主动推送4条新闻，而对于突发的新闻则会在任何时候进行推送。在进行新闻播报时,系统会根据用户需求自动切换到新闻背景或新闻事件中。这类新闻格式并不直接提供新闻的标题或故事列表,而是倾向于通过个性化的叙述和对话界面来传达经过编辑、筛选和处理的新闻内容。

　　用户可以在任何时候对接收到的信息作出反应,通过点击按钮来选择是否继续阅读或浏览下一条内容。该系统采用了全新设计理念,即把传统的新闻与聊天结合在一起。当用户打开APP时,系统会通过对话框给你发送一个新闻的开头部分,如果想进一步了解,需要回答系统提出的一些小问题,并与它互动。系统会根据你给的答案,评估你对这则新闻的认识和兴趣点,并为你提供相应的后续信息。

三、智能语音交互

　　智能语音交互代表了一种基于语音输入的创新交互方式,用户只需口头交流即可获得相应的反馈。智能语音交互是语音识别、自然语言理解、对话管理、自然语言生成、语音合成等多种技术的综合应用。智能语音交互包含了声音信号采集、处理分析以及最终输出这三个环节。

　　随着智能手机、平板电脑等移动智能终端设备的普及,智能语音交互产品逐渐成为用户使用最多的人机交互设备之一。科大讯飞股份有限公司、亚马逊公司、谷歌公司、微软公司、苹果公司等,都是智能语音交互技术领域的领军企业。在传媒界,智能语音交互技术主要被运用在语音播报、语音交互机器人和语音评估等领域。

(一)基于语音交互技术的新闻交互界面

　　在移动互联网时代,以文本为基础的触摸屏交互成为占主导地位的交互模式,但在物联网时代,基于语音控制的全新用户界面的开发成为新闻应用的新方向。

　　媒体与专业技术公司正致力于加强内容数据库的建设,并在此基础上开发了基于语音交互的新闻APP,以优化用户的语音控制体验,实现实时"语音搜新闻""语音评新闻"。华盛顿邮报专为Alexa(数字助理)打造的语音控制APP具备与搜索引擎相似的语音问答功能,能够从华盛顿邮报的内容数据库中提取信息并为用户提供关于新闻事件的回答。

(二)语音交互技术赋能新闻产品

　　在内容制作领域,媒体采编系统可以采用语音、文字相互转换等先进技术,提高编辑在新闻制作中的效率。在运营和经营领域,利用人机语音对话数据可以进一步完善用户的画像。人工智能＋营销、人工智能＋用户调研等模式具有广阔的发展前景。

【案例10-4】

海报新闻客户端

　　2019年,海报新闻客户端升级为5.2版,引入了AI智能语音系统,该系统不仅支持用户在线收听新闻,还具备语音识别功能,能够自动编写新闻和发布评论。此外,海报新闻客户端在搜索模块中新增了人工智能内容推荐以及公众提问环节。用户只需在各个频道的列表页面或新闻细览页面点击文章标题下方的红色小喇叭图标,就可以启动语音播报功能。用户需要收听新闻节目时,可以通过语音输入来查询新闻内容。

　　海报新闻客户端不仅提供了"听新闻"的功能,还新增了新闻评论区的语音输入选项,让用户能够在任何时间、任何地点对新闻进行评论。用户在新闻的底部评论区发表意见时,可以点击"麦克风"图标,并通过语音方式进行评论。海报新闻客户端的 AI 语音自动识别系统会自动将评论内容转化为文字。

实 训 项 目

一、实训内容

(1)收集资料并观看案例:观看、学习智能视听新闻评论案例,通过典型案例学习与师生互动讨论,从选题、调查、结构以及视听语言构成等方面展开具体分析,直观了解制作一期具有一定深度的智能视听新闻评论报道所需的必要元素以及注意事项,为接下来的自我实践做好准备。

(2)智能视听新闻评论策划:根据教师提供的教学资料,从中提炼恰当的主题,寻找好的新闻评论角度,拟定新闻评论提纲。

(3)分组实践:以小组的形式开展智能视听新闻评论调研与制作。

二、实训要求

(1)提前熟悉指定的实训教学资料,了解相关的新闻背景,并以此展开选题和策划。

(2)寻找与评论主题相关的新闻资料或当事人信息,并确保信源的多样化,收集论据,提炼观点。

(3)全员参与。

三、实训设备

(1)电脑、手机等可查阅资料和写作的设备。

(2)拍摄设备等。

(3)如有需要可申请模拟演播厅录制评论。

四、实训考核

(1)提交完成的作品:每组提交一份智能视听新闻评论作品。

(2)提交个人总结:在完成新闻评论作品后及时撰写个人总结。教师通读并签写评阅,指出其中存在的问题,提出改进意见。

（3）组织作品汇报交流活动,进行小组互评和教师点评。

五、实训材料

每到年终岁末,人们便会收到各种 APP 应用的年度报告。

年度报告,就是各种 APP 根据用户的出行、饮食、消费、关注话题、旅行等各类大数据,描绘每一位用户清晰的个人画像。这些数据为每一位网友展现了个人独一无二的习惯、爱好和生活足迹。这种回忆式的年度报告,成为每年年底社交网络中的一种不成文的仪式,甚至有很多年轻网友对年度报告充满期待,因为它正在成为人们生活内容和生活方式的一部分。

在快节奏生活的今天,日复一日的繁忙生活,很容易让人们忽略自己真正的生活究竟是什么样。每天听了几首歌曲、一年中去过多少城市、外卖爱吃哪家餐厅……年度报告中的这些数据让生活被量化,品味、消费、社交、足迹,这些元素都以数据的方式被呈现出来。如果说对年度报告的分析,是向内认识自己,那么对年度报告刷屏式的分享,则是年轻人们向外寻求认同的渴望。对于很多人来说,年度报告不只是一堆冷冰冰的数字,而是自己的一张名片、一份谈资、一种"社交货币"。喜欢相同类型的音乐或者书籍的人们能够快速融入"同类人"的圈层;消费账单上的金额和习惯可以向人更清晰地展现自己的品位和喜好。通过这种分享,年轻人将真实的自己进行展露,希望被人了解、被人欣赏、被人认同,在网络中寻找"孤独的解药"。

那么,"年度报告"真的能代表我们吗?大数据虽然非常精准,可以记录行为,却无法诠释情感。在真实的生活中,还有很多欢喜、悲伤、兴奋的瞬间,与这些相比,年度报告构成的回忆往往是片面的,也是有限的。它可以窥见一年生活中某些特定领域的小小片段,却不能代表每个平凡你我丰富生活的全部。

请以上述新闻为素材,采用多模态媒介语言制作一期新闻评论节目,注明拟发布渠道的类型。

本章知识脉络

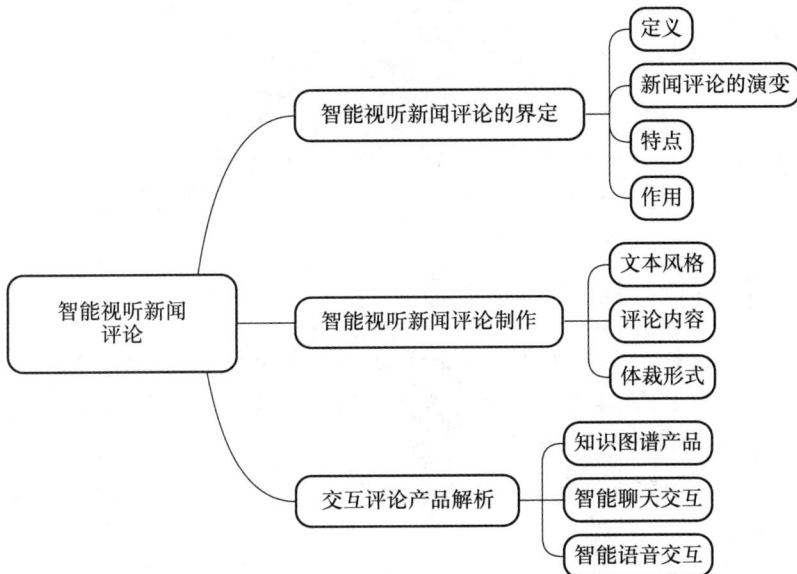

```
                                                    ┌── 定义
                        ┌─ 智能视听新闻评论的界定 ──┤── 新闻评论的演变
                        │                           ├── 特点
                        │                           └── 作用
                        │
                        │                           ┌── 文本风格
智能视听新闻评论 ────────┼─ 智能视听新闻评论制作 ───┤── 评论内容
                        │                           └── 体裁形式
                        │
                        │                           ┌── 知识图谱产品
                        └─ 交互评论产品解析 ────────┤── 智能聊天交互
                                                    └── 智能语音交互
```

思考题

1.简述新闻评论的演变。

2.简述智能视听新闻评论的定义和特点。

3.为什么说智能媒体时代新闻评论的内容仍是王道,新闻评论应从哪几个方面加强内容建设?

第十一章

智能视听新闻主持

◆ 本章导读

　　播音主持是智能视听新闻报道全流程的最后一个环节。在智能视听新闻报道过程中,直接与受众进行传播交流的就是播音员主持人。本章将介绍新闻主持工作的性质、类型,以及智能视听新闻主持的新特征,结合大量案例阐述智能视听新闻主持人应当具备的专业能力,并介绍智能媒体语境下的主持新场景。

◆ 学习目标

· 知识目标

1. 学习智能视听新闻主持的定义和特征。
2. 学习新闻主持的类型及核心能力的变迁。
3. 了解智能视听新闻节目主持人素养的构成。
4. 了解智能视听新闻主持新场景。

· 能力目标

1. 能够具备智能视听新闻主持能力。
2. 能够适应智能媒体时代变化,把握主持人角色重构的要求。

· 素养目标

1. 树立守正创新精神,坚持新闻信仰,以人为本。
2. 具备主持人强烈社会责任感和阵地意识。
3. 提升智能媒体素养。

第一节　智能视听新闻主持基础

　　早期的电台播音员承担着烦琐的工作任务,播音员既是销售员、典礼的主持人,又是老练的世界大事阐述者。播音员需要朗读商业广告和新闻文稿,读准外国人名字的发音,精通古典音乐,熟悉当前音乐潮流,了解各类演员。播音员应当是诙谐和机智的,在播出时给人的感觉是在表演而不是在说话。同时,播音员播讲的方式往往会被程式化,播音员说话的风格独特且易辨认,这是广播电台的独特优势。时代发展推动了媒体分流和内容细分,播音主持工作的内容和形式逐渐趋于专业化,新闻节目播音主持内容逐渐与演艺、生活服务等内容分离开来。

专业新闻"主持人"这一名称最早是由哥伦比亚广播公司(CBS)制片人唐·休伊特在1952年发表的有关美国总统竞选的报道中提出。"主持人"名称的提出旨在用主持人代替广播员,从而改变当时电视新闻节目形式单调、呆板的局面。"主持人"一词的英文是"Anchor",原意是体育运动接力赛中最后一棒的运动员,也就是跑得最快、最有冲刺力的人,引申到电视节目领域后,其含义变为最有组织能力的电视新闻工作人员。也就是说,主持人必须有能力把各种新闻片及现场新闻报道组成一个完整的新闻节目,能够在整个节目中起到主导、组织和串联的作用。[①]

在英文中,"节目主持人"一词有两个对应的单词:第一个是"Anchor",也就是新闻节目的主持人或者新闻主播;还有一个是"Host",指的是专栏节目中的组织者和协调者,即"主持人"。除了传统的新闻节目,新闻性专题、社教类和文艺类的专题栏目中都设置了主持人。一些主持人的主持方式和风格多种多样,个性鲜明,生动活泼,不仅为观众所熟悉,也受到社会各阶层人士和广大观众的喜爱。

智能媒体时代,传播主体和手段多元化,视听新闻主持也面临着新的机遇和挑战,重新认识新闻主持人的工作性质、原则要求,提高新闻主持人素质和能力显得尤为重要。

一、智能视听新闻主持新特征

1985年,新华出版社出版的《新闻工作手册》中,就明确了节目主持人的定义:在广播电视中,出场为听众或观众主持各种节目的人,叫作节目主持人。《新闻工作手册》也相对科学严谨地描述了主持人的特性:主持人不是表演者也有别于新闻通讯和文章的播报者。主持人是以他自己的身份直接面对听众或观众的人,主持人在节目中处于主导地位,其主要职责是组织串联一期节目的各个部分,但也可以直接向受众传播信息、为观众解答问题、为观众介绍知识或提供娱乐,主持人总是以第一人称'我'的口气,与观众或听众交谈。

广播电视节目主持人是在广播、电视节目中,代表集体观点,通过个人行为展现并用口头语言、态势语言等掌控节目全流程的大众传播行动者。

上述对主持人的定义,认可了主持人具有在节目中的主导性地位和个性化特征,不过这些定义是建立在传统媒体时代渠道垄断的基础上的。在智能媒体语境中,主持人的角色和功能都悄然发生了变化。因此,人们对主持人也有了新的认识和理解。

传统媒体主持人在节目中只有参与权,没有终审权,其表达只能在规定范围内进行,其

① 陆锡初.节目主持人导论[M].北京:中国传媒大学出版社,2013.

主要工作是代表媒体机构发声;而在智能媒体时代,主持人不仅需要完成传统的"规定动作",还可以根据节目需求和个人风格,进行"自选动作"的创新,同时借助智能媒体技术把握舆论导向,扮演"APP台长"和"主持人"的把关角色,其主体性地位得到凸显。

对主流媒体新闻播音员主持人来说,如何应对媒介格局的变化,在继承传统、弘扬主流价值观的基础上,结合智能媒体运营逻辑革新新闻主持工作,再次赢得受众,获取认知度,是一项新的新考验。

二、智能视听新闻节目主持的类型

由于新闻节目的类型不同,新闻主持人在节目中的职责和角色定位也不相同。对于新闻节目主持的类型,存在着不同的划分标准。

(一)以媒体类型划分

根据视听传播的媒体类型,新闻节目主持可以分为音频(广播)节目主持、视频(电视)节目主持。音频(广播)节目主持人通过有声语言表达来塑造形象、传播新闻内容,而视频(电视)节目主持人则通过有声语言表达、副语言表达等综合表达形式完成信息的声画传播。

(二)按节目类型划分

根据新闻节目类型,新闻节目主持可以分为消息类新闻节目主持、专题类新闻节目主持、评论类新闻节目主持和新闻杂志类节目主持等。

消息类新闻节目主持的内容是简短、清晰、快捷的新闻资讯,主持人主要负责在镜头前口播或进行新闻配音。消息类新闻节目主持人还承担着串联节目内容、穿针引线,将摄制完成的新闻片段顺畅组合的工作,从而有效地促进不同节目之间的自然过渡。

专题类新闻节目主要以社会热点、焦点问题为选题,内容是详尽而有深度的新闻报道,节目时间长、内容深刻、信息量大是其最大的特点。早期的电视专题类新闻节目主持人只需负责头尾播报和串联工作,随着节目形态的发展,主持人开始与节目深度结合。当下的新闻专题节目的主持人相对固定,主持人需要参与从选题策划、制作到播出的制作过程,有一定程度的创作表达自由,主持人也成了节目的招牌和标志。

评论类新闻节目主持的内容是对新闻事实的分析和议论。评论类新闻节目需要主持人在串联节目的基础上,对新闻人物或新闻事实进行评论,在节目中发挥沟通、疏导、平衡、匡正的作用,积极灵活地引导社会舆论。

新闻杂志类节目是借鉴杂志的综合编排方式所做的视听新闻深度报道,主持人主要承担串联、整合节目板块等工作。在新闻杂志类节目中,主持人往往会进行串联、播报、分析、评论等不同语言样态的转换工作,从而体现新闻杂志类节目内不同板块之间的区隔与衔接。同时,新闻杂志类节目多实行"主持人中心制",节目的包装、策划、统筹过程都有主持人的参与,主持人有时也是节目板块负责人或制片人,主持人风格是这类节目风格的鲜明标志。

【案例11-1】

新闻周刊

《新闻周刊》于2003年5月3日创立,是一档周播电视新闻杂志节目,每周六22:15在央视新闻频道播出,由央视新闻评论部制作、白岩松担任主持人(见图11-1)。节目包含新闻回顾、本周视点、人物回顾、本周人物、本周特写五大板块,将过去七天的新闻事件、人物浓缩在45分钟的电视新闻杂志节目里。《新闻周刊》是一档有影响力、有温度、有理想、有责任感、能够记录历史的电视新闻杂志。

图11-1 白岩松主持《新闻周刊》的画面
(https://tv.cctv.com/lm/xwzk/)

《新闻周刊》主持人白岩松的主持风格与节目高度吻合,电视新闻杂志节目需要有独特的播报模式,而白岩松睿智、理性的主持风格,赢得了受众的广泛好评,二者相互成就。相比新闻节目主持人的正襟危坐,央视《新闻周刊》主持人白岩松通常表现得轻松自然——他以聊天的方式来"说"新闻,而不是"播报",因此其语言呈现了一定的灵活性。白岩松自身丰富的知识储备和从业经验使他能够将信息内化为自己的语言,配合恰当的肢体动作,准确、生动、鲜明、形象、立体地将新闻呈现给受众。这些语言与非语言符号,都有利于拉近《新闻周刊》节目与受众之间的距离。

白岩松用带有个人特色的语言表达新闻背后的故事,在朴素真诚的讲述中展现强烈的社会责任感,严谨简练又不失自然,并体现了一定的文学色彩,给人一针见血的感觉。面对一些重大问题、热点问题,他没有人云亦云,而是会直击主题,敢于发声。即使是其他著名人物忌讳的话题,白岩松也不会让步,一如既往地直击重点。在某种程度上,《新闻周刊》之所以具有较强的竞争力,主持人白岩松起着至关重要的作用。

(三)按主持人参与程度划分

依据主持人在新闻节目主持中的参与程度,可以将新闻节目主持分为独立型、单一型、参与型、主导型。其中,独立型节目主持和单一型节目主持在主持的节目内容上有所不同。独立型节目要求主持人能够独立地负责节目的采集、编辑和播出的每一个环节,成为节目的制作者。而单一型节目主持,是指主持人主要负责或仅专注于话筒前工作内容的再创作,也就是根据他人编辑好的文字稿件进行播报。参与型节目主持是指主持人配合节目制作组的其他工作人员,部分参与节目的采编播制作过程。主导型节目主持指主持人承担节目的策划、组织、采编、推广等工作,甚至担任节目制片人,主导整个节目的风格和特点。

三、新闻主持核心功能的变迁

新闻主持核心功能的变迁反映了其专业价值、角色定位的变化。新闻主持核心功能的发展历程可以大致划分为三个阶段:一是主要以串场报幕为核心的广播电视初始阶段,二是以控制和调度为主导的主持人角色创建阶段,三是主持人开始成为节目运营的核心力量的新闻改革、探索阶段。在不同的历史时段,新闻主持的核心功能呈现出不同特点。这三个发展阶段虽然是按照其出现的时间顺序相互连接的,但也存在交集,共同塑造了新闻主持的功能性价值。在智能媒体时代,播音主持核心功能的转变是一个持续、动态的过程,揭示了社会文化、媒体技术、节目样态以及观众期待等多方面的不断更新和变化。

(一)串场报幕功能

不论是新闻播报还是节目主持,早期的中国播音员和主持人都主要承担串场、报幕的职责。随着媒介融合时代的到来,播音员主持人逐渐从传统的个体角色向媒介角色转变。鉴于媒介技术发展带来的各种媒介形态的转变,广播和电视媒体需要一个中介角色,通过人与人之间的沟通来传递集体的信息。这一目标明确了播音员和主持人在媒介角色的初始发展阶段所应承担的核心职责——串场报幕。

回溯广播电台发轫时期,从1940年延安新华广播电台创办开始,广播就成为政治宣传、舆论斗争的阵地。基于此,广播式播音在广播电视的早期发展阶段中,成为播音员和主持人主要的有声语言表达方式。这使播音员和主持人正式成为集体的代表,向集体进行政治宣传和舆论引导。在初级信息化阶段,这种串场报幕式的有声语言表达方式是比较常见的。学者们也把运用这种表达方式的播音员或主持人称作"司仪型"主持人,或者是"语言工作者"。随着时代的变迁和新媒体技术的出现,广播电视节目的传播方式发生了改变,以直播方式播出的节目越来越多,而这类节目往往采用现场播报形式向听众传递信息。广播式播音开始向多样化方向发展,播音主持的主体——播音员、主持人开始尝试用自己的方式来表达思想。这一形式的显著特性在于,它将文本稿件直接转换为口头语言,并通过口头传播的方式传递信息,而传播者的主观能动性并没有得到明显的体现。

在串场报幕过程中,播音主持在传达信息时展现出其直接性、精确性、准确性和被动性的特质。这种形式既可以避免语言上的失误,又能使受众获得较为真实全面的资讯。直接性意味着提交的稿件文本有明确的方向性,很少有多余的想象空间,基本上不会引发歧义。精确性则主要体现为稿件文本所表达的思想内容与受众期待之间存在较小的差距。准确性是指播音员和主持人能够根据媒介组织提供的稿件进行有声转译,从而准确地传达媒介的传播目的。被动性则指播音员或主持人的创作空间受到限制,他们需要按照节目编导的要求完成标准化的任务,对新闻事件没有深入思考就匆匆报道,缺乏深度挖掘,容易引起受众的反感甚至误解。在新闻播报串场过程中,播音员、主持人通常处于主导地位。至今,在如"报纸摘要"和"新闻联播"这样的新闻节目,以及"联欢晚会"类的综艺节目中,主要负责串场报幕的播音员和主持人仍然占据了重要的地位。

【资料11-2】

历史进程中的春晚主持人

1983年的除夕,夜色之中,200多名观众挤进了北京南礼士路的广播大院演播厅。在5台摄像机和橘子味汽水的陪伴下,他们即将见证第一届央视春晚的诞生。

一切都是新鲜的,比如春晚主持人。在此之前,央视只有播音员,他们的严肃脸谱显然与联欢晚会式的轻松不太相符。总导演黄一鹤想再现1962年那场"笑的晚会"——当时举国艰难,人民文化宫在春节前后举办了一场商业演出,请来侯宝林、马季等人演出,博民众一乐。于是,黄一鹤为这年春晚安排了90分钟相声,还在演播大厅摆上四部热线电话,接受观众点播和参与有奖猜谜。

另一个创举则是请来四位演员兼任主持人:王景愚、刘晓庆、姜昆、马季(见图11-2)。

图11-2 1983年第一届春晚主持人

从1990年开始,央视主持人拿回了春晚阵地。演艺人士跨界主持,在节目串联间唠嗑、抖包袱的轻松场景不再。1990年也成为央视春晚的拐点——它不仅是一场让人欢笑的联欢晚会,更发挥着国家层面的宏大叙事功能,成为一场阖家欢聚下的视听盛宴。

在央视春晚舞台上,主持人是永远情绪饱满的符号。他们不仅要完成承上启下的报幕,参加诗歌朗诵、戏曲等表演,还要传达国家意识和精神。赵忠祥和倪萍的配合相得益彰,一个庄重大气,声音浑厚坚定,擅长唤起家国情怀,一个纤细感性,声音抚慰人心,成为人们对90年代央视春晚的共同回忆。赵本山和宋丹丹曾经在小品里调侃"赵忠祥是我心中的偶像""倪萍是我的梦中情人"。

近年来,不断有优秀的新生力量加入央视春晚主持队伍。2023年,两位90后新生代主持担纲春晚主持,节目主持更加年轻态,为这个有着40多年历史的电视节目注入了新活力(见图11-3)。

图11-3　2023年春节联欢晚会主持人

(二)控制调度功能

在广播和电视的早期阶段,新闻节目内容大多来自报纸和通讯社发布的信息。改革开放以后,广播电视事业进入了"自己走路"的快速发展时期。

1980年,第十次全国广播工作会议提出,广播电视要首先着重解决在宣传上"自己走路"的问题。广播和电视节目逐渐脱离了传统报纸和刊物的文本内容,开始更多地关注视听媒体的特性。与此同时,主持人的角色也从单纯的喉舌转变为进行人际交流的角色,这一转变能够更好地利用视听传播的独特优势。

1981年1月,由徐曼主持的广播节目《空中之友》成为我国第一个有固定主持人的节目。随后,各地电台相继开办了不同形式拥有固定播音主持人的节目。同年4月,广东人民广播电台的《大众信箱》节目正式开播,由李一萍和李东共同主持,从而构建了广播主持人"北徐南李"的新格局。

1983年1月,中央电视台的《为您服务》节目进行了改版,沈力成为具有创新性意义的第一代电视节目主持人。此后,主持人在电视栏目中被广泛运用并逐渐发展为一种独特而又重要的文化现象,对广播电视事业产生了深刻影响。同年,第十一次全国广播工作会议结束后,电台和电视台进一步利用媒体的独特性,推广有固定主持人的节目形式,此后,电视专题节目、综艺娱乐节目等都出现了以主持人为主导的栏目。随后,电视专题片作为一种传统的节目形式,吸引了更多主持人的参与。

1983年,陈铎和虹云两位电视主持人走进了《话说长江》的演播室,他们不仅为电视专题片进行了广播式的旁白解说,还创造了新的表达方式。从此,录音机和话筒等成为播音员和主持人的主要媒介。与串场报幕的广播方式相比,这个时期的主持人更加重视调度和控制的技巧。这种控制能力是由节目内容决定的,也体现在主持人个人气质和风格上。在播音主持工作发展的第二个阶段中,控制调度被视为核心功能,并展现出以下几个显著特点。

1. 参与节目采编播制作流程

20世纪90年代,业界和学界就有"采编播合一"的讨论。有别于在指定位置进行指定稿件播读的串场报幕式,在节目形态不断衍生发展的背景下,摆在主持人面前的是表现形式、节目选题、互动模式更为丰富的演播室系统。主持人只有融入节目的制作流程才能应对复杂多变的现场,否则就会出现主持人与节目"两张皮"的问题,动摇主持人的主体地位。

2. 运用即兴口语表达

1993年,中央电视台第一频道(CCTV-1)在新闻节目直播方面实现了重要突破。1996年,《新闻联播》开始以直播形式与观众见面,新闻栏目进入直播化阶段。到1997年,历经香港回归、三峡水利工程、大江截流等一系列重大事件新闻直播,中国电视的直播模式日趋常态化。2003年中央电视台新闻频道开播,标志着中国电视直播进入栏目化、频道化阶段。直播技术带动节目形态的革新,演播室连线、嘉宾座谈成为新闻节目的常规动作。新闻播音员作为将文字转变为声音的语言工作者,也面临脱稿表达、口脑合一的挑战[1]。

3. 进行多元素调度与控制

串场报幕意味着"定点、定稿",主持人在编导事先安排下,在指定地点播报指定内容。此时的主持人仅作为"拟人化"角色出现,并非有思想和见解的个体。在把控制调度这个阶段,播音员和主持人开始展现多元素调度的主观能动性。从这个角度讲,主持人完成了一次角色转换。随着广播电视视听节目的快速发展,广播电视视听节目走向融合,视听新闻节目主持人需要调动稿件、麦克风、音响、形象、灯光、机位、屏幕和嘉宾等多种元素,主持过程中的随机因素增多,这些进一步加大了新闻主持的难度。因此,视听新闻节目主持人要能够对节目节奏进行完美把控,对节目内容有着深刻理解,同时还要具备随机应变能力,以应对随时可能出现的突发状况。

在智能媒体时代,随着智能技术发展,能够协调调动多个屏幕、多个机位、多种主体以及掌握各种交互方式已经成为对主持人的硬性要求。主持人需要通过虚拟场景与嘉宾进行跨时空交互,或者与虚拟数字人进行人机交互对话。如央视新闻频道《军情时间到》节目,采用虚拟演播室,融合了AR技术,主持人与虚拟现实元素交互演绎,充分展示了我国先进军事装备鲜为人知的技术细节,营造了沉浸式体验。

4. 以人格化传播深入影响节目效果

主持人的个性化传播方式,主要体现在日常口头表达和身体语言的运用方面。主持人以"人"为本的传播理念,赋予了视听新闻节目独特魅力。节目的主持人能够独立地控制和调度节目的各个元素,这不仅增加了编导策划的灵活性,还提高了节目的丰富性。

---

① 周勇,郝君怡.职能演进与群体变更:播音主持职业发展演进逻辑与未来趋势[J].当代传播,2019(5):6.

节目内容受到了主持人个性、气质和行为方式的影响,主持人的意向、个人品质和审美观点也会在不知不觉中对节目产生影响。主持人作为媒体形象代言人,对电视节目的制作起着重要作用。以主持人身份命名的节目,如《杨澜工作室》《鲁豫有约》等,以访谈形式为主,体现了主持人在传播中的独特性和不可替代性。主持人不仅是节目的标志性人物,还是塑造节目风格的关键人物。

(三)节目运转核心

1993年5月10日,中央电视台首次推出了名为《一丹话题》的节目,作为第一个以主持人名字命名的节目,敬一丹在节目中的重要性得到了凸显。1997年5月10日,是《一丹话题》开播五周年纪念日。在该节目长达五十多周的播出期间,敬一丹并没有像传统主持人那样仅仅完成镜头前的准备工作,而是深入参与选题、策划和剪辑等各个环节。节目一经播出就获得了巨大的社会反响、是我国以主持人为核心的电视节目的重要尝试。

央视《新闻调查》栏目,以其深入的报道式主持风格成功地将记者型主持人这一新角色推向大众视野。在该栏目中,主持人作为媒体人和节目制作人,在新闻事件发生前或事件发展过程中,通过自身的语言对受众进行思想引导。主持人的工作点并不在演播室,而是集中于新闻的现场和采访的前线。主持人的角色定位决定了他们的话语方式和表达方式。记者型主持人充当了观众与新闻现场之间的桥梁。主持人与观众之间的关系从过去单向交流转变为双向互动,由被动接受转变为主动参与,这也意味着主持人成了媒体中一个重要组成部分,甚至可以说是一种媒介符号。主持人不仅是播讲者,还是节目的设计者、制片人和审核者,同时也是节目的策划者、指导者和组织者。

在社会转型的背景下,新闻改革赋予了个体更多的权利,而主持人的深度参与使得节目的视觉传播和口头传播更加统一。主持人的角色转换使其由传统的新闻传播者转变为信息的组织者和引导者,并成为一种新型的媒体形象代表。这类被称为"思想型"的主持人以新闻记者的身份走上舞台,带着对社会的独特观察和思考走上工作岗位。实际上,这是对主持人的一种挑战,这种角色转换体现了主持人在与媒体互动过程中由被动到主动的转变。这种媒介融合下的新型节目形态改变了传统的新闻生产方式和传播方式。由于主持人与节目内容之间的紧密联系,观众很难判断节目的吸引力是源于主持人还是节目内容本身。主持人的粉丝变成了节目的粉丝,从而有效地提高了节目的收视率。主持人的核心运作地位不仅展现了主持人自身的品牌价值,还凸显了他们在行业中的核心地位。

四、网络视听主持

随着网络音频和视频技术的快速发展,网络视听节目成为主持人活跃的新领域。网络视听节目主持人成为以私人化、平民化、普泛化和自主化为特点的信息传播者。他们在数字化、智能化的平台上,向网络视听用户群体传达信息。与专业媒体机构主导的信息传播不同,网络视听是互联网时代新模式新业态,是数字化转型带给人们的新体验成果,已经成为每个人日常生活中不可或缺的一部分。随着技术的进步和发展,网络视听媒体逐渐成为数量庞大的独立传播主体。短视频开始崭露头角,成为仅次于即时通信的第二大网络应用,且被视为互联网的基础应用;短视频内容呈爆发式增长。据中国网络视听节目服务协会发布的《中国网络视听发展研究报告(2025)》的数据,截至2024年12月,我国网络视听用户规模达10.91亿人,网民使用率98.4%。其中,全网短视频账号总数达16.2亿个,职业主播数量超过3880万人,同比增长157%。

年轻一代主要通过新兴的媒介渠道来获取信息,如抖音、快手、Bilibili、小红书、公众号和今日头条等各种新媒体平台,这些平台以其信息来源的多样化和传播途径的便捷性受到广大网民青睐。在网络视听节目中,节目主持人没有传统媒体的资源和渠道,但拥有更多的自主性,他们可以直接面对观众,使节目有更高的参与感和互动性。与传统媒体的"制片人中心制"不同,网络视听主持往往没有传统媒体般强大的前后期制作资源,于是构建了新媒体意义层面的"主持人中心制"。

传统媒体的主持人通常需要依赖前期编导的案头工作和后期制作来完成节目,而网络视听主持人除了主持工作,也要全程参与节目的策划和制作。网络视听主持人在节目中发挥着重要作用,是节目的灵魂和核心。网络视听节目成熟的市场优胜劣汰机制为节目主持人提供了更强的动力来提升自身能力,同时也强化了主持人的中心地位。

网络视听主持具有以下两个主要特征。

1. 主持人推动节目进程

在网络视听节目中,主持人是节目的中心,而不是制作过程中的最后展现环节。主持人作为节目的灵魂人物,决定着整个节目是否能实现预定目标,能否吸引观众眼球,能否获得较好的收视率。因此,主持人不仅要有良好的语言驾驭能力和现场应变能力,还要具有较高的专业素养与综合素质。一些广受欢迎的网络视听节目如《罗辑思维》《麻辣书生》等,都由主持人来推动节目的发展,充分体现了主持人作为节目驱动的核心地位。

2. 社区式的交流互动

按照互联网传播逻辑,视听节目内容是细分化、社群化的,面向特定群体和网络社区,具有强互动性,这意味着用户可以随时加入节目或发表评论。网络视听节目的观众群体拥有共同关注的议题和相似的个人经历,主要通过互联网来获取信息和发表观点。在这一语境下,用户对信息资源有了更多选择。用户之间,用户与节目主持人之间,都可以通过多种方式来分享他们的内容和感受。而用户给出的反馈也会直接转化为节目内容。如此反复,用户与节目间的互动将变得更加紧密,从而在某种程度上确保了节目的内容来源和质量。这样一种互动形式不仅让节目内容更贴近用户需求,也使用户更容易理解和接受节目中传达的信息,保证了传播效果。

知名主持人转战网络视听领域的案例比比皆是,如公众号"敬一丹"的主要内容是二十四节气、精彩文摘、我读我书;公众号"杨澜说"的主要内容是关爱女性、一起公益、澜·思享;公众号"星艺雅集"汇聚呈现了康辉、李修平、朱广权、文静、长啸、彭坤等众多主持人的精彩创作内容。截至2025年1月4日,《新闻联播》抖音号的粉丝量为3697.6万,这说明,优质主持人和节目内容在网络视听领域仍具有较强竞争力。

图 11-4 《康辉的第一支 Vlog：明天要出趟远门》
https://mp.weixin.qq.com/s/KUaqvMFuE7VtEZs-
MLwd5w

【案例 11-3】

2019 年 11 月 9 日，央视新闻公布主持人康辉的首支 Vlog（见图 11-4），立刻吸引了众多网友的关注。与传统电视媒体的现场报道方式相比，Vlog＋新闻更多是对主持人本人工作生活的记录。主持人在视频中加入一些从工作生活延展开的与新闻相关的话题，采用轻松的、个人化视角进行表达，使节目更具趣味性和参与感。这是一种从第一视角出发，与观众进行对话的方式。主持人可以分享个人的观察和体验，引导观众共同探索和感受某一新闻事件，旨在最大限度地增强新闻的互动性和沉浸性，同时也使主持人的个人风格更加突出。

第二节　智能视听新闻主持素养

一、智能视听新闻主持原则

（一）明确播音主持要求

智能媒体时代，媒介生态不断变化，播音主持工作的原则在保留核心价值基础上也发生了一定变化。

1. 坚持党性原则

我国播音主持节目创作，在方向上要始终同党中央保持高度一致，宣传党的理论政策；在思想方面，应当坚持党的理论基础和思想体系；在组织方面，要服从党的领导，遵守党的宣传纪律。

广播电视、视听媒体播音员主持人必须具备良好的思想素养和道德水准，在节目中坚持党性原则，在媒体传播中发挥积极的舆论引导作用。播音员主持人在屏幕上的形象，很大程度上代表着媒体，应该是端庄大气、自然亲和，而非哗众取宠、花哨怪异。因此，主持人只有时刻心怀祖国,时刻心存观众,时刻注重正面宣传效果、提高舆论引导水平,才能传播正确的价值导向,才能充分发挥一名新闻人的真正作用。

【案例11-4】

新闻1+1

白岩松作为中央广播电视总台央视新闻频道"时事新闻评论直播节目"《新闻1+1》的主持人(见图11-5),在面对时事政策、公共话题、突发事件等重要选题时,发挥了传递正能量、正确引导舆论的作用。节目中,白岩松对新闻事件进行全方位地、深入地分析和解剖,并表达观点、阐明事件的意义和性质,或义正词严,申明厉害;或语重心长,规劝训导;或巧用修辞,增加信息感染力,提升表达的趣味性;或旁征博引、引经据典;或避实就虚,不直面冲撞,不直接评判,以免因批判力度过大而引发不必要的社会反响,转而以贴近日常生活的细节来进行类比,使不公平、不合理现象以这些例子为镜,映照出自己的不规范、不正当之处;或巧妙应答,将对孤立的个案的针砭提升到对社会普遍存在的现象的批评,以达到由个别到一般、由点到面的现实效果。

图11-5　《新闻1+1》白岩松专访航天员聂海胜

2.具备播音主持创作基本技能

随着视听新闻行业的发展,对播音主持从业人员的素质要求越来越高。播音主持首先必须掌握相关基本技能,如标准的普通话、清晰圆润的吐字发声、灵活自如的声音控制、多种稿件的创作表达等。这些职业技能的掌握和运用对播音主持人才的素质及业务能力提高至关重要[①]。

最基础的是发声,一个主持人说的话必须能让观众轻易地分辨,不会因为吐字不清而产生误解。播音与主持艺术中的发声,可以细分为声音技术和声音艺术两大领域。在技术层面,声音涵盖了普通话、语音以及播音和主持发声的全部组成部分;艺术层面,声音则包括语言的表情达意等多方面的因素。从艺术的角度出发,声音代表着为了达成特定效果而有意呈现出的多样化内容。播音主持艺术中的"人情味"就是通过语言来表达情感或感情的状态。

---

① 刘婷.播音主持专业基础技能课程教学改革探讨[J].考试周刊,2015(40):15.

良好的发声、仪态都是通过不断努力训练出来的。从业者需要有长期播音主持的基本训练。播音主持是一份专业性强的工作,直播出镜时不能出现任何闪失,因此更需要进行长期的专业训练,发音吐字、语言表达、表情气质、即时点评等多种基本能力都要求过关。[①]

主持人还需要善于听取观众的意见和反馈。主持人不仅需要向观众传达信息,还需要知道如何了解观众的情绪和想法,合理地调动节目氛围,避免出现冷场,以确保节目的顺利进行。

3. 掌握智能媒介技术

在智能媒体快速发展的当下,主持人不仅需要创作富有个性色彩的节目内容,还需要在新的媒体环境中不断学习创新,熟悉智能媒体的新特征,掌握新的媒介技术。传统播音主持人逐步转型为能够深度把控节目全流程信息的融合型主持人是至关重要的。要开阔眼界、增加阅历、深入新闻一线,不能做智能技术的门外汉,如此才能紧跟时代,生产高质量的视听节目。

（二）着力强化人文精神

在播音主持专业现有的课程体系中,对声音的重视和训练、对播音发声方法的训练、对播音创作方法的训练占据了很大比重,而对学生综合素养的培养,如文、史、哲等人文学科知识以及帮助学生观察和理解社会的科学方法的传授,则多少有些忽略。

主持人的人文精神是指主持人在主持过程中所展现的对人类价值、文化和社会责任的关注和理解。人文精神强调人的价值、尊严和自由,倡导对人类社会的关怀和尊重。主持人在节目中体现的人文精神,不仅会影响节目的质量和观众的接受度,还反映了主持人的个人素养和社会责任感。在以受众为中心的智能传播时代,主持人更应该懂得关爱和尊重受众,关注受众的需求和感受,通过真诚的交流和互动,传递温暖和关怀。主持人还应当关注社会问题,通过客观公正的报道和分析,引导公众正确看待问题,坚持公平正义,传递正能量。主持人还应具备深厚的文化底蕴,能够在主持过程中引用经典文学、历史故事等,提升节目的文化品位和观赏性。

具有人文精神的主持人能够通过真诚的情感交流和深刻的思想内涵,吸引观众的注意力,增强节目的吸引力和感染力,提升节目的收视率和口碑。主持人在公众面前的形象不仅代表着个人,还代表了媒体和社会。具备人文精神的主持人能够树立良好的社会形象,获得公众的信任和认可。通过传递正能量和关注社会问题,主持人能够在社会中发挥积极的引导作用,促进社会的和谐与发展。

在技术发展成为媒介发展主动力的当下,主持人更应当注重人文修养,加强学习和提升自己的文化素养和专业知识,增强对社会事件的理解能力和人文关怀能力,做有良知有担当的文化创作者和文化传播者。

① 王奕扬.融媒体时代播音主持专业人才素质探析[J].传播力研究,2019(18):193.

（三）主动融入时代潮流

面对日新月异的媒介环境和播音主持创作环境，主持人不能故步自封，应该主动融入时代潮流，积极应对新的变化与挑战，努力让播音主持创作在继承中发展，在应变中创新。

智能媒体带来了媒体领域的自我革新与协同发展的理念，引领着信息传播模式与信息消费习惯经历深刻变革。智能媒体渠道丰富，节目种类繁多，内容多元，对节目主持人提出了更新、更高的要求。主持人需要积极调整以适应新的信息传播模式。主持人需要根据观众对视听语言多样性和多元性的需求，主动摒弃过时的表达方式和思维模式，在话语表达中注入更多的新元素，满足人们对美的追求和日益增长的精神文化需求。

在技术不断发展和物质不断丰富的当下，人们有了更高的情感需求，主持人需要适应时代要求，注重语言传播的情感因素，具备人文关怀能力和工具理性。在智能媒体的背景下，主持人要将传统媒体的权威、专业与智能媒体的实用、交互和便利有效地融合，实现优势互补，从而提高创作的质量。

二、智能视听新闻主持能力

（一）主流价值引导能力

引导力是新闻舆论引领人、指导人的力量。在中国特色社会主义新时代，党的新闻舆论工作要更加注重凝心聚力、引领导向的重要作用。无论媒体融合如何推进，主持人弘扬主旋律、传播正能量的作用都不能削弱。

近年来，以微博、微信、抖音为代表的新媒体打破了传统媒体的传播格局，实现了"中心化"，给传统媒体带来巨大挑战，亦给新闻主持创作带来了新课题。转型期，主持人作为新闻从业者，在价值引领方面的作用愈发显著。一个受到观众信任与敬重的优秀新闻主持人，一定有着深厚的学识修养、丰富的人生阅历与社会经验。新闻主持人充满人文关怀的人际交往能力与提问引导能力仍是目前人工智能无法替代的。优秀的新闻主持人不仅是意见领袖，还是社会的黏合剂，能够引领社会舆论，促成社会共识。

（二）交互场景下的节目驾驭能力

主持人的节目驾驭能力是指主持人在节目制作和播出过程中，对节目的整体掌控和引导能力。这种能力不仅涉及语言和表达技巧，还包括对节目进程的调度、控制以及对突发情况的应对和处理能力。

主持人是节目的灵魂，对节目内容有着全面的理解和掌控能力。在节目里，主持人扮演着多重角色，他们不仅是节目思维的引导者，还是节目内容的优化者、节目效果的创造者、节目时间的调控者，以及节目突发事件的平复者。因此，作为一档视听新闻节目的灵魂人物，主持人需要具备极强的综合素质和应变能力，才能胜任自己所承担的角色。

在节目里，主持人扮演着核心角色，其对节目的驾驭能力体现在多方面：主持人需要引导节目进程,使其有序进行,确保各个环节衔接自然,达到预期的播放效果;节目在录制过程中,难免会遇到各种突发状况,如设备故障、嘉宾失误等,主持人需要迅速反应、妥善处理,保证节目的顺利进行;节目主持人优秀的驾驭能力可以使节目更加生动、有趣,更能吸引观众,提升节目的整体质量和观众满意度。

智能媒体时代,节目具有强交互式的特征,主持人需要处理好不同交互场景,以及与不同交互主体间的关系。如,传统的虚拟演播室采用被称为"绿幕抠像"的色键技术,在绿幕环境下,节目中的主持人缺乏真实的视觉感受,需要靠想象与环境互动。近年来,扩展现实(XR)虚拟演播室技术逐渐成熟。这种技术可以将虚拟内容和真实场景融合,把色键技术中的绿幕替换为由LED组成的三维背景,实现后期工作前置,使主持人在拍摄时有"身临其境"的感受,从而更好地与背景进行精确互动与协同。虚拟数字人、虚拟主持人、虚拟记者等则是更加多元的交互主体,随着虚拟智能主体越来越普遍地出现在新闻节目中,主持人需要在节目中处理好与这些虚拟智能体的互动关系,推动节目顺利进行。

主持人的节目驾驭能力不是一种单一技能,而是多方面能力的综合体现。主持人的节目驾驭能力不仅反映了其内心的思考,同时也是其外在表现的一部分。节目驾驭能力就是主持人人格魅力和气质修养在屏幕上的外化展现。总的来说,主持人的节目驾驭能力可以分为三个方面,即对语言的驾驭能力、对节奏的驾驭能力、对自身角色与周围环境关系的驾驭能力。只有在这些维度上共同进步,主持人的控场技巧才能真正达到完美。

对语言的驾驭能力,是主持人的基本功之一。尤其是在交互场景或直播场景下,主持人与观众的互动增多,这就导致节目会产生更多不可控的因素。因此,主持人一定要注意自身语言的运用,以处理不可控因素,应对万变。

对节奏的驾驭能力是指主持人对于节目进程的把握,是一种控场能力。节目控场分为"常规控场"和"应变控场"。常规控场是指主持人对于节目进展的有效控制。好的常规控场能使节目流程节奏恰当,在规定的时长内完成,既不显得拖沓,也不显得匆忙,在对轻重缓急的处理过程中凸显主持人的业务水准。恰当节目节奏可以持续吸引受众的注意力,而平淡或混乱的节奏则会让观众失去兴趣。应变控场是指在节目录制或直播过程中,主持人对一些意料之外的突发状况的应对能力。主持人的应变控场能力非常重要,他们要能迅速而有效地处理突发状况,并且使得节目回到本来的主题上来,减少突发状况带来的不良影响[①]。

对自身角色的驾驭能力是指主持人根据节目的不同类型、不同性质,灵活调整自身的定位和所需展现的特质的能力。主持人要清楚自己在节目中所处的位置并正确处理好自身定位与周围环境的关系。比如湖北卫视的《非正式会谈》节目是一场全球文化推广类节目,由主持人大左引出每一期的主题,然后发表看法并总结主题。在这一节目中,主持人是主导者,全程参与节目制作,每期节目有十多位嘉宾参加。因此需要主持人有效平衡和控制不同嘉宾的发言时长,以保证节目不会过于拖沓,也不会出现个别嘉宾一直发言而有些嘉宾没有发言机会的情况。有些节目中,主持人主要起辅助作用,比如《中国好声音》节目以导师和学员为主,主持人更多起到的是串联和烘托气氛的作用。

---

① 李书倩.主持人的节目驾驭能力[J].声屏世界,2014(5):29-30.

（三）全方位信息掌控能力

智能媒体时代,节目制作中信息资源的调动频繁,主持人要具备全方位的信息掌控能力,主持人掌握的信息资源越多、对信息的分析掌控能力越强,在节目进行过程中就越游刃有余,从而能够在节目深度和广度上做文章,打造优质节目内容。

所谓信息掌控能力,即信息输入和信息输出能力。信息输入能力是指主持人收集信息、处理信息的能力。我们生活在一个信息爆炸的时代,泥沙俱下,真假难辨,各种各样纷繁复杂的信息充斥着我们的世界。只有熟练掌握数据挖掘分析技术,掌握足够多的信息数据资源的主持人才能对节目内容、节目嘉宾及节目内涵有更深的了解和认识。主持人要通过对信息的分析找到节目思路,形成自己的独特见解和对节目内容的深刻解析。

信息输出能力是指主持人将自己接受、消化及理解的内容以一种观众易于理解的语言进行重构,然后展现给观众或者嘉宾的过程。信息输入是主持人的前期准备,而信息输出则是台前工作的外在展现。只有两者相互配合,才能为观众带来更好的节目体验,呈现更好的节目效果。

二维码 11-1
节目主持存在的
问题

【案例 11-5】

朗读者

《朗读者》(见图 11-6)是中央电视台推出的文化情感类节目,一经播出,就受到了广泛好评。它以个人成长、情感体验、背景故事与传世佳作相结合的方式,选用精美的文字,用最平实的情感读出文字背后的价值。在信息输入方面,主持人会提前收集很多资料,了解嘉宾的信息和情况,找好访谈角度,以便在访谈时与嘉宾更深入、更诚挚地交流。比如演员胡歌那期节目,主持人结合胡歌的人生经历及朗读篇目,选择以生命为主题,以胡歌参演的话剧《如梦之梦》为切口,去深入胡歌的内心,试图了解他对于生命意义的理解和解读。通过访谈,可以看出主持人对胡歌过去的一些经历、作品、文字甚至他的一些内在想法有深入的了解,双方在节目中进行了高质量的交流。

图 11-6　《朗读者》节目画面

第三节　智能视听新闻主持场景

一、虚拟+实景融合主持

虚拟＋实景融合主持将虚拟现实（VR）、增强现实（AR）、虚拟演播技术与传统实景主持相结合，是一种全新的主持形式。虚拟＋实景通过高精度摄像机追踪、实时渲染引擎、动作捕捉系统以及高性能图形处理单元（GPU）等核心技术的综合运用，实现了虚拟元素与真实场景的完美融合。观众在屏幕上看到的画面是一个既包含真实人物互动，又融合了丰富虚拟元素的全新演播环境。

虚拟＋实景技术可以应用于多种场景。在新闻报道中，虚拟演播室可以迅速构建新闻事件发生的现场环境，如战争冲突、自然灾害等记者难以直接到达的地点。虚实结合的方式，可以让观众身临其境地感受新闻事件的紧迫性和严重性，增强报道的感染力和说服力。同时，虚拟＋实景演播室系统还能提供炫目的舞台背景和奇幻的视觉效果，极大提升了节目的趣味性和参与感。

虚拟＋实景技术给主持提供了丰富的演播环境和互动空间，主持人借助虚拟＋实景技术可以和嘉宾在任何环境中进行互动，不受物理空间的限制，提升了节目的互动感、吸引力和感染力，拓宽了传播视域，为主持创作提供了新的思路。

（一）可视化与虚拟现实技术

可视化是指利用计算机图形学和图像处理技术，将数据转化为图形或图像并在屏幕上展示，然后进行交互处理的一种理论、方法和技术，它运用计算机模拟人类视觉系统，并通过人机交互来理解和操纵数据，从而实现从定性到定量地分析问题。可视化技术赋予了人们模拟的、三维的、能够实时交互的能力，使人们能够在三维图形世界中使用以前无法想象的方法来发挥创造性思维获取信息。

虚拟现实技术以图形图像的可视化技术作为依托，在虚拟现实中，复杂场景的可视化模拟是一个核心领域，虚拟现实技术通过实时地生成并展示场景将复杂和抽象的数据以一种非量化和直观的方式呈现给用户，从而让用户能够以最自然的方式与其他用户进行互动。

（二）虚拟+实景融合主持创新

随着虚拟数字技术在新闻节目中的广泛应用，无论是实时合成播出的虚拟演播室，还是户外移动虚拟场景，都为新闻的呈现带来了更多的创新空间。当前，广播电视媒体都在尝试利用虚拟技术对现场画面、声音等元素进行整合处理，以增强受众的体验感和互动性。特别是在虚拟与真实场景的融合中,运用虚拟技术能够对"在场"和"不在场"的传播编码进行深入解读和重构[①]。

1. 整合多维元素,拓宽新闻节目的视域范畴

数字技术被称为一种元技术,面对面身体传播和大众传播等所有交流媒介的特征,都会被它复制,并重新整合到一个新平台上[②]。在虚拟＋实景演播空间里,主持人的演播形式由原来的坐播变成站立和走动,这种形式增加了主持人除话语外的副语言展示,帮助主持人在由三维立体动画技术构建的场景和实景里,动态地与人或物进行深入的互动和交流,也可以通过交互视频画面对新闻事件进行动态阐述,比如还原新闻现场、介绍新闻人物等。通过虚拟＋实景技术,传统的静态播音主持形式被赋予了动态活力,增加了与观众之间的交流感,呈现了更加生动的视频效果。

【案例11-6】

天地融屏丨王亚平代表在太空讲述履职故事

作品类型:5G沉浸式跨屏访谈。

制作机构:新华社新立方智能化演播室。

作品内容:

在2022年全国两会即将召开之际,新华社新媒体中心新立方智能演播室推出了"2022年全国'两会'融屏访谈"。首篇作品《天地融屏丨王亚平代表在太空讲述履职故事》(见图11-7)在新华社客户端和微信公众号上线后,引发了广泛关注和热议。该作品通过智能化演播室,运用虚拟空间、XR等创新技术,打破了时空限制,让主持人"来到"浩瀚宇宙中的中国空间站,与正在太空"出差"的王亚平代表一起围绕履职故事,展开一场跨越时空的对话。该作品被新浪、百度、网易、今日头条等107个网站、新媒体平台和社交媒体平台转载。(资料来源于新华社新媒体)

图11-7　5G沉浸式跨屏访谈作品《天地融屏丨王亚平代表在太空讲述履职故事》

2. 链接信息背景,加强新闻内容的厚度

虚拟＋实景技术使得新闻数据信息的可视化呈现手段更加丰富,借助可视化呈现方式,主持人在进行新闻信息播报和解读时能更好地对数据背景进行比较分析、对新闻进行深度解读,增加了新闻内容的厚度。央视新闻推出的《数说命运共同体》节目就是虚拟＋实景融

---

① 金叶.虚拟·实景融合背景下新闻主持话语体系和传播形态重构的再思考[J].浙江传媒学院学报,2017(03):70-74.

② 克劳斯·布鲁恩·延森.媒介融合:网络传播、大众传播和人际传播的三重维度[M].刘君,译.上海:复旦大学出版社,2014.

合主持的典型案例。这是一档聚焦"一带一路"沿线建设成就的节目,在这个节目中,大量的数据被赋予了传达信息、提取背景等关键功能。节目通过深入挖掘和分析数据,对其进行可视化处理,并采用"一镜到底"的拍摄策略,将虚拟的场景与最新的新闻现场实景相连接。在技术加持下,外景主持人变身为有温度的数据分析师,在虚实结合的情"境"中进行探索和叙述,为数据注入了温度,同时也增加了新闻的深度。

主持人要学会在海量的数据资源中,挖掘有价值、有意义的新闻,新闻报道的切入点才会更加准确。主持人需要加强数据分析理解能力和人文关怀,借助技术手段,把看似枯燥的数据信息讲出温度和高度。

【案例11-7】

数说命运共同体·食物背后的故事

制作机构:中央广播电视总台。

一、虚实场景转换

在"食物背后的故事"这集中,外景主持人在北京的一家泰国餐厅尝试了一碗深受中国网友喜爱的冬阴功汤,并详细描述了其用到的各种食材。随后主持场景从北京迅速转移到了泰国曼谷的大皇宫虚拟场景。这种虚实转换不仅直观地将泰国的冬阴功汤和中国的辣子鸡丁紧密地结合在一起,而且还生动地展示了两国经济之间的奇妙联系,确保了新闻内容既有丰富的信息,又具有趣味性。

二、节目主持文案

酸甜苦辣,不同的口味,却是不同国家、不同民族之间交流的共同语言。"一带一路"沿线,口味分布的背后,是每年价值两万亿美元食物的迁徙,更是各国物产和技术的交换。今天的《数说命运共同体》来关注《食物背后的故事》(见图11-8)。

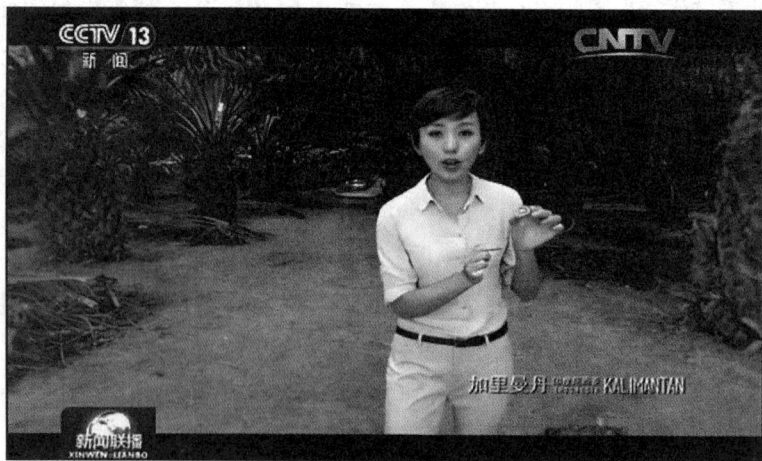

图11-8 《数说命运共同体·食物背后的故事》节目画面

在"一带一路"沿线,你知道人们口味的偏好是怎么分布的吗?亿赞普大数据显示,吃辣的嗜好正在一带一路上扩张,它成为亚洲和中东欧45个国家追捧的第一口味。

一个"辣"字,两种写法,中泰两国交流辣味的背后,是有趣的辣椒贸易。就在去年,全国的8000多吨干辣椒汇聚到青岛等港口,然后沿着海上丝绸之路运往泰国;与此同时,58吨新鲜的泰国辣椒沿着湄公河来到中国腹地。简单的口味交换,在"一带一路"国家之间构建起大量的农产品贸易,其中,中国进口量最大的农产品就是来自印尼的棕榈油。

在中国,人们一年要吃掉400亿包方便面,这也让中国成为世界第一的方便面消费国。而每炸一包方便面,需要12克棕榈油,就是说中国人一年就得吃掉上百万吨棕榈油。这么多的油,中国却一滴也不产。

可对于原产地印尼来说,消费越多,产生的棕榈壳也越多,这给当地农户带来不少麻烦。而现在,这些总是被丢弃烧掉的垃圾,意外地成为新加坡人的宝贝。

在新加坡这个"花园国家"的发电厂里,来自印尼的棕榈壳堆成了山。因为掺进了20%的棕榈壳生物质,燃煤的二氧化碳排放量降低了两成,这座燃煤电厂的建设才破天荒地得到新加坡政府批准。

如果用统计数据来讲这个故事,它会是这个样子:当三个中国小伙伴各吃一碗泡面的时候,印度尼西亚产生的棕榈壳,可以让新加坡200盏5瓦的节能灯泡,同时点亮一个小时。

以食物为媒介,多边贸易让风俗各异的国家变得更加紧密。巴基斯坦盛产绵羊,柔软的绵羊皮更受新加坡消费者的欢迎,而每年六千吨的绵羊肉则卖给了沙特阿拉伯人。

大数据发现,农机的检索热度在中亚地区和乌克兰呈现趋势性增长,乌克兰一度因为农机短缺造成粮食减产,乌克兰网民对农机的关注度被推到热度榜榜首。

检索热度的背后,是"一带一路"国家互通有无的商机。现在你看到的每一条银线,既是价值上亿的农产品贸易,也是这个国家人民日常生活离不开的异国美食。如今,"一带一路"国家的农产品贸易总量已经超过两万亿美元。随着贸易往来越来越密集,每年还会有数千亿的增长空间。(资料来源于央视网)

3. 融合虚实语境,增强体验美学

采用虚拟+实景技术进行演播,可以在一定程度上纾解由于观众"不在场"而造成的传播过程中话语意义的损耗和新闻价值的削弱,在虚拟和实景的融合性环境中,主持人"浸入式"的体验报道方式,有利于带动受众跳出单一的旁观视角,给受众"带来审美经验的瞬间直觉"[①]。

【案例11-8】

"荆"彩图鉴

制作机构:湖北广播电视台。

作品内容:

———————

① 何敏.正在发生变化的新闻播报趋势——基于虚拟演播场景的认知[J].新闻战线,2017(11):122-124.

　　《"荆"彩图鉴》(见图11-9)是湖北广电的一组新闻作品,采用了"创意图鉴＋现场报道＋海采点评"的组合方式,以及虚实结合的布景方式:其背景是由微型模型物品所构成的;故事的核心是一位真实的评述者;辅文部分为文字介绍及相关图片展示,并运用动画形式进行辅助呈现。作品利用三维虚拟混合的技术手段,让三大核心元素相互配合,由述评员通过"穿越"和"互动"的方式进行阐述,生动地展现了湖北在科技创新、现代产业结构构建以及省级治理现代化等领域的努力和成果。(资料来源于长江云)

图11-9　新闻作品《"荆"彩图荐》

二、AI新闻主播

(一) AI主播的内涵

　　AI主播是基于人工智能技术中的语音合成技术和人脸合成技术,结合语音、图像等多模态信息进行联合建模训练后,生成的人工智能分身模型。该项技术能够根据输入计算机中的新闻文本自动生成相应内容的视频,并确保视频中音频和人物表情、唇形等保持一致,呈现与真人主播类似的信息传达效果[①]。

　　一般认为,2001年在英国诞生的"阿娜诺娃"是世界上首位虚拟主持人。阿娜诺娃是一个拥有动漫般形象的虚拟人物,它可以用机械化的表达进行新闻播报。之后,美国、日本、韩国的虚拟主播们也相继面世。中国的第一位虚拟主播"小龙"在2004年央视电影频道《光影周刊》栏目亮相。由于技术尚不成熟,彼时的虚拟主播与受众广泛接受的"人格化"标准相去甚远,不能满足人类与之进行信息交流的需求,适用范围也较为有限。

---

①　郭琳."AI主播"技术挑战下新闻主播传播角色重构与策略优化研究[J].新闻爱好者,2019(8):30-33.

2018年,虚拟主播技术取得了较大突破,进入虚拟化、数字化的"AI合成主播"阶段[①],这是智能媒体深度融合发展的产物。2018年11月,在世界互联网大会上,新华社发布了全球首个AI主播——"新小浩",这位"英俊小伙"用标准的普通话主持新闻,"新小浩"的原型是新华社主播邱浩,系统采集了他的五官和声音数据。

我国中央级媒体在AI主播应用领域发力较早,无论是2018年《直播长江》中的AI主持人"康晓辉",还是2019央视网络春晚中的AI主播"小小撒",抑或在2022年北京冬奥会上赢得超高人气的央视频AI手语主播"聆语",AI主播正成为主流媒体视听领域的一道亮丽风景线。2020年以后,东方卫视、湖南卫视等地方媒体和县级融媒体也纷纷涉足AI主播领域,推出了AI主播产品。

【案例11-9】

AI"数说"报告系列

制作机构:光明网。

作品内容:

光明网充分利用了AI主播视频合成技术数据可视化效果,围绕十三届全国人大四次会议第二次全体会议审议的"两高"报告,发布了《AI"数说"2021最高检工作报告》和《AI"数说"最高人民法院工作报告》短视频及"数说""两高"报告系列图解。这一系列作品在互联网平台播出后获得广泛好评,成为两会期间网络舆情传播的新宠。作品中,AI主播融合了自然语言处理和语音合成等多种先进技术,其断句能力强,表情生动逼真,有效地提升了新闻制作的效率,并向广大网友展示了"两高"工作报告中的亮点数据。

相关产品在光明网、光明网微博微信及光明日报客户端等自有平台同步推送,并在哔哩哔哩短视频、企鹅号、西瓜视频等渠道推广;最高法、最高检官方微信公众号分别转载,持续刷屏政法系统"朋友圈"。该作品还以二维码形式与《光明日报》"两高"报告解读专版联动,优化了用户体验,扩大了优质内容传播优势。(资料来源于光明网)

【案例11-10】

AI主播"冀小蓝"

制作机构:长城新媒体集团。

作品内容:

长城新媒体集团利用冀云智能媒体平台,并结合大数据、人工智能和机器语音合成等先进技术,独立研发并创造了"冀小蓝"这一三维虚拟角色(见图11-10)。"冀小蓝"在播放过程中可根据需求变换姿态,满足不同观众对于屏幕空间的使用要求,同时还具有个性化定制功能,能够与不同年龄层次的人群进行互动交流。

---

① 吴锋,刘昭希.人工智能主播历史沿革,应用现状及行业影响[J].西南民族大学学报(人文社会科学版),2021(5):174-183.

图 11-10　"冀小蓝"形象图

　　研发团队引进了动作捕捉和面部识别等先进技术,并通过专业的真人穿戴设备,自由地操控"冀小蓝"的"手、臂、腿、脚"等 30 多个关节,还能精确地控制"冀小蓝"的各种面部表情,如"眼、眉、鼻、口",使得这位 AI 主播的形象更加真实、生动和富有人情味。"冀小蓝"与真人主播共同播报时,能和搭档进行灵活对话,取得了出色的节目播报效果。

(二)AI主播的多重传播机制效度

1. 政策传播中的 AI 主播

　　AI 主播技术是完全基于计算机代码构建的,与真人直播相比,只要命令准确无误,AI 主播在播报信息时就基本不会出现意外情况。借助特定的技术手段和操作流程,IA 主播能够确保政策传播的高度准确性。例如,突发公共事件报道中,AI 主播既可以及时传递最新发展动态,同步阐述政府相关应对举措,及时将信息完整传递给受众,塑造快速响应、积极应对的政府形象,也可以利用智能技术对受众反馈进行大数据采集,根据受众对相关新闻的点击及搜索情况,调整社会大众最为关心的新闻信息的播报频率及其内容占比,调节、安抚切身经历公共事件的当事人及其家属的情绪,用技术传递善良与温度。

【案例 11-11】

政 AI 播

　　2020 年,温州市政府开始推出短视频节目"政 AI 播",由 AI 主播解读相关政策文件。这是全国首个以人工智能技术辅助政务直播方式进行政策发布和新闻播报的城市电视节目。展现了国内 AI 主播在政策解读方面的创新应用,同时也为温州市提高政务透明度提供了一个全新的路径。该节目通过线上直播和线下访谈相结合的方式进行发布,并将政策内容以图文形式呈现给公众,让群众更直观地了解政策规定。这些行动为 AI 主播的发展策略提供了新的方向,开辟了新的途径,为政策的宣传实施和解读创造了新的机会,为 AI 主播的发展提供了思路。

2. AI主播的舆论引导功能

根据议程设置理论,媒体议程、公众议程与政策议程三者之间相辅相成、互动明显。一方面公众议程只有通过媒体议程反映并表达出来,才有可能进入政策议程的视野,而另一方面政策议程又对媒体议程有直接的影响[①]。目前,媒体正在进行深度转型,涌现出全程媒体、全息媒体、全员媒体和全效媒体等多种形式,舆论生态、媒体格局和传播方式都发生了深刻的变化,因此,提高舆论引导的水平变得尤为关键。

伴随着信息技术的进步,新媒体正在蓬勃发展,互联网已经变成舆论活动的核心场所和舆论的前线。人们选择高质量和热门内容的标准也在不断提升,AI主播也开始更积极地参与到舆论工作之中。

【案例11-12】

您的"两会AI助手"已上线

制作机构:长城新媒体集团。

作品内容:

长城新媒体集团精心策划并推出了一部名为《您的"两会AI助手"已上线》的智媒互动创意作品(见图11-11)。用户可以通过与AI主播"冀小青"进行对话,学习两会的相关知识,聆听政府的工作报告,并了解全国两会的热门话题。在互联网＋时代,如何让公众参与到两会中,是当下最重要的话题之一。该作品融合了人工智能技术和虚拟主播技术,创建了一个开放的两会知识图谱,为虚拟主播提供了一个"两会大脑"。

同时,通过NLU技术(自然语言理解技术),用户可以用口头语言与虚拟主播进行互动交流,从而获得更自然、更具代入感的互动体验。此外,产品还在直播平台中加入语音识别功能,并利用语音交互系统实时推送权威信息,让观众获得更好的沉浸式观看效果。(资料来源于长城网)

图11-11 两会AI助手界面

3. 作为生产工具的AI主播

在生产者多元化的时代背景下,AI主播展现了去人化的特质,他们能够每周7天、每天24小时不间断地进行海量信息播报,包括但不限于写作、编曲和编舞等多种形式的内容,并且已经开始涉足并形成一系列成熟的产品,甚至步入了商业化的新阶段。在内容创作方面,

---

① 常昌富、李依倩.大众传播学:影响研究范式[M].北京:中国社会科学出版社,2000.

真人主播需要查阅大量的资料,并在庞大的库存中筛选出有价值的内容,而AI主播可以迅速过滤和总结信息,然后进行信息的分发。

AI主播在对媒体形态进行全息拟人化的过程中,可以为观众提供了一种信息沉浸式的体验,并根据不同的人进行个性化的体验处理。音视频的自动化制作过程涵盖了从数据的输入、内容的审核、新内容的校对、舆论关键词的检索、信息的分发等整个过程,能够对内容进行了更为深入的完善和提升。随着技术发展,AI主播逐步演变为融合了采编播功能的"全能型主持人"。

(三)AI主播在新闻业的应用前景展望

智能主播的潜力和应用前景不可限量。随着技术的不断发展,未来AI主播在新闻报道、评论分析以及信息传播等方面将发挥更加重要的作用。AI主播不仅重新定义了新闻的传播方式,还将推动媒体产业的整体发展。随着人工智能技术的进一步演进,数字人在内容生产流程、传播渠道及运营模式上的应用,将推动一个更高效、丰富和智能的媒体环境的创建。未来,AI主播在新闻业的应用应与行业痛点紧密结合,在以下几个方面取得突破。

1. AI主播与新闻写作机器人配合

时效性向来是新闻媒体保持核心竞争力的重要因素,未来,人工智能处理新闻的快慢,将成为媒体相互竞争的重要因素。人工智能工具写新闻的过程,主要是通过网络收集数据,然后按照一定的模板程序用自动化的办法来产出新闻稿。从技术的角度来讲,当前已经能够实现将AI主播与写稿机器人相结合了。写稿机器人获取事件相关数据后,可以在短短几秒钟内写出新闻,再由AI主播进行新闻播报,整个过程完全由人工智能完成,不仅降低了成本,还大大提高了新闻生产和传播的效率。

2. AI主播具备新闻把关能力

人类主播还扮演着新闻最后一道把关人的角色,有经验的主播能够把握新闻稿件中的价值取向,审查逻辑合理性和常识性事实错误。AI主播同样可以作为新闻的最后一道把关人,即通过集成虚假信息识别系统,设置敏感词,对新闻稿件中的信息进行有效分析和甄别,运用句法分析的办法,精准获取有价值的信息,并对虚假信息进行及时剔除,切实发挥人工智能的数据处理优势。

3. AI主播个性化互动表达

AI主播的最初应用原型是智能语音系统,智能语音技术是人工智能技术里很有代表性的一项技术。2018年,中央广播电视总台纪录片《创新中国》第一次运用人工智能完成的全部配音。随着智能语音技术的发展,AI主播在发音、音质、重音、停连等方面的细节得到不断优化,语言的个性化和情感化表达也在不断完善。

AI主播还具有跨语言表达能力,能随时更新和补充知识,能从错综复杂的新闻现象中找到联系,未来还可以通过分析用户大数据实现与观众的交流,为节目增添人情味儿,让节目更好看。

数智化时代,AI技术的广泛应用带来了视听新闻主持人角色的转变与人机关系的重构。传统的"以人为主体"的PUGC(专业用户生产内容)模式转变为"人与AI协同生产"模式,传统主播或主持人从简单、重复的劳动中解放出来,肩负起数据转化、数据优化、数据把关的重任。

随着大模型技术应用模式的革新,这种低成本、高效益的技术应用,将为普通人带来更多展现自我、参与传播的可能性。AI主播不再是电视台或科技公司的专属产品,普通人也可以通过AI生成自己的数字人形象,成为数智时代的信息生产和传播的参与者。

在这一新的传播生态中,人类与智能体的关系不再是单向的工具使用者与工具的关系,而是共生的协作伙伴。技术虽然改变了传播的方式,但人类的创造力、情感交流和社会责任感仍然不可或缺。未来,传媒业需要在技术创新与人文关怀之间找到新的平衡点。

实 训 项 目

一、实训内容

（1）收集资料和观看案例：观看、学习智能视听新闻主持人的节目，对典型案例进行互动讨论，对主持人的准备、稿件、语言表达、现场应变、体态、形象等具体细节展开分析，直观了解制作一期具有一定深度的智能视听新闻主持人节目所需的必要元素以及注意事项，为接下来的实践做好准备。

（2）新闻短视频主持策划准备：根据教师提供的教学资料，从中提炼恰当的主题，寻找好切入角度，撰写新闻主持稿件。

（3）分组实践：以小组形式开展智能视听新闻短视频的录制与合成工作。

二、实训要求

（1）提前熟悉指定的实训教学资料，了解相关的新闻背景，并据此进行选题和策划。

（2）寻找与报道主题相关的采访对象或信息，并确保信源的多样化，以增强报道的客观性。

（3）在录制过程中，保持仪表、着装的规范；注意镜头前语言表达的专业性。

（4）主持情绪要符合新闻的客观性要求，兼顾信息传达的感染力与亲和力，通过恰当的表达来传递新闻内容。

（5）全员参与。

三、实训设备

（1）电脑、手机等可查阅资料的设备。

（2）摄像机或单反相机、手机等。

（3）收声话筒。

（4）三脚架、手机稳定器等。

（5）录音设备。

（6）如有需要，可提前申请使用演播室。

四、实训考核

（1）提交完成的作品：每组提交一份智能视听新闻主持方案及一份新闻节目主持视频作业。

（2）提交个人总结：在完成平时作业或者结课作业后，必须撰写个人总结。教师通读并签写评阅，指出其中存在的问题，提出改进意见。个人总结可包含如下内容：节目的初衷是什么？有没有新闻价值？有没有收到观众的反馈？最终投放的效果是否达到了预定的目标？如果没有，为什么？在本次节目录制中，自己承担的主要职责是什么？为完成职责，自己做了哪些工作？是否完成了自己的角色分工？在录制过程中，自己主要遇到了什么问题？导致问题的原因是什么？是否解决了问题？又是如何解决的？

（3）组织作品汇报交流活动，进行小组互评和教师点评。

五、实训材料

智能媒体时代，主持人的能力要求愈加多元，适用场景也越来越多。寻找并培养有正确的价值判断、有专业能力，又有智能媒体素养的主持人才成为迫切需求。

在这样的背景下，某省级卫视推出了全新节目《主播有新人》。它既是一场主持新人的选拔活动，也是一档主持人才养成节目，目的就是为行业寻找、推荐并储备后备力量。节目给年轻人搭建了难得的表达平台，新人主播在较量的过程中，展示了年轻一代积极的价值观念、睿智而理性的思辨，以及专业的职业态度。

假如你是一位参赛选手，请选择一个主题，从专业主持人的角度策划、主持一档新闻短视频节目。

◀ 本章知识脉络

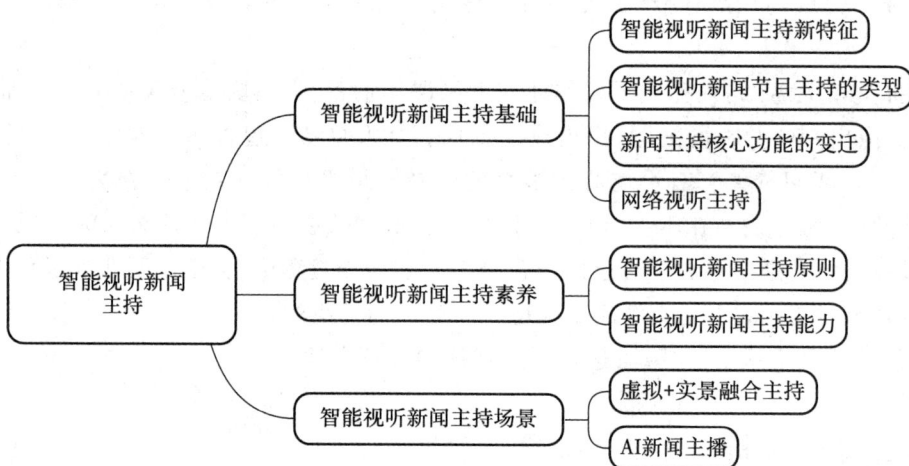

```
                              ┌─ 智能视听新闻主持新特征
                              │
                              ├─ 智能视听新闻节目主持的类型
              智能视听新闻主持基础 ┤
                              ├─ 新闻主持核心功能的变迁
                              │
                              └─ 网络视听主持

智能视听新闻                    ┌─ 智能视听新闻主持原则
   主持      ── 智能视听新闻主持素养 ┤
                              └─ 智能视听新闻主持能力

              智能视听新闻主持场景 ┌─ 虚拟+实景融合主持
                              │
                              └─ AI新闻主播
```

◀ 思考题

1. 简述智能媒体时代主持人创作的能力要求。

2. 分析一个AI主播案例,并阐述AI主播的优势和劣势。

与本书配套的二维码资源使用说明

　　本书部分课程及与纸质教材配套数字资源以二维码链接的形式呈现。利用手机微信扫码成功后提示微信登录,授权后进入注册页面,填写注册信息。按照提示输入手机号码,点击获取手机验证码,稍等片刻收到4位数的验证码短信,在提示位置输入验证码成功,再设置密码,选择相应专业,点击"立即注册",注册成功。(若手机已经注册,则在"注册"页面底部选择"已有账号立即登录",进入"账号绑定"页面,直接输入手机号和密码登录)接着提示输入学习码,须刮开教材封面防伪涂层,输入13位学习码(正版图书拥有的一次性使用学习码),输入正确后提示绑定成功,即可查看二维码数字资源。手机第一次登录查看资源成功以后,再次使用二维码资源时,在微信端扫码即可登录进入查看。